PAPER PROMISES

Money, Debt and the New World Order

PHILIP COGGAN

紙の約束

マネー、債務、新世界秩序

フィリップ・コガン

松本剛史=訳

日本経済新聞出版社

紙の約束

マネー、債務、新世界秩序

PAPER PROMISES
by Philip Coggan

First published in Great Britain in the English language
by Penguin Books Ltd.
Japanese translation published by arrangement with
Penguin Books Ltd. through The English Agency (Japan) Ltd.

ヘレンとキャサリンに
わが世代が残す負債への謝罪の念をこめて
本書を捧げる

謝辞

本書の着想は、私がエコノミスト誌に寄稿した文章から得たものだが、特に二〇一〇年夏に発表した債務問題を巡る特別レポートの内容が基になっている。私はこのレポートを書いている間、近年の負債水準の異常な上昇ぶり、そして債務が数世紀にわたって世界経済に果たしてきた役割の大きさに圧倒された。いかに多くの国の政府が、債務危機に瀕したとき、貨幣の品位を落とし、あるいは通貨価値を切り下げることで対処しようとしてきたことか。そこから得た知見はこのようなものだった。経済史とは、マネーの特性を戦場とする債務者と債権者の戦いの歴史であり、現在の危機はその最新の小競り合いにすぎない、と。

本書は私がジャーナリストを生業とし、広範な歴史的文献を読んで過ごしてきた二八年間の集大成である。本書が拠って立つすぐれた歴史家たちの功績については、原注および参考文献で広く紹介している。私が自分なりの歴史解釈を発展させる礎となった彼らの学識に、深い感謝の意を表する。とりわけリチャード・ダンカンの著作は、ブレトンウッズ体制以降の時代と資産インフレとが密接に結びついているという貴重な発想を提供してくれた。

本書のための取材に際しては、ジョン・ミクルスウェイト率いるエコノミスト誌という理解ある勤務先に恵まれたことが幸運だった。私を採用することを提案し、原稿の文体に関して有益なコメントを数多く寄せてくれたエドワード・カー、さまざまな経済問題を紹介してくれたジョン・オサリヴァン、そしておそらくこの本の構想について誰よりも多くの話を聞かされたであろう長年の同僚アンドルー・パーマーに、お礼を申し上げる。イングランド銀行からの出向中に本書の原稿に目を通してくれたクリス・ヤングにも、特別な感謝を。本書の異端的見解にかかわったことで、彼の経歴に傷がつかなければいいのだが。

本書を世に問う機会を与えてくれたペンギンブックスのジョージーナ・レイコック、刊行までの面倒を見てくれたウィル・グッドラッドとリチャード・デュギッドにも、お礼を申し上げなくてはならない。シャーロット・リディングスはすばらしく熱心に原稿整理を務めてくれた。ただし活字になるまで残ったなんらかのミスは、すべて私の責任に帰する。

そして原稿を書いている間じゅう、妻のサンディーは、編集上のアドバイスの点でも、また締め切りを家庭生活に優先させるという点でも、つねに私を導いてくれた。この負債の返済に向けては、この先、鋭意努力するつもりだ。

目次

謝辞

序章 1

農民と銀行家　古くからの戦い　紙の夢
円を描く循環　政治的、倫理的問題としての負債

第1章　マネーの本質 24

ジョン・ローの物語　マネーとは何か？
貴重な金属　紙のマネー　銀行業とマネー

第2章　ポローニアスを無視して 60

利子の機能　悪い王と悪い負債　負債と工業化の時代
倫理の迷路　マネーと負債

第3章　金という選択 89
トリレンマ　金本位制
金本位制はどのように機能したか　最後の貸し手

第4章　マネーと恐慌 109
イデアなき世界　銀行の横暴
アメリカの経験

第5章　ドルとともに踊る 137
過ちを避ける　ドルの役割　死の苦しみ

第6章　紙の約束 157
マネタリストの台頭　変動相場の世界での政策
混在するシステム　為替レートの選択　ユーロ

第7章　バブルが弾けるとき　185
バブルの四〇年　ミンスキー効果　サブプライム・ブーム
バブル、紙幣、ブレトンウッズ体制の終焉　モグラたたき
偽装されたインフレ

第8章　濡れ手で粟　212
効率的市場理論　規制
大きいほどよい　姿勢の変化

第9章　危機が始まる　244
わが家も安全ではない　消費者の負債　企業の負債

第10章　リスクなし、とはいうものの　268
戦後の債務危機　今ある危機　ユーロ圏の危機
救済のタイミング　隠れた負債

第11章　債務を後世に残す　297
出生率の急落　気づかれていない債務
新しい姿勢　エネルギー

第12章　勘定を支払うとき　322
問題を要約すれば　長期的な展望　ここからどこへ？
聖ならざる三位一体　インフレーション
QEするべきか、せざるべきか？　スタグネーション　デフォルト

第13章　新秩序　360
変化へ向かう選択肢　システムの輪郭　紙切れの約束

原　注　378
参考文献　395
訳者あとがき　400
索　引　418

装幀　間村俊一
本文デザイン　Edit. 35

序章

人生の大切な時期に、人は借金をする。子供の教育費を支払うため、耐久消費財や持ち家を買うために、負債を抱える。国が借金をするのは、われわれ国民が進んで納める税金の額が国民の望む公的支出の総額になかなか見合わないためだ。

負債（debt）の別名「クレジット」（credit）はラテン語の credere（信じる）に由来する。お金の貸し借りとは、信用《クレジット》と信頼《コンフィデンス》の両方から成る行為だ。貸し手は、借り手がお金を返してくれることを信じなくてはならない。家を買う人が、賃貸よりもローンを借りるほうを選ぶのは、住宅の価格が上がるという信頼があるためだ。銀行は顧客がクレジットカードを使って借金を増やしていくのにまかせる。顧客が元本と利子を返済するという信頼があるからだ。

欧米諸国では、過去四〇年のほとんどの期間、この信頼は概ねうまく機能していた。経済は右肩上がりで景気後退はめったになく、収入や資産価格は上昇していた。貸し借りは盛んで、巨額のマネーが動いた。欧米の多くの国の負債総額は、年間の生産高の三～四倍にも達した。

だが、状況はすっかり変わった。アニメのキャラクターが勢いあまって崖っぷちから飛び出したときのように、われわれはつい下を見るという過ちを犯した。自分がいつのまにか大変な借金を背負ってしまったことに気づき、いくら返済することになるのかと気に病みはじめたのだ。しかも資産価格は、たとえ一〇年以上待とうと、必ずしも上がるわけではないこともわかってきた。ヨーロッパでは人口の高齢化が進み、経済成長を支える労働力も減っていくだろう。長らく支配的な立場にあったアメリカは、背後から迫ってくる中国の姿を不安げに振り返っている。二〇一一年八月にアメリカは、世界一安全な借り手であるという証、ＡＡＡの格付けを失った。要するに、貸し借りに必要な信頼が失われつつあるのだ。

その結果、ひどい混乱がもたらされた。本書のテーマは、こうした混乱と、それが世界経済や世代間の関係にどのような影響を及ぼすかにある。しかしまた、マネーや負債に対するわれわれの姿勢が歴史を通じてどう変化してきたか、今後どう変化するかということも扱っている。

過去四〇年にわたって蓄積されてきた負債は、もはや全額を返すことはとうてい不可能だし、実際に返済されもしないだろう。ギリシャ、アイルランド、ポルトガルの債務危機は、単なる始まりにすぎない。いくつかの国、特にヨーロッパの経済情勢の悪化の原因は、人口の高齢化にある。労働者の数に対する引退者の数の割合がどんどん大きくなっているのだ。その結果、こうした国では、収入増加のペースが負債の利子の増加に追いつかなくなる。そして形式的なデフォルト、つまり借り手が負債の一部だけを返す、もしくは事実上のデフォルト、つまり通貨切り下げやインフレによって購買力を失った通貨で返済するといった事態が起こる。今後一〇年間の経済と政治は、この問題を中心に展開していくだろう。そして最も大きな痛手を被るのはどの社会階級、どの国になるのかといったことが論じられていくだろう。

農民と銀行家

その民主党大統領候補はまだ若く、連邦議会での経験は四年しかなかった。それでも遊説先では雄弁なスピーチで党員たちの心を動かし、元軍人のライバルを上回る注目を浴びた。彼は自分の生まれ故郷ではないが、中西部の州の代表だった。全国を巡回する間、庶民に向かってアピールし、大企業の利益には反対しつづけた。「今は、この国なくしては生まれなかったはずの企業が、自分たちは国家よりも大きな存在だなどと考えている。そんなことのなくなる日がすぐにやってきます」と彼は宣言した。だが、前回選挙での民主党候補を上回る票数を集めたにもかかわらず、彼は敗れた。そう、これは二〇〇八年のバラク・オバマのことではない。一八九六年のウィリアム・ジェニングス・ブライアンの話だ。

ブライアンが選挙戦で掲げた争点は、今見れば不可解なものに思えるかもしれない。彼はドルの裏づけに金だけでなく銀も用いるという複本位制を信奉していた。だがブライアンが実際に守ろうとしていたのは、昔ながらの大義だった。貸し手に対する借り手の利益である。借金をして土地や機械を買ったあげく、穀物価格の下落という憂き目にあった農民の立場に、ブライアンは立った。農民は物価の上昇を望み、通貨に銀を加えることでそれが実現すると信じていた。しかし銀行は、通貨の価値は金のみに基づいて維持されるとする立場から反対した。

一九世紀末には、先進国の多くが金本位制をとっていた。流通する紙幣の総額を同量の金と結びつけるシステムだ。どの国の政府も、何もないところから金を取り出すわけにはいかないので、金本位制をとっていれば際限のない物価の上昇は起こらなかった。また安全弁が働き、政府が貨幣に卑金属を混ぜるという昔ながらの手段によって通貨の価値を下げることを防いでいた。

一八九六年から一九〇八年にかけ、ブライアンは大統領選に三度立候補し、そのつど落選した。彼には運がなかった。資金不足に泣かされたうえに、アラスカと南アフリカで新たな金鉱の発見が相次いだことで、金の供給が増えていた。「アメリカの世紀」が幕を開けつつあり、彼の国は経済・軍事ともに大国になろうとしていた。

しかしブライアンの思想の敗北は、一時的なものでしかなかった。ブライアンの最後の落選から六年後に、金本位制は停止された。第一次世界大戦後には金本位制復活の試みがあったものの、結局は失敗した。戦時債務を負った世界にとって、金本位制の軛《くびき》はとうてい耐えられるものではなかった。

現在の世界は、貨幣を法令によって（つまり思いのままに）つくりだせる（「名目貨幣」という隠語で知られる）システムで動いている。金との結びつきは一九七一年を最後に断たれ、不換紙幣のシステムが取って代わった。このシステムと金本位制には根本的なちがいがある。金は他の誰の負債にもならない。自分で何の制約もなしに所有することができる。紙幣や電子マネーはつねに、銀行でも政府でも、自分以外の誰かが権利を主張してくる。現在のマネーとは負債であり、負債こそがマネーなのだ。

負債の水準は過去四〇年間にぐんぐん上がりつづけ、ついには二〇〇七〜〇八年の信用危機を迎えた。世界はまだその影響から脱しきれていない。これは決して偶然ではない。この危機に対応するために、量的緩和（ＱＥ）という方策を通じて、ニューマネーが生み出された。政府の財政赤字を補填するためにマネーをつくるなどと、ブライアンの時代の通貨価値維持論者たちが聞けば、きっと怖気をふるうだろう。しかし農民だけでなく、政府までが巨額の負債を抱えるようになった現在、こうした方策は珍しいものとはいえない。哲学者のジョン・スチュアート・ミルは一八四八年の『経済学原理』でこう警告している。「発行者は、通貨の価値を下げることに直接の利害を持っているかもしれない。特に国債の場合、それは必ず当てはまる。通貨の価値によって自らの負債が計算されるためだ」。

アメリカは今や世界最大の債務国であり、その財政状況はあらためて激しい議論の対象となっている。問題はアメリカが世界一の経済大国であると同時に、ドルという最も広く流通している通貨の発行者であることだ。アメリカが危機から逃れるためにとってきた政策（たとえばＱＥ）は、中国をはじめとする債権国にとっては非常に評判が悪い。

二〇〇八年のアメリカ政府は、生産活動が大きく落ち込み、失業率も跳ね上がった、あの一九三〇年代の大恐慌の再現を恐れた。そこで金融政策（通貨の量と金利の水準を調節する）であれ財政政策（政府収支の均衡を図る）であれ、使える持ち駒はすべて使い、その脅威を防ごうとした。さらには、銀行のリスクの一部を政府が引き受けるようになった。民間の負債が公共の負債として肩代わりされたのだ。

この救済についての論争は、きわめて政治性の高いものだ。ジョン・メイナード・ケインズの教えに従う経済学者は、こうした刺激は需要を維持し、労働者の仕事を確保するうえで不可欠だと主張してきた。アメリカでは保守的な「ティーパーティー」運動が続けられているが、その支持者たちは、こうした政策は政府の役割を拡大させ、将来の世代に高い税金とインフレのリスクを負わせることになると言って反対している。この両者が、二〇一一年の夏に衝突した。議会では債務上限、つまりアメリカ政府が合法的に借りられる金額の上限を引き上げるという案をめぐって議論された。ティーパーティーの一部には、債務上限はいかなる状況でも引き上げるべきでないという主張があった。このときティーパーティーがもし勝っていれば、アメリカは債務の履行を怠り、世界経済を大混乱に巻き込んでいただろう。

この両陣営の主張は本来、異なる有権者層にアピールするものだった。国の債務とは、突きつめれば納税者の債務であり、最大の納税者はその社会で最も富裕な層である。財政赤字が長く続いている政府はいずれ、その埋め合わせのために税金を上げ、納税者の収入を目減りさせるだろう（あるいは、債務の履行を怠り預金者に損を与えるかだ）。通貨の面から見れば、ある政府が通貨供給量を増やしていき、そのペースが国の経済成長を上回れば、やがてインフレを通じて納税者の資産の実質価値が目減りしていく。どちらにしても、富裕層は負ける。勝つのは、公的支出の増加で恩恵を受けるか、税金をほとんど払わない貧困層だ。

同様に、政府が公的支出を削減することで予算の均衡を図るか、あるいは金利を上げることでインフレを抑制しようと決めれば、公共部門に雇用されている人々、給付金で暮らしている人々、負債のある人々には不利になるだろう。要するに、一方の方針をとれば債権者／富裕層の有利になり、もう一方の方針をとれば債務者／貧困層の有利になる傾向があるのだ。ティーパーティーに関して注目すべきなのは、ウィリアム・ジェニングス・ブライアンの時代とはまったく逆に、大衆運動が、通常なら債権者の側が選びそうな方針をとっていることだ。この皮肉を仕上げているのが、ウォールストリートの人々の行動である。かつてはガチガチの通貨価値維持論者だった彼らが、今は量的緩和（ＱＥ）に対して、株式市場を下支えし、自分たちの利益を引き上げてくれるものだということで歓迎しているのだ。

論争は今も先進各国で続けられている。英国では保守党と自由民主党の連合政権が、支出削減に反対する労働組合の前で、労働党政権から引き継いだ財政赤字をなんとか減らそうと苦心している。現政権の策定した緊縮プログラムは、サッチャー元首相が計画したものよりもはるかに大胆だ。

しかし最も危機的な状態にあるのは、ヨーロッパ大陸のほうである。この地域は金融政策において、各国の通貨をユーロに取り替えるという歴史的な実験を行ってきた。実際には、より小さな国々は、二〇世紀後半から世界で最も強い通貨となったドイツマルクの評価に便乗していた。ユーロが導入されてしばらくの間、周辺各国が受けるのは恩恵以外何もないように見えた。借り入れコストが下がってドイツのコストとほぼ同等になる一方、一九七〇年代と一九九〇年代初めの為替相場危機を避けることができた。

だがヨーロッパ各国は、ドイツの倹約指向も競争力のある産業も持たないまま、ドイツの金融政策をそのまま実行していた。結果は、信用に支えられた建設ブーム（アイルランド、スペイン）か、繰り返される貿易赤字（ギリシャ、ポルトガル）だった。アイルランド政府は長年のあいだ、良好な財政状態を保っていたが、これは人為的な銀行・建設ブームが個人消費を、ひいては税収を押し上げた結果だった。危機が到来し、銀行の救済が必要な状態に陥ると、民間部門の負債は公共部門の重荷となった。

それぞれの国が銀行部門を救おう、増える一方の負債に対処しようと苦闘するなか、ユーロの未来には疑いが持たれるようになっている。ヨーロッパでも最悪の債務国は、デフォルトの決断を下すのか？　あるいは単一通貨から離脱するほうが、何年も続く緊縮財政よりはましな選択肢なのだろうか？　それともドイツが、もはや他国の債務を進んで引き受けはしないという決定を下すのだろうか？

古くからの戦い

債権者と債務者の争いの歴史は、ほとんどマネーそのものの歴史といっていい。一九世紀初頭のアメリカの思想家ジョン・テイラーは、銀行業は「国を債権者と債務者とに二分し、どちらの側をも相手に対する悪意で満たす」と言っている(1)。経済の歴史はすべてこのプリズムを通して見ることができる——つまり、マネーを貸す側と借りる側の争いだ。前者は通貨の価値が減ることなく、ちゃんと利子をつけて返済されることを求める。しかし危機の時期には、後者にそうする余裕がなくなってしまう。

歴史が示すとおり、経済活動が発展する時期には、通貨の供給量が増し、マネーの定義が広がっていく。取引や収入が増えているおかげで、経済の先行きへの信頼感は高い。企業はマネーの拡大を喜んで受け入れ、それはしばしば負債の形をとる。たとえば、顧客への信用供与を拡大するといったことだ。その後、何かが起こって信頼が損なわれ、受け入れられるマネーの定義が狭まると、信用を拡大しようとする意欲が減少する。

二〇世紀には、景気循環が繰り返されるたびに、債務がどんどん膨らんでいった。一九八一年にはロナルド・レーガンが、渋る共和党議員たちを説き伏せて、政府の債務上限を一兆ドル以上に引き上げる法案を可決させた。一の後に一二の〇《ゼロ》がつく数字だ。保守派の大統領なら、大きな政府を問題とみなし、財政赤字を減らすほうへ向かうはずなのだが。やがてレーガン政権が終わる一九八九年になると、債務は二兆六〇〇〇億ドルに達していた。

この金額に注目したシーモア・ダーストという不動産業者が、ニューヨークのタイムズ・スクエアに「債務時計」を設置し、増える一方の負債額をでかでかと表示した。二〇〇八年には、債務の合計額が一〇兆ドルに達したため、時計は桁をひとつ増やさなくてはならなくなった。さらにわずか三年後には、二〇〇八〜〇九年の景気後退に続いて巨額の財政赤字が生じた結果、債務はかつて定められた上限の一四兆三〇〇〇億ドルに達した。この間に増加した負債の額は、シーモア・ダーストを最初に驚かせたときの数字を上回っていた。冗談でなく、アメリカ建国以降の二一二年間に累積した負債よりも大きな額だったのだ。

政府債務の総額は、まだ氷山の一角にすぎない。政治家たちは民間・公共両部門の高齢労働者に、引退後の年金に資金を拠出し、高齢者医療の費用を支払い、銀行や企業の債務を保証すると確約している。また政府の義務とは別に、住宅ローンやクレジットカードによる消費者の負債、拡大一途の企業の負債、金融市場で投機を行おうとする銀行の負債も積み重なっている。

これらの負債が満期を迎えると、金持ちの債権者は貧しい債務者と対立することになる――民間部門の納税者は公共部門の労働者と、若い労働者は引退者と、国内の有権者は債権保有者と対

equity finance
新株発行を伴う、資金調達

決する。こうした戦いに誰が勝つのかは予測不可能だが、ただひとつ確かなことがある。これらの債務がすべて返済されることはないということだ。

債務危機はまた、通貨の供給をどのようにコントロールするかという論争を生んだ。一九七〇年代に、貨幣が金《きん》とのつながりを失うと、その結果すさまじいインフレが起こった。世界は破滅に向かうのではないかという声もあがったほどだ。しかし急激に通貨量が増加した一九七一年以降の時期は、高度経済成長の時期でもあり、資本主義は非共産圏の大部分の国々に広がることになった。この両者にもし関連があるとすれば（実際にあるかどうかはあきらかではない）、割に合うトレードオフだと見なせるかもしれない。結局のところ信用《クレジット》は、現代の経済を機能させるのに不可欠なものだ。信用なくして企業は発展できないし、雇用をつくりだすこともできない。進んだ社会ほど、複雑な金融システムをつくりだしているように見える。銀行は世間からの非難の的になっているかもしれないが、銀行がなければ現代の生活は恐ろしく煩わしいものになるだろう。住宅を買おうとする人たちが友人知人から資金すべてを用立てなくてはならない社会や、海外旅行に行くたびにバッグに金か銀を詰めていかなくてはならない社会を想像してみるといい。

にもかかわらず、現代の通貨制度にはやはり固有のジレンマがある。銀行貸し付けの額はいつ過剰になるのか？　複雑になる一方の金融システムはいつ、経済のためにならなくなるのか？「適正な」水準を定義するのは難しいが、過去二〇年間のどこかでその水準を超えてしまったことは確かなようだ。

信用は取引のための資金調達に利用されるが、投機を煽るのにも使われる。欧米世界は、銀行が肥大化して現代経済の中心となるのを許してきた。まるで十代の子供がクレジットカードで湯水のようにお金を使うのを許す親のように振る舞ってきたのだ。どちらかといえば退屈な職業だった銀行業は、世界中の優秀で聡明な若者がめざす華々しい世界に一変した。資産購入のための貸し付けが行われ、資産価格は跳ね上がった。金融市場で取引をすることが金持ちへの道となった。ヘッジファンドやプライベート・エクイティファンドは、信用供与の拡大と資産価格の上昇から儲けを得るビジネスだが、この二、三〇年の間に大繁盛した。新興国では今でも、産業や天然資源から巨万の富をなす富豪が出てくるが、先進国では金融界から富豪が生まれているのだ。運とレバレッジが、一トレーダーを天才に変貌させることもある。

だが、資産価格の上昇はいつまでも続かない。二〇〇七～〇八年の危機が銀行を襲ったとき、政府は経済の崩壊が広範囲に及ぶのを恐れ、介入を余儀なくされた。過去にも何度も起こってきたことだ。政府（つまり、その代理人である中央銀行）はしばしば、税金を注ぎ込むか紙幣を印刷するかして、最後の貸し手となる。

しかし一国の政府といっても、資金調達の力には限度がある。ギリシャでは二〇〇九年の末、財政が悲惨な状況にあることが突然あきらかになり（何年にもわたって統計の数字をごまかしてきた後で）、ほどなく財政危機が起こった。ギリシャ国債の利回りが急激に上昇し、巨額の財政赤字のための資金調達がさらに高くつくようになった。新しい社会主義政権は、その穴埋めをしようと独立した三つの緊縮政策をまとめて打ち出したが、そこには年金受給年齢の引き上げ、公務員手当の削減などが含まれていた。労働者はそれにストと抗議活動で応えた。

こうした計画にも市場は納得せず、ギリシャの借り入れコストは驚くほど上昇した。そこでギリシャは豊かなヨーロッパ近隣諸国の救済プランを頼り、新たな資金提供者が課す緊縮計画に同意した。それでも、結局は時間を稼いだにすぎなかった。負債はあまりに巨額すぎた――年間の国内総生産（GDP）のほぼ一五〇パーセントに相当するほどだった。これを完済するには、ギリシャが何年にもわたって支出（少なくとも利子を支払う前の）を上回る税収入を得ること、輸入よりも輸出を多くすることが求められる。それはつまり、税金が上がって給付支出は下がり、賃金と消費需要も下がるということだ。ギリシャの国民にしてみれば、血の一滴まで搾り取られるのに等しい。

そして一年後、当然のようにギリシャは、再びヨーロッパの隣国に融資を求めた。投資家たちは明確な見解をもって応じた。ギリシャの二年物国債の利率は二五パーセントとなったが、これは債務が完済されない恐れがある水準だった。デフォルトはギリシャの債務を、GDPの七〇～八〇パーセントというなんとか返済可能な水準まで減らすだろう。しかしEUは、ヨーロッパ全域にパニックが広がることを恐れ、デフォルトには絶対反対の姿勢をとった。ギリシャ議会とデモ隊の間に緊張が続いた後、二〇一一年の六月、さらに予算を削減することを条件に融資を行うという合意がなされた。それでもほとんどの人々は、この取引が一時的な救済にすぎないことを知っていた。一〇月には救済措置の再交渉が行われた。ギリシャが苦しんでいるのは、ユーロ圏の一員であるためだ。通貨を切り下げて債権国への返済を実質的に減らすという、昔ながらの手が使えないからだ。

他の先進国の政府も、これから数年のうちに、ギリシャと同じ選択に直面するかもしれない。債権者を満足させておくのに必要な犠牲を払うのか？　今後一世代にわたって金融市場から締め出されるのを覚悟で、デフォルトに踏み切るのか？　通貨を切り下げて負担を軽くするのか？（これはすべての国の政府が使える切り札ではない。ある通貨の価値が下がれば、別の通貨の価値は上がる）国内の債権者にとっては、インフレの創出によっても同じ効果が達成できる。

こうした方策に目新しいものは何もない。君主は何千年も前から通貨の価値を落としてきた（またの名をインフレという）。現代史に目を向けても、先進国・途上国を問わずデフォルトの例はちらほら見られる。債権者は報復として、高い利率を要求するか、金に照らして通貨の価値を固定するという合意を押しつけたりする。

本書で論じるのは、われわれが歴史上新たな危機の時期を迎えているということだ。債務者は借金を返せず、無条件のデフォルトに踏み切るか、政府にインフレを起こして負債を軽減するよう促すかする。途上国にも次第に増えつつある債権者は、自分たちの権利を守る新たなシステムを要求するだろう。これには欧米の債務国に、自国の通貨価値を支え予算を均衡させることを約束させることも含まれることになるかもしれない。

紙の夢

一九七一年にリチャード・ニクソン大統領は、米連邦準備理事会がドルを定率で金と交換するという義務を放棄した。その当時、金は一トロイオンス当たりわずか三五ドルだった。しかし二〇一一年八月の時点では、一オンス当たり一九〇〇ドルで取引されていた。この変化には、通貨価値維持論者たちが恐れていたことが示されている——紙幣は本来的にその価値を失う傾向がある、ということだ。いずれは本来の価値、すなわち紙切れに戻る運命なのだという声もある。批評家的な見方をすれば、紙幣には航空会社のマイレージ並みの実質しかない。いくら貯めても実際に現金化することはできない種類の通貨だということだ。

ニクソンの決定はまた、通貨市場に新たな時代の到来を告げるものだった。その時点から、ほとんどの先進国は通貨を自由に変動させることに決めた。つまり、通貨の市場での価値が毎日、上下するということだ。固定為替相場制では、政府は通貨が脅威にさらされると、経済の急ブレーキを踏まざるをえなくなる。そうした古い制約が取り払われたのだ。この時期に貿易収支の巨額の黒字や赤字、資産市場の急成長、負債の増加が目立ったのは偶然ではない。

厳密に正確にいうなら、変動相場制の世界は経済大国（アメリカ、日本、ヨーロッパ大陸、英国）からなっていて、それぞれの通貨が互いに変動する。しかし経済強国の座は現在、中国をはじめとする新興国に移りつつあり、そうした国々は為替レートを変動させず、管理する傾向がある——典型的なのは、ドルに対してレートを一定に固定することだ。近年はそこに、自国通貨の価値が急に上がりすぎて輸出がきびしくなることを防ぐ政策がからんでくることが多い。たとえば中国は、人民元が毎月、ドルに対してごく狭い範囲でしか動かないように計らっている。

こうした政策は経済的な対立の可能性を高めてきた。一方の側には、マネーをつくりだして景気を浮揚させようとするアメリカがいる。もう一方の側には中国がいて、労働者の職を確保するために為替レートを管理しようとする。結果として二〇一〇年末には「通貨戦争」の話題が各紙にあふれるにいたった。

これはある意味、世界を舞台に繰り広げられる債権者と債務者の戦いのひとつにすぎない。この場合は中国が債権者側、アメリカは債務者側になる。今回の例で目新しいことは、きわめて多くの国が同時に、世界大戦という引き金なしに生み出された債務問題に直面しているということだ。さらに現在は、世界的にデフォルトやインフレの恐れが非常に大きいにもかかわらず、歴史上のどの時期よりも金利が低くなっている。まるで金本位制の時代にふさわしい低さなのだが、さらにマネーをつくりだす力に対する歯止めをわれわれは持っていない。

こうした危機は、負債に対する個人や企業、国家レベルの態度が長い時間をかけて根本的に変化した後に訪れた。一九八〇~九〇年代には、借金をするのは必要なことというよりも、経済的な抜け目のなさのしるしと見られていた。先進国は負債に基づいた経済モデルを構築した。消費者は自らのライフスタイルのために借金をし、企業は収益を増やすために借金をし、金融機関は資産市場への投機のために借金をし、国は経済が景気後退を切り抜けられるように借金をした。二〇〇七~〇八年の信用危機は、こうしたモデルが実は破綻していたことを示している。しかしそれに代わるものはあるのか？

円を描く循環

仏教では、生と死という人生のサイクルを輪廻としてとらえる。人間はその輪廻が描く円のなかの自分の判断基準に基づいて、すべての物事を見るのだと、宗教学者はいう。同様に、経済は円を描いて循環する。ある役者が使ったマネーをつぎの役者が受け取る、というように。経済にまつわる議論は、その円上のどの部分を出発点に選ぶかに左右されることが多い。

一部の人たちにとっては、危機に対する答えはシンプルだ。無駄遣いはやめて収入相応に暮らすべし。貯蓄は投資の資金として必要になる。新しいテクノロジーや新しい設備に投資することが唯一、先進国が長期的に経済を成長させられる方法なのだ。ただ、経済は循環するという性質があるゆえに、これら個人の判断が合わさって結果が生じる。ケインズが言うように、マネーが使われずに貯蓄されると、商品の需要は減り、したがって雇用も減る。貯蓄に回される分が多すぎ、使われる分が減り、あげくに雇用も減るという悪循環に経済はとらえられやすい。国内レベルで当てはまることは国際的にも当てはまる。欧米各国が消費を控えれば、途上国の商品の売り上げは減るのだ。

政府が財政出動を決め、減税や支出増によって景気を浮揚させようとするときも、同じ議論が起こる。ケインジアンに言わせると、そうした刺激策は、景気が再び後退したとき、需要を引き上げて雇用をつくりだすという好循環を生み出す。景気が回復すれば、税収は増えて失業給付のための支出は減り、財政赤字は緩和される、と。

それはナンセンスだという批判の声もある。政府支出は円のどこか別の場所からやってくるべきものだ。短期的に見れば、政府が借金をすると、せっかく自分のところで雇用をつくりだしそうな企業から資本を取り上げてしまう。また長期的に見れば、財政赤字は増税を意味し、消費者の財布から購買力を奪うことになる。

国際的な経済の議論も行き詰まっている。この問題についての各国の理解は、円のどこを出発点にするかに左右されるからだ。ヨーロッパでいえば、ドイツは他の国も輸出主導のモデルを採用するべきだと考えている。しかしドイツが輸出しようとするなら、どこかの国が輸入しなくてはならない。現在、債務危機に直面しているヨーロッパの国々は、ドイツの製品を買ったことで債務の一部を背負い込んでいる。そうした国が買うのをやめれば、ドイツの産業にも影響が出てくるだろう。

中国とアメリカの関係では、中国は自分たちの側に理と徳があると見ている。なにしろ、製造と他国への輸出に基づく経済によって黒字を積み重ね、国民を貧困から引き上げるために投資をしているのだ。それに引き換え、アメリカは野放図で、手元に持っているわけでもない金をワイドスクリーン・テレビのような贅沢品に費やしているではないか。しかしアメリカの側から見れば、変わらなくてはならないのは中国のほうだ。中国はわざと通貨を低い水準に保つことで輸出競争力を維持している。欧米が安い製品を（自国の製造業の雇用を減らしながら）手に入れる一方、中国は見返りに借用書を手にするが、ちゃんと支払われるかは定かでない。これでは双方が納得できる取り決めとはいえないだろう。

この論争は、歴史的にもきわめて重要なものだ。先進国がその経済力を駆使して世界の問題解決をリードできるかどうかは、今や疑問視されている。一九五六年に英国とフランスは、ナセル大統領がスエズ運河を国有化した後、エジプトに対し軍事行動を起こした。しかしアメリカ政府が英国に対して財政的な締め付けを行うと、この行動はたちまち放棄された。ワシントンが自らを戒めて、中国の債権者たちの機嫌をとることをやめるという時はくるのだろうか？

さらに実際的なレベルでは、国際金融のルールも変える必要があるかもしれない。古いルールは一九四〇年代、欧米諸国が経済力をすべて手にしていたときに定めたもので、新しい世界には適切でない可能性もある。焦点は先進国グループG7の会議から、より幅広い、中国やブラジルといった新興国を含めたG20の場へと移りつつある。アングロサクソンの国々は、国際資本の自由な流れを熱心に支持してきた。しかし中国をはじめとする新興国は、それほど熱心ではない。

政治的、倫理的問題としての負債

危機は経済的な帰結のみならず、政治的な帰結ももたらす。ウィリアム・ジェニングス・ブライアンはポピュリストとして知られるが、これは現在の「ティーパーティー」運動にも貼られているレッテルだ。ポピュリズムが左派から右派へ鞍替えしたのかと思えるが、実際にはこの運動は、左派や右派とは関係なく、エリート層に対して「庶民」を代表している主張である。ポピュリズムはまた、倫理的な色合いも濃く持っていて、腐敗した政府や腐敗した企業のインサイダーの価値と、慎ましい普通の人々の価値とを対比させようとする。

ブライアンの場合、この「庶民」とは農民を指していた。彼にとって農業は、国家的アイデンティティーの中心にあるものだった（皮肉なことに、現代のアメリカの評論家たちの考えでは、製造業がその中心にある）。農民は誠実な労働によって生計を立て、金融家は怠惰な投機によってお金を稼ぐ。ブライアンの見方は、アメリカ人が従来からずっと銀行家に対して抱いていた疑念を表すものだった。たとえばトマス・ジェファーソンやアンドリュー・ジャクソンといった一九世紀の大統領たちも、こうした考え方を示していた。合衆国憲法制定者のひとりで、第二代アメリカ大統領のジョン・アダムズはこう公言している。「アメリカの銀行はすべて、利益を上げたそれぞれの人々にかけられる途方もない重税なのだ」。

児童書の古典『オズの魔法使い』は、実はブライアンの擁護運動を元にした喩え話だという主張があり、今日でも激しい文学論争のもとになっている(2)。ドロシーは中西部の農業地帯の州で生まれ育った、無垢なアメリカ人の原型だ。彼女は黄色のレンガ道（金《きん》の比喩）をたどってオズの都に着くが、これも金の価格を測る従来からの単位、オンスを省略した表記（ＯＺ）と一致している。そしてドロシーは、東の悪い魔女を殺すのだが、東部の州は金融家を代表するものと見られていた。彼女の道連れはかかし（農民）とブリキの木こり（工場労働者）とライオン（ブライアンその人）である。そして一行はオズに着いたとき、魔法使いがペテン師であり、力のないただの老人であることを知る。

金への信仰もこれと同様の幻想だというのが、ポピュリストたちの考えだった。ブライアンは一八九六年の民主党大会でこう喝破している。

「皆さんはわれわれのもとにやってきて、大都市は金本位制を支持すると言う。われわれは答える、都市があるのは広く肥沃な大平原《プレーリー》の上ではないかと。われわれの農場を残してそうした都市を焼き払っても、都市はまるで魔法のように再び生まれ出るだろう。しかしわれわれの農場を焼き払えば、この国のあらゆる街の通りが草に覆われるだろう」

彼がある大会での演説で最後に唱えたイメージは、今でも最も有名な一節として残っている。

「労働者の額にこの茨《いばら》の冠をかぶせることなかれ。

人類を金の十字架に磔にすることなかれ」

何やら宗教的なトーンを帯びているのは、偶然ではない。敬虔な長老派教会の信徒であり、絶対禁酒主義者だったブライアンは、晩年はいささか滑稽な人物となり、いわゆる「モンキー裁判」で検察側の応援にまわっている（テネシー州の教師スコープスが進化論を教えたために訴えられた裁判で、『風の遺産』という舞台と映画にもなった）。だが、これと似たようなトーンは、彼の政敵の側にも見られた。ジョージ・フリスビーという共和党上院議員は、「この世のことに健全な通貨が果たす役割は、霊的な生活に純粋な宗教や堅固たる倫理体系が果たす役割と同じだ」と語っている。

ヴィクトリア朝時代には、借金を返済しないのは刑事犯であり、借り手が投獄されることも珍しくなかった。チャールズ・ディケンズは『リトル・ドリット』で、ウィリアム・ドリットが債務者として収監される王座裁判所監獄について書いているし、ウィルキンズ・ミコーバー（『デイヴィッド・コパフィールド』の登場人物）はしじゅう逮捕されるのを恐れて暮らしていた。ミコーバーのこんな有名な台詞がある。「年収二〇ポンド、年の支出一九・一九六ポンド、その結果は幸福。年収二〇ポンド、年の支出二〇・〇六ポンド、その結果は貧窮だ」。

債権者のほうは、債務者は自らの負債をひとつの行動規範として尊重するべきだと考える傾向がある。たとえば一九二〇年代のアメリカ大統領カルヴィン・クーリッジは、同盟国から第一次世界大戦の債務返済をリスケジュールしてほしいという要請があったとき、「連中は金を借りたのではないのか？」と答えた。借り手が逃れられるようにするべきだという発想は、経済学における「モラルハザード」の一例である。つまりこれは、借り手が自ら犯した愚行から救済されることを示す。もし借り手にそんなことを信じ込ませようものなら、二度と自分の責任を全うしようとしなくなるだろう。こうしたモラルハザードの発想から、アメリカ当局は二〇〇八年九月に投資銀行のリーマン・ブラザーズの救済を見送る判断を下したのだが、その結果、全世界の金融システムがほとんど停止するという事態になった。

債務者はまた、倫理に訴えかけようともする。債権者が高い利子を要求してくると主張するのだ。こんな収入は「不労所得」ではないか、まじめな勤労者が受け取る賃金とはわけがちがう、と。アリストテレスは、貨幣は家畜とはちがい、自ら勝手に増えるという意味での実りをもたらしはしないと言った。キリスト教はusuryという概念をつくりだし、過剰な利子をとることを戒めた。イスラム教はさらに一歩進んで、利子の支払いを完全になくそうとした。

債務危機が起こると、借り手の多くは「強欲な貸し手」によって窮地に引きずり込まれたのだ、完済を迫るのは貧困層を罰することだ、などと富裕層をだしにして論じられることが多い。国際関係では、「忌むべき負債」という概念がある。途上国の人々には、泥棒政治家や専制君主の政府から背負わされた借金を返すよう求めるべきではないということだ。二〇〇五年のライブ8ロックコンサートは、欧米諸国の政府に途上国の債務を棒引きするよう求めるという動機から開かれた部分もある。

民主主義国の政府も、数のうえで債権者に勝る債務者たちの利益を支持したくなるかもしれない。しかしその場合には、注意が必要だ。なにしろ債権者は、自分の貯えをどこに投資するかを選ぶ権利を持っている。少なくとも不謹慎なほど高い利率を要求してくるだろう。最悪の場合、よほど有利な条件でないかぎり、融資を拒否するかもしれない。

債務を棒引きにしたり、インフレによって軽減したりするのは、強欲な富裕層からマネーを取り上げ、ほんとうに必要な貧困層に返すことである——単純にそう決めつけてしまうのも誤りだろう。インフレによる治療は病気そのものより悪い場合もある。ブライアンが一八九六年の選挙で敗れた理由のひとつは、彼のキャンペーンが工場労働者にほとんどアピールしなかったためだ。工場労働者にとっては、食品の価格が上がれば生活の水準が下がるということになる。ブライアンが南部（当時の民主党の牙城）以外に地盤として持てたのは、人口一〇万そこそこの都市ひとつだけだった。インフレが起こると、倹約しても不利になるばかりだ。第一次世界大戦後の混沌のなか、ドイツではヴェルサイユ条約で課された賠償金の負担を減らすために計画されたハイパーインフレで、中産階級の貯蓄が消え失せ、ヒトラーが台頭する道を開いた。

銀行家ですら、自分自身が生き残れるかどうかが危うくなると、通貨価値の維持という考えにあまりこだわらなくなる。すぐさま政府と中央銀行に、金利を引き下げ、金融システムを安定させるのに必要なニューマネーをつくるように求める。一八九六年には農民が闘いに敗れたが、二〇〇八〜二〇〇九年の債務者たちはずっと大きな力を持っていた。世界各国の政府が彼らを救済しようと動いたのだ。

通貨価値の維持に重きが置かれすぎると、消費者や企業が債務の重荷に押し潰され、経済活動は縮小する。しかし通貨が弱すぎると、経済活動はやはり停止する。貯蓄する動機がなくなり、スーパーマーケットの棚が空になるのだ。マネーが活発に動きすぎれば、国は投機熱に浮かされ、市民は短期間で資産を売買して金持ちになろうとする。そしていずれは価格が急落し、投機熱が破裂する結果を迎える。だがマネーの動きが鈍すぎれば、マットレスの下や銀行の口座で使われないままになり、産業は資本不足のせいで停滞し、新しい雇用も生まれない。経済学者ポール・

クルーグマンは、つぎのような見方を批判している──「借金は悪だ、借り手は罪を償って、これからは収入の範囲内で暮らさねばならない……［そして］この種の教訓じみた発想こそ、われわれを終わりのない不況に閉じ込めてしまう元凶なのだ」(3)。

最も大事なのは、適正な均衡をとることだ。そこで本書ではまず最初に、マネーの本質と起源、そしてそのマネーが実体を備えた存在からコンピューターの画面上の数字へと変わっていった経緯を見つめなおす。それから帝国や王国がどのようにマネーとともに盛衰してきたかを列挙し、個々の通貨が世界貿易とともに発展してきたこと、そうした通貨が国家的威信の象徴から経済政策の道具に変わったことを見ていく。そして負債が個人の恥の問題ではなく、ほとんど人権に近いものとなったことを説明する。そして最後に、現代の債務危機を歴史的文脈から見直し、現在の状況を維持していくのは不可能だということを示す。債務者の多くは守ることのできない、紙切れ一枚の約束をしているのだ。

第1章　マネーの本質

「誰かが錬金術のことを口にした。するとローは、自分は賢者の石を見つけたと言い、居合わせた全員を驚かせた。『私の秘密を教えましょうか。紙から金をつくりだすことです』」
——H・モンゴメリー・ハイド *John Law*（邦訳『ジョン・ロー』）

「ほどほどの好奇心と勤勉さと知性を持ち合わせた人なら、貨幣について理解できないことは何もない」
——J・K・ガルブレイス *Money*（邦訳『マネー——その歴史と展開』）

シラクサのディオニュシオスの時代と北朝鮮の金正日の時代には、二四〇〇年という時の隔たりがある。だが、どちらも同じような金融政策をとっていることが、新たな専制君主の古い術策を如実に示している。

ディオニュシオスが死の床にあるとき、臣下たちが彼に、以前の借金の返済を求めた。すべて貨幣による借金だった。するとディオニュシオスは、一枚のドラクマ硬貨を、これは二ドラクマであると刻印しなおすことで、硬貨の価値を半分にした。この細工によって、彼は自分の手元にあるすべての貨幣の額面価値を取り戻し、残り半分で借金を支払うことができた。

そして二〇〇九年、共産主義国家の「親愛なる指導者」はこの手法のバリエーションを利用した。額面一万ウォンの古い札一枚を新しい一〇ウォン紙幣と取り替えると発表したのだ(1)。通貨からゼロを何桁か減らすことは、メキシコやフランスといったインフレ傾向のある民主主義国家では、過去に行われてきた。しかし北朝鮮の独裁者は独自の狡猾な工夫をそこに付け足した。交換できるのは総額一〇万ウォンのみ(のちに一五万ウォンに引き上げられた)としたのだ。この飢饉だらけのディストピアで何がしかを蓄えてきたごく一部の国民は、自分の貯蓄がゼロに変わるという憂き目を見ることになった。自殺を図った夫婦の報告もある。もともと貧困にあえいでいた国に、さらに経済的な混沌がもたらされたのだ。さすがの金正日もそのことに気づき、やがてこの政策を撤回した。しかしいつものこれ見よがしな振る舞いで、責任ありとされた不運な高官を処刑した(2)。

何千年にもわたって、マネーの本質は、権力の座にある人間たちの気まぐれでころころと変えられてきた。政府はたいてい、マネーとは何か、そして何ではないのか、といったことを決める権利を持っていると自任している。政府が財政的に困難な状態にあるときなど、このマネーの定義を変えることは、実に魅力的な選択肢だ。もしくはディオニュシオスのように、貨幣をつくりだして負債を清算することもできる。こうした手段(新札を刷ること)のコストはきわめて低いし、政府は自分のつくりだした貨幣の利子を払う必要もない(経済学では「シニョレッジ〈通貨発行益〉」として知られる利益だ)。

貨幣をつくりだすことは、インフレ課税として見ることもできる。自国の市民にかける税金を上げるというのは、困難で人気のない仕事だが、この方策はその代わりを果たす。政府債務はふつう名目値で固定されるため、インフレは債務返済にかかるコストを実質的に減らすことになる。八パーセントのインフレでは、物価は九年間で二倍になる。したがって債務返済コストは同じ期間の間に半分になるわけだ。

遠い昔から政府は、インフレによる課税を、大衆の怒りを最小限にとどめながら収入を増やす手段として用いてきた。古代ギリシャの戯曲家アリストパネスは、『蛙』のなかで悪貨の鋳造について書いている。硬貨に混ぜ物をするのは、歴代ローマ皇帝のお気に入りの習慣だった。皇帝たちは兵士に賃金を支払う必要にたえず迫られていたのだ。近衛兵にきちんと報酬を払えなければ、「ブルートゥス、おまえもか」と言うひまもなく前皇帝の身分へ追いやられることになりかねない。硬貨一〇〇〇枚をつくるのに一〇〇オンスの銀が使われるなら、含まれる銀を半分にすれば、二〇〇〇枚つくることができる。この方策が用いつづけられ、ローマの硬貨に含まれる銀の量は、二世紀たつうちに九六パーセント減少した。

混ぜ物に代わる方法として、硬貨の縁を少し削って小さくするという、「クリッピング」というものもある。だが現代はそれよりずっと簡単な策が利用できるようになった。硬貨に貴金属（つまり正貨）を使うかわりに、紙を使えばいいのではないか？

ジョン・ローの物語

ジョン・ロー（一六七一―一七二九）はスコットランドの数学家にして賭博愛好家、そして初期の経済学者でもある。あるとき決闘相手の男を殺した後、祖国を離れ、ルイ一四世が死ぬ寸前の時期のフランスにたどり着いた。ルイ一四世は「太陽王」と呼ばれ、ヨーロッパでも最有力な君主だった。その治世は七二年間に及び、宮廷の豪華さや廷臣の使ったおべっかの逸話でも知られる(「今何時だ?」この問いかけの答えはこうだ。「それはもう、陛下のお気に召すとおりの時間でございます」)。彼は偏狭なカトリックで、勤勉な新教徒であるユグノーを追放し、異端とされる英国およびオランダと長い戦争を戦い、国の経済を疲弊させた。

ルイ一四世の時代が終わる頃には、国王は基本的に破産状態にあった。徴税の権利はすでに、あちこちの貴族や商人に売ってしまっていた。彼らの強奪ぶりは恨みを買っていた。国王が一七一五年に死去した時点で、国の債務は三五億リーブル(当時のフランスの通貨)に達し、国王は七パーセントもの高い利子を払っていた。

後を継いだルイ一四世の曾孫ルイ一五世はまだ幼く、権力は摂政のオルレアン公の手にゆだねられることになった。国の債務状態を思えば、摂政がジョン・ローの考えに惹きつけられたのは当然だった。このときローは、紙の貨幣を発行する権利を持った銀行を設立することで、問題を打開できると説得した。要するに、紙から金《きん》をつくりだせると信じていたのだ。

ローは景気の浮揚策としての「金融緩和」を初めて実施した経済学者だった。この計画が採用されれば、「多くの国民が職に就くことができ、国は繁栄し、製造業は発展し、国内外で取引が成立するだろう」とローは主張した(3)。

こうしたローの考えを理解することは重要だ。彼の計画は失敗に終わったものの、ローこそ現代の金融経済学の父といえる。それまでは金と銀が「ほんとうの富」であり、究極の価値の貯蔵手段であると考えられてきた。しかしローは、貨幣の重要な役割は商業活動の潤滑油だと信じていた。彼はこう記している。「貨幣の持つ価値が品物と交換されるのではない。品物と交換されて初めて価値が生まれるのだ。貨幣の用途は品物を買うことにある。銀には貨幣以外の使い道はない」。

このようにローは、それまでの発想をがらりと変えたのだった。古いシステムでは、富が向こうからやってくるのを、つまり金と銀が発見されるか、外国との取引で得られた利益が貯まるのを待たなくてはならない。しかしローは、富とはフランスの領土と企業が生み出す品物だと考えていた。その取引は通貨なしでは行われない。もっと貨幣をつくりだせば、もっと取引が成立し、したがって富も増えるということだ。

ローの見解では、紙幣が同量の金や銀の裏づけを持つことは重要ではなかった。彼はこう書いている。「パリにある住宅すべてをまとめて資本ストックにすれば、王国の正金をすべて合わせた価値を上回る。フランスの領土には、ペルーの鉱山に埋もれている金をすべて合わせたよりも高い価値があるのだ。だからといって、パリの住宅が持っている価値は架空のものでしかないといえるだろうか?」ローは喩えとして銀行業を持ち出す。銀行が保有する現金の量は、かりに預金者がいっせいに引き出そうとしたら、とても対応できなくなる程度だ。しかし銀行は、預金者の信頼が得られれば、何がしかの事業を行うこともできる。同じことが国の富にも当てはまる。「たとえどれほどの高額であっても、フランスの領土は法的に正当な価値を持ちつづけ、それが実際に売られることはないが、その理由は何なのか?」(4)。

ローの物語には、本書全体に流れるテーマの多くが含まれている。彼はウィリアム・ジェニングス・ブライアンと同様、貨幣の供給が足りない、さらにつくりだすべきだと考えていた。貨幣の量が増えれば経済が好転するだけでなく、国王の多額の債務も処理できる。自分の会社の株を公に売り出せばいいのだ。王室の後ろ盾のおかげで、ブライアンの場合とはちがい、ローの計画はたしかに実行に移された。

オルレアン公は、すべての税と王室の収入はローの銀行、バンク・ジェネラルの銀行券で支払うことができると宣言した。この計画が控えめな規模を保って実施され、また銀行券に金と銀の裏づけがあるなら、フランスの経済はたしかに、長い目で見れば大きく成長していたかもしれない。取引は活発になり、国王の税収も増え、負債の返済も容易になっていただろう。

しかし摂政はすばやい成果を求め、ローもそれを確約していた。目的は国王の負債の返済にあった。これには共同出資会社の西方会社をつくり、ミシシッピ川流域にあるフランスの植民地を開拓することも含まれていた。当時オランダと英国は、東インド会社を通じて「香料諸島」の開拓に成功していた。フランスもアメリカで同じことをめざしたのだ。

これについてはやはり、時間さえたっぷりあれば、西方会社（ミシシッピ会社という名で知られるようになった）は成功していたかもしれない。なにしろこの会社は、現アメリカの八州に相当する領地すべての商業権と鉱業権を持っていたのだ。しかし最初に住みついた場所はマラリアに汚染された沼地で、初期の入植者たちはばたばたと死んでいった。さしたる鉱物資源も見つからなかった。西方会社の株は二年間、額面価格かそれを下回る価格で取引されていた。

そこでローは計画を拡張した。国が植民地に有する権利のさらに多くが西方会社の所有に移され、ロー自身は華々しい宣伝とともに、株を額面価格以上で買うという申し出を行った。それに続いて資金調達のための株式発行があった。額面価格五〇〇リーブルで、五万株が発行されたのだ。その株は一〇パーセントを加えた額（つまり五五〇リーブルで）売られたが、二〇回の分割払いも可能だった。投資家はとりあえず七五リーブル――五〇リーブルに一回目の賦払い金二五リーブルを足した額――を払うだけで、一株買うことができた。こうして投機熱と高配当への期待が高まった結果、株価は急上昇し、当初、投資家たちは狂喜した。その後の株式は額面一〇〇〇リーブルと五〇〇〇リーブルのものが発行され、やはり分割払いが可能だった。

事態が順調に進んでいる間、人々はわれ先にと株を購入し、ローはパリの社交界でレディーたちの人気者となった。重要なのは貨幣、というよりも紙の資産をつくりだしたことだった。株主はみな利益をたんまり手にし、大金持ちの気分になった。そして株価が上昇しつづけるかぎり、ずっと同じ気分でいられた。株価が上がっているうちは、まず誰も売りたがらない――これはローがフランスの領土の価値について力説した点でもある。しかしこの喩えはまちがっていた。フランスの領土には、食料を生み出し住居を提供するという点で、何がしかの価値があった。しかし植民地から届けられるものは、株を買った人々に確約される配当にはまったく見合わない。ローはその配当を、新しい株券で調達した貨幣から支払わなくてはならなかった――これはポンジー・スキームの定義そのものだ(5)。

ローのつくりあげたシステムでは、銀行が税金を徴収すると同時に、国の負債を肩代わりしようとする。帳尻はすべて合っているようだった。投資家は株の代金を、金と銀（これはいい）か、ローの銀行で発行される紙幣（これもいい）か、あるいは政府債券（負債を減らすものだから、やはり結構）で支払うことができた。しかしこのシステムは信頼に基づくもので、一方その信頼は上がりつづける株価を当てにしていた。そのためには銀行券が印刷されること、投資家が株の代金を分割払いで支払えること、株の配当がたっぷりあることが必要だった。一七一九年までには一二億リーブルの紙幣が刷られ、西方会社は四八億リーブルの市場価値を持つにいたった。

これは歴史上最大のバブルのひとつだった。ヴォルテールは記している。「今や安楽な暮らしをしていた者たちが悲惨な境遇になり、貧困にあえいでいた者たちが贅沢三昧にふけっている。これは現実か？　いびつな空想なのか？　国民の半数が紙の工場で賢者の石を見つけたというのか？」(6)。

「百万長者（ミリオネア）」という言葉ができたのは、このミシシッピ会社ブームの最中のことだ。召使が一夜で主人に劣らぬ金持ちになった。投資家たちは株を手に入れようと騒ぎ、ローの自宅に近いカンカンポア通りには非公式の証券取引所が出現した。ブームの最盛期には、株価は一株あたり一万五〇〇〇リーブルに達した。

こんなことがずっと続くわけはなかった。儲けを金や宝石や土地に再投資する者が現れ、そうした資産の価格が数年で三、四倍も上昇した。資金を英国の南海会社に移そうと決める者たちもいた。この会社はほぼ同時期に発展を遂げた、やはりバブルじみた機関で、やはり資産を買うための貨幣の創出にかかわっていた。こうして一七二〇年の終わりには、およそ五億リーブルの金貨と銀貨がフランスから流出していた。

ローはこのシステムを破綻させまいとして、窮余の策に訴えた。ミシシッピ川流域がちゃんと開発されていることを大衆に納得させようと、浮浪者を集めて道具をあてがい、街中を練り歩かせた後で植民地へ送り込んだ。大口の取引に貴金属を使うことを禁止した。つまり金の輸出（および所有）が禁じられたのだ。ローは西方会社の株価を九〇〇〇リーブルに保つと確約した。こうした点では、二〇〇七～〇八年の危機に際して銀行の株価を下支えしようと努めた、現代の政府の政策を先取りしていたといえる。ローはさらに自分の政策を逆転させるかのごとく、銀行券と株券を燃やして、金と銀の相対的な価値を押し上げようとすらした。

どれも効果はなかった。ローには自分が余分に発行した紙幣によるインフレ圧力を止めることはできず、彼の計画を支える投機熱を消し去ることもできなかった。そもそもローの人気を支えていたのは、この投機熱だったのだ。やがて彼の銀行の株価が暴落すると、ローは宮廷から放逐され、貧困のうちに死んだ。フランスが銀行と紙幣に対して抱いた不信は、二〇世紀になっても消えずに続いた。ローと同時代に生きたサンシモン公は、彼のシステムに向けられた懐疑的な見解をこう要約している。

「彼らはこのように国を納得させようとした……この地上で最も賢明な国々が、貨幣とその材料である金属に関しては、恐ろしい誤謬と錯覚に陥っている。紙こそが唯一の有益かつ必要な媒体であり、わが国の金銀や宝石をすべて諸外国に引き渡してしまうことは、そうした国にこの上ない害悪をもたらし、わが国の威光と利益への嫉妬を招く結果になる、と」(7)

では、ローの計画はなぜ破綻したのか？　当時生きていた人々の目には、答えはあきらかだった。無価値な紙切れをつくりだしただけだったからだ。しかし後世の経済学者たちは、彼を金融の先駆けとして見てきた。ローの場合、何が問題だったかといえば、彼のつくりだした信用《クレジット》がもともとの触れ込みとはちがい、ミシシッピ川流域の開発をはじめとする新しい事業や取引を生み出すのには使われなかったことだ。かわりにそのマネーは、投機に注ぎ込まれた。

これは歴史を通じて何度も繰り返されてきたテーマだ。信用の創出は経済の成長と結びついている。成長があればこそ、企業や消費者は、将来の収入を担保にマネーを借りられるだけの信用が得られる。しかしそれは資産バブルの温床にもなる。新たなマネーの創出を求める人々は、信用を約束しておきながら、バブルだけをもたらすのかもしれない。

マネーとは何か?

ジョン・ローの実験はつまるところ、「マネー」を再定義しようとする試みだった。人間が何千年も前からマネーをずっと使ってきたことを思えば、その概念がいまだにこれほど漠然としているのは驚くべきことだろう。マネーという言葉そのものは、ローマ神話の女神ユノからきている。Juno Moneta——警告と忠告の女神。その価値に頼りすぎる人々にふさわしいお告げといえる。

ほとんどの人は、マネーの本質について考えたりはしない。ただどんどん使っていくだけだ。マネーは貴金属でつくられるものから紙を経て、コンピューターの画面上の数字へと変わった。ある作家の巧みな定義によれば、「マネーとは、人がその見返りを与えてくれるという信念である」(8)。しかしさらに広い定義は、マネーとは製品やサービスの支払いとして受け取り、それを他の誰かから製品やサービスを買うのに使うことができると信じられるものということだ。

遠い昔、人々は物々交換で取引をしていた。たとえば、二頭の羊を一袋のトウモロコシと交換するといったものだ。しかし、あなたがトウモロコシ以外の多くの品物を扱うようになると、この方法はきわめて不便になる。あるいは、もし羊のかわりに牛がほしかったとしたら？　そのときは第三者の介在が必要になるだろう。マネーはこうした取引をずっと容易にする。羊、牛、トウモロコシはすべてドル（あるいはポンド、ユーロ）で表した価値を持つようになる。農民はもはや物々交換の段取りをしなくてよい。家畜や穀物を売り、その儲けを使って、種からコンバインまで必要なものを何でも買うことができる。これがマネーの第一の用途、「交換の媒体」だ。ジョン・ローの見方に従うなら、マネーの主要な機能である。

交換の媒体ということなら、紙幣や電子マネーは貴金属よりはるかに役に立つ。もしマネーがすべてコンピューター上の数字であれば、金の地金をはるか遠くまで輸送するよりも、世界中の銀行や企業、消費者をつないで張りめぐらされた取引の網の目をたどっていくことはずっと容易になる。聖書は「貨幣への愛は諸悪の根源である」と言っているが、マネーの利用は実際のところ、日常的な活動の根源でもある。この本を買うのに、バーンズ＆ノーブルの書店員やアマゾン・ドット・コムの倉庫担当者と直接やりとりをしなくてはならない状況を想像してみてほしい。あるいは洗車をする、窓の掃除をする、子供の教育をする――人生は驚くほど複雑で、面倒なものになるだろう。

マネーは人々に自らの潜在能力を意識させる。ウィリアム・ジェニングス・ブライアンのような人物は、農業経済を牧歌的な社会として描いた。だが現実の農業社会では、大多数の人々が生き延びられるだけの食料を生産するのに必死だ。寿命は短く、識字率も低く、女性はほとんど権利を持たず、土地の所有権はわずかな人間に集中している。貨幣経済への移行は、弊害もたしかに多いものの、寿命を大幅に延ばし、民主主義への渇望や機会の均等などをもたらした。マネーがその後押しをしてきたのだ。「ポスト物質主義」の世界では、いろいろなものの金銭価値を気にしなくてすむようになるというが、そんな考えは幻想だし、喜ばしいものでもない。マネーがなくなれば、経済活動は大混乱に陥ってしまう。

マネーの第二の用途は、「計算の単位」だ。パソコン一台が六〇〇ポンドか一〇〇〇ポンドで売れるとしたら、この数字は英国とアメリカでなら誰でも理解できる。物々交換のシステムでは、コンピューターの価値はあらゆる商品、たとえば馬一頭や牛二頭、羊四頭などに照らしてみないとわからない。あらゆる品物やサービスの価格を共通の基準との関係で表せるほうがずっと簡単だろう。

マネーの第三の用途は「価値の貯蔵」だ。これもきわめて役に立つ。お金を稼いだらすぐ使わなくてはならないという状況を想像してみてほしい。ハイパーインフレの時期のワイマール共和国や、現代のジンバブエにも実際に当てはまることだ。あるいはその逆で、店に行く直前にお金を稼がなくてはならないとしたら？　いずれにしても経済活動は著しく減少するだろう。

こうしたマネーの機能は、投資を促進しもする。通常の状態であれば、マネーはつぎの年にも今の価値とほぼ同じ価値を持っているはずだ。だからわれわれは大きな買い物に備えて貯蓄ができる。言い換えるなら、マネーがあることで、長期間にわたって続く取引が可能になる。これは経済活動には不可欠だ。マネーを蓄えることと貸すことは、本質的には同じといえる。銀行にマネーを蓄えているのは、銀行の経営者にマネーを貸しているということだ。そして銀行はそれを企業に貸し、企業は新しい工場や施設を買えるようになる。すると労働者のための新しい勤め口ができ、彼らの稼いだマネーが再び銀行に預けられる。この過程が美しく表現されているのが、映画『素晴らしき哉、人生!』だ。そのなかで疲れきったジェームズ・ステュアートが、パニックに駆られた預金者たちをこう説得する。あなたがたのお金は地元の農場や町の店に再投資されている、そのための資金を口座から引き出せば、あなたがたの隣人を貧困に追い込むことになるのですよ、と。

第2章でも見ていくように、人がものを買うのを先延ばしにするには、なんらかの補償が必要だ。利子の支払いは、貯蓄者や貸し手がマネーを凍結してくれたことへの報酬である。インフレによって価値が失われる恐れと(自動車を買うために貯蓄しようとすれば、一年後にはそのためのコストが増えているかもしれない)、借り手からの返済がなされないリスクがあるからだ。

こうしたマネーの役割のうち、交換の媒体、価値の貯蔵の二つは、債権者と債務者との争いの核心にある。マネーをおもに交換の媒体として扱うなら、どんどんほしくなるのが人情だろう。交換(取引)をすればするほど金持ちになれる。「銀行券は信用のわずかな釣銭にすぎない」と一九世紀のある人物が言っている。「信用のしっかりした借り手に貸せば、マネーは返済されるときに銀行に戻ってくるだろう」(9)。

しかしマネーを価値貯蔵の手段として扱うとき、われわれはその供給を制限したくなる。実際の話、マネーとしての貴金属の魅力がなくならないのには、ひとつにはほとんど量が出回っていないという理由もあるのだ。マネーがまったく任意につくりだされるとしたら、いずれその価値は失われるだろう。そうなれば当然、計算の単位としての価値も、交換の媒体としての価値もすべて消える。いわばゴルディロックスのお粥《かゆ》のように、マネーの供給は熱すぎず(あまりだぶつかず）、冷たすぎず（不足しすぎず）、「ちょうどいい」ぐらいが望ましい。そのバランスを人間は、実にさまざまな方法で見きわめようとしてきた。

政治家や有権者のなかには、ジョン・ローの誘いに乗ったフランスの摂政のように、貨幣創出の誘惑に負けた者も多い。現代の経済学者も概ね、貨幣による刺激策は経済に活を入れるのに効果的であることに同意している。二一世紀の量的緩和策は、これと同じ理論のハイテク版だ。

だが、あなたが債権者もしくは商品を売る商人になったと想像してみてほしい。そして債務者や顧客が、ポンドやドルではなく、ボードゲームの「モノポリー」のお札で返済や支払いをしたいと言ってきたら？　そんなことは絶対に認められないだろう。債権者の根本的な悩みの種は、政府がいつでも好きなだけ貨幣を発行できることにある。実際にその考え方は、「モノポリー」のルールにも組み込まれているのだ。そのルールに曰く、「銀行は決して破産しない。銀行に札がなくなれば、ただの紙切れに金額を書き込むだけで、さらに必要な分を発行することができる」。

そしてある意味、われわれが使っているのは、やはりモノポリーのお札なのだ。その場合、貨幣を独占しているのは政府である。政府は紙幣や硬貨の発行を許可し、その印としてさまざまな標章やモットーや女王の顔をあしらうことができる。硬貨の片面に元首の像を刻印する慣行は、政府が自らの力を誇示する手段だった。最初に硬貨を導入したのは、紀元前六四〇年頃のリディア王である。しかし硬貨はまた、君主による統治の性質についての知見ももたらしうる。デーン人に英国への侵略を思いとどまるよう賄賂を渡しつづけた無策王エセルレッドは、三八年の治世の間に七度も硬貨を変えたことで名高い。ヘンリー八世は「古い銅の鼻」というあだ名で知られたが、それは王が繰り返し銀貨に混ぜ物をする習慣があり、よくその銀貨の表面がすり減って下の地金がのぞいていたためだ。

適正な量の貨幣をつくりだすことは、科学ではなく名人芸の部類だ。金と銀はそこに秩序をもたらすが、その供給はきわめて不安定である。歴史上のさまざまな時期に、金と銀は供給不足に陥っている。たとえば一六世紀の大航海時代以前の時期だ。新大陸が発見された結果、ヨーロッパの貨幣はぐっと増えたが、その陰には不運にも原料となる金属を持っていたアステカやインカの住民への搾取があった。古代の帝国も同じように直接的な手段をとっていた。隣国を征服し、余っていた地金を手に入れたのだ。こうした貴金属は攻撃を促す動機になると同時に、戦役を維持するための資金にもなった。貨幣による刺激を行う典型的な方法は、こうした戦争を始めることだった。

たとえば金がなくても、人間には取引をしたいという自然な欲求があり、したがって貨幣やそれに類するものをつくりだして持ちたいという欲求が自然に生まれる。金と銀の供給が足りなければ、他のものを使う。社会の経済的ニーズに合わない通貨のルールを政府が押しつけてくれば、法律を回避するすべを見つけだす。自国の通貨が無価値になれば、外国の通貨を使いはじめる。

初めてアメリカに植民地が築かれたときに大きな問題があった。最初に入植した東海岸には、金と銀の供給がほとんどなかったのだ。そこで入植者たちは、硬貨の不足に対処するその場しのぎの手段を編み出さなくてはならなくなった。あるときノースカロライナの政府は、一七種類の法定貨幣を宣言した。最も一般的な例のひとつがタバコである。このシステムがいかに交易を、ひいては経済活動を制限したかは容易に理解できる。貨幣が一七種類あるなかで、買い手が売り手の好まないタイプの貨幣で払うと言ったらどうなるのか?

歴史的に見て、貨幣の不足と過剰の綱引きは、それぞれ異なるけれども互いに結びついた数種類の貨幣が生まれる結果になる。ごく大ざっぱにいえば三つに分けられるだろう。貴金属やその他の品に関連づけられた通貨。ジョン・ローのシステムに見られるような、政府の命令でつくられる紙幣。そして銀行システムが生み出す信用《クレジット》だ。

貴重な金属

欧米の人間は従来から、金と銀を「ほんとうの」貨幣とみなしてきた。経済学者J・K・ガルブレイスはこう書いている。「さまざまな実利的理由から、ほとんどの期間にわたって、貨幣には多かれ少なかれ、貴金属が使われてきた」⑽。しかし光り輝く金属の魅力は、世界のどこでも通用するわけではない。グリン・デイヴィーズ教授はこんな話をしている。あるときフィジーの人々が、島にやってきた船から箱いっぱいの金貨を分捕った。彼らはこのおかしな物体に何の価値も認めず、水切り遊びの石がわりに使った。おかげで太平洋の底には小さな宝の山ができ、ヨーロッパから来た者を大いに戸惑わせたという⑾。

フィジー人が富と社会的地位のしるしと見ていたのは、鯨の歯だった。この歯はまるで宝石のように、装飾にも使われた。初期の貨幣の形としては、他に子安貝の貝殻と、ウォンパムがある。ウォンパムはネイティブアメリカンが珍重していたビーズ玉で、初期のアメリカ植民地では法定貨幣として使われていた。貴金属と同じように、どちらも装飾用のものだった。また、子安貝の貝殻は偽造が不可能でもある。

どちらにも共通する問題は、通貨の供給に限度があるということだ。子安貝がアフリカに輸入されるようになっていた一九世紀末には、女性一人を買うのに子安貝二枚で足りた。少し前の一八六〇年頃には一〇〇〇枚かかっていた⑫。初期のアメリカ入植者たちはウォンパムをつくるための工場を建てたが、これは量的緩和の一八世紀版といえる。

この問題の極端な例を、今は亡き作家のダグラス・アダムズが、『宇宙の果てのレストラン』で描いている。彼がつくりだしたゴルガフリンチャム人は、木の葉に基づく貨幣制度を定めた。するとたちまち、ピーナツ一粒を買うのに落葉樹の森林三つが要るという為替レートになった。この問題に対処するために、進取的なゴルガフリンチャム人はなんと、森林を大規模に燃やすという策をとったのだ。

木の葉とはちがい、金の供給はきわめて限られている。これまでに採掘された金の量をすべて合わせても、通常のテニスコート一面より小さな立方体に収まるくらいなのだ。もしわれわれがまだ金を使っていれば、政府は新しい貨幣をつくれなくなっていただろう。また、貨幣価値の低下という昔ながらの工作をうまくやりおおせるのも難しかったはずだ。現代の社会では、硬貨に混ぜ物がないかどうかは、重さを測ることで容易にわかってしまう。

銀は硬貨をつくる原料として、長い歴史を持っている。フランス語では、貨幣と銀は共通の言葉 argent で表される。金よりも一般的で、毎日の取引にははるかに都合がいい。チャールズ・キンドルバーガーは *Financial History of Western Europe*（西欧の金融史）でこう書いている。「銀は一八世紀末まで、各国内の通常の取引で使用される主要な貨幣だった」⑬。そして銀が貴重になりすぎたときは、銅貨も少額の取引に使われた。

貴金属は耐久性があるため、貯蔵しても劣化することがない。また可鍛性があり、しかるべき人間の手で溶かして硬貨にできる。経済史は貨幣鋳造の進化の観点から見ることができ、主要な経済国でつくられた貨幣はその国の外でも受け入れられる。ギリシャのラウレイオンで銀鉱が発見されたおかげで、都市国家アテネは硬貨制度を拡張できた。「アテネのふくろう」銀貨はその存在を知られるようになり、その後六世紀にわたって広く使用された。ローマにはデナリウス銀貨があり、やがてこれは価値を切り下げ、ソリドゥス金貨となった。ビザンティン帝国にはビザンティン貨幣があった。通貨のなかにはその起源に由来する名前を持つものがある。英国の旧通貨ギニーは、金が発見されたアフリカの一地域にちなんで名づけられた。ドル dollar という言葉は、ドイツのボヘミア地方にあるヨアヒムスタールで鋳造されたターレル thaler 銀貨からきている（thal は谷を指す）。こうした硬貨はよく八つに分割された。この習慣から、一片 piece を指す通貨ペソや、古い海賊言葉の pieces of eight（スペイン銀貨）、quarter（四分の一ドル）を指す two bits といった言葉が生まれた。

こうした硬貨は世界中を自在に行き来した。一七世紀初めにはオランダ共和国だけで、三四一種類の銀貨と五〇五種類の金貨が流通していた[14]。このように多様な硬貨があると、貿易業者が価値を判断するときに混乱しやすくなる。古くからあるこの問題から、さまざまな通貨単位の区別をつけられる専門家が生まれてきた。これこそ、イエスが礼拝堂から追い出した「両替商」である。やはり歴史用語である「試金石 touchstone」も、硬貨の金属分を測るための方法からきている。

手動式のタイプライターが廃《すた》れても「QWERTY（クワーティ）」配列のキーボードが残っているように、最初に選ばれた名前や重さは、結果的に長続きすることがある。初代神聖ローマ皇帝となったカール大帝の父親に当たる小ピピン（七一五〜六八年）は、一リーブルもしくは一ポンドの銀は二四〇デナリウスもしくは二四〇ペニーに、一ソリドゥスは一二デナリウスに相当すると定めた⑮。これは一九七一年まで数世紀にわたって続く英国の通貨制度の基礎となった。私が小学校で使った算数の教科書では、ポンド、シリング、ペンスを表すのにl、s、d（リーブル、ソリドゥス、デナリウス）という呼称を使って計算しなくてはならなかった。リーブルのLは現代のポンド記号（£）の基本になっている。

つぎに現れた強大な経済勢力は、イタリアの都市国家だった。フィレンツェは非常に信用が高く、その通貨フロリンは広く受け入れられた。やはり一九七一年まで、英国の通貨の一部として硬貨にその名前をとどめていた。二シリング硬貨（一ポンドの一〇分の一）がフロリンと呼ばれていたのだ。またオランダ共和国の経済的成功を受けて、一七世紀にはその硬貨が広く流通していた。

しかし一種類以上の金属を使うことは、後々の問題の種を生み出す。貨幣が計算の単位として使用されることを思い出してほしい。そのとき牛一頭の価値はどのように表されるのか？　金との関係か、それとも銀か銅か？　この問題の解答は、ひとつの金属の価値をもうひとつの金属との関係から定めることだ。しかしこれは、その両者の比率が長期間にわたって固定されていることを前提にしている。だがどれかの金属が新たに発見されれば、その供給はもうひとつの金属と比較して増加する。すると公式の比率はもはや、現実を反映しなくなるかもしれない。

硬貨の力の相対性は、グレシャムの法則と呼ばれる問題につながっていく。これはエリザベス朝時代の財務家サー・トマス・グレシャムにちなんで名づけられた。人が他の貨幣より金貨を好むのは、おそらく公式の比率が金の価値を実際より低く見積もろうとするものだからだ。だから人は金貨を手放さず、品物との交換には他の種類の硬貨を使おうとする。そして金貨は流通から姿を消す——悪貨が良貨を駆逐するのだ。

私も二〇一〇年にアイスランドを訪れたとき、グレシャムの法則の現代版を経験した。アイスランドはヨーロッパの債務危機の初期に最も苦しんだ国のひとつだ。私は人気のないアイスランドのクローナが手元に残るのがいやで、現金取引（コーヒーや新聞などを買う）のときに受け取ってもらえるのを期待して、ユーロを持っていった。商店主はたしかにユーロを受け取ったが、しかし釣銭にはユーロでなくクローナをよこそうとした。みんな進んでクローナを手放そうとしていた。要するに、クローナが交換の媒体として受け入れられているのに対し、ユーロは価値の貯蔵の手段と見られていたのだ。

貴金属が唯一確かな富であるという考え方は、重商主義につながっていった。重商主義は中世末期から近代初頭にかけて、多くの国がとっていた経済政策である。政府はできるかぎり自国の貨幣を手放すまいとして、貴金属の輸出を禁じ、また輸出を促進し輸入を禁止した。保護貿易主義の先駆けといえるが、この方策にはさまざまな欠点が多くある。どの国も金を貯め込もうとしたら、貿易の相手国が商品を買うための貨幣はどうなるのか？　この政策はまた、貿易がゼロサム・ゲームであるという前提に基づくものだが、これは現実には当てはまらない。ある国が自分のところで消費するものを、リンゴからヨットまで何もかも生産しようとしたら、どれほど非効率か考えてみてほしい。それぞれの国がいちばん得意なものを（もしくはいちばん不得意でないものを）専門につくるほうがずっといいのだ。中国やドイツの政府は現代の重商主義をとっている、という声も一部にはある。隣国に及ぶ影響など何も考えずに貿易黒字を積み上げているということだ。

硬貨を鋳造できることは、君主の権力として非常に有用なものだ。従来から硬貨は、シニョレッジを得る手段として、そこに含まれる金属の価値よりも少し高い額面で発行されてきた。この差益は紙幣の時代にはさらに大きくなる。二〇ドル札の額面価値は、それを印刷するコストと比較してはるかに高いものだからだ。だがキンドルバーガーが指摘するように、そこにはジレンマが生じる。国がシニョレッジによる儲けを多く得ようとしすぎれば、硬貨は受け入れられなくなるだろう。硬貨がもたらす差益が小さすぎれば（硬貨の額面価値はそこに含まれる金属の価値にほぼ等しい）、硬貨は国内の取引に使われるよりも、溶かされるか国外に輸出されるリスクが生じる[16]。

金本位制は長きにわたって非常によく機能していたが、その一方で、おもに装飾用に使われるような金属が富の源泉として扱われてきたというのは、いささか奇妙なことに思える。第二次世界大戦中の貨幣制度についての論争で、労働党のアディソン卿は、「南アフリカの地面から金を掘り出し、精錬してアメリカの地下貯蔵庫に埋めなおすことが、世界の富を増やすといえるのか」と発言した。著述家のジェームズ・マクドナルドは、金を貯蔵する過程を「採鉱の逆パターン」であると表現し、ペルシャ人は実際に、奪った金を溶かして埋めなおすということをしたと記している[17]。

金と銀には、工業的な用途はあまりない。そのおもな経済的価値は認識によるものだ。われわれが金や銀を進んで持とうとする裏には、他の人間もその価値を認めるだろうという慣習からくる認識がある。フィジー人が鯨の歯（やはり供給には限度がある）を好むのは、彼らにとってはまったく理に適ったことだ。

しかし、コーマック・マッカーシーが小説『ザ・ロード』で描いたディストピアのような極限状況では、貴金属は無価値になる。そしてわれわれは食料と水（そして身を守るための銃）を求める。

にもかかわらず、金と銀は何世紀にもわたって、確かな価値を保ちつづけてきた。しかし交換の媒体としてはあまりふさわしくない。金がまさに稀少であるがゆえに、毎日使用する貨幣単位としては実用性が乏しい。これを書いている時点では、ほんの一かけらの金でも一ポンドか一ドルの価値がある。そんなもので硬貨をつくれるわけがない[18]。

金と銀の供給量は、経済活動とはまったく連動しない。一三世紀から一四世紀初頭にかけて、西欧では年間一トンの金が産出されていたが、交易を支えるには足りなかった[19]。地金の不足が原動力となって、南北アメリカの「新世界」への探索が始まったとする意見もあるほどだ。

動機は何であれ、そうした発見は不足を解消した。スペインによる中米と南米の征服は、ヨーロッパにおける金と銀の供給量の増大と、安定したインフレをもたらした（現代の基準から見ればごく穏やかなものだったが）。さらに一八四〇年代のカリフォルニア、一八九〇年代の南アフリカで発見が相次いだ。後者の発見は、ウィリアム・ジェニングス・ブライアンが大統領選を戦うエネルギーとなっていた農民への重圧をやわらげる結果になった。

もしも理想的な世界があったとして、貨幣の供給が経済と軌を一にして発達することを望むのなら、金と銀だけでは無理だ。経済成長が加速していった二〇世紀に、金と銀が次第に使われなくなったことは偶然ではない。この急速な経済成長がなんらかの形で紙幣への転換の原因となったのかどうかは、時折激しい経済的論争のテーマとなる。

とはいえ、貴金属は軽く切り捨ててよいものではない。金と銀に基づいた貨幣制度は、途方もなく長い間ずっと続いてきた。折に触れて、金本位制に戻るべきではないかという議論も出てくる。なにしろ紙幣は「価値の貯蔵」という役割を果たしてはこなかった。金と紙の通貨との最後のつながりが断たれたのは、一九七一年だった。当時、地金は一オンス三五ドルで取引されていた。二〇一一年の半ばには、その価格は一九〇〇ドルとなっていた。これは一種の進歩といえる。古代ローマではこれと同じだけ通貨を切り下げるのに二〇〇年かかった。われわれの世代はわずか四〇年でそれをやってのけたのだ。

紙のマネー

紙で貨幣をつくるというアイデアは、中国では一〇〇〇年以上も前からあった。唐の憲宗（在位八〇六〜二一年）皇帝は、銅の不足を補うために紙の通貨を用いた。この発想をのちに発展させたのが、中華帝国を引き継いだモンゴル人だった。マルコ・ポーロの記述には、モンゴルの大ハーンたちも紙の貨幣を使っていたとある。「皇帝の軍隊もすべてこの通貨で報酬を受け取っていて、これは彼らにとって金や銀と同じ価値を持つものである」。

マルコ・ポーロが驚くのも当然だった。紙にはもともと価値などないのに、なぜ報酬として受け入れるのか？　答えは、商人たちにほとんど選択肢がなかったからだ。モンゴル人の政権は紙の貨幣を使うと宣言していて、それに逆らえる者はいなかった。つまりある意味で、そうした紙の貨幣の価値は、民衆が統治体制の安定性を信じる度合いに等しいといえた。

モンゴル人の統治はいつまでも続かず、その通貨の価値もやはり同様だった。紙の通貨を印刷したいという誘惑はあまりに強かった。経済学者ロジャー・ブートルによれば、一一九〇年から一二四〇年の間に紙幣の供給量は六倍に増加する一方、物価は二〇倍に上昇した⑳。一四四八年には、額面では一〇〇〇の価値のある紙幣が、実際には三の現金と交換されていた。中国の紙幣が歴史に登場するのはほぼこれが最後になる。通貨が銀に切り替えられ、その制度は二〇世紀までずっと続いた。

その間西洋では、グーテンベルクの開発した初期の印刷機が改良され、紙幣も刷れるようになった。グリン・デイヴィーズ教授はこう指摘している。「中国が紙幣を棄ててから間もないうちに、マルコ・ポーロら旅行者の著作から初めて知られるようになった紙幣を、ヨーロッパの銀行が次第に発行しはじめた。これは貨幣史上の大いなる皮肉といえる」㉑。紙幣を最初に発行したのはスウェーデンだが、その評価はローによる試みのために著しいダメージを被った。フランスが一七二一年に金属の硬貨に戻したとき、マレーという法律家はこう言っている。「かくして紙幣の制度は幕を閉じる。一〇〇〇人の乞食を豊かにし、一万人の正直者を貧しくした制度が」。

それでも紙幣は、完全に棄て去るには有益な点が多すぎた。ジョン・ローは挫折してしまったが、歴史に「もし」があったとしたらどうだろう？　一八世紀フランスの国王には、モンゴル人ほど強く自分の意思を押し通すことはできなかった。しかし経済活動がどんどん盛んになっていて、それとともに税収入や信用力も増えていたとしたら？　国民が安定した政体の発行する紙幣を受け入れ、経済の繁栄がその紙の約束を裏づけていたとしてもおかしくなかっただろう。その後、ヨーロッパが紙幣を実験的に使うようになったのが、大陸の人口と経済生産が長期的な成長を始めた一八世紀であったことは偶然ではない。同じ時期にはアダム・スミスによる経済の研究が発展し、以前の重商主義的な方策は退けられた。富は、ただ単に地金をどんどん蓄えるという問題ではなくなった。富は、貿易と産業活動の成長から生み出されるものとなった。

ローの試みによって紙幣の可能性が消滅しなかったのは、貴金属の抱える根本的な問題のせいだったかもしれない。つまり、盗むのが簡単だということだ。金細工業者は多くの金を持っていたので、安全のために金庫を開発した[22]。それを見た他の人間たちは、自分の地金を蓄えるために、その金庫を利用しはじめた。金細工師は地金を預かったしるしに、その価値がいくらかを示す受取証を渡した。これが最も古い形の銀行券だ。もしあなたが英国人なら、手元にある銀行券をよく見れば、いまだに君主の絵とこんな銘があるのがわかるだろう。「これを手にする者には要求に応じて、私から……の額を支払うと約束する」。これは、銀行で自分の紙幣を提示し、引き換えに必要な量の金を要求することができた時代に端を発するものだ。

歴史的に見れば、この約束は、貨幣に確かな価値があるという信頼を生み出し、そしてこれが重要なのだが、つくられる量を制限することにもなった。金本位制の歴史については第3章であらましを述べよう。

それでもまだ、金（あるいは銀）に裏づけられた紙の通貨には、重大な疑問が残っている。その通貨には実際にどれだけの裏づけがあるのか？　安定のためには、人は紙幣の一枚一枚が貴金属に交換できることを望むだろう。しかし金の代わりに紙幣を採用するという方策の本質は、より多くの貨幣をつくりだし、経済活動が鉱山の産出量に制限されないようにすることにある。紙幣に金の裏づけがなくていいという考え方を受け入れてしまえば、その上限をどこまでにするべきかということは一概に言えなくなる。

二〇世紀以前の経済学者は、紙幣という武器は魅力的すぎて、政治家の手中に収まらないのではないかという不安を抱いていた。ドイツの経済学教授アドルフ・ワーグナーは、一八六八年にこう言明している。紙幣に基づく制度が確立されるには、「人間はまず、途方もない自己規制を発揮し、貨幣を思いのままに増やしたいという誘惑に抗《あらが》えるようにならなくてはならない。たとえ自分自身の生存や、国家の存続がそこにかかっていたとしてもだ」[23]。ウィリアム・ジェニングス・ブライアンの現代の信奉者なら、少しばかりのインフレには何も悪いことはないと主張するかもしれない。二〇世紀の後半にはたしかに物価が急騰したが、それは人々の生活水準が世界的に見てすばらしく向上した時期でもあった（もちろんこの進歩は、国内でも外国同士でも平等に享受されたわけではなかった）。

しかし二〇世紀末から見ても、インフレが最高潮だった時期、つまり一九七〇年代は、経済的混乱の時代だった。歴史をひもとけば、紙幣がもたらした危機の例には枚挙にいとまがない。独立戦争の時期、アメリカの諸州は金と銀の不足に直面し、通貨として大陸紙幣を発行した。この紙幣は六年のうちに、金に対してその価値の九二パーセントを失った。南北戦争のさなか、南部諸州は北部によって封鎖され、課税によって資金を調達するのが難しくなった。そこで紙幣を発行したのだが、初めは一八六一年に二億ドル刷ったのが、終戦の頃には一五億五五〇〇万ドルにまで達していた。物価指数は同時期に一〇〇から二七七六まで上がった——要するに、物の値段がほぼ二八倍になったということだ㉔。

場合によっては、紙の貨幣は木の葉と大差なくなることもある。ジンバブエはその極端な例だ。彼の国ではハイパーインフレが数年続いた後、二〇〇九年一月に、額面価値一〇〇兆（一の後ろにゼロが一四個並ぶ）の紙幣を発行せざるをえなくなった。そうした紙幣の当時の価値は、わずか三〇米ドルだった。貨幣はこのように無価値になるのだ。インターネットに出回ったある写真には、ジンバブエドルをトイレの紙に使うことを禁じるという貼り紙が写っていた。

貨幣が受け入れられにくくなると、政府はどんどん厳格になり、その使用を強制しようとする。金と銀の輸出を禁じたのは、ジョン・ローが初めてというわけではまったくない。キリスト誕生前のローマでもこの方策はとられていた。どの政府も必死になって、「まちがった種類の」貨幣を——たいていは紙の代わりに貴金属を——使う商人を追及し、処刑してきた。それでも、もはや万事休したと感じられる出来事が相次いだ。

一九一七年に成立したロシアの革命政府は、外国に対する債務返済をすべて拒絶し、紙幣発行力を行使して、貨幣から購買力を奪おうとした。共産主義の楽園では、貨幣にはほとんど使い道がなくなってしまう。民主主義体制では、貨幣が持つ力をもう少し狡猾に利用してきた。それでも貨幣の購買力は、恐ろしい勢いで低下していった。純債務者（たいていは大多数）が純債権者を投票数で上回るような体制は、潜在的な弱みを抱えている㉕。やはりインフレの問題を抱えていた、一八世紀のマサチューセッツ植民地の総督トマス・ハッチンソンは、こう言明した。「紙幣という悪を生み出したのは民主主義政府だ。大多数の無知な人間は、上位の階級から抑制されなければ、つねに通貨の価値に手を加えようとする」。

第一次世界大戦後には民主主義が広く普及し、先進国世界のインフレの度合いは大戦以降、概ねどんどん高くなっていった。一九世紀には、地金派と銀行派の間で論争があった。前者は金と銀だけをほんとうのマネーとみなす一派。そして後者は通貨供給量を増やすことを望み、紙幣と硬貨をシステムの「小銭」とみなす一派だった。歴史的に見れば、銀行派が勝利している。

ハイパーインフレがなくても、物価の上昇は害をもたらしうる[26]。物価の上昇は需要と供給の均衡がとれていないしるしであり、生産者がさらに商品をつくるか、消費者が今より安い品物に切り替えるかということになる。しかし物価水準が全般的に上がっていると、そうしたシグナルがゆがめられ、資源の無駄遣いにつながることがある。生産者は価格の上昇を自分たちの製品に需要があるしるしだと解釈し、生産量を増やす。しかしその価格は実際には、全般的なインフレの徴候にすぎない。結果として、買い手のつかない商品があふれ、他の品物が不足することになる。

金と銀だけがほんとうのマネーではないという考えが受け入れられるようになり、初めて現代の金融システムが可能となった。ひとつ段階を経るごとに、マネーの概念はどんどん抽象性を増していった。金属の硬貨を交換するよりも、紙幣を交換する。札束を交換するよりも、銀行口座に預金があることを証明する受取証(小切手)を交換する。そしてついに、コンピューターに打ち込んだ数字が他のコンピューターに移送されるという段階までできた。マネーは、データの「ビット」にすぎなくなった。クレジットカード、デビットカード、インターネット取引——どの段階もそのひとつ前の段階を基に成立してきた。マネーがもともとの起源である貴金属から離れていくにつれ、定義することはますます難しくなっている。

こうしたエレクトロニクスの時代になると、政府はもう実際に貨幣をつくらなくてすむことになる。現代の量的緩和には、中央銀行が投資者から政府債券（英国では「ギルト」という）を買うという手段も含まれている。その場合、投資者に分厚い札束を送るのではなく、それぞれの口座に電子的に記入するだけでいい。コンピューター上の数字をちょっと書き換えるだけの簡単な手続きだ。親切なコンピューターのハッカーが、あなたのオンラインバンクの口座から預金を盗むかわりに、預金高を増やしてくれるようなものだ。

あるものの価値はそれをつくるコストに等しく、紙幣と電子マネーの場合、そのコストは実質的にゼロだと思っているなら、われわれはいったいなぜそんなものを受け入れるのか？　われわれはもう、マネーを裏づけるだけの金と銀が存在しないことも知っているのだ。答えは、それを後ろで支える政府への信頼ということになる。政府は通貨に価値を与えるのに必要な税金を集めることができる。こうした税金はわれわれの世代からも、未来の世代からも集められる。したがってわれわれが紙幣や電子マネーを進んで受け入れるのは、基本的に、今後も繁栄は続く、政府と中央銀行がハイパーインフレを防いでくれるという信頼の表現なのだ。『ピーターパン』に拍手する観客が妖精の存在を信じていることを示すように、われわれが紙のマネーに信頼を寄せることが、その存続の鍵となる。

しかし現代の政府が、そうしたわれわれの信頼をまったく好き勝手に利用できると考えるのも早計だろう。もちろん極端な場合には不可能ではないが、マネーを印刷しすぎて市場にあふれすぎると価値がなくなる。そうした窮余の策が使えなければ、金利の操作（金利が低いと信用の需要は上がり、銀行が貸し付けを行おうとしてマネーが多くつくりだされる）や、銀行が保有しなくてはならない準備（やはり、準備の水準が低くなるほど、銀行の貸し付けは増える）を通じて、システムに存在するマネーの量を調節しようとするしかない。しかしこの方法は、二〇〇七～〇八年に世界が思い知らされたように、きわめて制御困難になりがちだ。

銀行業とマネー

銀行は現代の金融システムの中心にある。銀行はマネーの三つの重要な機能の二つ、つまり「価値の貯蔵」と「交換の媒体」の役割を果たすものだ。先進国の人間のほとんどは蓄えの大半を銀行に預けて、そのマネーが額面価値（インフレに合わせて調整されない）を保ちつづけることを期待している。また銀行は、マネーがらみの交換のほとんどが行われる機関でもある。小切手、デビットカード、クレジットカードの支払いはすべて銀行システムを通じて行われるし、現金の支払いは通常、銀行から引き出される。

リーマン・ブラザーズが破綻した後の二〇〇八年秋、当局がなぜあれほどパニックになったかといえば、銀行システムが停止してしまうことを恐れたからだ。どの銀行も金融市場で資金を調達することはできないようだった（企業や年金基金が資金を運用し、何十億ドルものマネーが短期ベースで貸し借りされる市場である）。そうした資金がなければ、銀行が交換の媒体としての役割を果たせなくなりかねない。もしもＡＴＭの機械が停止し、企業が従業員に給料を払えなくなったら？　経済は大混乱に陥るだろう。

歴史を見渡せば、銀行危機は過去にときどき起こっている。それは、銀行がマネーをつくりだすうえで不可欠な役割を果たしているからだ。銀行の役割を果たすようになった金細工師はほどなく、自分がほぼ半永久的に大量の金を保有していることに気づいた。ある特定の一日に、自分の預金を引き出そうとする者はごくわずかしかいない。だから銀行は余ったマネーを貸し出し、利子をとれるのだ。

たとえば銀行にとって起こりうる最悪の事態が、ある特定の一日に預金の一〇パーセントが集中して引き出されることだとしよう。その場合、全体で一億ポンドの預金があれば、一〇〇〇万ポンドの現金／金を手元に置いておき、残りの九〇〇〇万ポンドを外に貸し出すことができる。借り手はみな当然、銀行から借りたものをマネーとみなすだろう。だがその九〇〇〇万ポンドは、もともとそれを銀行に預けた人たちからもマネーとみなされている。つまり新しいマネーが存在するようになったわけだ。数学の示すところに従えば、銀行が現金と貸付金の比率を一〇パーセントにすると、いずれ現金を手元に置いておいたときの一〇倍の額になる。

だが、いかにも旨みだらけのこの仕組みには、弱点もある。借り手が銀行に返済しようとしなかったら？　預金者たちが不安になって、総額の一〇パーセントを超える額の払い戻しを求めたとしたら？　銀行にある現金が足りなくなる。そして銀行の現金がなくなるかもしれないという恐れは、いずれ現実のものとなる。他人より先に自分の預金を引き出そうとする客が、どんどん押し寄せるのだ。

二〇〇七年には、この悪夢を地で行くような事件があった。ＢＢＣの「ニュース・アット・テン」で、イングランド北東部に本社を持つノーザンロック銀行が、イングランド銀行から緊急融資を受ける協議を行っていることが伝えられた。その翌日には預金を引き出そうとする顧客が列をなした。すると今度は、その様子を見た他の顧客が不安に駆られ、自分も預金を引き出そうと銀行の前に並んだ。その一方でオンライン取引の客たちも同じことをしようとしたが、こちらはシステムの過負荷のために何もできなかった。やがて政府から、預金はすべて保証される（当初は三万五〇〇〇ポンドまでだったが、その後五万ポンドまで引き上げられた）という発表があり、騒ぎは収まった。

ノーザンロック銀行の騒動は、まだそれほどひどいものではない。紙幣や貨幣の形で預金を引き出そうとした客はほとんどいなかった。別の銀行に預金を移せれば、それでよかったのだ。これは二世紀前から大きく変わった点だし、マネーとはポケットの現金だけではないと誰もが認識していることを示す例だ。いろいろな人に、あなたはいくら持っているかと聞けば、銀行の当座預金口座や普通預金口座、ＭＭＦ、はてはクレジットカードの限度額の残りまで含めて答えるだろう。こうしたもののすべてが、すぐに製品やサービスと交換できるという意味で、マネーとみなされるのだ。

このようにマネーの定義が非常に幅広くなったために、今このシステム内にいったいいくらのマネーがあるのか、経済の専門家にも判断は恐ろしく難しくなっている。一九七〇年代から八〇年代初めにかけての短い時期、政治家たちがインフレを制御することをめざし、通貨をターゲットにして実験を行った。理論は単純なものだった――インフレは数少ない商品を求めてマネーが多く出ていきすぎることで起こる。それならつくりだすマネーを減らせば、インフレは制御可能になる。

しかし、マネーというものの定義が多岐にわたるため、当局はターゲットにどんどん名前をつけていき——M1、M2、M3——まるで英国の高速道路のようになってしまった（イングランド銀行が挙げた一九八二年の通貨総量に含まれる資産の種類は、実に二四に及んだ）。狭い定義（紙幣や硬貨にごく近いもの）にするのか、広い定義（各種預金口座や定期預金も含む）にするのかで、神学もどきの論争も行われた。

また間の悪いことに、マネーの量を測ろうとするこの試みは、当局が金融市場を自由化して、クレジットカードが広く使われるようになった頃と時期的に一致していた。さまざまな通貨の総量が急速に増大し、当局は手持ちの唯一の武器、つまり金利の引き上げによって対応した。それは一九八〇年代初めの景気後退を引き起こし、英国（およびアメリカ）の製造業部門を大きく揺さぶることには成功したが、通貨供給量の制御にはほぼまったく成功しなかった。英国の経済学者チャールズ・グッドハートは、「グッドハートの法則」を考えだした。あらゆる経済変数はそれを目標にしたとたん、予期しない動きを示すよう定められている。いわばゼリーを壁に留めつけるようなものだ。

重要な点はおそらく、新しい形のマネーが導入されるたびに、マネーの量は増える傾向にあるということだろう。ウィリアム・ジェニングス・ブライアンはこの世を去って久しいが、つまるところ彼は勝ったのだ。われわれが金本位制をとっていた時代でも、ほんとうに紙幣一枚一枚に金の裏づけがあったわけではない。商業銀行と同様に当局も、顧客がいっせいに預金を引き出そうとすることは九分九厘ないと分かっていた。出回っているマネーのそこそこの量に金の裏づけがあれば十分だったのだ。たとえばアメリカでは、その比率を四〇パーセントと設定していた。しかしこの原則が確立すれば、いずれ金本位制が損なわれてしまいかねないことは容易に想像がついた。当局が四〇パーセントではなく、三〇パーセントでごまかすこともありうるのではないか？　もしそれが可能なら、さらに多くのマネーをいちどきにつくりだせる。それに、たとえこの国のマネーがすべて紙幣だとしても、そのうち半分にほんとうの価値があると人々に納得させられるなら、金の裏づけなどまったく必要ないということも納得させられるのではないか？

要約しよう。マネーはもはや金や銀ではなく、固有の価値を持つような何ものでもない。また実際に、北朝鮮のような独裁国家は別として、マネーとはかくあるべきだなどと政府が言う必要もない。

マネーは交換の媒体であり、価値の貯蔵の手段である。交換の媒体としての役割では、マネーには無限に近い柔軟性がある。航空会社のマイレージがいい例だ。中央銀行が定める通貨の定義にはまったく当てはまらないが、それでも航空チケットと交換できるのだから、たしかに交換の媒体として機能している。

かりに公式のマネーが十分に出回っていないとしても、人は取引をしたがるし、新しい形のマネーがつくりだされる。戦争の時期のタバコや石油、耐乏生活時の配給手帳などがその例だ。似たようなプロセスが金融部門でも起こる。金融資産に対する需要があれば、サブプライム・ローンのブームのときに複雑な商品がつくりだされたように、新しいマネーがつくりだされる。信頼が高い間は、こうした資産は額面価値で、つまり一ドル一〇〇セントで取引される。しかし信頼が壊れてしまえば、資産はまるで変造貨幣のように、表向きの価値の何分の一かで取引されるようになる。

景気のいい時期には、マネーやマネーに似た資産の、交換の媒体としての機能が増す。しかし景気が悪くなると、人々は価値の貯蔵の手段としての機能を気にしはじめる。すなわち富を要求する権利としての機能だ。われわれは食料やエネルギーや製品といった形で、「ほんとうの」富を増やすことはない。しかし、その理由は本書でもこの後論じていくが、短期間でちがいをつくりだすのはきわめて難しい。マネーが急速に増えているときには、資産価格も（住宅や株式のように）上昇する傾向があり、それで人々はたしかに裕福になったように感じるからだ。

そのことは、まったく新しい難題を生み出す。マネーが簡単につくりだせるほど、その誘惑は強くなる。二〇〇八年に金融システムが凍り付いたとき、中央銀行はマネーを湯水のように注ぎ込んだ。現在の世界経済が直面しているリスクのひとつは、各国の中央銀行が、かつての中華帝国、南部連合、ワイマール共和国が犯したのと同じミスを犯すことだ。中央銀行はすでにニューマネーをつくりだしているし、これ以上つくれないという限度もない。こうして世界はハイパーインフレへと向かっていくのではないか？　一八世紀の皮肉屋、ジョサイア・クインシーは彼なりの答えを出している。「私には確固たる見解がある……紙のポンドも紙のドルも、あるいはいかなる種類の紙の約束も存在しはしない。通貨なるものはすべて、力かペテンか、あるいはその両方によって通用させられているだけだ」。

しかし一部の識者は別の方向に目を向け、日本の過去二〇年間の記録を調べている。日本の政府と中央銀行は、いま欧米で行われている選択肢をすべて試してきた。金利をゼロまで引き下げ、マネーサプライを増やし、財政赤字をどんどん膨らませた。政府債務は今やGDPの二〇〇パーセントに達している。これだけのことを経験しながら、日本はインフレを経験せず、長期にわたる経済成長の鈍化にはまりこんできたのだ。

現在の政策論争が続くなかで、債権者側からはワイマールの例が、債務者側からは日本の例が引き合いに出される。歴史的に見れば、そろそろ債権者からの反撃がある頃だ。この四〇年間を通じて、振り子はほぼマネーは緩和基調と、交換の媒体としての機能が重視されるほうに振れてきた。二度の世界大戦と大恐慌の記憶は薄れ、経済は安定的に進歩するものだ、資産価格は長期的にはつねに上昇し、経済危機はちょっとした金融政策または財政政策でコントロールできると、誰もが信じはじめた。そのために人々はますますマネーの貸し借りに信頼を抱くようになった。そしてそれが次章のテーマへとつながっていく。そう、負債だ。

第2章　ポローニアスを無視して

「麗しの信用よ！　これこそ現代社会の基礎だ。お互いへの信用、人間の約束に寄せる限りない信頼の時代だ。そうでないと誰に言える？　しかしなんとおかしな社会だ。国民すべてが新聞で読んだ逸話の要点や意味をたちまち察し、土地やら鉱山やらの名高い投機家の口からはこんな台詞が出てくる――『二年前、私は一セントの価値もない人間だった。それが今は、二〇〇万ドルもの金を借りられる』」

――マーク・トウェイン *The Gilded Age*（邦訳『金ぴか時代』）

原始人が別の誰かから火打石の斧を借りたとき以来、人類はずっと債務を負ってきた。歴史の資料を見れば、借り入れの契約は、硬貨の出現のおよそ二〇〇〇年前から存在していたことがわかる(1)。

そうして初めて借り入れが行われてから、どのように返済するかについては意見が分かれてきた。動詞pay（支払う）は、平和にする、落ち着かせるという意味のラテン語pacareに由来する。これが家畜の話なら、支払いがこどもという形をとることもある――利子を表すシュメール語masは子牛の意味だ。動物の群を表すローマ語pecuaは、マネーを指す言葉pecuniaの基になった。これは今でもpecuniary interest（金銭的利益）の形で残っている。

土地を担保にした貸し付けは、収穫のうちの「最初の果実」を貸し手に支払うことで返せる。利子をとらず、ただ当の物品を返すという形で返済された貸し付けも多かっただろう。現代人が隣の家の芝刈り機を借りるのと変わらない。しかし利子という概念は、貸し付けそのものに劣らず古い。問題は実のところ、利子が払われるかどうかではなく、いくらだったかということだ。紀元前一八〇〇年ごろのバビロニア王ハムラビは、穀物の貸し付けに三三・三パーセント、銀の貸し付けに二〇パーセントの上限を定めた。古代ローマでも貸し付けに対しての最高の利率を定めている。ユリウス・カエサルを暗殺したブルートゥスは、公式の上限が一二パーセントだった時代に、罰としてサラミスの町に対する返済に四八パーセントの利率を科せられた(2)。

ユダヤ人の慣習では、信心深い同胞から過剰な利子を取り立てることを禁じていたため(「あなたは自分の兄弟に利息を払わせてはならない」『申命記』二三章一九節)、借りる必要があれば非ユダヤ人のところへ行かざるをえなかった。またユダヤ人には五〇年祭という概念があり、せっかくのお祝いだからと、その時点でのあらゆる負債が帳消しにされた(3)。

利子というのはどこかしら不自然だ、不当な押しつけだといった考え方も、やはり古くからある。アリストテレスは、硬貨は実を結ばないのだから、利子をつけるべきではないと主張した。キリスト教は旧約聖書に出てくる「usury(利息)」の概念を適用し、三二五年のニカイア公会議で聖職者たちにこの慣行を禁じた。『申命記』では「異国の者」には利息をとることが許されていたが、この慣行自体が公然と非難されたのだ。

ただしキリスト教会は、usuryとは何かということをあまりはっきりさせなかった。聖アウグスティヌスの定義では、「与えた以上のものを受け取ることを期待すること」とされている。この言葉の意味は、利子をとるのは絶対いけないわけではないが、貸し手が補償されるのは貸すことによって被る損失のみであるべき、ということだ。これは「機会費用」と定義できるかもしれない――もしお金を貸さなかった場合、貸し手がそのお金でやったであろうことを意味している。利益を得るための投資は当然、除外される。なにしろ例のタラント（神からの賜り物）の喩えは、ある種の利子は許容範囲だということなのだ。主人の硬貨を埋めた怠け者の召使は、こう言われた。「だったら、おまえはその私のお金を、銀行に預けておくべきだった。そうすれば私は帰って来たときに、利息がついて返してもらえたのだ」（『マタイによる福音書』二五章二七節）。

聖書は、このように矛盾のある記述だらけだ。とはいっても、usury への制限は実際にあり、その結果、信用の発展もまちがいなく制限を受けた。そこでこの禁令を回避する方法が考え出された。たとえば質屋業は中世を通じてずっと存在した。高利貸しはダンテの本にも出てきて、地獄の第七圏に行くほどの罪だとされている。金貸しへの嫌悪は何世紀にもわたって続き、とりわけユダヤ人への偏見は、シェイクスピアの登場人物シャイロックの造型に典型的に示されている。これはとてつもなく不当な話だ。当時のユダヤ人は土地を所有することもまっとうな職業に就くことも認められておらず、金貸し業は残るわずかな選択肢のひとつだった（現代の移民もしばしば同じようなジレンマに直面する。働いていないと非難されるか、他人の職を奪ったといって非難されるかだ。たいていは両方の目に同時に遭う）。

取引は信用に依存する、だから信用は与えられた。経済学者のチャールズ・キンドルバーガーはこう断言している。「キリスト教会の貸金禁止法は、貸し借りの量を減らすよりもむしろ、ごまかしを強いることで事態をさらに複雑にした」(4)。同様にイスラム教では、建前では利子の支払いを禁じているが、やはりその禁令を回避する方法が考え出されている。根本にある考えは、貸し手は儲けを借り手と分かち合うべきだということ——たとえば、家を買う資金を貸し付ける場合、貸し手は価格が上がったときの利益を分け合うべきだということだ。

一六世紀の宗教改革は、キリスト教の伝統を決定的に打破することになった。ジャン・カルヴァンなどプロテスタントの聖職者は、利子をとる貸し付けにきわめて好意的だった。カルヴァンは利率の上限を定めるというローマ時代の原則を復活させていったが、さすがに彼の場合は五パーセントだった。こうした教義の変化とヨーロッパ北部のプロテスタント国家（イングランドとオランダ）の経済的成功には関連がある、とする見方もある。また、借り手に対する姿勢は非常にきびしく、投獄された者も多かったが、これはプロテスタントの労働倫理から説明される。だが少なくとも、ちょっとした抜け道はあった。『ロビンソン・クルーソー』を書いたダニエル・デフォーは、「日曜の紳士」として知られた。安息日にだけ上流社会に姿を現したのだが、この日だけは債務者が逮捕を免れられるという習わしがあったからだ(5)。

一九世紀になると、教皇が公式に、利子をとることは合法であることを認めた。にもかかわらず、カトリックの作家ヒレア・ベロックは、一九三一年になってもまだ usury をあからさまに非難していた(6)。ベロックはこう公言している。

「usury はきわめて邪悪なものであり、また同時に——これは純粋に経済学的、数学的な言明だが、最終的にはコミュニティーを損なう働きをするということが証明できる。

不毛な土地から収穫を得ようとし、干上がった井戸から水を汲み出そうとし、実際の収入から税を払えずに蓄えから払うしかない者たちから税を取り立てようとする——こうした努力は、わずかな人間の利益のために大衆を破滅に追いやることから始まる」

ベロックは、貸し手が利子をとるべきでないと言っているわけではない。彼は生産的な貸し付け、非生産的な貸し付けを区別した。病人の手術費用を貸し付けて利子を要求するのは非道だ。しかし誰かの金鉱を開発するという企てに融資をする場合、貸した金額以上のリターンを求めるのはまったく理に適っている。それでもそのリターンは、担保にとった資産の経済的リターンより大きなものであってはならない。つまり土地を担保にとって貸し付けをし、その土地の賃貸収入が四パーセントであるという場合、利子が五パーセントであってはならないのだ。こうした経済的リターンを利子が上回れば、結果的にすべての富が次第に投資家階級の手に移ることになるというのが、ベロックの主張だった。

アダム・スミスも、生産的な貸し付けと消費的な貸し付けを区別していた。彼の見方では、借金をする人間が、自分の支払う利子よりも高いリターンが得られると思っているなら、その貸し付けは理に適っている。たとえば事業を始める場合などだ。借りてすぐ消費のために使ってしまうのでは意味がない。この基準に従うなら、スミスはフラットスクリーン・テレビをクレジットで買うことは認めないだろう。こうした区別のひとつの変型が、一九世紀にも「実手形」理論として提唱された。この理論によると、通貨供給量を増やすことは、取引の資金や在庫品の購入に使われるのなら問題ないが、投機目的の貸し付けに使われるのなら受け入れられない。

これもやはり、貨幣の価値の貯蔵の手段としての機能と、交換の媒体としての機能をめぐる論争だ。経済活動のためにさらに貨幣が必要だというなら、新しくつくればいい。しかしその新たな貨幣が取引を促進させるのか、それとも物価を上昇させるだけに終わるのか、いったい誰にわかるのだろう?

利子の機能

ベロックの主張は、ある重要な経済の実情を無視している。フレッドがジムにお金を貸すとき、フレッドはそれが返ってこないという重大なリスクを冒すことになる。しかもその間、自分はお金のない状態でやっていかなくてはならない。利子という形の補償がなければ、最初から貸そうとはしないだろう。貸し付けが行われなければ、投資は最低限にとどまる。そして投資がなければ、経済成長は鈍化するだろう。

実際の話、貸付業規制法のために、貧しい人々や小事業主にとって借金がひどく高くつくケースが増えている。法律による制限は、借り手が債務不履行に陥るリスクが高まると、貸し手にとって十分な補償にはならない。それで借金をする人間は否応なく、違法な貸金業者の手にゆだねられる。そうした業者は、不払いのリスクだけでなく訴訟のリスクも補償できるだけの利率を課そうとする。また、自ら進んで法を犯そうとする貸金業者は、他の点でも悪辣である可能性が高い。借り手はいくら利子を払っても負債がいっこうに減らない、ということになりかねないのだ。今日の違法薬物や、一九二〇年代の禁酒法時代など、多くの人間が喉から手が出るほどほしがるものを政府が禁じたとき、おもに恩恵を受けるのは犯罪者だ。しかしモラリストたちは、貸付業規制法が貸し手のみならず、借り手の選択肢も制限するということを気にかけなかった。そうした人たちは、負債を避けることは精神にいいと主張した。安易な満足を後回しにすることは、自己を鍛錬するのに役立つ。負債は破滅への道である。「借金をする者は悲しみの道をたどる」とベンジャミン・フランクリンは書いている。

生産的な貸し付けと非生産的な貸し付けとの区別は、なかなか完全にはつけづらい。友人や家族に貸しても返済されない、という人も多いだろう。慈善行為として他人に貸す人もいるかもしれない。しかしチャリティーではなく事業として貸す場合、その利率はまちがいなく、借り手と貸し手との交渉の問題になる。貸し手は自分にとってのリスクを反映した利率を課そうとする。借り手はその借金に価値があるかどうかを判断する——フラットスクリーン・テレビをもうしばらく後ではなく、どうしてもいま買わなくてはならないのか、それが余分なコストをかけるのに値するのかどうかを。

それと同様に、事業のために借金をしようとする人間は、自分の考えている投資のリターンが利子のコストよりも大きいか小さいかを判断しなくてはならない。もしリターンが小さければ、投資は見送るべきだ。もちろん、貸し手が債務不履行のリスクを読み誤るように、借り手がそのリターンを読み誤る可能性はある。しかし同じように、借り手が利子のコストをはるかに上回る収益を手にし、儲けをすべて独占できる可能性もある。

利子が資産から得られる経済的リターンに制限されるという、ベロック的世界を想像してみてほしい。誰がそのリターンを決めるのか？　もし借り手が決めるとしたら、当人の動機づけがゆがめられかねない。ジムがフレッドから借金をして農地を買っても、彼はその土地を放り出して雑草が生えるにまかせ、リターンがゼロだったから利子は払えないと言い張るかもしれない。あるいは、最初のうちはがんばって働くが、やがて酒びたりになるかもしれない。そうしたジムの無責任な行動のコストを、なぜフレッドが負う羽目になるのか？　貸し手に返済するという意識は必ず、努力しようという動機につながらなくてはならないのだ。

とはいえ、ベロックが行った生産的な貸し付けと非生産的な貸し付けの区別は、より広義の真実を示している。信用の流れは経済に不可欠なものだ。そのおかげで企業は投資し、拡張することができる。当局は、経済危機の時期にはしばしば信用供与を拡大しようとするが、そうした方策の結果が、新しい工場、新薬の研究、高速鉄道などの創出につながるという保証はない。

むしろ新しい信用は不動産市場に注ぎ込まれることが多い。もちろん不動産投資は、経済的な意味では必ずしも無駄というわけではない。人々には住む場所や仕事をするオフィスが必要だ。しかしブームになると、多くの建物が投機目的のためにつぎつぎ建設される。アイルランドを車でひと回りすれば、空き家があちこちに見られる。手っ取り早い利益を求めて建てられたものだが、今後も住み手は現れないだろう。こうした家が建築される間、アイルランドの労働者たちは職にありつき、その結果GDPは急成長を遂げた。しかしアイルランド経済の長期的な健全性という点から見れば、最悪の方策だった。そしてこの国には誰も住まない家と、返済しようのない債務が残った。

どういった貸し付けが生産的に利用されるか、どういった貸し付けがそうならないかを予測するのは、まったく容易ではない。したがって貸し手には、債務不履行のリスクを反映したリターンが支払われるべきだ。現代では、投資家には政府に貸すという選択肢があり、これはしばしば「リスクなし」の選択とされる。だが国家債務危機の状況を考えれば、この言葉もずいぶんむなしく聞こえる。それでも、もし国が破産しようものなら、消費者や企業も大変な窮状に陥るのは必至だ。だから債権者が、政府を相手にしたとき以上に、民間部門の債務者に高い利率を求めるのは理に適っている。

また貸し手へのリターンは、その時点での通貨価値で支払われなければならない。一年後の一〇〇〇ドルより今の一〇〇〇ドルがいいというのは、その一年間に物価が上昇する可能性を考えれば、当然のことだ。そしてインフレ率が高まれば、金利は当然上昇する。これは借り手にとって必ずしも悪いことではない。インフレの時期には収入も急速に増えるからだ。また、借入資本の返済という負担もインフレによって軽減される。そのために経済学者は「実質」金利、つまりリターンからインフレ率を除いた部分に注目する。多くの政府は現在、インフレ連動債を発行している。こうした債券の利回りと返済価値は物価と連動して上昇する。したがってこうした債券の利回りがほんとうの「実質」であり、実際にかなり低く、年間二パーセント未満となる。

インフレと同様に利子もまた、債権者の法的権利に影響される。債務を清算するための手続き、たとえば破産法などがしっかり整備されている国では、利子は低くなる傾向がある。債務者にやさしい体制であるほど、債権者は債務不履行の可能性のみならず、債務者から回収可能な額が減っても埋め合わせられるような利子を課さなくてはならなくなる。

債権者になんらかの資産の担保、たとえば住宅の抵当などが与えられる場合、利子はやはり低下する。一二世紀のエルサレム王、ボードゥアン二世は、ある借金の担保に自分の髭まで入れようとした。バビロニア王のハムラビは、土地や品物のほか、正妻、内妻、子供、奴隷なども担保にできると宣言した。極端な場合には、債務者本人の人格まで剥奪されることもあったが、ハムラビは寛大にも、奴隷になる期間は三年間に限られるとした(7)。

一〇〇〇年ほど時間を飛ばし、古代ギリシャの世界に目を向けると、紀元前六〇〇年にアテネの政治家ソロンは債務危機への対処を迫られた。貸し倒れが相次ぎ、多くの人々が奴隷の境遇に身を落とさざるをえなくなった。ソロンはこうした不運な人々を解放し、債務不履行者を奴隷とする慣行を廃止した。さらに債務を廃止または軽減し、金利の上限を廃止して、硬貨の価値を四分の一切り下げた(8)。現代のギリシャも、これときわめてよく似たプログラムに従うことになるかもしれない。

古代人は、請求できる利子の上限を定めることをかなり好んだようだ。ローマでは当初八パーセントというかなり低い限度から始まった。やがてその数字は一二パーセントまで引き上げられ、四世紀のコンスタンティヌス帝の時代までずっと続いた。共和制ローマの時期、ルクルス将軍は、ヒレア・ベロックのような議論が出てくるのを予期し、債権者はひと月当たり一パーセントの利子しか受け取ってはならない、また債務者の収入の四分の一しか受け取ってはならないと宣言した(9)。多くの貸し手がこうした上限を無視していたと思われる。

当時の貸し付けはほぼすべて、個人的なものだっただろう。返さない者には重い罰則(たとえば奴隷にする)の脅しがあったにしろ、貸し手はかなり大きなリスクを抱えていた。当時は寿命が短く、主たる活動は農業で、その収益はきわめて不安定だった。法人という概念はまだ育っていなかった。銀行家もいるにはいたが、現代のようなタイプではなく、金貸しというほうがぴったりきた。貸し手には国債への投資といった「安全な」選択肢もなかった。国は人々の私的な資産を担保とシラはこう述べている。「どの国も高い信用状態にはなかった。経済史学者のホーマーにとることもなかなかできず、財政の赤字を穴埋めすることについての原理も学んではいなかった」[10]。

ポローニアスがハムレットに向かって指摘したように、貸し付けは貸す側にも借りる側にもリスクの高いものだった。高利がもたらす最悪の結果は、債務者が重い利子を払おうとして押し潰されてしまうことだった。そしてこの場合、債権者も自分の資本を失うことになり、やはり損害を受けた。実のところ、本書の中心的な議論のひとつは、債権者の失敗が歴史上（ソロンの改革に始まり）たびたび繰り返されていて、その後にはたいてい長期的な債務の増加が続くという点にある。

こうした哲学的な議論は、今日でもまだなじみ深いものだ。アメリカの多くの州では金利に上限が課され（六パーセントが通り相場だった）、そうした規則が一九五〇年代まで残っていた[11]。いまだに債務者のなかには、気楽にお金を借りておきながら返そうとしない者たちがいる。どうにかして返済の義務から逃れるか、債権者に力を振るわせないようにするのだ。貸し手がお金を失うと、新しい貸し手を見つける必要に迫られるが、そうした業者はリスクからの自衛のために、さらにきびしい条件（高い金利、多くの担保）を課そうとする。それで債務者は、ますます人生を重荷に感じ、またもや債務不履行の道を探そうとする。

悪い王と悪い負債

ローマ帝国が倒れた後、経済活動は低下していった。ヨーロッパは東と南をアラブ勢力、北をバイキングに包囲されていた。そして求心力を持っていたのは、信用に眉をひそめるキリスト教会だけだった。ホーマーとシラが調べたところ、一二世紀まで信用や金利の記録がほぼ見つからなかったというのも、驚くことではないのだろう。

そうした時期が過ぎ、イタリアの都市国家が新たな経済的勢力として現れてきた。これらの国家群は、フロリンやダカットといった上質な硬貨をつくりだすだけでなく、それぞれの信用市場を形成した。ヴェネツィアは貸し付けを行ったが、これは強制的なものだったため、実質的に国の富裕層にかけられる税となっていた。しかしこの共和国では安定した債務の返済が行われ、繁栄する資本市場がつくりだされていった。

ここで覚えておくべき重要な点は、中世の国家は現代の国家とはまったくちがい、福祉や教育や医療保険などは何ひとつ提供していなかったということだ。国の主たる役割は防衛であり、そして戦争にかかる費用のために君主は債務を抱え、もし戦争に負ければほぼまちがいなく債務不履行に陥った。中世は、君主の力が着実に増していった時代でもあるが、国王が借金をする傾向も同時に生じていた。債務者が気まぐれに法律をつくったり変えたりできるとしたら、資金を貸すことは危ない綱渡りとなる。そして案の定というべきか、フランスは債権者に対して特に邪険な扱いをした。一二八五〜一三一四年に在位していたフィリップ四世は、多額の借金を重ねながら、返済するどころか銀行家たちを追放した。そして最後の仕上げに、他の債務の元本はすべて国王に返すようにと通達した。その結果もたらされたのは、国王のおもな債権者であるテンプル騎士団の崩壊だった[12]。イングランドのエドワード三世は、フランスとの百年戦争の間に債務の履行を怠ったが、彼の最新の伝記によれば、その負債の額は微々たるもので、一部の歴史学者が示唆しているようにイタリアの銀行を倒産させたりはしなかったと強調されている(13)。

スペインでは一四八二〜九二年に、八世紀からイベリア半島の一部を支配していたムーア人からグラナダを奪還しようとするレコンキスタが起こり、国王は遠征の資金を借り入れた。それはしばしば終身年金の形をとった――購入者に生涯にわたって利子を払いつづけるという金融商品である（これと似た商品は、今日でも引退者たちが購入している）。しかし女王イサベルがのちに気づいたように、年金はきわめて高価につく借金の形態だった。イサベルは自分の後継者たちに返済を勧めたが、実現はしなかった。フェリペ二世はイングランド相手にアルマダの海戦を仕掛けた国王だが、国内では毎度、借金を踏み倒した。フランスでも同じような商品が売りに出され、rentes と呼ばれた――投資による不労所得で暮らす人々を指す言葉 rentier の語根に由来している。これはあまりいい意味で使われる言葉ではない。ジョン・メイナード・ケインズは後年、「rentier の安楽死」について皮肉を飛ばしてすらいる。

ヨーロッパの君主たちは、贅沢な宮廷暮らしの出費や軍隊の野心に追い立てられ、つねに資金調達を行わねばならなかった。課税は概ね関税という形をとったため、税金逃れは広まる傾向にあった。フランス国王はジョン・ローが現れるずっと以前から、債務の支払いに四苦八苦していた。イングランドのヘンリー八世の仇敵だったフランスのフランソワ一世は、一六世紀に債務の履行を怠った。のちの国王たちは誘惑に負けて、国じゅうの徴税吏に徴税の権利を売却した。この方策は短期的には現金をもたらしたが、長期的には過ちだった。国王は収入の流れを直接コントロールできないにもかかわらず、税の支払いに関連する不満を一身に浴びることになった。

イングランドでは一七世紀に、この国家債務危機が重要な局面をもたらすに至った。チャールズ一世が徴税のやり方に関して対立する議会に闘いを挑んだのだ。それに引き続く内戦、そして一六八八年の「名誉革命」の結果、国王の力は衰えた。その後は議会が財政を牛耳るようになった。一六八八年の革命の後は、オランダのオレンジ公ウィリアム（アイルランド史で言う「キング・ビリー」）が王位に就き、オランダ流の資金調達法が採用された。そしてイングランド銀行が一六九四年に、ウィリアムと放蕩なフランスのルイ一四世との戦いの資金を調達する手段として設立された。

ジェームズ・マクドナルドの見解によれば、英国でもオランダでも議会が勝利したことが自国の政治経済の成功に不可欠な役割を果たした⑭。これは実質的には、商人階級、金融家階級の勝利だった。こうして政府が支配階級から借金をすることで、国家財政を堅固な足場の上に築くことが可能になった。もしも政府が債務の返済を怠れば、自らの支持勢力を弱める結果になる。それによって債権者は、政府による債務不履行は起こらないという確信を持てた。対照的にフランスとスペインの絶対君主には、税収入を生み出せなかったこと、債権者を邪険に扱ったことが災いした。資金調達の戦いになったとき、英国とオランダはライバルたちの先を行っていた。

フランスの国家債務は、一七七四年から八九年の間に三倍に膨らみ、結果として利子の返済だけで予算の半分が消えることになった。一七八五年には穀物が不作だったために政治への不満が増大し、国の財政問題の悪化から国王は一七八九年に三部会（フランス議会）を召集せざるをえず、それが革命につながるプロセスの始まりとなった。

新政府もやはり同じ財政問題に直面した。解決策は、貴族階級とキリスト教会から土地を奪い取り、その土地を担保にしたアッシニアと呼ばれる国債を発行することだった。ある意味、モーゲージ担保証券の一八世紀版だ。しかしフランスの土地の価値はどれだけなのか、またどのようにして換金できるのか？　金本位制とはちがって、人々は手持ちの紙幣とプロヴァンス地方の半エーカーの土地を交換することはできなかった。国債がどんどん発行されるほど、その額面価値は下がっていった。アッシニアはしばらく紙幣として取引された後、やがて価値を失った。

他の国では、国債の発達は中産階級が貯蓄に励む新たな手段を提供した。中世イタリアの都市国家は、中産階級から資金を調達することにある程度成功したが、英国、フランス、スペインといった大国は銀行家からの貸し付けに頼っていた。そして政府の返済が当てにならないという評判ができあがると、蓄えのある者たちは、国債よりも土地や宝石などを選ぶようになった。ジョン・ゴールズワージーのシリーズ小説『フォーサイト・サガ』には、英国発行のコンソルという永久公債に収入を頼っている高齢の登場人物が出てくる。

英国は一六七二年以降、公式には債務不履行に陥ってはいないが、この記録はヨーロッパの隣国には当てはまらない。たとえば一九世紀には、オーストリア＝ハンガリー帝国が五回も債務の履行を怠るか、返還期限を延ばした。このテーマを扱った重要な著作、カーメン・ラインハート&ケネス・ロゴフの『国家は破綻する』⑮には、政府債務の不履行の周期についての解説がある。ナポレオン戦争時代、一八二〇〜四〇年、一八七〇〜九〇年、一九三〇年代の大恐慌時代にそれぞれピークを迎えるのだが、この周期にはあきらかに戦争が大きな役割を果たしていて、敗戦国は支払いの約束を破るケースがきわめて多い。しかし経済および金融危機は、商品価格の上昇・下降と関連していることが多く、それもやはり大きな役割を果たしている。

新生アメリカ共和国は、やがて世界一の経済大国になる運命にあったが、一七八三年に独立を達成したときから重い債務を背負っていた。戦争費用を捻出し、兵士の給料を借用書（ＩＯＵ）で支払うために、大陸債券（コンチネンタル・ボンド）を発行した。「コンチネンタルの値打ちもない」というフレーズには、そうした紙切れがいかに蔑まれていたかが表れている。建国の父祖たちの多くはイングランドの債権者に債務を負っていた（反乱を起こす強い動機といえるだろう）。共和国の主要政治家の何人かは、ブライアン派の原型として、物価の上昇で自然と利益を得る農民や農場主として表現できるかもしれない。

第二代大統領のジョン・アダムズは、「私はずっと銀行を忌み嫌ってきたし、死ぬまで忌み嫌いつづけるだろう……銀行こそ、利子や借り手が生み出したあらゆる種類の利益を支払うべきなのだ」と宣言した。アダムズの後任で、しばしば政敵ともなったトマス・ジェファーソンは、銀行業を「無限に繰り返される重窃盗」と評した。あるヴァージニア入植者は、「銀行にいるところを捕まるのは、売春宿にいるところを捕まるようなものだ」と毒づいている[16]。

共和国の初期の歴史で重要な政争といえば、第三代大統領トマス・ジェファーソンと、財務長官で連邦党の創設者アレクサンダー・ハミルトンとの闘いだ。ハミルトンは旧植民地内での交易の拡大をもくろみ、そのために堅実な銀行システムを確立しようとした。ＩＯＵの多くは投機家が手に入れたものだったが、それに対しても額面価格で支払うほうを選んだ。こうしてハミルトンは、米ドルを世界一受け入れられやすい通貨に変えていく過程に弾みをつけた。「国の経済において、すべてに共通する通貨単位を提示するときほどすばらしい瞬間はない」と彼は公言した。「事実上この単位に基づいて、資産の担保と安定した価値が定められるのだ」[17]。

しかしアメリカの通貨システムの発達は、スムーズというにはほど遠かった。農民は依然として、東部の銀行家たちの持つ「マネーの力」に憤っていた。第一合衆国銀行と呼ばれたハミルトンの中央銀行の認可は失効し、その後を引き継いだ第二合衆国銀行は、一八三三年にアンドリュー・ジャクソン大統領の手で潰された。ジャクソンは南部人で、東部の金融上の利益に疑念を持っていた。彼の支持基盤は小規模な農民や商店主だった。しかし通貨に関する考え方で、ブライアン派とは対立関係にあった。銀行については、大統領の権力に対抗するものとして嫌い、紙幣ではなく金や銀を信じていた。第二銀行が倒れると、もはや統制を受けなくなった地方の各銀行による紙幣の発行が一挙に相次いだ。これはジャクソンに投票した人々が望んだことだったかもしれない。しかしジャクソン自身が望んだことではなかった。

ジャクソンの介入の後には、通貨の無秩序状態が続いた。一八三九年に連邦最高裁判所の判事は、「銀行券の発行は、コモン・ローによって、あらゆる人間の前に開かれている権利であり活動である」と宣言した。一八六二年には、二九の州で一四九六の銀行が、七〇〇〇種類の銀行券を流通させていて、それ以外にも五五〇〇種の不正な紙幣が発行されていた[18]。銀行の倒産は日常茶飯事だった。南北戦争の頃になってようやく、北部諸州が紙幣の発行を統一した。それが現在でもよく知られる「グリーンバック」である。

アメリカとフランスの財政を巡る革命的な経験は、本書で扱う長期的なテーマを表している。どちらの共和制の政府も債務を抱え、返済に苦労していた。金と銀が足りないので、そうした債務に充てるために紙幣を発行した。しかしその紙幣も結局は無価値になったため、何も返済しないのに等しかった。どちらの場合も債権者、つまり英国の投資家とフランスの旧体制の貴族階級の権利は巧妙に無視された。アメリカではフランスよりもうまく事が運んだが、これはアメリカの熱しやすい性質、フランスの戦闘的な性質によるものだった。J・K・ガルブレイスは、「商業銀行の歴史がイタリアに、中央銀行の歴史が英国に属するものだとすれば、政府が発行する紙幣の歴史はあきらかにアメリカに属する」と記している。

米仏の敵対関係の歴史は、マネーをつくりだすことが取引を拡大するのかどうか、また取引が増えれば人間はマネーの供給をなんとかして増やそうとするのかどうかといった重要な疑問に答えるための、多少のヒントを与えてくれる。フランスの歴史を見れば、最初に行った紙幣の実験が失敗だったのはあきらかだ。しかしアメリカでは、マネーと負債の創出は窮余の策だったかもしれないが、その後の国の成長によって結果オーライとなった。

各国の政府が、成長する中産階級および労働者階級の富を利用しようとしたように、産業界自体も自らの資金調達の手段をつくりあげた。実業家は事業の資金を調達するのに、つねに短期的な融資に頼っていた――『ヴェニスの商人』のシャイロックからアントーニオへの貸し付けを見てみればわかる。取引のシステムがわれわれの現代経済の原型だという議論は、負債と紙幣への信頼が層をなしているという意味で、一理あるかもしれない。商人が顧客たちに信用供与を広げたとしよう。すると今度は、自分も商品提供者からそうした信用を供与されることが必要になる。だがその商品提供者も、実は他の誰かから借金をしてその品物を買っているのかもしれない。そうしたなかで誰かが負債を返済できなかったとしたら、それはシステムをさざ波のように伝わっていく。

このシステムは、ある商人から別の商人への支払いに為替手形、約束手形を使うという形で定着した。受け取った側はその手形を担保に使い、銀行その他の貸し手から資金を調達する。手形は多くの要素、特に当該の商人の信用力などに応じ、割引された価格で受け取られる。これは事実上、政府のコントロール外にあるペーパーマネーのシステムだった。

負債と工業化の時代

消費者はつねに、友人や隣人、親類から借金をしてきた。商人は信用なしには存在しえない。二〇世紀半ばまでは、地元の肉屋や八百屋などでは「つけ」という習慣がまだ一般的だった。しかし地元の商店主は通常、よく知っている地元の顧客にしか信用を与えようとしない。借金を返さない常習者や、信頼できないとみなされた人間は、取引を拒否される。『デイヴィッド・コパフィールド』のミコーバー氏は商人への支払いを怠ったせいで、友人たちにちょっと小遣いをせびることもできなくなった。

しかし現代の消費者信用（金融組合、クレジットカードなどの形をとる）に関する考え方は、実際には工業化の時代に端を発するものだ。小作農の収入が長期にわたって増えることはまずありえない。いいときでも変動が激しく、豊作の年の黒字で不作だった年の借金を返せるぐらいだろう。しかし不作の年が二、三年も続けば、破産につながりかねない。

こうした点がすでに述べた、より一般的な事実を示している。貸し付けを行うには貸し手と借り手の双方に、借り手の収入が増えて返済可能になるという信頼がなくてはならない。洗濯機やテレビを分割払いで売る小売店の例を考えてみよう。顧客にはいま、あきらかに現金の持ち合わせがない。もしあるならその場で支払うだろう。しかも利子を含めた全体の請求額は、現金価格よりも高くなる。だから顧客にはその高額を支払えるような職に就いていられるという信頼がなくてはならない。それに加えて将来的に収入が上がり、利子の分もちゃんと埋め合わせられるという信頼もあるだろう⑲。経済が順調に成長していれば、こうした計算が成り立つ可能性は高くなる。

産業革命は人間文明のパターンを変えた。そのことがまさに未曾有のすさまじい経済成長を可能にした。これはおそらく、炭素系燃料（木、石炭、そして石油）を使用した動力技術によって、人間と動物の労働を代替できたことによるものだろう。その結果、生産性は大きく上昇した。

経済をインプットとアウトプットの総体として考えてみよう。農業経済はしばしば自給自足経済と呼ばれる。生きるために必要な食料を生産するには、労働者（および家畜）のエネルギーが残らず必要だ。牛は畑を耕すことで人間の仕事を減らすかもしれないが、その牛を飼うには多くの土地が要る。こうした経済（事業）は利潤を生み出さない。しかし炭素燃料を使った機械はその状況を変化させる。人間は当初、手の届きやすい燃料から利用しはじめた。樹木を切り倒し、地表近くにある石炭を集めるなどした。そうして生産される品物やエネルギーとして見たアウトプットは、インプットされる労力よりもはるかに大きくなった。

農地から工業都市への人口移動も、農業革命には必要だった。農地に残った人々は、今や自分たちの分だけでなく、工場労働者たちが食べるための余剰物まで生産しなくてはならなくなった。そして幸い、小自作農地の統合や新しい農業機械、輪作など、多くの小さな改良によってそれが可能になった。そして今度はこれらの改良の結果、人口全体が増加しはじめた。

こうして経済成長、人口成長が成し遂げられた。つぎにくるのは、労働者が工場に集まる段階だ。初期の労働条件はひどいもので、長時間かつ低賃金（農場労働者よりも収入はましだったが）のうえ、安全基準も存在しなかった。人口が密集した町は衛生施設が乏しく、病気がたちまち蔓延し、平均寿命もきわめて短かった。だが工場には、農地と比べて大きなちがいがあった。労働者が一ヵ所に集められるため、自分たちの利益のために組織化することが容易だったのだ。これはお互いに離れたところに住んでいる農場労働者にはきわめて難しいことだった。一九世紀には労働組合が着々と発展し、労働者はストライキを通じて圧力をかけた。政府は彼らの力を認め、やがて抱き込みにかかった。ドイツの宰相で、抜け目のない実際家ビスマルクは、ホーエンツォレルン家を支える労働者を補充するべく、老齢年金を導入した。

熟練労働者の争奪合戦もやはり賃金を上昇させ、労働者階級のなかに、より裕福な新しいカテゴリーを生み出した。スキルを備え生活費以上の給料を得ている彼らは、貸し手にとってより魅力的な存在だった。

同時にまた、産業革命は信用の必要性をさらに高めていった。その流れはほぼまちがいなく農民から始まった。大規模な農場、新しい機械、新しい穀物――こうしたものには投資が必要であり、そのためには資金を借りなくてはならない。農民たちは、もしも余剰の生産物が利子費用を埋め合わせられるとしたら、このリスクをとろうとしただろう。しかしその収支計算は、商品価格がゆるやかに上昇するか、少なくとも安定していることが前提だった。アメリカでは一九世紀末に商品価格が下がっていて、そのことがウィリアム・ジュニングス・ブライアンのポピュリズム運動への支持を生み出した。

産業労働者にも信用は必要だった。町なかに構えた家がいくら質素でも、ベッドやテーブルや椅子などの家具は要る。しかし即金で買える者はほとんどいなかった。レンドル・コールダーは、アメリカの消費者信用の歴史を描いたすばらしい著作のなかで、分割払いが一九世紀の初め頃に盛んになったと書いている[20]。カウパースウェイト&サンズというニューヨークの家具小売店は、この慣行を最初に採り入れた店のひとつだった。ミシン会社のシンガーも同世紀の後半になって、このアイデアに飛びついた。

分割払いという考え自体は、まったく目新しいものではない。なにしろ前の章で見たように、ジョン・ローはミシシッピ会社の株を分割払いの形で売っていた。しかし定期払いに基づいたこのシステムは、労働者が定期収入を受け取れる産業化時代にぴったりだった。割賦販売は小売商の商品の購入層を大きく広げ、利子は貸し倒れを埋め合わせられる以上の額となった。実際のところ、このやり方はほんとうに、「つけ」という古い習慣とそこまで大きなちがいがあるのかと感じられるかもしれない。おそらくこうした小売商は、マネーの時間的価値と、ときどき起こる貸し倒れを考慮に入れ、価格を高めに設定していただろう。しかし心理学的には、これは重要な一歩といえる。消費者は即金で買えるほうが気分はいいものの、少額の支払いを続けていくという見通しは、たとえ最終的に同じものを買うのに多く支払うことになるにせよ、決して悪くはないと感じるようになったのだ。

賦払い信用貸しは、特に通常の信用貸しと比較すると、小売商にとっては他にも利点がある。買い手が債務を履行できなかった場合、ふつうはすでに何回か支払いを行った後なので、損失額が限られたものになる。さらに法律上は、分割払いがすべて完了するまで、その商品の権利は売り手にあるとされている。同じ理由から、買い手は返済を滞らせることを嫌った。それをすれば、商品とお金を両方失うことになるとわかっているからだ。

分割払いで求められるような定期的な支払いを行うことは、消費者の側にも規律をもたらした。購入する前に貯蓄が必要だという状況なら、それほどの規律が発揮されることはまずないだろう。他に何か入り用なものが出てくれば、必ず現金はそちらに消えてしまう。しかし法的措置をとる、商品を回収するという脅しは、消費者を返済プランに従わせるのに役立った。

二〇世紀には、製造業者が小売商とともに、賦払い信用クラブに加わった。先頭に立ったのは自動車産業だった。住宅を別にすれば、自動車はたいていの家族にとってはいちばん高い買い物だろう。もし即金払いでしか売れないとなると、製造業者にとって市場は限られたものになってしまう。分割払いで自動車を売ることには、他にも二つの利点がある。新しい製品を買うとなると、人はいきおい慎重になる――あの家は流行遅れのモデルや信頼できないモデルを買ったと、近所で評判になることは望まない。だから、友人や隣人が買う車には特に注意を払うだろう。そこで買いやすい支払い期間を提供できるメーカーは、自社の製品を主要ブランドとして確立できる可能性がある。最初の買い手には他の大勢がついてくる。

さらに生産が増えれば、「規模の経済」がもたらされる。コストの低下は消費者に低価格という形で伝えられ、市場のリーダーはライバルたちよりも安く売れるようになる。フォード・モーターは、初期にはモデルTで成功を収めたが、一九二〇年代には人気を失った。その理由は、ゼネラルモーターズが分割払いによる販売を利用して、トップブランドの地位を確立したためだ。

フォードのプランは、消費者に自動車購入資金を貯めるチャンスを与えるものだが――「いま払って、後で買う」というようなものだ――失敗に終わった。結局フォードはGMの例に倣い、自前の金融子会社をつくらざるをえなくなった。こうして消費者金融と製造業にはつながりが生まれ、今に至るまで消えていない。二〇〇〇年代の半ばには、GM、フォード、ゼネラル・エレクトリックの金融子会社が、各社の事業のなかで最も大きく、利益の上がる部門となった。

（ヘンリー・フォードはまた別の方策をとったという伝説がある。自社の労働者に業界トップの高給を支払い、彼らにフォードの製品を買わせることで市場を拡大したというのだ。これはビジネスモデルとは言いがたいし、商品がひとつ売れるたびに五ドル損するのに、たくさん売れれば元がとれると思っていた昔の小売商の笑い話に近い。むしろフォードとしては、工場のトラブルを食い止め、労働者たちが組合に入るのを防ぎたかったというほうが、動機としてありそうだ）

工場の発展は、さらに幅広いマネーの利用をもたらした。村では物々交換でなんとかやっていけたが、町の状況はずっときびしかった。一部労働者は、工場の店でしか使えない引換券《トークン》を渡され、商品を買うことを強いられた。英国は一八三一年の現物給与法（Truck Act）で、この慣行を禁止した。それでも、労働者の大半は現金で賃金を受け取っていた。硬貨が不足していたアメリカでは、こうした状況が紙幣の使用に拍車をかけた。ある概算によれば、通貨供給量は一八〇〇年の二八〇〇万ドルから、一九〇〇年には二四億ドルに増えている。

倫理の迷路

二〇世紀の初め頃には、賦払い信用貸し付けはアメリカの倫理の退廃を示すしるしであり、倹約という伝統的価値――レンドル・コールダーに言わせれば、「失われた経済的美徳の神話」――からの逸脱と見られていた[21]。とりわけ有識者たちは、アダム・スミスの言った生産的信用と消費的信用、つまり投資のための借り入れと消費のための借り入れの区別の話をくどくど繰り返した。これは複雑な問題だ。経済の標準的なモデルでは、貯蓄イコール投資でなくてはならない。しかし投資には借り入れがつきものだ。借り手は慎ましい節約家がいなくては存在できない。あえていうなら、節約家は借り手を支えてくれる人なのだ。

投資の良いところは、経済の拡大を促す点にある。理想の世界では、われわれが銀行に預金として残したマネーは企業に貸し付けられる。企業はそのマネーを新しい工場に投資して、新しい雇用をつくりだし、われわれが稼いだマネーをまた銀行に預けられるようにする。

しかしこのモデルに、生産的信用と消費的信用の区別などはあるのだろうか？　消費者が自動車を即金で買えないために、分割払いで買うときに、自動車メーカーは生産を増強し、さらに労働者を雇うことができる。そして労働者がさらに自動車を買い……という具合だ。実際にケインズは「倹約のパラドクス」について警告している。消費者が消費をやめて貯蓄を始めれば、自動車の需要は低下する。メーカーは労働者を一時解雇する。労働者の収入は下がり、貯蓄できる余地が少なくなる。つまりここでのパラドクスとは、蓄えをつくるという誰もが持って当然の欲求が生産と所得を減らすために、結果的に全体の貯蓄額を減らすことになる、というものだ㉒。

この生産、消費、需要のつながりを、ハムスターの回し車のような不毛な活動とみなす人々もいる。経済学者のJ・K・ガルブレイスは、一九五八年初版の格調高い著作『ゆたかな社会』で、経済学は以前から生産について強迫観念を持っていたと記した。生産を高めることがよいことだとみなされていたのだ。しかし社会が発展し、大多数の市民の基本ニーズ（食、暖、住）は満たされた。そこで市民は消費者にならなくてはならなかった。広告の力を利用して、ほんとうは必要でない商品をほしがるように仕向けられるようになった。そうした需要はステイタスに左右されることが多かった。隣の家に負けないようないい自動車がほしい、といったことだ。そしてそれが消費者債務の増加につながった。ガルブレイスは書いている。「この社会は何億ドルも費やして、私はあの品物がほしいのだと人々に思い込ませようとする。そこからさらに一歩進んで、実際に品物を買う資金を貸そうとしなかったら、むしろそのほうが驚きだ」。

ガルブレイスの見解は、現代の環境保護運動の発想にも通じるものがある。際限なく経済成長を追求するのは、この地球の限りある資源を思えば、自分たちを破壊することにつながるだろう。環境保護論者の一部は、「ゼロ成長」経済を提唱している。現在の債務危機を見ると、そうした展望は当人たちが考える以上に現実的なものになっているのではないか。

マネーと負債

前章はマネーに関する内容だった。本書の全般的な内容は負債についてのものだ。しかし重要なポイントは、負債とマネーは、同じコインの両面ならぬ、同じ紙幣の両面だという事実にある。これは一〇〇パーセント貴金属からできている通貨には当てはまらない。そうした金属は、ある決定的な特性を持っている。他の誰の負債にもならないということだ。だがこれまで見てきたように、貴金属は全体に行き渡るほどの量がない。硬貨ベースのシステムでさえ、小銭には代用硬貨を使わざるをえなかった。

金細工師と銀行が金を保管し、その受取証（銀行券）を発行しはじめると、とたんにマネーと負債は交換可能になった。初期の銀行券は、銀行が実際の所有者からマネーを預かっているという証拠だった。つまり銀行の信用力を要求する権利だったのだ。現代の銀行券は、政府の信用力を要求する権利である。それが「法定貨幣」とされるのは、政府がそのように宣言しているからだ。経済政策への信頼が完全に崩壊したときには、実際に価値（ジンバブエの場合のように）を失う。

クレジットカードの限度額は、消費者が製品やサービスを買うのにすぐに使えるマネーのことだ。しかしまちがいなく負債でもある。銀行は、ただ当座貸越の期限を延ばすだけでマネーをつくりだせる。コンピューターに数字を追加で記入すればいいのだ。このマネーもやはり、まちがいなく負債である。

すでに触れたように、紙幣は九世紀の中国で発明された。供給量は当初は制限されていて、そこには貴金属の全面的な裏づけがあった。しかし中国の政府が財政赤字（支出が歳入を上回ること）を抱えるようになると、その差額を埋めるために紙幣を発行したいという誘惑に駆られるのは当然だった。これは本質的には、負債を返すために貨幣の価値を低下させたシラクサのディオニュシオスや何人かのローマ皇帝たちと同様の信用詐欺だ。

両者のつながりはさらに深い。富を要求する権利としてのマネーを考えてみてほしい（英国の銀行券にある「私から……約束する」の銘は、顧客が紙幣を金と交換できた時代に端を発する）。われわれはすでに、新しく紙幣を刷っても結局は無意味になることをあきらかにした。銀行券の価値は次第に下がっていく。ピザをどんどん小さく切り分けていくようなものだ。そうしたところで、新しい食べものがさらにつくりだされるわけではない。なんらかの理由で通貨が極端に不足し、経済活動がストップしてしまったのでもないかぎり、紙幣を刷ってもほんとうの富は増えはしない。

負債がマネーであるなら、同じ原理が当てはまる。過去五〇年間にわたって続いてきた債務の対GDP比の上昇は、富を要求する権利をさらに多く生み出した。こうした権利がすべて同時に満たされることはありえない。いちばんの問題は、債権者たち、つまりマネーを貸している人々が債務者からの返済を期待していることだ。経済の規模と比較して権利が大きすぎるようなら、多くの債権者が失望することになる。それに関連して、同時に支払いを受けられる債権者はごく一部に限られるという問題もある。銀行が預金者の取り付けに弱いのと同様、経済は債務者の返済能力への信頼が失われることに弱い。負債が積もり積もって大きくなるほど、こうした信頼の危機はきわめて重大なものになる。

実のところ、二〇〇七〜〇八年の債務危機があれほどの不安をもたらしたのはそのためだ。銀行は経済界にとって大きな存在になりすぎたため、莫大なコストをかけて救済せざるをえなかった。その結果生じた不況は、政府財政に大変な打撃を加え、銀行の危機の後にはソブリン債務危機が起こった。

銀行のファイナンスは、一般の感覚とはまったくちがう。顧客の預金は銀行にとって、資産ではなく債務である。いつでも求めに応じて払い戻さなければならない。銀行の資産は概ね企業や個人へのローンから成り、こちらもいずれは返済される。しかしその借り手たちは、すぐにローンを返済できるほどの現金を持ち合わせていないかもしれない（というより、おそらく持っていないだろう）ので、銀行への取り付けは借り手にとっても問題になりかねない。銀行はローンの即時返済を求め、満期が来たときにローンの借り換えを拒否するか、あるいはローンの更新時には利子をさらに高くし、過酷な条件を課してくるかもしれない。銀行にとっての問題がさざ波のように経済に広がっていくのはそのためだ。

ジョン・ローの論法を思い返せば、なぜそうなったかの理由がわかる。マネーをつくりだすことで人々の間に品物を買おうという動機が生まれ、取引が盛んになるとしたら、マネーが破壊されれば取引は妨げられる。しかし一九世紀の経済学者たちにとって、ジョン・ローの試みは経済的愚行の最たる例だった。彼らは、通貨価値を確保する方法は、金を基礎に置くこと以外にありえないと考えていた。これが次章のテーマとなる。

第3章　金という選択

「貴金属だけがマネーなのだ。紙幣は金属の貨幣の表象であるからこそマネーとなる。でなければ贋物であり、まがいものだ。ある預金者が金属を得られたとしても、全員の手には届かない。したがって預金はマネーではない」

——オーヴァストーン卿（ヴィクトリア朝時代の銀行家・政治家）

チャールズ・キンドルバーガー *A Financial History of Western Europe* より引用

「国際的信用が、地面から掘り出された金《きん》の量に限定されるなどというのは、愚かしくばかげた考えだ。まともに頭の働く人間相手に、そんな訳の分からない理屈が通用するものか？」

——ビーヴァーブルック卿

リアクアット・アハメド *Lords of Finance: 1929, the Great Depression and the Bankers Who Broke the World* より引用

毎日どころか毎分のように、ある種の奇跡が起こっている。世界中の人間や企業が、製品やサービスの提供と引き換えに、よその国の通貨を受け入れている。そうした取引をする間にも、その

通貨の価値は、売り手の国での購買力に照らして刻々と変化しているのだ。

これまでの章では、金や銀が貨幣のほんとうの形だという考えから、人類が次第に遠ざかってきたことを示してきた。これは利便性のためでもあるが、経済活動の高まりと新しい形の活動の発生が同時に起こったという理由にもよる。

歴史を振り返ると、遠い過去にはどの国も、為替レートなど必要としていなかった。硬貨は金か銀でできていて、その本来の価値に基づき、何百年もごく自由に流通していた。そのおかげで、ある国の商人が別の国の顧客から支払いを受けるのはきわめて容易だった。渡された硬貨に含まれる金や銀を評価する方法さえあればよかったのだ（人々が良質な硬貨を蓄えようとしまいこみ、質の悪い硬貨だけを他人に渡すという「グレシャムの法則」の問題はあったとしても）。

しかしこの二一世紀では、船いっぱいに硬貨を積んで輸送するのは、実用的とはいえない。電信振替が唯一の選択肢だ。だが、それぞれの国のなかで、その国の政府が宣言した通貨単位で行われる取引は受け入れられるだろう――民主制ではその定義から言って、大多数の国民は政府にある程度信頼を置いているし、独裁制では選ぶ余地がほとんどない。ただし訪れたこともなく、何の関係もないようなどこかの国の政府が発行する紙幣に信頼を置くというのは、まったく別の話である。他の国が商品を買うときには、「訳の分からない」通貨や価値がどんどん下がっている通貨で支払おうという気になってもおかしくないからだ。固定相場制はそうした問題を回避するために確立された。

ある国の通貨を受け入れることを他の国々が拒否したとしたら、どうなるだろうか？　その結果は、一九四〇年代末の状況を振り返ると見えてくる。第二次世界大戦の後、英国は事実上破産した。その債務は広く知られていた。そして英国が原料を買おうとするときには、ポンドではなくドルが必要になった。ドルは乏しかった（したがって高かった）ため、結果として経済的苦境がもたらされた。配給は戦時中よりもはるかに大きな規模で行われ、必需品の肉、砂糖、卵、パンなども手に入らなくなった。

ある国の通貨を別の国の通貨と結びつけることでも、同じ影響が生まれる。ヨーロッパ唯一の通貨であるユーロを見てみよう。自国の政府や中央銀行はもはや自分の意思でマネーをつくることはできない。その国が貿易赤字になったら、外国から借りなくてはならない。そして外国の債権者が高い利子を要求すれば、その国は深刻な危機に直面する。配給とまではいかずとも、必需品の削減が必要になるだろう。それが今のギリシャ、ポルトガル、アイルランドで起こっていることだ。

世界のどこででも受け入れられるグローバル通貨が存在したとすれば、固定相場制か変動相場制のどちらかを選ぶ必要はなくなるだろう。貿易や海外旅行はずっと楽になる。しかしこの考え方は、エスペラントのような世界言語の普及などと同じで、理論としては非常に魅力的だが、実際に受け入れられるとは考えにくい。ヨーロッパで判明したように、政府は金融政策の独立性を失うだろう。ある単一通貨が世界的に受け入れられたら、資本移動の規制がはるかに難しくなり、たとえば中国などは慌てふためくことになる。

企業や個人はなぜ、他国の紙幣を受け入れるというリスクを進んで冒すのだろうか？　その国が自由に価値を切り下げることのできる紙幣を？　ひとつには、選択の余地がないからだ。製品やサービスを外国に売りたくても、引き換えられるのは紙幣だけだ。ただし必需品などは、ドル建てで価格をつける習慣になっている場合もある。ドルは依然として、世界のどこででも受け入れられる通貨なのだ。多くの国では自国で印刷された通貨よりも、アメリカ政府が発行した通貨のほうが信頼されている。こうしたアメリカ経済への信頼が世界の貿易を円滑に進めている。それに売り手は、金融市場での為替レートを固定することで、外国での受領にはある程度の確信を持っていられる。それでも長期的に見れば、どの企業も、通貨水準の変化に自らの収益性や市場シェアが影響されるというリスクに直面することになる。

紙幣の歴史は為替レートの歴史だ。為替レートは単純に、ある通貨の価値を他の通貨の価値に照らして定められる。あらゆる通貨は、他の通貨それぞれに照らした価値を持っている。ドルに対して円は、ポンドは、ペソは、という具合だ。国際決済銀行によれば、こうした価格を定めるプロセスは、驚くなかれ、毎日四兆ドルの取引を生み出している。

どの国も自国の通貨の為替レートを、金や銀や他国の通貨に固定することができる。あるいは市場が決めるのにまかせながら、自国の通貨を「変動」させることもできる。どちらの選択にも経済的、政治的な意味合いが込められていて、結局は社会の一、二のグループに利することになる。あの笑える歴史本 *1066 and All That* に出てくる、「通貨が上がるのはいいこと、下がるのは悪いこと」と十把ひとからげに言うことはなかなか難しい。どの国も時期によって別々の結果を望むかもしれないのだ。

大まかにいえば、二〇世紀の最初の七〇年間は、ほとんどの国が当初は金に対して、その後はドルに対して固定相場を維持しようとした。そうした努力が失敗すると、世界は二分された。先進国は概ね変動相場制に移行し、途上国は変動相場制と管理相場制（政府が変動の範囲をコントロールしようとするもの)、固定相場制を混ぜて使っている。先進国のなかでは、もちろんヨーロッパの単一通貨の実験もあった。これによってEU内での変動は除かれたが、ドルや日本円などEU外の通貨に対する変動はなくなっていない。

各国の選択の結果は、概ね本書のテーマを反映したものになっている——通貨価値の維持を重視するか、金融の緩和を選ぶかだ。固定相場は概して、「ほんとうの」マネーでの返済を望む債権国に好まれた。ユーロの導入を陰で推進していたのがドイツだったのは、決して偶然ではない。変動相場を選んだのは、物価の安定よりも経済の拡大を最優先する国々である(1)。

固定相場制のルールは、概ね債権国によって定められた。英国は一八世紀初めに、図らずも金本位制に移行した。財政上の成功を収めた英国に対して、他国もその例に倣い、英国の一流経済学者たちの考えを真剣に受け入れようとした。彼らは自由貿易と通貨価値の維持を擁護する傾向があった。英国は最大の製品輸出国であり、最大の債権国だったので、他国がそうした政策をとることも英国にとって有利に働いた。

だが第一次世界大戦の影響で、英国の経済的な地位と伝統的な金本位制は崩壊し、力の均衡はぐっとアメリカに傾いた。両大戦間の時期には、金本位制に戻ろうという試みがあったが、戦前には見られた国際的な協力が得られずに失敗した。第二次世界大戦後には、アメリカがブレトンウッズ体制のルールを定めた。これは世界一の経済大国、債権国の通貨であるドルの優越性を明確に認める仕組みだった。この後に見るとおり、債権国に制限を加えようとするケインズの試みは、アメリカによって拒絶された。しかし現在の中国の金融力を考えると、アメリカはこのときの決定を後悔しはじめているかもしれない。

一九七〇年代のブレトンウッズ体制の崩壊は、債権国よりも債務国に有利に働いたようだった。おかげでどの国も自由に、定期的に通貨を切り下げられるようになった。古い足枷から解き放たれた今、多くの政府が成長に向けて突き進もうとした。そしてまたしても新しい体制に世界を導いたのは、その段階ではまだ債権国だったアメリカである。中央銀行がインフレを抑える役割を果たし、そうすることで債権国の利益を守ったのだ。

しかし、長年にわたって論争は続いている。これが一世紀前であれば、銀行家たちは断固として、固定相場と通貨価値の維持を支持していただろう。ところが実際には、銀行部門は変動相場から莫大な利益を得ている。変動相場が流動性の高い取引市場と、為替相場のリスクに備えた金融商品の需要を生み出した。そして固定相場を棄てたことが国境を越えた資本移動の急速な拡大をもたらし、そこから金融部門が非常に大きな取り分をせしめてきた。二〇〇七〜〇八年の金融危機は、一九七〇年代初めの為替相場の大変革によって種を蒔かれていたのだ。

トリレンマ

経済学者たちは、為替相場制の選択を「トリレンマ」と評している。三つの選択肢のうち二つを選ぶことはできるが、三つすべては選べないということだ。その選択肢とは、固定相場、自由な資本移動、国による金利水準のコントロールである。

為替レートを固定すれば、投資家たちがそこに照準を定め、別のレートで売り買いしようとする。それを防ぐ方法としては、資本規制や、金利を調整して資本を引き寄せるといったものがある。しかし金利の上昇は、国内経済には悪影響を及ぼしかねない。そこで各国は金利を守るか、経済成長を支持するかの選択を迫られる。

こうしたさまざまな選択があるために、各国が何を選ぶかは時間とともに変化した。過去一〇〇年間にわたる経済史の重要な局面は、為替相場制度の変化を中心に展開してきた。金本位制の廃止から再採用、そして再廃止、一九四四年のブレトンウッズ協定とその一九七〇年代初めの失敗、欧州為替相場メカニズム（ＥＲＭ）の創設に続く一九九九年の欧州単一通貨の採用。二〇〇七年に始まった債務危機はおそらく、新たな為替相場体制につながるだろう。その概略については第12章でくわしく見ることにしよう。

金本位制の下では、各国が為替レートを固定し、マネーは世界中を巡っていた。しかし、後のほうでまた見ていくが、ときどきは国内の経済状況とは無関係に、金利を調節して金本位制を守らざるをえなくなった。ブレトンウッズ体制では、為替レートは固定され、金利は国内で定められたが、資本が自由に移動することはなかった。そうすることで、投機家が各国の金利の差を利用して儲けようとするのを防いだのだ。中国はいまだにこのやり方をとっていて、為替レートを管理して狭い範囲内にとどめ、外国人が人民元の債券を増やす余地を制限している。

ブレトンウッズ体制の失敗から、先進国は為替レートを固定しようとするのをやめて、資本が自由に移動するのにまかせ、自ら金利を定めるようにした。そして経済的困難の時期には、金利も為替相場も下がる方向に向かわせた。どちらも経済成長を優先し、債権者に痛みを肩代わりさせる方策だった。

金本位制

やがて通貨が、金と銀に裏づけられた紙幣に変わると、為替相場は重要なものになりはじめた。外国の債権者からの支払いとして紙幣を受け取った人たちは、その保証が確かかどうかの情報をほしがった。紙幣を貴金属と交換したくなったら、ちゃんと地金が供給されるのか？　この信頼は、第1章で論じたような決断にきわめて大きく左右される。もし通貨が金か銀に基づくものであれば、その通貨の何パーセントが貴金属の裏づけを持っているのか？　債権者（および商人）が最も確かな裏づけのある通貨での支払いを歓迎するのは当然のことだった。

ギリシャ神話に出てくるセイレンは、美しい歌声で船乗りを誘惑しては座礁させたことで知られている。オデュッセウスは乗組員たちの耳を蜜蝋でふさぎ、もし歌声が聞こえても船を災厄に向けて進めていけないように、おのれの体をマストに縛りつけたという。金本位制も、多くの銀行家の頭のなかで同じ役割を果たした。彼らはフランスで起こったことを見ていた。紙幣を使った一八世紀の二度に及ぶ実験は悲惨な結果をもたらした。貨幣をつくりだす力というのは、政治家にはとにかく魅力的なものらしく、すぐに濫用される。貨幣の価値を金に縛りつけるのは、オデュッセウスをマストに縛りつけるようなものだ。

それに貨幣制度は、人間が管理するには複雑にすぎる。一八一〇年の英国の地金委員会はつぎのような結論を出した。

「この国での実際の取引を誰よりくわしく把握し、そこに貨幣と流通のあらゆる原理を扱う深遠な科学を組み合わせたところで、どんな人間やグループも、ある国で取引に使われる流通貨幣の適切な量を定め、つねに調整しつづけることはできないだろう」

最も簡単な解決策は、紙幣を金や銀に交換できる比率を固定することだ。すべての国がこの比率を公表できるとすれば、どの国の紙幣がどの国の紙幣とどれだけの比率で交換できるかが、ごく簡単に計算できる。

これが金本位制の大きな強みだ。債権者も商人も貨幣の価値に確信を持てる。そのおかげで貸し付けや取引が促進される。この時期は、文字どおりの意味だけでなく比喩的な意味でも、世界経済の「黄金時代」だったという声もあるが、さすがにいささか大げさな見方かもしれない。すべての国が金本位制をとっていたわけではない。金と銀を混ぜ合わせている国もあった。この制度は、各国がさまざまな時期に採用したりしなかったりと、かなりごちゃごちゃした形で発展してきた。一八世紀版国連のような機関が定めたものではないのだ。

ここで大英帝国の例を見れば、金本位制はさる人物の「放心状態の発作」がもたらしたものということもできる。英国でこの制度が生まれたのは、大物理学者サー・アイザック・ニュートンのおかげだった。ニュートンは当時、王立造幣局の長官で、国の通貨を統括する立場にあった。当時は金と銀がともに流通していたので、両者の交換レートを定める必要があった。一七一七年にニュートンは、銀の価値を実際より低く評価する水準で交換レートを設定した。するとグレシャムの法則がきちんと作用した。英国人は手持ちの銀を不利なレートで金と交換しようとはしなかった。それで銀貨が流通から消えるという事態が起こった。

この時点での英国はまだ、軍事力ではフランス、経済力ではオランダとトップを争っている立場だった。だから他の国に追随する動機はなかった。一九世紀初め、英国は金本位制をとっている唯一の大国だった。ほとんどの国はアメリカを含め、金と銀の複本位制を選んでいた。金本位制がほんとうに国際的に広まったのは、やっと一九世紀末になってからのことだ。この過程はゆるやかに進み、最後の決定打を放ったのは英国ではなく、一八七〇～七一年の普仏戦争後に統一されたドイツだった。とはいえ、ナポレオンとの戦いに注ぎ込める財政力と、長く安定した経済の伝統を持っていた英国を見て、他の国々が、金本位制というのは採用する価値があると考えたこともまちがいないだろう。だが完全な金本位制、つまり世界中の経済大国が地金でつながっていた体制は、四〇年そこそこしか続かなかった。

金本位制は、物価を安定させるという意味では「機能した」。今日ではなかなか想像しづらいが、一八～一九世紀の英国経済には、戦時期をのぞいて長期にわたるインフレは存在しなかった。経済学者ロジャー・ブートルは、著作『デフレの恐怖』で、当時のタクシーだった貸し馬車の料金を引用している(2)。イングランド銀行が設立された一六九四年には、その料金は一マイル当たり一シリング（二〇分の一ポンド）だった。それから二世紀後まで、料金は同じ水準だった。一九三二年の英国の平均物価は、ナポレオン戦争の時期である一七九五年をやや下回っていた。

低インフレは、金利の低さをも示していた。一八八八年、英国の大蔵大臣ジョージ・ゴーシェンは、コンソル（当時の国債を指す名前）の利回りを三パーセントから二・五パーセントに引き下げ、政府の負担を減らした。一八九六年には、大西洋の向こう側でウィリアム・ジェニングス・ブライアンが債務者のための選挙キャンペーンを張っていたときに、コンソルの利回りは史上最低の二・二パーセントまで下がった(3)。債権者たちは二〇世紀に問題が起こるなどとはかけらも感じていなかった。債権者があれほど楽観的に構えていられる時代はもう二度と来ないだろう。

金本位制はまた、最初の大いなるグローバリゼーションの時代をもたらすのに一役買った。とりわけ全世界に版図を広げた大英帝国には、貿易ルートを守る海軍、スターリング貨幣という安定した通貨、貯蓄を海外に投資しようとする機運があった。英国債（ギルト）の利回りの低さを背景に、中産階級がより高い収入を求めて（今でも見られる「利回りの追求」の走りといえる）、アルゼンチンの鉄道の債券を買った。一八六八年創業で現在も営業している、古風な名前のフォーリン&コロニアル投資会社は、ヴィクトリア朝の人々に多様なポートフォリオを提供するべくつくられたファンドだった。同社はアルゼンチン、ブラジル、チリ、ロシア、スペイン、トルコなどへの投資を手がけ、英国国債の利回りがわずか三パーセントだったこの時期、当初の利回りは七パーセントだった。

商取引の流れが世界中を巡った。一九世紀半ばに蒸気船が出現したことで、アメリカの小麦とアルゼンチンの肉を、飢えたヨーロッパの市場へ輸送する可能性が開かれた。その結果、英国内では農業恐慌が起こった。だが、どちらかといえば生産性の低い農業が製造業に転じたことが刺激となり、ヨーロッパの成長が始まった。

ケインズの言葉を引いてみよう。

「ロンドンの居住者たちは、ベッドの上で朝のお茶を飲みながら、世界中のさまざまな製品を電話で注文し……同時に同じ方法で、世界のどこにある天然資源や新たな事業にも自分の財産を投資することができる……また望みさえすれば即刻、どんな国や地方にでも安く快適

な移動手段で、パスポートやその他の手続きもなしに行くことができるのだ」(4)

この制度は経済的に、各国を互いに強く結びつけた。一九一〇年に英国の作家ノーマン・エンジェルは *The Great Illusion*（大いなる幻影）を発表し、こうした相互依存の結果として、戦争はまったく無意味なものになるだろうと論じた。彼はその主張の正しさが証明される時代まで生きながらえたが、それでもヨーロッパ各国は戦争に突入していくのである。

金本位制はどのように機能したか

まず理論から始めよう。紙幣にまつわる現代的な考えは棄て、金こそ唯一にして「ほんとうの」富の尺度であり、債権者もそうした形での支払いを期待していると仮定しよう。英国がアメリカに対して貿易赤字（輸出より輸入が超過すること）だったとしたら、英国はアメリカの商人に金を払わなくてはならなくなる。すると文字どおり英国経済では通貨が減り、アメリカでは増える。アメリカは新しく増えた通貨で英国の商品を買い、通貨の減った英国はアメリカの穀物を買い控える。その結果、アメリカの貿易黒字はやがて消える。

こうした調整は物価にも起こりうる。通貨供給量が増えれば、アメリカの物価は高くなり、その製品の英国での競争力は低くなる。通貨供給量が減れば、物価は下がる。どちらにせよ、不均衡は長くは続かない。

しかし実際には、バリー・アイケングリーンが著作の *Golden Fetters*（金の足枷）と『グローバル資本と国際通貨システム』で示しているとおり(5)、金本位制はもう少し複雑な形で機能した。ある国から別の国へ運ぶ金の地金を積み込んだ船で、外海があふれるということはなかった。実のところ、金はただイングランド銀行(もしくは他の中央銀行)の地下金庫にしまっておけばいいのだ。その一部がどこか海外の中央銀行のために取っておかれるということは考えられる。どこかの国が黒字になれば、その貯蔵スペースのやや広めの場所を占める権利が与えられるだろう。

いささか子供のゲームじみた話だったとしても、中央銀行はごく真剣に受け止めていた。金が世界中に運ばれることはないかもしれないが、再調整のプロセスはいまだに回りくどいやり方で行われている。貿易赤字になった国は、黒字の国から不足分を借りることで埋め合わせようとする。黒字国は、赤字国に返済能力があるかどうかを次第に気にしはじめ、そのために高い金利を課すようになる。あるいは赤字の国が金準備の枯渇を気にかけはじめ、金利を上げて資本を引き寄せようとする。いずれにしろ金利は高くなるために、債務者のコストは増え、輸入に使われる金が少なくなる。

経済学者のフィリッポ・チェザリーノによれば、金本位制を維持するのに役立った三つのルールがある(6)。ひとつは、流出に苦しんでいる国は、金利を利用して資本を引き寄せるということ。二つ目は、金本位制を一時的に取りやめた(戦時中など)後には、古いレートで復帰するという原則。そして三つ目は、物価水準は存在する金の量によって決まるという原則だ。

バリー・アイケングリーンは、金本位制は最終的に、はるかに高い安定の水準に達したと主張している。投資家たち(および他の中央銀行)は、英国をはじめこの制度の中核をなす国々は、通貨の兌換性を守るためにはどんなことでもすると信じていた。したがって小さな貿易赤字（および金準備の減少）には寛容だった。それがこの制度を安定に保つのに役立ったのだ。

ある意味で、これは信頼のトリックだった。英国の金準備はめったに四〇〇〇万ポンドを超えることがなく、これは英国の通貨供給量全体（紙幣や預金などを含む）の三パーセントにすぎなかった。もし外国の債権者たちが自分の持つ権利を金に交換するよう求めてきていたら、英国はとても支払えなかっただろう。銀行と同様、金本位制も基本的には信頼に基礎を置いているものだ。当時マーチャントバンクと呼ばれていたベアリング・ブラザーズが、一八九〇年に破綻寸前まで追い込まれると、イングランド銀行は金準備の枯渇に直面し、フランスとロシアから金を借り入れざるをえなくなった。

ベアリング・ブラザーズの危機は、このシステムを維持しつづけているものが何かということを示す実例である。各国の中央銀行の間には国際的な協力関係があり、金本位制こそ通貨価値の安定を確保する最良の方法だと認識していた。中央銀行の人間たちは概して同じ階級（上流もしくは債権者階級）に属していて、時折、国際的な会議で顔を合わせる仲だ。彼らは当然のように、通貨の安定が疑問の余地のない善であるという見方を共有していた。そして危機のときに助け合うだけでなく（一八九八年にはドイツのライヒスバンクが英国とフランスから借り入れている）、金利を通じて資金を争おうとはしなかった。大国の金利の水準は、足並みをそろえて変動する傾向があった。

金本位制には概ね繁栄が伴っていたので、どの国もこの制度の持続を強く望んだ。あるいは少々表現を修正するなら、どの国のリーダーたちもこの制度の持続を強く望んだ。この修正が重要なのは、通貨価値の安定には代価が伴ったからだ。金準備が減っているときに、通貨の価値を維持するには、中央銀行が金利を押し上げるか、需要を制限する別の方法を見つけることが必要になる。その後にやってくる景気後退で、多くの労働者が職を失うことになっても、民主主義の国でなければ、政治家や中央銀行は彼らの怒りを知らずに過ごせる（だが、労働者はストを打つことができたので、実際に第一次世界大戦前の時期、英国の産業界の騒乱は急増した）。

全般的に見て、金に裏づけられた通貨の安定は、支配層のエリートに好まれる政策だった。「金持ちやその取り巻き連は、自分たちの利益と便宜に適うものに社会的美徳を見てとり、そうでないものは愚かしいか滑稽なものとみなす。彼らのそうした性向が最もよく現れているのが、金を擁護し紙幣を非難するその姿勢だ」と経済学者J・K・ガルブレイスは記している(7)。

金本位制を維持するのに役立ったもうひとつの要素は、この制度の要石となる英国が、貿易黒字を出していたことだ。英国は着実に、世界一を争う債権国となった。地下金庫の金の量は多くなくても、国際的な投資家たちは、英国は豊かな国だという満腔の信頼を持っていた。そのうえ、これは論理的な判断というよりも幸運にすぎなかったが、一九世紀末に金の供給量が増加したおかげで、この貨幣制度が発展途上にある工業国を受け入れやすくなった。世界の貨幣用金の蓄えは、一八六七年には五億一九〇〇万ポンドだったのが、一八九三年には七億七四〇〇万ポンド、そして一九一八年には一九億九〇〇万ポンドまで増えていた(8)。

それでもやはり、この制度にはあきらかな弱みがあった。第一次世界大戦が勃発する頃には、英国の経済力はドイツとアメリカに追いつかれていた。ドイツは新興国として（建国はやっと一八七一年だ）、世界での地歩を固めようとしていた。アメリカは一九一三年まで中央銀行を持たず、外国と関わり合うことに疑いを抱いていた。たとえ戦争がなくても、国際間の協力が持続することはなかったかもしれない。

最後の貸し手

ベアリング・ブラザーズの危機によって示された問題がもうひとつあった。中央銀行は、通貨安定の守護者であるだけでなく、国内の銀行業界に対する「最後の貸し手」としても機能する。一九世紀には個人銀行がたびたび破産し、何度となくパニックが起こった。会計基準が未発達で、金融規制もゆるく、預金保険制度もなかった。そのために銀行の経営陣は野放図になりがちで、預金者はほとんど安心していられなかった。それでごくわずかでも問題が起こりそうな兆しがあれば、顧客が預金を引き出そうと列をなし、いわゆる取り付け騒ぎが起こったのだ。

こうした騒動になるのは、まったく当然だった。第2章で見たように、銀行は手元にある現金よりも多くのマネーを貸し出していた。いちどきに現金を引き出そうとする預金者の数は多くないという事実に頼っていたのだ。預金者が自分のお金をすぐに引き出せる一方で、銀行が行う貸し付けは時間をかけて返済される。業界の言葉でいえば、短期で借りて長期で貸し出していたわけだ。

一部の銀行家たちは、友人や知り合いに貸したマネーを取り戻せずじまいになった。あくどい会社を信用して融資を行うという、純然たる過ちを犯した者もいた。いずれにしろ預金者が、問題が起こるのを恐れたとき、銀行の現金がすべて尽きてしまう前に現金を手にしようとするのは当然の成り行きだった。そしてある銀行の預金者たちが損をすれば、別の銀行に預けている預金者たちも不安になる。ひとつの銀行で起こった取り付け騒ぎが、たちまち銀行システム全体に広がるのだ。

そうした騒動は、経済に甚大な悪影響を及ぼしかねない。切羽つまった銀行は企業への融資を取りやめ、今いる債務者から融資を回収しようとする。巻き込まれた企業は倒産し、何千人もの人間が路頭に迷う。その結果、経済の先行きへの信認が低下し、さらに取り付け騒ぎなどが続発する（後で見ていくように、これが一九三〇年代に起こったことだ）。

かつてエコノミスト誌の編集人だったウォルター・バジョットは、著作の『ロンバード街』で、こうした危機の際に中央銀行は、現金は足りなくても支払い能力のある銀行には融資を惜しむべきでないと論じている(9)。ただしこうした融資には代価が要る——中央銀行は懲罰金利を課し、担保を要求するべきだ。しかし、ともかくも銀行を維持することで、パニックは避けられるだろうと。

ところが、これはジレンマを生み出す。中央銀行が惜しみなく融資を行うには、そのための資金がなくてはならない。すると中央銀行の準備が減ってしまう。あるいは新たにマネーをつくるということになる。どちらの方法でも、金に対する通貨の価値を維持するという銀行の責務とは両立しないように見える。極端な場合、中央銀行は銀行業界を救うか、金本位制を維持するかのどちらかを選ばなくてはならなくなる。これは実際、第一次世界大戦後に各国の中央銀行が直面した難しい選択のひとつである。

今にして思えば、世界経済は一九一四年の後、三〇年に及ぶ「暗黒時代」に入ったのだった。ローマ帝国の崩壊後も、おおよそこれと同じ混乱が起こっている。最初に消えたのは金本位制だった。どの国も当然、自分たちが戦っている相手の国に金を移すことなど考えられなかった。互いに取引をするかわりに、敵国を飢えさせることで降伏させようとしたのだ。また自国の市民が紙幣を金に換えることも許さなかった。英国でもその権利は、ナポレオン戦争中と同じように停止された。

こうして、金貨が自由に流通していた七〇〇年の期間は終わりを告げた。まだ収集家や投資家のために多少はつくられているが、再び一般的に使われるにはいたっていない。皮肉なことに、ケインズは現代的なインフレの創始者として非難されるが、実は当時、金と銀による支払いの停止に反対していたのだ。これは経済史における決定的な瞬間だった。次章で見ていくように、一九二〇～三〇年代、ごく短期的に金へ復帰したこともあるが、これは本来よりも弱い形の金本位制で、個人が紙幣を金に換える権利は制限されていた。

かつて経験したことのないインフレは、そのようにして始まった。ピーター・ベルンホルツ教授が書いているように、「歴史上のハイパーインフレは、やはり紙幣本位制が導入された一七八九～九六年の革命時のフランスを除き、すべて一九一四年以降の裁量的な紙幣本位制の下で起こっている」[10]。

戦争の賠償がさらにインフレ圧力を強めることになった。ヨーロッパ各国の政府は、戦争の出費を敗戦国のマネーで埋め合わせようとした。そのための試みが、戦後ドイツに突きつけられた悪名高い賠償請求であり、ケインズが激しい批判を浴びせたものだ（当時の英国やフランスの政治家を非難するのはかまわないが、もしドイツが勝っていればやはり同じことをしていただろう。一八七〇～七一年の普仏戦争の後で、ドイツはフランスに賠償金を科している)。その一方で各国政府は、戦争の資金を調達するために、一七七〇年代のアメリカ革命政府や一八六〇年代の南部連邦政府と同じ方策に訴えた。紙幣を印刷したのだ。

英国は自らの資源から戦争資金をまかなうために、他国よりも勇敢な試みに出た。所得税率を五倍にしたのである。それでも戦時中に流通した通貨は九一パーセント増にとどまり、フランスの三八六パーセント、ドイツの六〇〇パーセントと比べれば小さな数字だった[11]。紙幣を刷るという両国の大胆なやり方は、それぞれの国が直面していた根本的な脅威を反映していたかもしれない。フランスは戦争のあいだ領土の一部を占領されていたし、ドイツでは参戦したヴィルヘルム二世のホーエンツォレルン家の体制が、台頭する社会民主党からその正統性を問われるというきびしい状態にあった。したがって、税金をあまり大きく引き上げて人気を失いたくなかったのだ。

ただしほとんどの国は、マネーを増発するだけでは十分でなかった。国民からだけでなく、同盟国からも借金をした。英国の国家債務は第一次世界大戦中にそれまでの一一倍になった。時間的に五倍も長く続いたナポレオン戦争のときは、わずか三倍だったのだ。英国だけではない。ロシアの公債は四倍、ドイツは八倍、アメリカは一九倍にも膨れ上がった[12]。

開戦のとき、この戦争は続いてもせいぜい数ヵ月だ、どの国もそれ以上持ちこたえる余裕がないと公言していた銀行家や政治家は、こうした事態に驚き、失望した。ニューヨーク・タイムズ紙はこう報じている。一九一四年八月末ごろ、銀行家たちは、紙幣が戦争資金のために無制限に発行されることはないと考えていた。「当時よりも現在のほうが、貨幣の科学についての理解が進んでいる」[13]というのが理由だった。

そうした銀行家たちの目論見が外れたのは、マネーという存在の実体のなさゆえだ。そう、どの大国も、もし金を使うことを選択していれば、たちまち金は底を突いてしまっていただろう。しかし国の富の形態は金準備だけではない。それはわずかな額の現金にすぎない。真の富とは、各国が一九世紀を通じて構築してきた工場や人力だった。その後の四年間、ヨーロッパの各国は、こうした形の富を無駄に費やすことになった。それは単に貴金属が失われたことにとどまらない、はるかに重要な意味を持つ事件だった。

これは富とGDPのちがいに少し似ている。GDPは一年当たりの経済活動の尺度である。二〇一一年に日本の東北地方を地震と津波が襲った。復興が始まると、GDPは大きく押し上げられた。それでも日本の富は減ったままだった。一九世紀フランスの経済学者フレデリック・バスティアはこれを「壊れ窓症候群」と呼んでいる。窓が壊れればガラス屋には仕事ができるが、だからといって自分たちの家の窓を全部壊しても、われわれが豊かになるわけではない。

第一次世界大戦は、金本位制をつなぎとめていた心地よい取り決めを破壊した。次章で見ていくように、大戦後にはあらゆる国の中央銀行が束になっても、元どおりの確固たるシステムに戻すことはできなかった。

第4章　マネーと恐慌

「国内の経済システムの安定は、国が繁栄するうえで、通貨の価格より大きな要素である」
——フランクリン・D・ルーズヴェルト大統領
一九三三年七月、ロンドン世界経済会議

ノスタルジアは危険なものだ。先進諸国は第一次世界大戦をくぐり抜けた後、あの戦いが人間の命のみならず、貴重な資源の大変な浪費であったことを思い知らされた。大戦が起こる前の、国同士が互いに争うのではなく交易をしていた、国も人生もずっと穏やかでやさしかった時代に戻るすべがあるのではないか。「教会の時計は一〇時三分前を指しているか？／まだ紅茶に入れる蜂蜜はあるか？」と詩人のルパート・ブルックが書いたあの時代に。

現代の視点から見れば、どれだけの変化があったかはあきらかだ。三つの王朝の支配が崩れた。ドイツのホーエンツォレルン家、オーストリアのハプスブルク家、ロシアのロマノフ家。ロシアは内戦に突入していて、やがて共産主義者が勝利することになる。オーストリア＝ハンガリー帝国は、概ねそれぞれの民族に基づいていくつかの国に解体し、中東ではオスマン帝国にも同様の運命が降りかかろうとしていた。

第一次世界大戦は、古いエリートの貴族階級が、途方もない愚行と破壊をもたらしうるという証明になった。彼らが社会的地位の低い層のために最善を尽くせるとは、もはや考えられない。戦争にもこれまでとは比較にならない、政府による周到な計画が必要になる。軍事的な非常事態にそれが正当化されるのなら、経済的な非常事態にも当てはまるのではないか？

かつての戦争は、はるか遠い戦地で職業兵士たちが戦うものだった。しかし今では経済はもとより、一般から徴兵された軍まで総動員する総力戦となった。一九一四〜一八年の時期には普通の人々が犠牲になった。通常の状態が上流階級による支配だというなら、もう通常の状態になど戻りたくない、というのが多くの人々の気持ちだった。選挙権は概ね拡大し、男性の大半を含むようになった（必ずしも女性は含まれなかったが）。政治家にはそうした有権者にアピールすることが求められた。ガチガチの保守派ですら、ロシア革命の例を踏まえ、労働者たちを懐柔する必要があることを認めていた。

このアピールには、良い面も悪い面もあった。一九一八年の英国総選挙ではロイド・ジョージの連立派が、復員する兵士たちが良い住まいに入れるように、「英雄にふさわしい家を」というスローガンを唱え、その勢いに乗って勝利した。しかし戦争の出費をドイツに支払わせるという決定もあった。まるでフランス語の慣用句 le Boche paiera（「ドイツ人が支払う」）を地でいくようだった。しかしこのドイツの賠償問題は、その後一五年間の経済関係につきまとうことになる。

古い経済秩序も崩壊した。アメリカが参戦したのは、戦争もすでに七割がた終わった頃のことで、一九一七年までの活動は連合国への資金援助だけにとどめていた。したがってアメリカの出費は、物資や人的資源については、戦前までライバルだった英国、ドイツ、フランスに比べてははるかに小さかった。こうした国々の海外資産も売却されるか、またロシアへの借款のように、デフォルトとなった。財力の源はニューヨークに移っていた。一九二三年には、世界の金の四分の三がアメリカの手中にあった(1)。しかも古い君主国が倒れたことで、戦前の通貨制度の重要な支えが消えてしまった。ロシアの革命政府は帝政期の負債は無効だと主張し、ケインズはレーニンのつぎの言葉を引用した。「資本主義体制を打ち砕くには、その通貨を貶めることが最良の方法だ」(2)。

後から振り返れば、こうした変化によって、戦前の金本位制が完全な形で復活することはほぼ不可能になったのだった。もし経済活動が世界的に回復するのなら、金がさらに均等に行き渡ることが必要になる。しかしアメリカが金を手放す見込みはありえなかった。実際にアメリカは、ヨーロッパの同盟国に対し、債務の履行は契約上の義務だとして、強く返済を求めた。この姿勢のために、多国間債務の相殺は妨げられた。当時の英国の外務大臣アーサー・バルフォアが、英国はドイツから賠償金（あるいは他のヨーロッパ諸国から支払われる貸付利子）をなかなか得られないのでアメリカに支払うことも難しいとほのめかすと、その言葉はアメリカでは激怒をもって迎えられた。そしていよいよ絶望感が漂いはじめた一九三一年、ようやくフーヴァー大統領が同様の計画を持ち出した。

金貨を広く流通させられるだけの地金を保有しているのは、アメリカ一国だった。となれば、金本位制への復帰は、部分的なものにとどまらざるをえない。一九二二年のジェノバ会議は、三四ヵ国出席のもと、のちに「金為替本位制」と呼ばれるシステムの枠組みをつくった。これは一部の国に、外国通貨の形で準備を保有するのを認めることで、金の不足と不均等な配分に対処するものだった。これらの国々の準備は、裏づけとなる金の大半を持っている強国の通貨から成り立つこととなる。この新機軸は、一九一八年以降の経済の根本的な問題――戦争による出費の支払いのために流通する通貨が甚だしく増えるという事態に対処できた。追加の金は出てこなかったため、紙幣が経済活動を支える役割の一部を果たさなくてはならなかった。これは地金が放棄される方向へのさらなる一歩となった。

しかし当時は、そのように受け止められてはいなかった。「ほんとうの」通貨には金の基礎があるべきだという信仰が、まだ根強く残っていたのだ。結果的にヨーロッパ諸国は二つの選択肢に向き合わざるをえなくなった。比率を変えて（価値を切り下げて）金に復帰するか、それとも物価と賃金を下げて流通する通貨の量を減らすかだ。

九〇年の時を隔てて見れば、一つ目の選択肢のほうが論理的に思える。しかし政治家や中央銀行にはいまだに、債権者に対する道義心があった。通貨を切り下げるとは、実質的に債務の一部を履行しないということではないか。フランスの大蔵大臣ジョルジュ・ボネもこう言っている。「価値を下げた通貨で返済される恐れがつねに目前にあるとしたら、誰が進んで貸し付けをしようと思うだろうか？」(3)。

ボネの言葉とは裏腹に、フランスは通貨切り下げの道を選んだ。戦後のインフレは実に激しく、政府は中央銀行に国債を買わせることで負債の「貨幣化」に励んだ。左派の政治家たちは戦争の出費を富裕層から取り立てるよう求めたが、そのキャンペーンは資本の逃避を促しただけだった。フランスは一九二六年に金へ復帰したものの、平価を大きく切り下げたため（一ドルおよそ二五フラン、つまり戦前の八〇パーセントの水準）、輸出産業は高い競争力を手にした。

しかしフランスの通貨問題は、ドイツと比較すれば大したものではなかった。ドイツの戦時財政は、税金を上げるよりも紙幣を刷ることで賄われた。またドイツは、連合国から科せられた賠償金を支払うのは不可能であることを示そうと決めていた。

ワイマール体制は、左派・右派双方からの脅威にさらされ、その相反する要求に直面して四苦八苦していた。債務の支払いを拒絶すれば連合国から報復される恐れがあるため、支払いには同意した。だがそのためには財政赤字をなんとかしなくてはならない。予算の均衡を図るために、税金を増やすか支出を切り詰める必要があるが、どちらにしても選挙民の不興を買いかねない。そこで政府は国立銀行（ライヒスバンク）に、必要な分の紙幣を刷るように指示した。ライヒスバンクは義務を果たした。いよいよ最悪の状況になったのは一九二三年、フランスが支払い遅延の報復措置としてルール地方を占領した後だった。一九二二年に一兆マルクの紙幣を追加で発行していた中央銀行は、一九二三年前半の六ヵ月間に、さらに一七兆マルクを印刷した。その年の一一月には、バター一キロの価格が二五〇〇億マルクまで跳ね上がっていた。

ドルはこの時点で世界一強い通貨となっていたが、そのドルに照らしたマルクの価値にも、同じプロセスが見られる。一九一四年には、一ドルの価値は四・二マルクだった。大戦後、ドイツが資金繰りのために紙幣を発行すると、一ドルは六五マルクになった。一九二三年八月には六二万マルク、さらに一一月には六三〇〇億マルクとなった。

中央銀行はなぜ、このような通貨切り下げに同意したのか？　リアクアット・アハメドは、ライヒスバンク総裁のルドルフ・フォン・ハーヴェンシュタインが、そうしなければ革命が起こると恐れたのではないかと推測している(4)。一九二三年八月、フォン・ハーヴェンシュタインは国策会議で、「二、三日中にわれわれは、流通している全通貨の三分の二を一日で発行できるようになるだろう」と述べた。その根拠がどうであれ、結果的に生じた危機は、今日のドイツの経済運営にまで影響を及ぼしている。

労働者は稼いだお金をすぐに使わざるをえなくなり、経済活動は大いにゆがめられた。国内の通貨は無価値になり、売り手は外国の通貨を求めた。旅行者は一日数ドルで優雅に過ごすことができた。この時期の大半、熟練労働者の賃金は物価とともに上がりつづけた。企業経営者と貴族階級は、その負債が実質的に割り引かれ、土地の価値が上昇したことでなんとか生き延びられた。だが、給料を補おうと貯蓄からの収益に頼っていた中産階級は、破産するしかなかった。その結果としてドイツの民主主義への信頼が失われたことが、ヒトラー登場の道を開くことになった。ただし彼が力を持つにいたるには、大恐慌を待たなくてはならない。

一九二三年の終わりには、ドイツは戦前と同じ為替レートに戻っていたが、これは虚構でしかなかった。新通貨のレンテンマルクの価値は、旧通貨ライヒスマルクの一兆倍だった。のちにヒトラーの金融の師となる、ヒャルマル・シャハトが策定したこの措置は、信頼を与えるという象徴的な効果をもたらした。シャハトの計画は、フランス革命政府が発行したアッシニアの模倣だが、新通貨はドイツの領土の価値に裏づけられるという宣言もあった。これはまったく実体のない確約だったが、短期的には問題にならなかった。レンテンマルクは交換の媒体として受け入れられた。そしてこれはこれなりに、ひとつの前例となった。紙幣は金の裏づけを持たなくとも、国民から信頼されるに至ったのだ。

しかしその短い期間に、ドイツのハイパーインフレは、政治家に紙幣をまかせるのはアルコール中毒者に酒棚の管理をまかせるくらいに危ないという確信をもたらしただけだった。そろそろ永遠の真理である金本位制に戻って、債権者の権利を守るべきではないか。金本位制が回復するとしたら、その鍵を握る国は英国だった。国の富は急激に減っているとはいえ、いまだにヨーロッパで最も重要な金融国家である。英国が金本位制に復帰すれば、他国も追随するかもしれない。

しかし、一九一八年にすぐ金本位制に復帰するのは問題外だった。英国にはそれだけの体力がなかった。しかも戦後の深刻な景気後退に見舞われ、失業者は一九二〇年一二月から一九二一年六月までの半年で一〇〇万人から二〇〇万人へと倍増した。政治体制は混乱を来し、かつての自由党は衰え、労働党に取って代わられた。一九二二年から二四年の間に、四人の首相が入れ替わった。

大戦直後のほとんどの時期、ポンドは大戦前の旧平価よりずっと低い状態にあった。戦時中のインフレを考えれば、特に驚くには当たらない。どうするべきか、答えはあきらかだった。金本位制に戻る、ただし前とはちがう水準で復帰することだ。だが、イングランド銀行総裁のモンタギュー・ノーマンを頂点とする金融界は、そうした方策はこの国の債権者を欺き、ロンドンの金融の中心地シティーの威信を弱めることになると考えていた。ノーマンにとって、通貨価値の維持は文明社会のしるしだったのだ。

戦争末期にカンリフ委員会が出した報告書には、以下の言明があった。「金本位制に復帰しなければ、「信用供与の拡大が進行した結果、紙幣の兌換性を脅かす金の流出をもたらし、その国の国際貿易における地位を危うくするという深刻な危険が生まれるだろう」(5)。

英国の多くの人間は、こうした姿勢をある程度受け入れたが、それは一九世紀の経験があったからだった。ナポレオン戦争後の状況は、第一次世界大戦後の状況にきわめてよく似ていた。負債と物価の水準が急激に上昇した。以前の比率のまま金本位制に戻るかどうかで、多くの議論が起こった。結局、金を支持する正統派の経済学者たちが勝った。物価は急激に下がり、そして経済的な苦難をもたらした。これはピータールーの虐殺が起こったのと同時期だった。騎兵隊がマンチェスターで行われた労働者の抗議集会を急襲し、一五人を殺害したうえ、数百人を負傷させたのだ。それでもポンドの価値は守られ、債権者の利益は保護された。一八〇〇年代には英国政府の倹約ぶりに加え（健全な財政は当然のこと）、世界で最も安全な通貨というポンドの評判が生まれたのだった。

一九二五年、金本位に戻るという決断を担わされたのは、いささか意外な人物、ウィンストン・チャーチルだった。チャーチルは偉大なリーダーではあっても、財政にはおよそ関心を示さず、一九二四年から二九年まで大蔵大臣を務めた後もそれは変わらなかった(6)。ノーマンや専門家たちは、ポンドを戦前の平価から一〇パーセント切り下げるだけで、金本位制への復帰にからんだ経済的調整はあまりきびしくはならないと主張していた。

チャーチルは金本位制への復帰の問題を議論するために、ある夕食の席にさまざまな専門家を招いた。そのなかには、金本位復帰反対の立場をとるジョン・メイナード・ケインズもいた。しかしケインズが属していたのはまちがいなく少数派だった。経済的な議論に加え、チャーチルはまた、国家の威信と世界の金融の中心たる英国の地位を守る必要性も感じて揺れ動いているようだった。一九二五年五月、彼は国会での演説で、こう表明した。

「もしも英国のポンドが、誰もが知っていて信用できる基準でなくなるなら――あらゆる国のあらゆる人が理解し頼れる存在でなくなるなら、大英帝国のビジネスばかりか欧州全体のビジネスも、ポンドではなくドルで取引されるようになるかもしれない。これは大変な不幸だと私は思う」

この措置への反対意見はどういうものだったのか？　第一に、通貨が切り上がると、その国の商品は外国の人間にとって高くなる。輸出する側はコスト（従業員の賃金）を削減することで対応しようとするが、そのプロセスはデフレによる需要の縮小にたやすくつながってしまう。来るべき金本位制復帰への反論として、ケインズはこう記した。「為替レートを一〇パーセント上げるというチャーチル氏の政策は、いずれ遠からず、国民の賃金を一ポンド当たり二シリング減らすことになる」。そしてさらに、「大蔵大臣は訳も分からずに自ら進んで、賃金やすべての金銭の価値を強引に引き下げようとしている」と付け加えた(7)。

一九世紀当時との重要なちがいは、労働組合の力が強く、賃金があまり引き下げられなかったことだった。バリー・アイケングリーンによれば、英国の卸売物価は、金本位制に復帰した一九二五年四月から一九二九年一月までに一五パーセント下がったが、同じ期間の賃金の低下は一・五パーセントにとどまった(8)。経済学者の専門語でいうなら、賃金は「硬直的」だったのだ。労働コストがほとんど下がっていなかったため、雇用主は労働者を採用したがらず、失業率は高いままだった。

しかも為替レートを切り上げたことで、対外債務の返済という重荷は増した。だからケインズはさらに、一九二五年の金本位制復帰をこう批判した。「ポンドの価値を一〇パーセント上げれば、およそ一〇億ポンドが不労所得生活者の懐に入り、それ以外の人々の懐からは出ていくことになる」(9)。

要するに、歴史上の貸し手と借り手との争いにおいて、金本位制への復帰は、少なくとも短期的には貸し手の勝利だった。しかし中期的には、この変化は借り手に大きすぎる負担をもたらした。ケインズの恐れていたことが現実のものとなった。経済的圧迫が賃金引き下げの動きにつながり、ついには一九二六年の鉱山労働者のストに始まった争議が、ゼネストにまで拡大していった。一部の見方によれば、二〇世紀の英国が最も革命に近づいた時期だった。ストは失敗したものの、英国の一九二〇年代の経済活動はきわめて低調で、失業率は相変わらず高いままだった。

それでも英国の金本位制復帰を受けて、他の国々も追随し、戦前の経済秩序が回復したかに見えた。しかし回復力は、以前よりもずっと弱かった。戦前の金本位制下では自動的に行われた調整が起こらなくなっていた。人々は銀行に行っても、もはや紙幣を金に交換するよう求めることはできなかった。しかも中央銀行の準備に占める金の割合ははるかに少なく、他国の債券がはるかに多くなっていた。中央銀行の準備に外国為替が占める割合は、一九一三年の一二パーセントから、一九二五年には二七パーセント、一九二八年には四二パーセントに増えた(10)。言い換えるなら、金よりもペーパーマネーの量が多くなっていたのだ。

世界的な通貨供給量は増えていて、それがアメリカの株式にマネーが流れ込んでいた理由のひとつだった。著述家のリチャード・ダンカンの見解では、一九二〇年代は、一九九〇年代から二〇〇〇年代初めの時期に匹敵するほどの信用ブームだった。そしてどちらの場合も、過熱したブームが直接、破綻につながった(11)。

戦後の金融のリーダーシップは、米連邦準備理事会の手中にあった。アメリカは国内の利益と国外の利益との葛藤に直面していた。ニューヨーク連邦準備銀行の総裁ベンジャミン・ストロングは、モンタギュー・ノーマンの友人で、ヨーロッパの窮状に同情的だった。アメリカの金利が上がると、資本（すなわち金）がアメリカに流れ込み、ヨーロッパから流出するため、大陸が金本位制にとどまれるかどうかに圧迫が加わることは、ストロングも承知していた。しかしアメリカ経済は、株式市場とともに活況を呈していて、金利を上げることで景気の過熱を抑える強い重圧にストロングはさらされていた。結果として中途半端な政策がとられ、連邦準備銀行はウォールストリートの過熱を防ぐことも、ヨーロッパ諸国民の暮らしを楽にすることもできなかった。

狂乱の二〇年代ということもあり、アメリカの当局は、よほどまれな時以外、自国の経済に対してリフレ政策をとろうとしなかった。連邦準備理事会は一九二七年に金利を下げたが、結果的に株式市場への投機を促し、批判を浴びただけだった。一九二八年に連邦準備理事会は方針を変え、投機を抑えるために金利を上げた。その間フランスは、一九二〇年代初めの高インフレから立ち直りつつあり、国際的な基準から見て金利が高い状態でもあった。金は自然とこの二国に流れ込み、残りの国からは出ていった。フランスの金準備は一九二六年から三一年の間に四倍に増えた。

フランスが金を吸い寄せるのに成功したのは、経済的に競争力の高い状態にあったためだ。しかも通貨が切り下げられていた。戦前の平価に戻した国は、通貨を切り下げた国と比べて（市場の目には）信用力が低かった。前者は平価を維持するために、自国の経済にきびしい制約をかけなくてはならなかった。

こうした事情は、後年になって何度も繰り返されることになる問題を際立たせていた。アメリカは貿易黒字を続け、金を蓄積していたが、物価を上げて商品の競争力を下げることによる政策の調整は求められなかった。あらゆる調整を強いられたのは赤字国だった。現代のギリシャとアイルランドでおなじみのプロセスである。

一九二四年、一九二〇年代の初め頃から過酷になりすぎていた戦争賠償金について、ある取り決めが行われた。アメリカのリーダーシップの下、ドイツの賠償金支払いが軽減され、延長されたのだ。ドイツ経済はハイパーインフレを経て安定し、アメリカの銀行は進んでドイツに貸し付けを行うようになった。マネーは実質的に、このシステムをめぐって循環することになった。アメリカの銀行がドイツに貸し付け、ドイツは賠償金を支払う。そして英国とフランスはアメリカに対する戦時債務を返済できる、というものだ。しかし一九二八年以降、この貸し付けの流れは弱まり、やがて途絶えた。初めはアメリカの金利が上昇したため、アメリカの銀行が資本を自国に置いておきたがるようになった。やがて一九二九年にウォールストリートの大暴落が起こり、それに続く危機のせいで、銀行は外国への貸し付けを恐れるようになり、ドイツは主要な財源を失うことになった。

金為替本位制の効果で、世界各国の中央銀行の準備に占める外国為替の割合が高まったが、今度はその影響によってシステムの脆弱性が増していた。ライバル国の中央銀行が金の平価を維持しようとするかどうかが疑われ、その通貨の債券を売ろうとするインセンティブが強まった。金の需要の急増があり、一九三一年末には、中央銀行の準備に外国為替が占める割合が一一パーセントまで急激に落ち込んだ。しかしバリー・アイケングリーンとピーター・テミンが言っているように、「行き渡るには金がとにかく少なすぎた。中央銀行は金を得ようと躍起のあまり、金利を引き上げ、商業銀行を動揺させ、物価や製造や雇用を低下させた」[12]。これがデフレのうねりとなって、一九二〇年代のインフレ・ブームを逆転させた。

どの中央銀行も自国のことばかりだった。金融当局は、基本的には協力し合うよりも張り合っていた。先ほど見たように、為替レートを戦前の平価に戻していた国は、通貨を切り下げていた国よりも信用力が低かった。フランスの経済は切り下げたレートによって競争力を保っていた。英国はそうではなかった。通貨の価値が高すぎる国は、平価を保つために経済にきびしい制約を課さねばならない——これは債権者たちの推測どおり、長期的には維持不可能なことだった。

一九二〇年末には、ドイツは格別にきびしい信用問題に直面した。ドイツの銀行にある預金の半分以上が外国人のものになっていたのだ。そのことで特にドイツは、信認の喪失に対して脆弱になった。しかし一九二三～二四年のハイパーインフレによる危機の後、政府は通貨を安定させる政策を続けようと躍起だった。したがって金本位制をやめることは問題外だった。

失業率が急激に上がり、政府はアメリカから受けていた融資に代わるものを必死に得ようとした。一九三〇年、ドイツの新首相ハインリヒ・ブリューニングは緊縮政策を打ち出し、議会の多数派を抑えられないなかで、議会に縛られない法令で統治することを決断した。「デフレのまま行くか、通貨を切り下げるか、どちらかを選ばねばならない。われわれにとって考えられるのは、前者の選択のみだ。六年に及ぶ未曾有のインフレを経験した後では、たとえ慎重に服用するとしても、新たなインフレは受け入れられない」[13]。ブリューニングは失業給付、公務員の給料、退役軍人給付を削減した。そのためにワイマール共和国の人気を弱め、ヒトラーが権力の座に就く道を開いた。一九三〇年九月の選挙で、ナチスが急激に台頭し、資本の逃避は増え、ドイツの財政状態はさらに悪化した。

物価が下がり、企業は倒産し、銀行は苦境に陥りはじめた。銀行の貸し付けはつねに資本を何倍も上回っていた。いくつかの大口の借り手が債務不履行に陥るだけで、問題が生じた。一九三一年にはオーストリアの銀行クレジット・アンシュタルトが倒産したが、皮肉にもその理由のひとつは、一九二九年に赤字続きのライバル銀行ボーデンクレディタンシュタルトを買収せざるをえなくなったからだった。その後オーストリアの全銀行で取り付け騒ぎが起こり、こうした場合にままあるように飛び火して、危機はドイツの銀行にも広がった。フランスはこのプロセスを傍観するどころか、クレジット・アンシュタルトの国際的な救済を遅らせることで、オーストリアとドイツの関税同盟を妨害しようと試みた。

金本位制の下では、銀行を救うのは簡単ではなかった。金利が低いというのは、資本が海外に流出していることを意味する。倒産寸前の銀行に資本を供給すれば、中央銀行の準備が減るということで、国際的な投資家にとっては憂慮すべき徴候となる（システム全般にひそむこの欠陥は、一八九〇年のベアリングス危機で露呈していた）。

銀行の倒産も、経済システムに問題をもたらした。預金保険はまだ存在していなかった。銀行が潰れると一般の預金者は蓄えを失ってしまう。だとすれば、危なそうな銀行から預金を引き出そうとする動機が高まるばかりだ。そしてもちろん、預金を引き出す行為そのものがそうした危機に拍車をかけ、パニックは銀行から銀行へと広がる。銀行は預金を失えば、バランスシートの資産の側、つまり貸し付けを縮小せざるをえなくなる。すると企業はますます苦しくなり、さらなる失敗や貸し倒れ、失業の増加などにつながる。

イデアなき世界

一九三一年の危機は疑いなく、システムを圧倒した。政府と中央銀行は、経済の縮小、財政危機、銀行の倒産、通貨に対する攻撃などに、まったく同時にさらされることになった。最近の経済政策に関する論争を聞いていると、そのうち必ず誰かが一九三〇年代の過ちについて言及しはじめる。曰く、今の政治家たちは頑迷かつ無知で、自分の部隊をマシンガンの銃火にさらした第一次世界大戦の将軍たちのようである。彼らは予算の帳尻を合わせようとして、危機をさらに悪化させてしまった。

しかし当時の政治家たちはただ、標準的な経済理論に従っていたにすぎない。需要を押し上げるために赤字を出す、貨幣の供給量を増やすといった考え方はなかった。こうした政策は腐敗や過去に倒れた政府、たとえばフランスの革命体制などにかかわるものとされていた。

一九世紀には、農産物価格の下落や鉄道などの産業が拡張しすぎたことから、急激な短期の景気後退が何度も起こっていた。それでも経済は落ち込んだときと同様、すみやかに回復した。しかし一九三〇年代に入っても回復は訪れず、そのとき初めて、金本位制という形の通貨の安定が繁栄をもたらさないことがあきらかになった。むしろ経済は、アーヴィング・フィッシャーの言うデフレの罠にとらえられた。債務者は資産を売って負債を返済しようとしたが、それが資産価格を押し下げ、債務の問題をさらに大きくした。

一九三〇年代に現代の福祉国家へ向かう変化が起こったのも偶然ではない。従来の古典的モデルでは、需要と供給はつねに正しい価格で均衡する。それはリンゴにも労働にも当てはまるものだった。失業は怠惰の結果でしかなく、失業者に手当を与えれば働こうという意欲をそいでしまう。しかし一九三〇年代に現れたのは、持続する大量失業だった。ある一世代の人間がまるまる怠惰になったとは信じがたいし、多くの人たちが仕事を見つけようと必死なのだからなおさらだ。大戦の後には、自分には落ち度がないのに仕事を見つけられない人たちに手を差し伸べるのが、各国政府の責務となった。それは、政府が景気循環を「管理」するよう促すという、一九世紀の政権が夢にも思わなかったことだった。

さらに一九三〇年代に生じた大きな過ちは、保護貿易主義だった。どの国もつぎつぎ関税障壁の後ろに引っこみ、結果的に世界経済は大きく落ち込んだ。

関税は一九三〇年代以前でも例外的なものではなく、普通に存在した。一九世紀の英国は自由貿易の旗手だったものの、そうした主張は、他国からは手前勝手な理屈とみなされていた。英国が自由貿易を望んだのは、製品を他国に売ることができたからにほかならない。代わりに他国は英国の工業的成功に倣い、自国内に製造業を興した。その政策のなかには、英国との競争から自国の製品を保護するための関税という措置があった。

貿易の制限は、一九二九年のウォールストリートの大暴落以前から始まっていた。物価は一九二八年から急激に下がりはじめていたが、アメリカの長い好況が過剰生産を促していたのが理由のひとつとしてある。小麦の貯蔵量は一九二五年から二九年の間に二倍になっていた。どの生産国も、輸出収入が減るにつれ、自国の貿易収支が減少していることに気づいた。そこで当然の反応として輸入を減らしにかかるのだが、方法は関税を上げるか、財政政策や金融政策を通じて国内の需要を減らすか、だった。どちらの選択肢も世界貿易によい影響を与えるものではない。

この二つはある意味、貿易赤字を解消するための方法でもあった。通貨の切り下げは輸出価格を実質的に下げるので、商品が外国で売れやすくなる。また輸入価格が上がれば、国内産の製品が外国のライバル製品を上回る強みを持てる。これは関税を高くすることでも実現できることだ。したがって、通貨の切り下げを拒みながら金本位制にとどまった国々は、関税を上げる傾向が強かった。

ただし関税には問題があった。自国の製品に高い税をかけられた他の国々が、ただ黙って見ているわけではないということだ。当然のように報復措置があり、結果として世界経済の規模は落ち込む。しかし、貿易とはよいものなのだ。アダム・スミスがはるか以前の一七七六年に、ピン工場の例を挙げ、生産を特化することの利点を説いている。英国はバナナから木琴にいたるまで、その気になれば必要なものは何でもつくれるだろう。しかし効率的につくることのできるものは多くない。コストが上昇し、平均的英国人の生活水準は低下するだろう。英国はいちばん得意な（専門用語でいえば、「比較優位を持つ」）製品をつくり、品物やサービスを世界中に売り、その売り上げで他国から必要なものを、たとえばバナナを買うほうがよい。

関税は必然的に、双方の国のパイの分け前を守る役にはほとんど立たない。むしろパイを小さくしてしまう。それで政治家は結局、金本位制をやめざるをえなくなった。重要な問題はおそらく、金融システムの弱さだった。銀行の経営陣は、経済の他の部門が窮境に陥ったときにはひとり残らず通貨価値の安定を信奉するのに、自分たちが生き延びられるかどうかという段になると、清らかな信条にはこだわらなくなった――まさしく二〇〇七～〇八年にも繰り返された主題だ。

経済学者たちは、金本位制は経済の偉大な自動制御メカニズムだと信じていた。ある国の持つ金が多くなりすぎると、物価が上昇し、輸出における競争力が失われる。そのために金は物価が下落した国へと流れ出し、均衡が回復するというわけだ。しかし一九一八年以降の経験は、このシステムが齟齬を来しかねないことを示していた。金準備はアメリカとフランスに集中したが、相対的な比較でも、急激な物価上昇にはいたらなかった。金の不足した国々は、そのままの状態にとどまった。民主主義社会では、金準備を回復させるのに必要な大規模な調整を強制することはできないからだ。大恐慌は、一九二〇～二一年の景気低迷のように短いものではなく、長期に及ぶ道のりとなった。

フィリッポ・チェザリーノの見解によると、大恐慌は人々の姿勢に変化をもたらした。経済学者は通貨供給量を管理する必要性について話すようになった[14]。しかし金本位制は、自動的に調節を行うことで、通貨の「管理」について政治家の専横を許さないようにつくられたものだった。通貨管理の原理がいったん受け入れられれば、そもそも金が必要かどうかが判然としなくなってしまう。

各国が金本位制から離脱するにつれ、それぞれの通貨は下落し、貿易の相手国に対して一時的に有利な状態が生まれた。これは「近隣窮乏化政策」の名で知られるようになった。通貨切り下げは「デフレの包みを受け渡す」ゲームとみなすことができる。各国が不況への対処という問題を隣国に押しつけようとするのだ。こうした経緯そのものが、経済学者たちにはきわめて不満足に感じられたため、第二次世界大戦の後、彼らはより正式な組織をつくりだそうとした。

銀行の横暴

英国での危機が頂点に達した際には、政治にまで影響が及び、それはその後数十年にわたって続いた。英国が金本位制に復帰したときの平価が高すぎたこと、その財政状態が一九一四年以前に比べてずっと弱くなっていたことはあきらかだった。一九二九年には、少数派の労働党政権が権力を握ったが、この政権が生き延びられるかどうかは残りの自由党にかかっていた。一九二九〜三〇年には経済活動が低下し、財政赤字が拡大した。これは景気の循環としては自然なことだった。税収が落ち込み、多くの失業者が出て社会給付支出が増えるのだ。

自由党の圧力にさらされた政府は、英国らしい選択を行った。保険会社プルデンシャルの前経営者ジョージ・メイが議長を務める委員会を設置したのだ。経済政策という重要な問題をシティーの大物の手にゆだねることで、政府は自らの死刑執行令状にサインしたのである。メイが社会給付の削減を勧めることはほぼ確実だった。彼のアイデアを受け入れれば労働党の支持層を損なうが、この取引を拒めば財政危機を導くことになる。実際そのとおりになった。一九三一年七月末に、メイの委員会は一億二〇〇〇万ポンドの赤字を計画として見込んだ。これだけの額を、失業給付の二〇パーセント削減を含む、九七〇〇万ポンド分の支出削減によって賄わなくてはならないのだ。

労働党政権を率いるラムゼー・マクドナルドは、スコットランドのロシーマス出身で、女漁師と婦人服の仕立屋の間に生まれた非嫡出子だった。第一次世界大戦に反対したときは大変な勇気を示したが、何よりも労働党を力のある立派な政党にすることを切望していた。しかし第一次マクドナルド内閣は一九二四年、ソ連との結びつきを暴露する贋物の手紙が出回った後に退陣を迫られた。マクドナルド自身は革命的というにはほど遠い人物で、「社会主義は公的支出とは同等に扱えないという厳格な主張」の持ち主だった⑮。大蔵大臣のフィリップ・スノードンは、英国の政界におけるモラリストの典型例で、きわめて厳格で信仰心の厚い人物だった。彼は公的支出の削減を嬉々として進め、赤字予測を一億七〇〇〇万ポンドという、メイの委員会の推定よりも五〇〇〇万ポンド大きな数字に見積もった。

イングランド銀行は内閣に圧力をかけ、八月末までに予算の均衡を図るように求めた。そうした議論の一方で、英国労働組合会議調査部の責任者ウォルター・ミルン＝ベイリーは、通貨切り下げや関税、高所得者への課税を含むさまざまな選択肢を提示した。どれも非常に良い案だったが、閣内ではそこまで急進的な提案を押し通せる過半数の支持を得られなかった（熱烈な自由貿易論者のスノードンは、関税をめぐって辞任していただろう）。

閣議は失業給付の一〇パーセント削減を含む五六〇〇万ポンドの削減に同意した。しかし票決は一一対九という僅差だった。賛成票を投じたなかには、ウィリアム・ベンとハーバート・モリソンがいた。ベンの息子トニーは二〇世紀末の労働党でバリバリの左派となり、未来の内務大臣モリソンの孫のピーター・マンデルソンは、トニー・ブレア政権の黒子となった。こうした分裂は、思想的な理由だけによるものではなかった。反対票を投じたなかには、ロイド・ジョージ戦時内閣の自由党の閣僚だったアディソン卿もいた。

こうしたきわどい過半数では、投資家の間に信頼を生み出すのにも、マクドナルドに政権維持のための権威を与えるのにも、ほとんど役に立たなかった。労働党の戦時指導者だったアーサー・ヘンダーソンは、もし一〇パーセントの給付削減が実施されるなら辞任する、と脅しにかかった。イングランド銀行はさらに圧力を強め、金利を上げてポンドを守ろうとし、その外貨準備は底を突きかけていると警告した。

その後、銀行の横暴には左派からの非難が集まったが、特に効果はなかった。フランス銀行から信用を送られたにもかかわらず、あくまで政府に赤字削減の圧力をかけるために、イングランド銀行はそれを利用しなかった。さまざまな問題がドイツの危機でさらに悪化し、英国の各銀行はその影響をもろにかぶった。八月初め、イングランド銀行は金の輸出を停止した。ある歴史家は、イングランド銀行は金本位制が廃止された場合に備え、金を保有しておきたかったのだと考えている⑯。

いずれにしろ、政府にはイングランド銀行が実際にどの程度の金準備を持っているかは突き止められなかった。その種の情報については中央銀行に頼らざるをえなかったのだが、総裁のモンタギュー・ノーマンは、無断で戦列を離れていた。キャリアを通じて絶えず神経質さをあらわにしていたノーマンは、七月二九日に「気分がすぐれない」ことを理由に休職し、危機が去るまで戻ってこなかった。ノーマンの不在中、金融界は通貨価値の維持という正統路線にこだわり、政府がその原理に肩入れしている証として、失業給付の削減に踏み切った。パスフィールド卿（シドニー・ウェブ）はこう言って嘆いた。「われわれはシティーの金銭的利害を救うことと引き換えに、脅しに負けて国内の社会政策を根本的に変えるような国になってしまったのか」。今日でもこれと同じような声は聞こえてくる。

マクドナルドはほとんど何もできないまま支出削減を認めてしまったことを理由に、首相と労働党党首の座から降りることを望んだ。しかし当時の世界は全体主義体制や革命の時代であり、支配者層は不安を覚えていた。自由党の領袖ハーバート・サミュエルは、「労働者階級には最も受け入れがたい経済政策こそ必要であるという点を考慮して」[17]、国王ジョージ五世にマクドナルドを引き続き在職させるよう進言した。マクドナルドは虚栄心に訴えかけられて翻意し、挙国一致政府(連立政権)のリーダーとなったが、この内閣は保守党に大きく依存していた。マクドナルドとともに残った労働党の閣僚は、スノードンを含めた三人だけだった。マクドナルドはスノードンに「明日になればロンドン中の貴婦人が私にキスしようとするだろう」[18]と自慢したが、左派の内部では罵倒を浴び、「労働者階級の裏切り者」とみなされるようになった。

保守党政府(ほぼそう言っていい)が力を持ったことで、労働党政権の下で急進的かつ非正統的だったことがいきなり可能になった。その年の末に、地すべり的勝利を果たした連合政権は、ついに失業給付の一〇パーセント削減を含む七〇〇〇万ポンドの支出削減に踏み切った。さらに税金も七五〇〇万ポンド上げられた。スコットランドのインヴァーゴードンで起こった水夫たちの抗議行動は、政府への反乱と表現され、投資家の信頼をさらに損なった。

結局イングランド銀行は、金準備が次第に減っていくと、金本位制を維持しようとする努力を放棄した。空が崩れ落ちてくることもなく、労働党のある前閣僚(誰だったかは諸説ある)はこう言った。「われわれにこんなことが可能だなどとは、誰も言わなかった」。この非正統的な政策の仕上げとして、二年以内に政府は関税を導入した。ポンドが下落したことで、英国はアメリカのように大恐慌の大波をかぶることは避けられたが、失業率はやはり高いままだった。これは重大な一歩だった。一九世紀における金本位制の牙城だった英国が、金を放棄したのだ。債権者の利益を守ろうとする不断の努力が、経済的現実を前にして、ついに放棄されたのである。

他国の追随の動きはすばやかった。金本位制をとる国は、一九三一年には四七ヵ国だったのが、一九三二年末にはわずか一一ヵ国となっていた。多くの国がまとまって金本位制から離脱したことは、最終的に各国がリフレ政策をとるという意味合いを持つことになった。皮肉にもフランスは、英国の例に倣って金本位制に復帰するのは最も遅かったのだが、離脱するのもさらに遅かった。その理由のひとつとして、フランスには金本位制への復帰が一九一八年以降のインフレ問題を解決してくれたという印象があったことが挙げられる。だがフランスには金準備が多くあり、そちらのほうが理由としては大きかっただろう。そのことは良い結果をほとんどもたらさず、フランス経済の回復は英国に比べて遅れた。

やがて一九三六年、政変の絶えないフランスに、またしても大きな変化が起こった。レオン・ブルム率いる左派の「人民戦線」が政権の座に就いたのだ。左派政権のご多分に洩れず、この政府も正統的経済の適格者をもって任じ、その証明のために通貨の切り下げを避けようとした。このときは共産党にすら、通貨の切り下げは市場の圧力に屈することだという認識があった。そして避けがたい事態を避けるために、ジョン・ローの時代にあったようなさまざまな策――通貨管理、金貨売買の禁止、「通貨切り下げのうわさ」を広めた人間の起訴――が弄された。それでも一九三六年九月には、通貨の切り下げが実施された。両大戦間の金をめぐる実験は、こうして終わった。

アメリカの経験

フランスは最後まで金をあきらめようとしなかった。一方で、世界一の経済大国アメリカは、すでに一九三三年と三四年に通貨を切り下げていた。この時期にアメリカが行った経済政策の実験は、今日でもまだ意義深いものだ。

大恐慌の到来は、自国を「チャンスの土地」とみなしてきたアメリカ人に、大変なショックをもたらした。国民の多くが、より良い暮らしを求めてヨーロッパから渡ってきた移民だった。無限の空間と天然資源を有するアメリカは、未来永劫にわたって豊かな富を約束してくれるかのように思えた。これだけの利点と勤労意欲の高い国民を持つ国が、どうして二五パーセントの失業率、三分の一にも及ぶ生産高の減少に苦しむことになったのか? どうにも理屈に合わなかった。

当初は多くの人々が、経済の停滞はそれ以前にあった過度の信用貸しと投機による反動だと主張した。アメリカ人はあまりに多く借金をしては多く使い、収入以上の暮らしをしている。必要なのはそうした経済全体を掃除する下剤なのだ、と。一九二九年のウォールストリートの大暴落の果たした役割が議論された。物価ががくんと落ちて財産が失われるというドラマは、人々の意識に強く訴えた。しかし大恐慌をこの暴落によるものとするのは、典型的な「前後関係と因果関係の混同」の過ちといえるかもしれない(19)。経済は大暴落以前からすでに下り坂だったし、株式市場は一九三〇年初めに反発を見せた。

ミルトン・フリードマンによれば、問題は一九三〇年代初めに起きた銀行システムの崩壊（二〇〇八年に当局が銀行を救済した理由のひとつでもある）にあった。いわゆるスパイラル効果だ。企業が倒産し、銀行が損失を被り、銀行が倒産し、企業は資金への糧道を断たれる。すでに見てきたように、この時代にはまだ預金保険制度がなく、倒産した銀行の顧客はお金を残らず失った。通貨供給量は急激に減少し、需要への影響も避けられなかった。

当時の政治家たちは、事態をそのように見てはいなかった。フーヴァー大統領の回想録によると、財務長官のアンドリュー・メロンは、この危機に対して単純きわまる解答を出した。「労働を清算し、株を清算し、農民を清算し、不動産を清算せよ。それで社会全体から腐敗を一掃できる。高くつく暮らしや高級な暮らしは廃れ、モラルのある暮らしが戻ってくる」。メロンは当時の多くの経済学者と同様、資本主義体制はほうっておけば、つねに均衡を見いだすと考えていた。労働者が失業するのは、賃金が高すぎるせいだ。賃金を減らせば、労働者は仕事を見つけられるようになる。物価がすでに下がっているため、それで労働者の生活水準が損なわれることはない。対照的にフーヴァー大統領は、賃金を減らせば需要がさらに落ち込むだろうと懸念し、企業に賃金カットを行わないよう求めた。ケインズはまだ『一般理論』を発表していなかったが（刊行は一九三六年）、フーヴァーは総需要について懸念を抱いていたのだ。

フーヴァーを反動的な保守主義者、ルーズヴェルトをリベラルなケインズ主義者とみなすのは誤りだ。フーヴァーは一九三一年に予算が赤字に転じることを認めたし、ルーズヴェルトは一九三二年に均衡予算を支持するキャンペーンを張った。その年の民主党大会で、ルーズヴェルトは語った。「支出はなんらかの形で歳入によって賄わなくてはならない。国も一般の家計と同じで、一年間は稼ぎよりも少々出費が多くなっても構わない。しかしその習慣がずっと続けば、救貧院に行くことになるのは、皆さんも私もよく知っていることだ」。

しかしルーズヴェルトはどんな手でも進んで打とうとしたし、正統的な発想を軽んじるところがあった。そのために、金本位制を放棄することが経済の復活につながるとなれば、実行に移すことをまったくためらわなかった。大統領が経済学者の代わりに重用したのは、農業の専門家ジョージ・ウォレンだった。金の価格と他の商品価格には直接のつながりがあると、ウォレンは主張した。そこで大統領は、法令によって金価格を着実に上昇させる決断を下したのだ。

大統領の従来からの経済顧問たちは、これを通貨価値を破壊するものと考え、落胆した。しかしルーズヴェルトは、ウィリアム・ジェニングス・ブライアンの亡霊と交信しているようだった。農民は一八九〇年代よりもはるかに酷い苦境にあった。この頃、農業は全労働人口の三〇パーセントを占めていたが、農家の所得は一九二九年から三二年の間に三〇パーセント減少した。商品価格、特に小麦や綿といった農産物の価格の上昇があれば、農家の経済状況を好転させられる。大統領は補助金や保護貿易的措置を通じて農業コミュニティーを支援する措置をとったが、それはこのときから始まった伝統となり、今日にいたるまで続いている。

ルーズヴェルトは、「いわゆる国際的銀行家たちの古い物神《フェティッシュ》は、国の通貨を定めようとする努力に取って代わられつつある」と言った。これは貨幣の歴史上、重要な瞬間だった。ここから「通貨価値の維持」――安定した通貨と均衡のとれた予算――という考え方への反発が始まったのだ。

しかも、彼はそこにとどまっていなかった。社会保障（公的年金）を導入し、失業者を職に就かせるための職業訓練プログラムをつくり、住宅ローンの保証を提供し、富裕層への課税率を上げる等々、多くのことを行った。リベラル層の目に映るルーズヴェルトは、現代国家の創始者だったが、保守層の目に映ったのは、「自らに拠って立つ」というアメリカンドリームの破壊者だった。ルーズヴェルトの多くの計画が経済回復に貢献したのか、それとも妨げになったのかは、いまだに経済史家たちの論争の的である。しかしルーズヴェルトが四期連続で大統領選に勝ったことは、憶えておいたほうがいいだろう。彼は進んで決然たる行動をとっているように見えた。有権者は、経済政策の理論はわかっていなかったかもしれないが、ルーズヴェルトが正しい心根を持っていることは感じ取ったのだ。

この時期は、成人すべてが参政権を持つといった意味での民主主義が新たに確立され、またあきらかな脅威にさらされる時代でもあった。多くの人々が民主主義的政治家の優柔不断さと、ヒトラーの果断な行動とを対比させていた。ヒトラーは正統的な経済政策にはほとんど興味を示さなかった。その当否はともかく、ヒトラーが再武装を求めたのは、大量失業の問題に対処するためだと見られていた。その一方で大恐慌は、共産主義者が予言していた資本主義の危機だとする理解もあった。スターリンが行っていた工業化計画は、理に適ったもののように見えた。

ルーズヴェルトも、そしてケインズも、自分たちは共産主義とファシズムの魔の手から資本主義を救おうとしていると考えていた。資本主義が脅威にさらされている今、古典派経済学者がいくら、経済は自ずとしかるべきところに落ち着く、と自由放任主義を唱えても、それは空念仏にすぎない。ケインズは、政府は「最後のお金の遣い手」として、経済が恐慌に陥るのを防がねばならないと論じた。戦争賠償金を批判し、英国が金本位制に復帰したことを責め、古典派経済学者の失敗を分析してみせたことで、ケインズの知的株価は急上昇した。一九四〇年代の政治家たちが、戦後世界の通貨制度について議論するときに自然と目を向けたのは、ケインズだった。

第5章　ドルとともに踊る

「それはわれわれの通貨ではなく、そちらの問題だ」
——ジョン・コナリー、ニクソン大統領政権の財務長官

金本位制は、偶然と模倣とが混じり合って進化してきた。英国で機能しているように見えたものを他国が採用したのだ。二〇世紀後期の通貨制度は、試行錯誤（錯誤には事欠かなかった）を通じて発展してきた。二つの時代の間にあったのがブレトンウッズ体制だった。これはある委員会が意図的につくりだしたという点では、世界初の通貨制度である。一九四四年、ニューハンプシャー州の山中にあるホテルで行われた会議で合意が取りつけられ、そのホテルの名前が協定に冠された。こうした合意が可能になったのは、第二次世界大戦という特異な状況下だったからこそだろう。ゼロから制度をつくりなおす余地のある時代だった。

ブレトンウッズ体制の考案者たちはあきらかに、両大戦間に犯された過ちを避けようとしていた。あの時期には、各国が金本位制に復帰しては放棄し、こぞって通貨の切り下げに走った。列強間の経済協力は消え、多くの国が全体主義に傾いていった。保護貿易主義がはびこり、大恐慌は長引いた。そこで考えられたのが、第二次世界大戦後の国際貿易を盛り上げ、貨幣価値の安定

を図り、避けがたい戦後の不均衡を是正するための制度を考案することだった。

これは野心的な試みだった。会議の開会式で、アメリカの財務長官のヘンリー・モーゲンソーはこう表明した。「われわれがこの場に集《つど》ったのは、現在の戦争が起こる以前の経済にはびこっていた悪——通貨切り下げ競争や貿易への破壊的な障害——を排除する方法を考え出すためである」(1)。その筋の権威として議長を務めるのは、英国人経済学者ジョン・メイナード・ケインズと、ルーズヴェルト大統領の側近でソ連に強い共感を寄せるハリー・デクスター・ホワイトだった。ケインズは知的な影響力があったが、ホワイトには経済的な腕力があった。

この二人には共通する基本的な考えがあった。為替レートが安定すれば、輸出国も輸入国もともに将来への見込みが得られ、貿易の流れが促進されるとどちらも信じていた。しかし一九三〇年代の経験から、各国が通貨間のリンクを維持しようとするのに四苦八苦するであろうことも分かっていた。そこで、個々の中央銀行が自国の金融部門にとっての最後の貸し手の役割を果たすように、なんらかの国際的な「最後の貸し手」が求められる。そうした必要性から、国際通貨基金(IMF)が生まれることになった。しかしこの緊急援助機関の規模と範囲については、ケインズとホワイトの意見は食いちがっていた。両大戦間の時期には、アメリカとフランスに金準備が集中し、その他の国は常時不足するようになったが、その問題への対処のためにもケインズは、この基金が大きなものになるよう望んでいた。彼が特に意識していたのは、戦争の出費で資産を使い尽くしてしまった英国の財政状態の弱さだった。「戦後には、わが国がアメリカから製品を買っても、その代価を支払う手段がなくなるだろう。支払えるのは、アメリカがわが国から買う製品と同じ価値の分だけだ」と彼は語っている(2)。

対照的にホワイトには、その緊急援助機関が大きなものになるほど、アメリカの負担も大きくなり、最大の債権者としてその支援を求められるという認識があった。それに、ホワイトがケインズの大望に共感を寄せていたとしても、アメリカが深く関与することに対する連邦議会の反対を押し切る必要があった。ある新聞の記事にはこう書かれていた。「アンクル・サムは他の世界からお人好しのアンクル・サップとして扱われるだろう」(3)。

国内に最後の貸し手がいるという考え方には、つねにモラルハザードがつきまとう。中央銀行が後ろ盾につくと分かっていれば、銀行が過剰なリスクをとろうとするのをどのようにして止めるのか？　同じことが国際レベルでもいえる。ＩＭＦが赤字国に対して気前の良いパトロン役を務めれば、そうした国が必要な政策転換を行って自国の問題に取り組もうとするのを阻むことになるのではないか？

ケインズの当初の提案は、国際貿易の均衡が図られる「清算同盟」を設けることだった。今ではいささか異様に思える案だが、それは政府が経済を主導し、貿易赤字が中央銀行の金準備の枯渇に直結する世界で生まれたものだった。国内の銀行の決済システムでは、一日の終わりにすべての取引が清算される。A銀行から現金を引き出す、B銀行を通じてデビットカードで買い物をする、といった何百万もの取引がすべて相殺されるため、A銀行は正味金額をB銀行に移す必要がある（逆もまた同じ）。国際清算同盟は、貿易に対してこれと同じ役割を果たすものだ。航空機や電子機器の買い入れ、小麦の積み出しといったものすべてが相殺され、その後には正味金額――貿易黒字もしくは赤字が残る。

どの国も清算同盟に対して当座貸越枠を持ち、その額は貿易総額の半年分に等しいものとする。

この当座貸越は、ケインズがバンコールと呼ぶ、新しい通貨の形で表される。バンコールの価値は金に照らして定められるが、金と交換することはできない。こうした仕掛けは、世界が準備通貨としてのドルに依存する度合いを減らそうとする、ケインズなりの試みだった（このバンコールの案はその後も残り、最終的には一九六九年に、ドル、ポンド、円、その他さまざまなヨーロッパの通貨からなるバスケット通貨が特別引出権〈SDR〉という形でつくりだされることになった。しかしこのSDRは、ブレトンウッズ時代の終焉からかなり時間がたつまで、まともに利用されることはなかった）。

ケインズの計画では、慢性的な赤字国は当座貸越枠の上限にぶつかると、その通貨を切り下げることになる。これは金本位制の下でもごく当たり前のことだった。しかしケインズは債権国にも義務を課した。債権国は通貨の切り上げと、清算同盟に積み上がった信用の利子の支払いを求められる。その目的は、あらゆる調節の義務が債務国に降りかかった両大戦間の体制の再現を防ぐことにあった。

アメリカにとっては、これは手前勝手な議論に感じられた。戦後はアメリカが貿易黒字国に、英国が赤字国になることは目に見えていた。だからこうした特別な通貨やら清算同盟やらの話はすべて、債務国がアメリカから商品を手に入れ、代価を「訳の分からないマネー」、つまり金にも何にも裏づけられていない代物で支払おうとする仕掛けのように思えたのだ。ホワイトはケインズを、何もないところから魔法で金を取り出そうとしていると言って批判した。

その結果ケインズは、そこまで大胆でない計画で妥協せざるをえなくなった。IMFが支払い困難の苦しい状態にある国を救う支援基金の役割を果たすというものだ。すべての国は当座貸越のかわりに、この基金に対してクウォータ（出資割当額）を持つ。ケインズはクウォータの総額を、きわめて高い二六〇億ドルという額に設定したがった。つねに連邦議会の顔色を窺っていたホワイトは、それよりはるかに低い数字を望んだ。最終的な案は八八億ドルという、ホワイトの主張に近い線に落ち着いた。加盟国はすべて、それぞれのクウォータを金と政府債券で拠出しなくてはならず、困ったときはクウォータを担保に融資を受けられる。会議の大半は、個々の国のクウォータをどれだけの額にするべきかという議論に終始した。当初は、この基金から融資を受けるのは先進国だけだと受け取られていた。IMFが途上国に対して最後の貸し手の役割を務めるようになるのは、ずっと後のことだ。これは一九八〇～九〇年代に大きな論争の的となり、IMFによって課された条件は反民主主義的で、債権国に有利なものと受け止められた。

通貨に関していえば、ブレトンウッズ協定は、世界的な金準備の不均衡という問題をうまく避けて通る手段となった。アメリカ一国が世界の地金の六〇パーセントを保有している状態だった。そのため、各国通貨を金と結びつけるかわりに、ドルと結びつけたのだ。金貨はもはや流通せず、個人の投資家が銀行券を地金に交換することもできなくなった。アメリカの連邦金準備に対する特権を持っていたのは、他の中央銀行だけだった。

当初のブレトンウッズ協定は、金本位制に関連するもうひとつの問題は避けようとした――各国が通貨を切り下げる権利を認めたのだ。各国の経済にある程度の柔軟性を与え、英国が一九三一年に直面した、国内経済か為替レートアンカーかのオール・オア・ナッシングの選択をせずにすむようにという考えだった。通貨の切り下げは、ブレトンウッズ体制下では予想よりはるかに少なかったが、英国は一九四九年という早い時期に踏み切らざるをえなくなった。

ブレトンウッズ体制は、第3章で触れたようなトリレンマ――固定相場制、金融政策の独立性、資本の自由な移動の三つが共存できないこと――にはどのように対処したのか？　アメリカは資本が自由に移動することを望んだ。しかし、金融政策の独立性の誘惑はあまりに強かった。何より恐ろしいのは高失業率の再現であり、政治家たちは景気浮揚のために金融政策（および財政政策）を調節できる柔軟性を求めた。もはや失業者が「金の十字架」に架けられるのを見たくなかったのだ。資本規制は、投機家が金融政策の方向性に不安を抱き、目標為替相場を損なうかもしれないという恐れから各国を守った。

多くの国はすでに戦時中から資本規制を導入していたため、その措置を延長するのは難しくなかった。この選択は当時の専門家からの批判を招いた。経済学者のフランク・グレアムはつぎのように書いた。

「ひとつ知っておくべきことがある。自由な国際貿易における均衡の破綻を避けようとするなら固定相場制や金融政策の独立性をあきらめなければならない。あるいは独立した通貨の価値が損なわれたときに――実際、いつもそうなりがちだ――唯一の代替手段となりうる規制および取引停止の制度を見送らなくてはならない」(4)

グレアムはさらにこう記している。この制度には「さまざまな加盟国が金融政策を調和させる規定がまったく見られない。こうした政策なくしては、固定相場制は意味をなさなくなる」。言い換えるなら、各国はそれぞれにケーキ（固定相場）を手にして、おいしく食べたかった（金融政策の独立性）。そして市場に、金融政策と目標為替相場が両立しなくなる時を指摘できる力を与えたくなかったのだ。

ブレトンウッズ体制の確立は多くの議論を引き起こしたが、それは今日もまだ大きな火種となっている。グレアムは変動相場制を推していたが、この政策は当時には時期尚早だった。グレアムの議論（およびフリードリヒ・ハイエクやルートヴィヒ・フォン・ミーゼスといったレッセ・フェール流経済学者の議論）は、一九六〇〜七〇年代に、シカゴの経済学者ミルトン・フリードマンとロバート・ルーカスによって取り上げられた。ユーロの誕生は、ブレトンウッズで支配的だった、為替レートは安定的であるべきだ、投機は制限されるべきだという感覚に多くを負っている。そして債権国や黒字国は義務を課すべきだという主張は、今現在アメリカが中国に対して用いている論法そのものだ。

実のところブレトンウッズは、当時の世界最大の債権国であるアメリカの恩恵にあずかる体制だった。したがってドルを基盤に為替レートの安定を図ろうとするものになったのは驚くには当たらない。しかしこの体制がやがて弱まっていった理由のひとつは、資本がさまざまな規制をくぐり抜けるすべを見つけだしたことだった。また各国が、多くは完全雇用を達成するという目的で独立した金融政策を実施できたために、固定相場制にとっては長期的な問題の種が蓄積されることになった。

ブレトンウッズ協定は当時、まったくといっていいほど人気を博さず、大西洋をはさんだ両側からの攻撃にさらされた。英国では、チャーチルの親しい友人だったビーヴァーブルック卿がこう公言した。「これはまさしく金本位制の再来だ。しかも今度はアメリカが金を独占していて、英国にはまったくない」。アメリカでは下院議員のフレッド・スミスが、この計画は「アメリカの金を掌握しようとする英国の陰謀だ」(5)と言った。それでもこの体制は四分の一世紀以上も生き延びることになった。

過ちを避ける

多くの国が、一九一八年以降の取り決めが悲惨な結果をもたらしたことを意識し、同じ轍を踏むまいと決意していた。賠償金に対しても、少なくとも西側には、ほとんど期待感はなかった。ロシアが情け容赦なく東ドイツを略奪していたからだ。ただ重要なのは、その後の二〇年間が、戦時債務問題にまつわるごたごたに費やされずにすんだことだった。

両大戦間とのもうひとつの重要なちがいは、世界一の経済大国アメリカが、第一次世界大戦後のような孤立主義に引きこもらなかったことだ。共産主義の拡大を防ごうとして、アメリカはドイツをはじめ広範な国々に介入し、マーシャル・プランに基づいてヨーロッパの経済の立て直しを進めた。そのうえ西側の政府は、両大戦間の時期のように保護貿易主義に陥るのを避けようとした。ガット（関税および貿易に関する一般協定）は貿易障壁を完全に取り除くものではなかったが、限定するものではあった。結果として戦後貿易は急速に成長し、ヨーロッパ各国は環境に適応し成長することができた。

またどの国も、一九二〇年代に英国が行ったような、戦前の為替レートを復活させようとするデフレ的な計画を真剣に考慮しはしなかった。チャールズ・キンドルバーガーが書いているように、「フランスとイタリアは、特定の為替レートに応じて通貨流通量を調節するのでなく、通貨流通量に応じて為替レートを調節しようと決めた」(6)。その結果フランスのフランは、一九一三年には一ドルに対し五フランで交換されていたのが、一九二〇年代半ばには二五フランになっていた。一九五八年にはさらに下がって五〇〇フランとなり、この時点でフランスは通貨からゼロを二桁減らし、一ドルに対して五フランの比率に戻した。つまりフランはわずか四五年でドルに対しての購買力を九九パーセント失ったことになるが、ドル自体も金に対して価値を下げていた。

イタリアも同じような道をたどった。フランスと同様、第一次世界大戦前のドルに対する比率は五リラだったが、一九四七年には一ドル札を買うのに九〇〇リラが必要になっていた。一九八〇〜九〇年代にイタリアへ旅行した人なら、ちょっとした買い物に何千リラも必要だったことを憶えているだろう。タクシーのメーターも数字が目にも止まらぬ速さでぐるぐる回っていたものだ。

西ドイツはもちろん、大戦直後は悲惨な状態にあった。一九一八年に降伏し、その後領土は侵略され、ヒトラーは戦ったが無残な結末を迎えた。ライヒスマルクは価値を失い、煙草、コーヒー、靴下などが通貨代わりになるほどだった。一九四六年から四七年にかけてのきびしい冬は、飢饉をもたらした。欧米圏では、連合国は賠償金を取り立てるよりも、ドイツには食料や原料といった形での援助が必要なことをすぐに認識した。やがて東ヨーロッパへのロシアの支配の広がりがあきらかになってくると、連合国はドイツの西側に繁栄を取り戻させようと躍起になった。

一九四八年には通貨改革が進められ、成果をあげた。ライヒスマルクが一〇：一の比率で新しいドイツマルクに取り替えられ、ドイツはハイパーインフレを避けることができた。ドイツの奇跡的な経済復興の舞台が整えられ、ドイツマルクは新生ヨーロッパでも強力な通貨となっていった。一九五六年にはドイツの金準備はフランスを上回り、一九六一年にはドルに対して五パーセント切り上げられた——この国の経済力の成長の証といえた。

一九五七年のドイツ連邦銀行法は、新たな中央銀行が西ドイツ政府から独立した存在であることを確立した。銀行の職員は、多くがナチス時代の生き残りだったが、戦前のライヒスバンクが犯した過ちを避けようと決意していた。この独立性は政治家たちの間に憤りをもたらした。とりわけ戦後に大蔵大臣を務めたコンラート・アデナウアーは、中央銀行は「誰に対しても、議会にも、いかなる政府にも責任を負わない機関」(7)になったと言明した。

英国も戦後は苦しんでいた。ルーズヴェルト大統領の武器貸与プログラムの下では、英国にも重要な装備が寛大な条件で供給されていたが、彼を引き継いだハリー・トルーマンは、戦後になって急にその措置を撤回した。アメリカは相変わらず英国を経済競争のライバルとみなし、その尊大な姿勢を嫌っていたのだ。そのために、ドイツ空軍の激しい爆撃を浴びた島国の英国は、輸入品の支払いに充てるドルが著しく不足することになった。病弱なケインズが借款の交渉に派遣された。彼にとって最後の、国への奉公だった。

アメリカの目からは寛大な条件で(五〇年で二パーセント)四〇億ドルが貸与されたが、この借款には英国の貿易障壁を破るためにつくられた条項、たとえばポンドに再び兌換性を与えるという条件が付けられた。英国は一九四七年にこの条項を守ろうとしたが、その実験は七週間しか続かなかった。英国の経済と金融力はそこまで弱くなってしまっていた。

英国ではそれから長い財政引き締めの時期があり、そのなかで戦後の労働党政権は、必需品を買うためのドルを保持しようと躍起になり、戦時中よりもさらに大きな規模で配給を課した。さらに問題なのは、英国の戦時支出によって多くの国がポンドを蓄積していたが、各国は余ったポンドを減らすことには熱心である一方、英国の商品はそれほど買いたがらなかったことだ。ヨーロッパ大陸も同じ問題に直面していた。どの国も地域外から商品を買う必要があり、支払いのためにドルが必要だった。そうした事情が、隣国との取引でドルを「無駄遣い」するのを思いとどまらせる傾向があった。トルーマン政権の国務長官、ジョージ・マーシャルの名をとったマーシャル・プランが、この問題の解決に不可欠な役割を果たした。西ヨーロッパに一三〇億ドルの援助を行うという計画だったが、これはいまだに啓発的な利己主義の実例と見られている。ヨーロッパ各国を回復させることで、アメリカが輸出できる大きな市場が生まれ、多くの国が共産主義に傾くのを防ぐことができたのだ。

ブレトンウッズ時代はいまだに多くの人々から、すばらしい成功だったとみなされている。これはヨーロッパ大陸からすれば、紛れもなく事実だろう。ヒトラーによる最悪の破壊から驚くほど速やかに立ち直ることができたのだから。ドイツでは国土の西側で、Wirtschaftswunder、つまり経済の奇跡が起こった。フランスでは、les trente glorieuses、つまり栄光の三〇年といわれる時代があった。どちらの場合も、古いレッセ・フェールのモデルがまちがいだと証明されたようだった。ヨーロッパは経済運営を利用して、高水準の生活、低い失業率、気前のいい社会保障を享受することができた。

アメリカおよび英国の英語圏では、少し事情がちがっていた。アメリカにはたしかに戦後の好況があり、今でも一九五〇年代は黄金時代のように語られている。しかしアメリカはヨーロッパと比較すると国家支出は低い水準にあり、その成功は徹底した個人主義によるものと理解されていた。そこから、一九七〇年代の体制崩壊のときに、重要な姿勢のちがいが生まれてきたのだ。

英国では、戦後の時期は長くゆるやかな、帝国が失墜し経済的にはBクラスに転落していく相対的衰亡の時期として理解されていた。一九五〇年代半ばには好景気があったものの、一九六〇年代は「ストップゴー」経済の時期となり、政府が成長を刺激しようとしてもインフレの壁にぶつかるだけだった。そして全体的には絶え間のない労働争議が目立ち、そのために英国は「欧州の病人」と呼ばれるようになった。

やがてブレトンウッズ体制が崩壊したとき、英国とアメリカでは、それぞれちがう理由からだったが、マネタリズムや自由市場といった考えを受け入れる素地が、社会モデルが機能しているように見えたヨーロッパ各国よりも、ずっと出来上がっていた。

ドルの役割

ブレトンウッズ体制の中心であるドルは、文字どおり金並みの存在だった。アメリカ経済が第一次世界大戦後とは比べものにならないほど重要になっていたこと、アメリカが世界の金準備の大半を所有していたことを思えば、ドルが優勢になるのは当然だった。

金がない状態で、他国の中央銀行は当然、自らの外貨準備の基礎にドルを用いた。だが、どのようにしてドルを手に入れたのか？　大戦直後は「ドル不足」がさんざん囁かれ、ヨーロッパ各国はアメリカから必需品を買うのにも苦労していた。長期的に見た正解は、ヨーロッパ各国がアメリカに対して貿易黒字を続け、輸出と引き換えにドルを手に入れられるようにすることだった。しかしそれは、アメリカの貿易収支の悪化を伴った。

フランスは、アメリカが貿易赤字になった場合、輸出国はドルをアメリカに貸し返すことになると言い立てた。つまりこの体制は規律に欠けていて、経済学者のジャック・リュエフに言わせれば、「私が仕立屋に注文をして何がしか支払い、同じ日に仕立屋がその代金を貸し付けとして返すという取り決めをしたなら、私はその後もずっと同じ仕立屋にスーツを注文するしかなくなるだろう」[8]。リュエフはこの体制を、アメリカに「途方もない特権」を与えるものとみなしていた。つまり、自分で紙幣を刷ってそれと引き換えに商品を受け取るようなものだと。このプロセスはまた、ブレトンウッズ体制に長期的な問題を生じさせた。この体制はアメリカ以外の国がドルを信頼しなくては成り立たないが、同時にアメリカがドルを刷ることが必要で、そうした行動は他国の信頼を弱めてしまう。これは一九六〇年に経済学者ロバート・トリフィンがこの問題を扱った本を上梓した後に、トリフィンのパラドクスとして知られるようになった[9]。

この特権をまた別の角度から見ると、アメリカはシニョレッジの恩恵を受けていた。実質的にコストなしでドルを印刷し、海外から商品を買うのに使えるということだ。しかしこの特権は高くついた。アメリカは通貨制度を支えられるように、信頼できる政策を行うことを求められた。ある意味、自分は酒を飲まずに運転役を務める、ケインズのいわゆる指定ドライバーにならなくてはならなかったのだ。

しかしアメリカの貿易収支は着実に悪化していた。一九四六年には、ヨーロッパの産業が壊滅状態にあったおかげで、アメリカの輸出額は輸入額の二倍だった。だがそれから二五年の間に、アメリカの輸入は額面で九倍になる一方、輸出は四倍にしか増加しなかった[10]。一九七一年には、二〇世紀で初めて、商品の貿易で赤字になった。もっともこれは災厄とはいえなかった。長期に及ぶ経済支配のおかげで、アメリカにはまだ海外資産から生じる相当な収入があり、一九八三年には計三六〇億ドルに達した。そのおかげで経常収支は黒字に保たれていた。

それでもヨーロッパ各国では、ドルとのリンクを維持するための信認が失われつつあった。一九六〇年代には、アメリカの各国中央銀行に対する負債が、金保有高の価値を上回った[11]。ヨーロッパは、アメリカが自国の経済政策、財政政策を、ブレトンウッズ体制が求めるものに適合させるべきだと感じていた。それはつまり、アメリカの政治家に、国内政策を外国からの要請に従属させるよう求めることになる。しかしアメリカの大統領は、世論だけでなく、連邦議会の上院・下院からの要求にも対処する必要があった。一九六三年から六九年まで大統領を務めたリンドン・ジョンソンは、「偉大な社会」の改革を進めるかたわら、ベトナム戦争の資金も捻出しなくてはならなかった。政府支出は跳ね上がった。ジョンソンは、税金や金利を上げるといった引き締め政策は、財政赤字に取り組む羽目になりかねないので、採用する気はなかった。そうしてヨーロッパの政治家からの不満の声はかき消された。

やがてヨーロッパにドルが蓄積されたために、いわゆるユーロダラー市場が発展し、ドルが外国の市場で貸し借りされるようになった。これは金融史上きわめて重要な出来事だった。政府による規制の及ばないところに金融市場が生み出されたのだ。ブレトンウッズ体制では資本規制が導入されていたが、貿易フローを律するルールは一九五八年に緩和された。だからアメリカに輸出するヨーロッパの各国はドルを蓄積することができた。

ユーロダラー市場が盛んになったのは、さまざまなアメリカの規制の結果といえる。たとえば金利平衡税は、ニューヨークでの借り入れを制限するものだった。借り手はヨーロッパの資本プールを利用することに魅力を感じ、特にユーロ債と呼ばれる確定利付債に飛びついた。利子が無税で支払われるということから、投資家もこの債券を喜んで買った。もちろん債券を買えば税を申告するのが建前なのだが、そんな人間は少なかった。ユーロ債の投資家の典型とされたのは、たとえば自国の高い税金を逃れようとするベルギー人歯科医などだった。

ロンドンはたちまちユーロ債市場の中心となった。この街には法律の専門家がいて、規制も寛容で、英語が使えることもあり、アメリカ人銀行家が進んで腰を落ち着けようとする場所と見られたからだ。おかげでロンドンのシティーは、英国の長期的な経済的衰退とは裏腹に大きな成長を遂げ、世界金融の一大中心地としての地位を確立し、今日も重要な存在でありつづけている。

ユーロ債市場の発展はまた、やがてブレトンウッズ体制を崩壊させる一因となった国際的な資本移動の初期の徴候でもあった。マネーは国境を越え、多くの通貨間を移動する。それは投資家が疑いを持った通貨から別の通貨に乗り換えられるということでもある。政府による規制が長年続いたあとで、資本市場は次第に自らの独立性を主張していった。最初に資本移動が緩和されてからブレトンウッズが生き延びられたのは、わずか一三年間だった。

しかしブレトンウッズの息の根を止めるうえでは、各国政府のほうが民間部門よりも大きな役割を果たした。フランス大統領シャルル・ドゴールとアメリカの政権との関係は、第二次世界大戦中からぎくしゃくしたものだった。ルーズヴェルト大統領はことあるごとにドゴールを遠ざけ、扱いやすい他の将軍たちを優遇した。戦後アメリカがリーダーシップをとることに、ドゴールは憤った。一九五六年のスエズ動乱で、英仏による中東への介入が英国に対するアメリカの経済的圧力で頓挫させられてからは、なおさら関係は悪化した。一九六六年、フランスはNATO（北大西洋条約機構）から自国の部隊を引き揚げさせた。

フランスが金への執着を持つようになったのは、おそらくジョン・ローが金融の実験に失敗したことに端を発する。フランスはアメリカとともに、両大戦間の時期に中央銀行が金を保有していた大国同士だった。一九四〇年にはドイツの侵略の魔手が及ばないように、蓄えていた地金を海外に送ることまでしている。一九五八年にドゴールが政権を握ると、フランスは再び金保有を増やしはじめ、一九六六年まで毎年四〇〇トンを取得しつづけた。

金の価格とドルがリンクしているということは、金相場が上昇すれば必ずドルの価値が下がるということであり、アメリカはそうした成り行きに対しての準備ができていなかった。そこでアメリカは（英国やドイツといった他の国々とともに）「金プール」と呼ばれる制度をつくり、一オンス三五ドルで金の価格を維持しようとした。フランスは表向きにはこの制度を支持したものの、口とは裏腹に相変わらず金を買いつづけた（他の事情に変化がなければ、これは金の価格を押し上げる）。フランスは一九六七年に金プールから離脱し、自国のドルを地金に交換しはじめた。

フランスの選択肢は限られていた。フランスの立場は、倒産の恐れのある銀行の預金者のようなものだった。フランスは、アメリカの政策はいつまでも続かない、もしアメリカが金に対するドルの価値を切り下げた場合、フランスはドル準備のマネーを失うことになると考えていた。金とドルを交換することで、アメリカに政策を変えさせられると期待していたのかもしれない。だとすれば、フランスもまたアメリカを過大評価し、アメリカが自国の利益より国際的な義務を優先させるのではないかと考えていたことになる。

　圧力はなかなか強まらなかった。アメリカの貿易赤字はさほどひどいものではなく、インフレ率も同様だった。一九六〇年から六七年の間、アメリカのインフレ率は平均一・七パーセントでしかなかった。しかし諸外国は、アメリカの通貨の安定化へのコミットメントに信頼を置いていなかった。そして一九五〇～六〇年代の大半を、金準備を蓄えることに費やした。これは商品貨幣への信頼が完全には消えていなかったことの証といえた。フィリッポ・チェザリーノはこう書いている。「中央銀行は、ブレトンウッズを純粋なドル本位制とはみなさず、ドルの金への交換性を要《かなめ》とする体制だと見ていた。公式のドル保有が着実に増える一方で、アメリカの金保有高が減っていくのは、重大な欠陥だと考えられていた」⑿。

　一九六〇年代末は、政治と経済の難題が増えていく時代だった。フランスでも、一九六八年に起こった街頭抗議は、ドゴールの退陣とフラン売りの原因となった。一九六九年八月、ドイツが二度目の通貨切り上げの選択肢を拒否した後で、フランスはフランの切り下げという屈辱を味わうことになった（ドイツは結局、一〇月にマルクを切り上げた）。アメリカでは、ベトナム反戦運動と人種闘争によって著しく緊張が高まり、一九六八年のロバート・ケネディとマーティン・ルーサー・キングの暗殺につながった。英国では、ストップゴー政策が数年続いた後で、一九六七年にハロルド・ウィルソンの労働党政権がポンドの切り下げに踏み切らざるをえなくなった。この期間に各国政府が経済の拡大を促す財政政策をとり、全般的にインフレも進んだ。中央銀行は（ドイツ連邦銀行のような一部の例外をのぞき）ゆるやかな財政政策のもとで金融引き締めは行わなかった。

ブレトンウッズ体制は二〇年以上にわたって実によく機能し、経済成長と低失業率をもたらした。しかし固定相場制が、そのなかでごく限られた役割しか果たさなかったことは、ほぼまちがいない。第二次世界大戦の破壊から経済が立ち直るにつれ、強い追い風が吹いていたからだ。一九六〇年代末になると、さまざまな歪みが表れはじめた。アメリカの世界経済における優位性はもはや完全なものではなくなっていた。ヨーロッパ経済は立ち直り、日本も復興した。戦後の回復はたしかに、戦いで破壊された資本を補う必要性と、復員した兵士が労働力として戻ってきたことによる生産の増大に促された結果であった面がある。両大戦間の時期の制限がゆるむにつれて、貿易量も増えた。もっとも、共産主義圏は戦後体制から事実上除外されていた。

さらにいえばこの体制は、ケインズが思っていたほど柔軟なものではなかった。ケインズは、各国の通貨が経済状況に応じてときどき自らを調節することを期待していた。だが実際には、通貨切り下げはきわめてまれだった。どこの政府も通貨切り下げを国家的屈辱とみなし、懸命に避けようとしたのだ。しかしこの硬直性が、体制に対する長期的な圧力を強めていくことになった。

死の苦しみ

アメリカの金準備は着実に減っていった。回復のための唯一の手段は、金利を上げて資本を引き寄せることだったが、この方法は景気後退を招く恐れがあった。危機は一九七一年八月に起こった。ニューヨーク連邦準備銀行総裁がＦＲＢ議長アーサー・バーンズ宛てに書いた手紙で、こう警告した。「ドルへの信認は今ではひどく蝕まれ、数日とまではいかなくとも数週間のうちに、国際的な金融システムが崩壊しかねない状態にあります」。果たせるかな、数日中にニクソン大統領は、ドルの金への交換を停止し、さらに輸入品に一〇パーセントの課徴金を課した——これは他国に通貨の切り上げを強いる露骨な試みだった。ブレトンウッズ体制は終わりを告げた。

固定相場制に完全雇用政策を組み合わせようとしたことで、ブレトンウッズは消え去る運命にあったといえるかもしれない。この二つの目的はほぼまちがいなく、どの時代のどの国でも両立しなかった。しかし、一九七〇年代に変動相場制へ転換した後には、失業率はブレトンウッズ体制の下よりもはるかに高くなり、マネタリストたちはインフレにこだわるあまり失業者の窮状に対して冷淡だとの非難を浴びることになった。

もうひとつの問題は、ブレトンウッズ体制が柔軟性に乏しかったことにある。この体制はアメリカが経済・政治・軍事面で支配的だった時代に考えられたものだ。体制が全面的にワシントンでつくられるのを阻んだのは、ケインズの知的評価があればこそだった。しかし一九七〇年代初めには、ドイツ、フランス、日本が戦争で荒廃した経済を立て直し、世界市場でアメリカに挑みかかっていた。ドルの評価は過大になっていたが、ブレトンウッズ体制はアメリカの通貨を基に築かれたものだったので、そのアンカーである通貨を切り下げるのは致命的だった。

ニクソンが一九七一年に行った関税引き上げは、一九三〇年代と不気味なほどよく似た状況を生み出した。もしもヨーロッパ各国がそれぞれに関税引き上げという対応をとっていたら？　しかし同年の一二月、ワシントンのスミソニアン協会での合意が取りまとめられた。ドルの金に対する価値を一オンス三五ドルから三八ドルに切り下げ、輸入課徴金が撤廃されたのだ。今や主要な通貨の価値は、しっかりと定められた範囲内とはいえ、各通貨間で変動することになった。

しかしこれは一時的な解決でしかなかった。固定相場を管理することと、通貨を狭い変動幅の範囲内に維持することには、実際にはほとんどちがいがない。各国政府は為替相場を維持するためには相変わらず国内政策を犠牲にしなくてはならなかった。アメリカは選挙年であった一九七二年にはそのための準備ができておらず、再び金利を下げた。通貨の変動幅は投機家に標的を与えることになった。一九七三年、スミソニアン合意は崩壊した。

これは歴史的瞬間だった。金貨はすでに収集家以外の人間にとって、遠い過去のものとなっていた。紙幣の発行はもはや、金準備の水準に縛られなくなった。世界のマネーと金を結ぶ最後のリンクが消えたのだ。紙の通貨が幅を利かせるようになった。金というアンカーがなくなり、十分な資本移動規制もなくなった今、固定相場制が機能する可能性は薄れた。各国政府は、金融政策と財政政策を動員して需要を支え、自国の経済をそれぞれが適切だと思うままに運営する自由を選んだのだ。

しかし、つぎの数章で見ていくように、各国の政府も中央銀行もそれをやりすぎた。そのために二〇〇七〜〇八年の債務危機がもたらされることになったのだ。

第6章　紙の約束

「一国の政府だけが、完璧な品質の紙の上に完璧な品質のインクを載せて、まったく無価値な組み合わせをつくりだせる」

――ミルトン・フリードマン

ブレトンウッズ体制の終焉とともに、貨幣は金とのリンク、つまりケインズの言う「野蛮な遺物」から解き放たれた。古くからの債権者と債務者の戦いという観点から見れば、これは債務者の勝利だった。次章でも見ていくが、その後、負債の額は激増した。貨幣をどう定義するかの争いでは、その第一の機能は価値の貯蔵ではなく交換の手段であるとする勢力の勝利だった。紙幣は本質的な価値を持っていない。ジョン・ローと同時代に生きた人間なら、そんな仕組みはせいぜい数年しか続かないと思ったのではないか。だがとりあえず、四〇年間続いてきた。

一九七〇年代は激動の一〇年だった。ブレトンウッズ体制が放棄された以外にも、きわめて異なる経済政策をめぐる二つの思想の戦い、ケインジアンとマネタリズムとの戦いがあった。

ケインジアンの影響力はなかなか揺るがなかった。一九三〇年代の大恐慌時代、正統派（つまり古典派）の経済学者たちは、経済はいずれひとりでに正しい状態に落ち着くと主張した。失業は労働の価格が高くなりすぎた結果である。賃金が下がるにまかせれば、労働者は職に戻ってこられる。各国政府は予算の均衡をとり、市場の清算過程に介入しないようにすべきである。財政赤字は民間部門の支出を「押しのけて《クラウドアウト》」しまうからだ。

しかし長引くスタグネーション（景気停滞）と失業者の群れは、古典派経済学者たちの地歩を蝕んでいった。ケインズは筋の通った反論を展開した。景気後退の原因は需要の不足にある。別の言い方をするなら、貯蓄が多すぎるのだ（収入は使うか貯蓄するしかない）。これは「倹約のパラドクス」につながる。貯蓄しようという決定は、個人レベルでは理に適っているが、景況感が弱いときに集団レベルで一度に起こると、災厄を引き起こす。消費者が蓄えたマネーは、製品やサービスには消費されない。製品やサービスの需要がなくなれば、企業は労働者をレイオフする。その結果、失業率が上がり、消費者はさらに不安になって、貯蓄しようとする。しかし全体的に見れば、仕事を失くすために収入が減る。つまり貯蓄を多くするほど自滅につながる、というパラドクスだ。

その結果、経済は何年にもわたって景気後退から抜け出せなくなりかねない。こうした問題を避けるために、政府が最後の貸し手となるべきだと、ケインズは論じた。政府がマネーを借りて、道路やダムなどの建設に充てる。そのために雇われた労働者は、地元の店で賃金を使う。こうした最初の集中的な支出はやがて何倍にもなり、さざ波のように経済に広がっていく。経済が成長すれば、税収入は増えて社会的支出（失業給付など）は減る、つまり予算が最終的には均衡のとれた状態に戻っていくのだ。

一九四〇年代から七〇年代半ばまで、ケインズ経済学は幅を利かせつづけた。各国政府は景気後退に直面したとき、支出を増やすことで経済を調整しようとした。彼の名において行われたことを、ケインズ自身が認めるかどうかは難しいところだ。彼の処方箋は「大恐慌」という経済が行き詰まった時期に考案されたものだった。政府は景気循環を完全に終わらせようとするべきだと、彼が実際に考えていたかは定かでない。ケインズが主張したのは、政府は順調な年には聖書に出てくるヨセフのように黒字を蓄積し、悪い年には赤字に耐えられる余地をつくっておくべきだということだった。

第5章で見たように、一九六〇年代の終わりには、このシステムの欠陥が露呈しはじめた。インフレは景気が循環するたびにじわじわと容赦なく進行し、一九七〇年代の先進国にとって深刻な問題となった。アメリカでは一九七四年にジェラルド・フォード大統領がＷＩＮ（「いまインフレを叩き潰そう」）のキャンペーンを始めた。英国ではその直後にインフレ率が二六パーセントに達した。経済政策がどこかおかしくなっているのはあきらかだった。

マネタリストの台頭

ケインジアン・コンセンサスは、一九七〇年代に入って、三つの論点で挑戦を受けることになった。まず一つ目に、大恐慌には財政政策よりも金融政策で対処するべきだったという専門家たちの主張があった。ミルトン・フリードマンは、米連邦準備理事会が一九三〇年代初め、通貨供給量が急激に収縮するにまかせたことで、数多くの銀行が倒産したと主張した。これは政府が予算の均衡をとっていたかどうかにかかわらず、経済活動の縮小を引き起こした。

二つ目に、フリードマンやシカゴ大学の同僚経済学者たちが、財政政策を使って経済を刺激しようとしても、結局は失敗する運命にあると主張した。政府が使うマネーは税金によって集めるか、借りるかである。いずれにしろ、マネーは民間部門にいる人間か企業から徴収しなくては（あるいは借りなくては）ならず、そうした人もしくは企業の使える分が少なくなるということだ。それに、政府がマネーを借りて民間部門に与えたとしても（減税を通じて）、理性的に考えられる人間には、いま大きな赤字があれば将来的に税金が上がるのは避けられないことがわかるだろう。だから結果的に、使うよりも貯めるほうを選ぶ。

第三の論点は、いわゆるインフレと失業とのトレードオフだった。一九五〇～六〇年代にケインジアンは、失業率が上がるとインフレは低下する、等々の主張をした。失業は純然たる悪なので、失業率を下げるには、少しばかりインフレになるのは仕方のない代価であると。しかしフリードマンは、そうした経過は自滅をもたらすものだと唱えた。労働者は高い物価の見返りに高い賃金を要求する。企業の収入は増えるだろうが、同じくコストも増大する。そのために労働者を雇おうとする意欲がなくなってしまう。

政治家たちもやがて、彼らの説に同調するようになった。一九七六年の労働党会議で、英国首相のジム・キャラハンはこう表明した。

「以前のわれわれは、財政政策によって景気後退から抜け出せると考え、減税と政府支出の増加によって雇用を増やそうとした。いま私は衷心より言おう。その選択肢はもはや存在しえない。かつてあったときも、終戦後から時折インフレ薬を経済に注入するたびに一時的な効果があっただけで、そのつぎの段階にはより高水準の失業率が続いた」

フリードマンの見解では、各国政府（および中央銀行）の第一の責務は、マネーサプライのコントロールによってインフレを抑制することにあった。「インフレはどこでも、つねに、貨幣的現象である」と彼は言う(1)。一六世紀に新世界で銀が発見されたことが物価を上昇させたように、二〇世紀には紙幣を印刷することが同様の役割を果たした。マネタリストに言わせれば、財政政策には失業への効果はない。正解は、雇用主が労働者を雇ったり解雇したりしやすくすることで、経済の働きを活発化させることだ。こうしたいわゆる「サプライサイド（供給重視）」の改革が、生産性を向上させるだろう。

一九八〇年代の初め、マーガレット・サッチャーが英国で、ロナルド・レーガンがアメリカで権力の座に就くと、フリードマンの影響力は頂点に達した。経済における政府の役割とは、インフレをコントロールすること、法と財産権のルールを遵守することにある。それ以外は、市場に資源を好きなように配分する自由を与えなくてはならない。市場は必ず、官僚制よりも効率的にそれをやってのけるだろう。シカゴ派の学者たちも、税金を下げれば結果的に、実業家や労働者ががんばって働こうという気になるのと同様、経済活動にも「サプライサイドの後押し」が起こるだろうと主張した。

彼らはまた、政府は産業を国有化したり税金を上げたりと、あまりに民間部門に介入しすぎだと言った。規制を減らし、税金を下げれば、経済は順調に成長する。これが新自由主義経済学の誕生だった。サッチャー女史もレーガン大統領も、一九七〇年代に労働争議の波をもたらした労働組合の力に対決することが自分の務めだと考えていた。そして組合員数はごくゆるやかに減少していった。

当初のうち、為替管理の放棄による市場の自由化は、インフレ防止に必要な規律をつくりだすうえで役立った。大規模な財政赤字の国は、資金調達のために市場に目を向ける必要があった。財政赤字と貿易赤字をともに持つ国は、国際的な投資家に頼らざるをえなくなった。理論のうえでは、投資家は無責任な政府を、金利を押し上げることで罰することができる。実際にそういうことが、一九八〇年代の実質金利がひどく高い時期に起こった。一九七〇年代の損失に対して、投資家たちが行動を起こしたのだ。この「債券市場の自警団」は誤った政府をまっとうな状態に保ち、反動としてのインフレを食い止めた。

このこと自体、ブレトンウッズ時代との重要なちがいだった。資本規制は、一九六〇年代末までは、政府に規律を守らせるうえで市場が果たす役割は限られるということを意味していた。そのかわりに、貿易が重要な役割を果たしていた。

高インフレが起こらないことに別の説明がつけられるとしたら、通貨が広く受け入れられている国がもたらす利点に関連するものだ。競争原理が働き、各国が通貨を切り下げる歯止めになる。ろくでもない通貨はドルや円といった強い通貨に取って代わられるだろうからだ。中央銀行もブレトンウッズ体制の崩壊の後で、異なる役割を果たした。目標為替相場が消えたなかで、中央銀行にはもはや通貨の対外価値を守るという役割はなくなった（少なくとも先進国においては）。しかしインフレターゲットを通じて、通貨の「内部」価値を守る責任を負うようになった。インフレターゲットはニュージーランドで初めて正式に採用され、他の国の中央銀行もそれに倣った（アメリカの連邦準備理事会は、特定のインフレ率をターゲットにすることはないが、物価の安定を図るための権限は持っている)。

変動相場の世界での政策

ブレトンウッズ体制の崩壊後、到来した変動相場制の時代は、世界経済にまったく新しい難題をもたらした。ある意味、これは解放でもあった。各国政府は自国の通貨を一定水準に保つために時間や資源を注ぎ込まずにすむようになり、失業や成長といった他の経済問題を優先することができた。だがその一方で、為替レートが変動するのは、コントロールを失うということでもあった。もはや政府や中央銀行が、為替レートはいくらだと決めることはできない。決めるのは市場だ。だが、市場はどのように為替レートを決定するのだろう? それはミルトン・フリードマンらマネタリストが言うほど合理的なのか? オーバーシュートすると、過大もしくは過小評価された通貨がもたらす副作用への対処を政府にまかせる、ということになりはしないか?

あらゆる意味で、油断のならない問題だった。金とのリンクが断ち切られた後、債権者や商人は紙の通貨にどんな信頼を置くことができるのか? 一九七一年以前の傾向がそのまま継続するだろう、ドイツマルクや日本円のように強い通貨は強いままでありつづけるだろう、というのが自然な想定だった。しかし多くの国には、疑り深い投資家を感じ入らせるほどの、インフレ防止における成功の実績がなかった。そのため途上国の多くは、他の手段でブレトンウッズ体制を継続しようとした。自国の通貨を米ドルに固定(ペッグ)したのだ。つまり実質的に、世界一優勢な経済の強みと考えられるものに乗っかったのだった。問題は、そのペッグがずっと維持できると市場に納得させることにあった。

一九七一年以降、変動相場制は、インフレ抑制に優れた他国の信認を輸入する手段として採用されることが多くなった。典型例はヨーロッパだ。フランスをはじめとする国々が、ドイツマルクの安定性を取り入れた。もうひとつの例はアルゼンチンで、この国のやったことは、ただ為替レートをペッグするだけではなかった。一九九〇年代にアルゼンチンはカレンシーボード制を採用し、国内通貨を自国のドル準備と結びつけた。これは金本位制に似ているが、金の役割をドルが果たすものだ。

この制度の背後にあるのは、インフレは心理的な現象であるという発想だった。労働者はインフレ率が一〇パーセントになると予想すれば、一〇パーセントの賃上げを要求する。それが事業のコストを押し上げるため、企業は価格を上げざるをえなくなる。つまり高インフレの予想それ自体が、インフレを生み出すのだ。対照的に労働者が、中央銀行はカレンシーボード制を維持する必要があるからインフレを抑制すると予想すれば、賃上げといった形の要求はあまり起こらない。そして企業へのコスト圧力も減る、ということだ。

だがこうしたペッグには、金本位制の下で各国が直面したのと同じ問題がある。ペッグを維持するか、国内の景気後退を避けるかという選択を折に触れて迫られかねないのだ。ある通貨制度の利点があまり明瞭でなく、それでも何百万人もの職がそこにかかっているというとき、その制度を固持するには並々でない政治的合意が必要になる。アルゼンチンは財政的な規律を維持できず、カレンシーボード制は揺るがないと投資家たちを納得させられなくなった。そして二〇〇一年、カレンシーボード制は破綻し、国債がデフォルトになるという結末を迎えた。

混在するシステム

経済学者は一九七一年以降の時代について、「変動相場制の世界」としてしばしば言及する。しかしそれは大きな通貨、たとえばドル、ドイツマルク、日本円などにしか当てはまらないものだ。こうした通貨は互いにかなり自由にやりとりされた。だがそれらのレートの振れ幅は、一九七一年の時点での大方の予測よりはるかに大きかった。大まかにいうなら、ドルは他の二つに対して弱くなった。たとえば一九七一年の時点で、一ドルを買うためには三五八円が必要だった。それが二〇一一年半ばには、わずか八〇円にまで下がった。貿易は一方通行のものではない。一九八〇年代の初め頃のように、ドルが強い時期もあった。各国政府は一九八五年にプラザ合意として、ドルの価値を下げ、円とドイツマルクの価値を上げることを決定した。もっともその試みは大いに功を奏し、今度はドルが下落しすぎるのを止めるために、別の取り決めであるルーブル合意を結ばなければならなかった。

こうした通貨の大きな振れ幅を、経済学者は懸命に説明し、また予測しようとしてきた。全般的に見て、為替レートの動きには以下の要因がある――貿易、インフレ、金利格差の三つだ。だがこの四〇年間は、それぞれの時期に別の要因が優勢になるということが続いてきた。

貿易が原因だとする見方は、金本位制の時代に端を発する。財政赤字を抱える国は、通貨が下落することが多い。逆に黒字の国は通貨が上がる。アメリカが赤字になるとき、外国の商人の手元にはドルが蓄えられている。だが彼らはやがて、他国の通貨を多く抱えることのリスクを不安に感じるようになる。黒字がなくなると、ドルは下落する。つまり金本位制の時代のように、貿易のパターンが為替レートに合わせて調整されるのではなく、為替レートが貿易に合わせて調整されるのだ。ある国の商品に競争力がなければ、その商品がもっと安くなるまで為替レートが下がり、外国の買い手にとっての魅力が増す。最終的には、金本位制の下で予見されたのとかなり似たメカニズムで、不均衡が自然と是正されていく。

しかし過去四〇年間を振り返ると、意外なことに、そうした調整は起こっていない。一部の国はほぼいつも赤字で、また一部の国は黒字だった。アメリカはブレトンウッズ体制が崩壊したときに貿易赤字国に転落したのだが、強かった戦後の長い時期に蓄えた資産のおかげでまだ優位性を保っていた。しかし一九八五年には、外国人の持つ対米資産がアメリカの持つ対外資産を上回った。一九九〇年代末には、アメリカは投資収支でも赤字になっていた(2)。この段階で、アメリカは世界最大の債権国から最大の債務国に変わったのだ。

金本位制の下では、アメリカの赤字が何年も続けば、金準備が尽きてしまっていただろう。しかし貿易はもはや、為替相場を動かす力ではなくなっていた。一九七一年以降、貿易の流れは、国際的な投資家が各通貨間でマネーをどう動かすかの決定に圧倒されていった。

二一世紀には、金融政策は世界的不均衡の問題と結びつけられるようになった。一九九七〜九八年のアジア経済危機の後、多くの途上国が輸出主導モデルに従い、貿易黒字をめざした。こうした国々の目標は、危機を引き起こす外国資本への依存を避けることだった。そして大いに成功を収めたのだ。こうした国々は、為替レートの保守に必要される分をはるかに超える準備を保有している。

一部の国が黒字になる以上、赤字になる国もある。なかでも特にひどかったのがアメリカだ。ここ一〇年ほど、この不均衡の責任は誰にあるのかという議論がずっとなされてきた。稼ぐ以上に使ってしまう、浪費好きのアメリカ国民のせいなのか？　それとも自国の通貨を操作する、不気味な中国のせいなのか？　中国の労働コストはきわめて低かったため、この国が世界的な貿易システムに加わると、たちまち安価な製品の市場は占有された。アメリカ人は毎日のように、買うもの全部が中国産だとこぼしている。中国の製造業の雇用は急増した。その結果、地方の労働者が大都市に移り住み、歴史上最大級の人口移動が起こった。

世界の多くの国はブレトンウッズ体制を棄てたかもしれないが、中国はちがった。中国共産党は自分たちの利益や為替レートを市場の統制にまかせるつもりはなかった。むしろ資本移動規制と管理通貨を選び、ドルにペッグしたのだ。この政策が何をもたらしたかといえば、政府の統制（中国ならではのことだ）による莫大な経常収支黒字の蓄積だった。こうした外貨準備はやがて、アメリカの長期国債として保有されるようになり、アメリカは自国の貿易赤字を穴埋めする資金の調達が容易になった。

フィナンシャル・タイムズ紙のコラムニストのマーティン・ウルフは、自著の *Fixing Global Finance*（グローバル金融を是正する）のなかで、不均衡の原因はもっぱらアメリカの浪費ではなく中国その他諸国の「貯蓄過剰」にあると説得力をもって論じている(3)。実質金利の水準が低いのは、貯蓄熱が投資を上回っていることの証である、というのが彼の主張だ。中国は年金にはあまり多くの予算を割いておらず（これが共産主義国家というのが皮肉だが）、国民は老後に備えて貯蓄に励んだ。日本は経済が停滞しているため、国民は消費や投資にはほとんど関心を向けようとしない。こうした貯蓄は自然に、世界一流動的なアメリカの国債市場に行き着き、アメリカの借り入れコストを減らすことになる。安上がりに借金ができるとあって、アメリカ人のほうは投資や消費に熱中しつづけた。

理由はどうあれ、アメリカの貿易赤字の規模はもはや、ドルの短期的な変動を促す力ではなくなったように見える。アメリカは、ブレトンウッズ体制下で起こったような危機を引き起こすことなく繰り返し赤字に陥った。

インフレーション

投資家にとって、インフレが通貨市場の決定的要因だとするのは理に適っている。インフレは通貨の購買力を減じる。だから投資家はインフレ率の高い通貨を避けなくてはならない。大まかにいうなら、経済学者は、為替レートは長期的には相対的なインフレ率と一致して推移すると考える。これが購買力平価（ＰＰＰ）と呼ばれる概念である。Ａ国のインフレ率がＢ国のインフレ率より五パーセント高いとすれば、Ａ国の通貨は年間五パーセント下落するということだ。

実際にはそれほど単純にはすまない。極端なケースなら、購買力平価は概ね正しいことがわかっている。きわめて高インフレの国、たとえば一九七〇～八〇年代のラテンアメリカのいくつかの国では、為替レートが著しく下落した。しかしドル、円、マルク、ポンドなど多くの通貨には、相対的なインフレ率は、為替相場の動きを示す指標としてはあまり使えないことが多かった。

ひとつには、定義上の問題があった。購買力平価の理論は、貿易の流れが為替動向を推進すると考える。アメリカの自動車価格が高くなりすぎて日本に市場シェアを奪われれば、ドルは必然的に下落する、というものだ。しかし商品には取引されないものも多い。これは特にサービスに当てはまる。価格の面から日本製のテレビや携帯電話を買うことはあっても、安く散髪をしてもらうために日本へ行くことはない。インフレを測る指標には、非常に幅広い製品やサービスが含まれるが、その多くは国際的な競争力とは関係がないものだろう。

しかし経済学者がもっと専門的なインフレの尺度、たとえば生産者価格といったものを見ても、変動相場時代の為替レートは、長期的には購買力平価ベースで安いか高いかに左右されることが分かった。エコノミスト誌は、世界各地のハンバーガーの値段を比較する「ビッグマック指数」を発表している。この比較では、通貨が非常に安いように見えるときもあるし、非常に高いように見えるときもある。

要するに、基礎的経済条件、貿易赤字、相対価格を見るとき、現代の通貨は長期の間には「適正水準」からかけ離れうるということだ。経済のファンダメンタルズはあきらかに、通貨の動きを決定する唯一の要素とはいえない。

利回り

昨今の外国為替市場での取引の大半は、製品やサービスの交換とは関連がなく、世界を巡る資本の流れと関連している。一九八〇年代初めから、欧米での資本移動にかけられていた制限は、ほぼすべて撤廃された。

投資家たちが通貨を買おうとする理由はいくらもあるだろう。その選択が偶然に左右される場合もある。たとえば、グーグルに投資をするのは、ドルの相対的な長所への信用より、検索エンジン会社の成長見込みへの信頼を表している。そして投資家が他国の国債を買うときのいちばんの動機は、今後の為替レートの動きよりも、その政府の財政状態の安定性にあるのかもしれない。

外国の銀行に預金をしたり、ごく短期の投資をしたりするのは、おもに金利の水準を考慮してのことだと考えられる。変動相場制になった当初の時期には、低金利は強い通貨と、高金利は弱い通貨と結びつけられていた。それはつまり、高金利はふつう高インフレに対処するのに必要なもので、購買力平価ベースでは、高インフレの通貨の下落が予想されるからだ。すなわち高金利は投資家にとって、通貨の下落リスクを埋め合わせるのに必要だった。

一九九〇年代末から二〇〇〇年初めには、この関係が一八〇度変わった。おそらくインフレが世界的な問題でなくなったからだろう。高金利が強い通貨と関連づけられるようになったのだ。利回りの引き上げが投資家を引き寄せた。経験がそうした投資家たちに、利回りが増えれば、通貨切り下げのリスクを埋め合わせて余りあることを教えていた。実際に彼らは、低金利の通貨を借り入れ、その差益を高利回りの通貨に投資する「キャリートレード」と呼ばれるものを行っている。キャリートレードは自己増強的に働く。もともと低利回りの通貨を引き下げ、高利回りの通貨を押し上げるものだからだ。

この戦略を模したインデックス（指数）すら存在する。ニール・レコードが考案して事業化した、ＦＴＳＥの先物為替相場バイアス指数だ。これにはドル、ユーロ、円、ポンド、スイスフランの五つの通貨が用いられる。どの通貨も相互に比較され、組み合わせは全体で一〇通りになる。毎月、利回りの低いものに対して利回りの高い組み合わせが購入される。二〇〇九年の末でもう三〇年になるが、この戦略は三回を除いて、つまり一九八〇、九〇、二〇〇〇年代の各年代の一度ずつを除いて、毎年相当額のプラスのリターンを生み出した。

キャリートレードは、企業にとっては必ずしも吉報ではなかった。キャリートレードで好まれる国の輸出は、競争力が上がるどころか下がってしまった。同時にそうした輸出国の資金調達コストは、高金利のせいで跳ね上がった。当該国の個人や企業はしばしば、外国の通貨、たとえば低金利のスイスフランで借り入れをして、自前のキャリートレードを始めたいという誘惑に駆られただろう。これは明白なミスマッチを生み出した。彼らの資産はあるひとつの通貨、負債はまた別の通貨ということになったからだ。

このプロセス全体がいくつかのリスクをはらんでいた。当該国の銀行は、投資家たちから「ホットマネー（短期資金）」を引き寄せるだろう。彼らは高利回りを活用し、その通貨がやがて下落する前に儲けを得ようとする。この場合、当の通貨が弱くなりかけたときに、売り抜けようとする動きが集中する。結果として通貨が下落し、融資返済コストが急増するために、外国通貨を借りていた国内企業の財務は破綻する。なお悪いことに、ホットマネーはたいてい投機ブームをもたらす。外国の資金は銀行システムに預けられる。すると銀行はその預金を貸し出すことで利益を得ようとする。そして、その資金が国内不動産のブームに向けられることが多いからだ。

このスパイラルが最もはっきりと表れた実例が、一九九〇年代のアジア——とりわけタイの好景気と、二〇〇〇年代のアイスランドのバブルだ。どちらの場合も、高金利にホットマネーが引き寄せられ、不動産への投機ブームを促した。タイは実際に自国の通貨を米ドルにペッグしようとした。しかしそのことが、タイの企業に外貨借り入れへの誤った安心感を与えることになった。彼らは為替レートの変動によるリスクは限られていると思ったのだ。

どちらもクラッシュは悲惨だった。貿易赤字の増加を前にして市場の空気が一変し、タイ当局はドル・ペッグを守るために準備を動員した。ほんとうをいえば、避けられない事態を受け入れ、通貨のバーツを切り下げるのが正解だったかもしれない。しかし当局は当然の理由から、その手段をとるのを拒んだ。タイの企業の多くは外国の通貨でマネーを借りていたため、通貨切り下げは債務返済コストを増やすことになり、倒産に追い込みかねないからだ。結局、タイは最悪の結末を迎えた。準備を失ったあげく、通貨を切り下げざるをえず、その過程で銀行システムが弱体化した。

タイの危機は他のアジア諸国の経済への信頼も弱めることになり、一九九七〜九八年の時期には暴落の危機、銀行の倒産、景気後退が相次いだ。一部の国はIMFの援助に頼らざるをえなくなった――一九九八年にIMFの高官たちが上から見おろすなか、インドネシアのスハルト大統領が借款協定に署名している図は、屈辱の最たるものだったろう。こうした事態を繰り返すまいという決意から、アジア各国は二〇〇〇年代に輸出主導の政策をとるようになったが、そのファクターのひとつが信用危機につながったのだった。

アイスランドの顛末は、はるかに想像を絶する話だった。北大西洋にぽつんと浮かぶ人口わずか三〇万人の、せいぜい漁場や火山で知られるだけの島国に、世界中の資金が集まってきたのだ。二〇〇〇年代にキャリートレードによって資本が殺到した。通貨の強さは起業家の買収熱を引き起こし、ヨーロッパのさまざまな企業（サッカーチームのウェストハムや、ニューヨークのFAOシュウォーツのロンドン版といえる玩具店のハムリーズなど）も買われた。また金利の高さは、国内の漁民たちが、スイスフランや円建ての抵当で住宅という高い買い物をする後押しにもなった。それまで無名だった国内の銀行が急激に拡大した。ランズバンキ銀行の貯蓄ブランド「アイスセーブ」は、比較的高い金利のおかげで、英国人が虎の子を預ける最も人気の高い口座となった。一時期、アイスランドの銀行資産はGDPの一〇倍にもなった。そして崩壊が避けられない状態となったとき、この国の通貨クローナは暴落し、銀行は国有化された。

残ったのは、アイスセーブに口座を持っていた英国人預金者にどのように補償するかという、アイスランドと英国間の醜い論争だった。理論上は、ヨーロッパのパスポート制度の下、アイスランドの預金保険制度でカバーされるはずだった。この問題の善悪はあまりに複雑すぎるので、ここでは触れない。だが重要なのは、こうした制度で十分に事足れりとするのがいかに愚かであるかをよく考えることだ。英国にもアメリカにも預金保険制度があり、理論の上ではその資金は銀行自身によって調達される。いざとなれば、中央銀行がいつでも必要なだけポンドやドルを刷ることもできる。しかし別の国の預金をどうして保証できるというのか？　アイスランドの中央銀行はクローナを刷ることはできても、ポンドやユーロを刷ることはできない。たとえいくらクローナを刷っても——その利益でポンドを買うために——おそらくうまくいかないだろう。クローナは刷るそばからどんどん価値が下がっていくからだ。モノポリーのお札を渡すのと同じようなものだ。

タイとアイスランドのブームとその破裂から、どんな教訓を汲みとれるだろうか？　為替レートだけの話ではない。なにしろタイは固定相場制、アイスランドは変動相場制をとっていたのだ。しかしどちらのブームもブレトンウッズ体制下では起こらなかっただろう。そこで許される貿易赤字の規模や資本移動のスケールをはるかに超えているだろうからだ。

どちらの場合も、核心にある問題は、ホットマネーつまり短期資金だ。これが経済に流れ込み、またすぐに流れ出すとダメージが生じる。自由市場経済を唱える経済学者は、資本移動に制限をかけるべきではない、マネーが世界中で最も利益の上がるプロジェクトに投資されるようにすれば、経済がより効率的に動く助けになると主張してきた。しかしどの国にしても、銀行預金ではなく対外直接投資と呼ばれるもの（工場やコールセンターなど）を引き寄せたほうが経済はずっとよくなることはあきらかに思える。こうした直接投資は本質的に、ずっと長く続くものだ。企業家は苦労して工場をいったん設立すれば、閉鎖については慎重に検討するものだからだ。

為替レートの選択

これまでの章では、固定相場制を維持しようとする各国の長い苦闘と、それに失敗したときに起きた危機について説明してきた。しかし為替レートの動きが経済にもたらす影響とはどのようなものなのか？

ある国の通貨が下落すると、その国の輸出業者には二つの選択肢がある。外国に売る価格を下げれば、その場合は市場シェアが得られると期待できる。もうひとつは、外国の通貨表示での価格を維持することだ。その場合は利益が大きくなる。

ＢＭＷ一台を製造するコストが二万ユーロで、アメリカでは四万ドルで売れるとしよう。為替レートが一ユーロ当たり一・五ドルだったとしたら、一台売れたときの儲けは六六六六ユーロ、利益率は三三パーセントとなる。一ユーロが一・二ドルまで下がり、ＢＭＷのドル価格が同じだとすれば、一台売れたときの儲けは一万三三三三ユーロ、六六パーセントの利益率となる。代わりに、三万二〇〇〇ドルまで価格を下げて、同じ利益率でより多くの車を売ることもできる。どちらにしても、儲けは出る。

しかし輸出業者が儲かれば、その分輸入業者が損をする。日用品の価格はドルでつけられる。原料を輸入する国にとっては、自国の通貨がドルに対して下がれば、コストは上昇するということになる。その下げ幅が大きくなれば、インフレにつながりかねない。労働者がそれに対して賃上げの要求をすれば、輸出業者が得たコスト優位性はたちまち損なわれてしまう。

同様に、旅行者は自国の通貨の交換価値が下がれば損をすることになる。二〇〇六年にアメリカを訪れた英国人は、自分の手持ちの一ポンドがいつのまにか二ドルになっていたことに気づいた。ほとんどの物価がポンド表示でもドル表示でもほぼ変わっていなかったとすれば、英国人の旅行者には五〇パーセントの値引きと同じ効果があったことになる。ただしその後、ポンドが一・五ドルまで下がったために、そうした魅力は減じた。また一方で、ポンドがユーロに対して下落したので、ヨーロッパ大陸は英国人が訪れるにはあきらかに高くつく場所となった。

ごく単純にいえば、ある国の通貨の下落は、その国の生活水準の低下を表す。国民の持つマネーの価値が下がるわけだ。もちろんどこの政府も、通貨の切り下げや価値下落のときに、そういった表現をすることはめったにない。一九六七年にポンドを切り下げたとき、英首相ハロルド・ウィルソンの反応は、「今日のことは皆さんの懐のポンドには何の影響もありません」と言い換えられた。こうした場合の常套句である。

一九六〇年代から九〇年代初めまでの英国の成績表を見れば、長きにわたるインフレと通貨切り下げばかりで、英国はそこからなかなか逃れられないことを思い知らされた。インフレになると商品の競争力はなくなり、政府はその競争力を高めるために通貨切り下げをせざるをえない。しかしそれも輸入価格を押し上げることで、経済へのインフレ圧力を強めるだけに終わった。

とはいえ、通貨切り下げが効力を発揮することもある。経済に十分な余力があるか、デフレが迫っているときだ。一九三〇年代には、英国はいち早く通貨を切り下げ、金本位制を離脱した国のひとつだった。そのおかげで、地金にこだわった国よりも、英国の経済は回復が早かった。一九九二年には為替相場メカニズムから離脱したおかげで、政府は二桁というきわめて危険な水準から金利を引き下げても、インフレの深刻な余波を被らずにすんだ。

重商主義政策をとって貿易黒字を積み上げようとするのは、守銭奴が金を貯め込むような、富を築くためのあからさまな戦略に見えるかもしれない。黒字国は短期的には繁栄することが多い。しかし結局のところ、黒字国も商店主とまったく変わらない——顧客の支払い能力にほぼ全面的に依存する。この関係は象徴的だ。

ウィリアム・メイクピース・サッカレーがヴィクトリア朝時代に書いた傑作『虚栄の市』で、ベッキー・シャープとその夫、ロードン・クローリーは、信用貸しとは完全に無縁で暮らしている。そして、あの夫婦は資産家だという商人たちの思い込みにつけこみ、商品を届けさせている。商人たちがこの夫婦への売り上げを、信用貸しとして帳簿につけていたのはたしかだが、実際の支払いについては紙の約束（つまり口約束）があるだけで、夫婦にはそれを守るつもりなどなかった（ヴィクトリア朝時代には、この種の行為をやめさせるために、借金を払わない人間を投獄していた）。

同様に、中国のような貿易黒字の国々は、多くの場合、国債という形態で債務国に対する請求権をどんどん積み上げている。そうした債務は全額支払われることになるのか？　その国の国債が債務国の通貨建てである場合は、つねに通貨切り下げという選択肢がある。債権国の側から見れば、これは部分的なデフォルトに等しい。もちろん債権国としては、こちらの国の通貨や金で支払えと主張することもできるが、そちらを選んだ場合、債務国を事実上のデフォルトに追い込みかねないのだ。

ユーロ

ユーロの創出は、貨幣史上の驚異的な実験だった。一一ヵ国の国民が一夜にして、新しい紙幣と硬貨を採り入れることになったのだ。これらの国はまた、独自に為替相場を操作する権限を可能性としては永久に失うことになった。実際、一国がユーロ圏を離脱するための仕組みは明示されていない。制度の運用という面から見れば、ユーロの船出は大成功だった。一九九九年、参加各国の通貨がユーロとの交換レートを固定した。理論上は、それから三年間、投機家はこうした固定相場に攻撃を仕掛けられたはずだが、彼らはそれをしなかった。そして二〇〇二年、古い通貨が姿を消し、新しい紙幣や硬貨が給料袋のなかや店に現れた。二〇〇八年には、ユーロの流通量はドルを一九〜二〇パーセント上回り、ユーロ圏が世界の経済生産の五分の一を占めるにいたった(4)。

単一通貨の魅力を見て取るのはたやすい。一九世紀にも、フランス、イタリア、スイス、ベルギーによるラテン通貨組合という試みがあった。単一通貨の魅力は、圏内での貿易をしやすくすることにある。まず、各国のビジネスの費用も収入も同一の通貨となる。ドイツの企業がイタリアに商品を売る場合、支払いを受けるまでにリラの価値が下がるのではないかと気に病む必要がなくなる。ヨーロッパを旅行する人たちは国境を越えるたびに両替にあくせくしなくてもすむようになる。理屈の上では、消費者がヨーロッパ圏内の商品の価格を比較して、最安値のものを買うことも簡単になるはずだ(実際には官僚主義の障壁があり、思ったより面倒なことが多いのだが)。

単一通貨の圏内では、各企業が資金を調達するのも簡単になる。ユーロは数億の人間が使う決済通貨なので、投資家としては小さな国の通貨をごちゃごちゃ持ちつづけるよりも、ユーロだけを持っていられるほうがはるかにありがたい。これはヨーロッパの各企業の資本コストを下げたはずだが、ユーロ創出以来他にも多くの経済状況の進展があったことから、そのことを証明するのは難しい。

三つ目の動機は、国際金融に対して一撃を食らわせることにあった。ブレトンウッズ体制崩壊後、ヨーロッパ各国は管理された為替相場制をつくろうと数々の努力をしてきた。一つ目は「スネーク」の名で知られ、一九七一年のスミソニアン合意とともに着手された、狭い範囲内で通貨を変動させるものだった。英国でさえ、長くはなかったが、この仕組みに加わっていた時期もあった。

だがスネークは、ある根本的な問題に直面した。それは後継のＥＭＳ（欧州通貨制度）をも悩ますことになったものだった。通貨は、それぞれの国の経済情勢が密接にリンクされていれば、狭いレンジで取引されるようになる。しかしヨーロッパはその限りではなかった。ヨーロッパでは、インフレ率（および中央銀行の姿勢）が各国ではっきり異なっていた。投資家は当然、フランスのフランやイタリアのリラよりもドイツマルクを好み、それが通貨の変動幅に繰り返し圧力を強いた。

経済政策を調整し、各国間の差異をなくすのがひとつの解決策だったろう。だがヨーロッパ各国は、ブレトンウッズ体制下のアメリカのように、拡張政策をとると同時に安定した通貨を持つという二兎を望んでいた。その典型例が、一九八一年にフランスで左派勢力を基盤に成立したミッテラン政権である。市場はすぐさま、この仏大統領に路線を変更するよう圧力をかけた。

ヨーロッパ各国の首都では、為替レートをリンクさせることで、インフレ傾向のある国々がドイツの健全財政を「輸入」できればいいという根元的な期待がしばしば表明された。この仕組みは、好景気の間にはときどき安定を生み出しはしたが、景気後退を生き延びるのはさすがに不可能だった。

ＥＭＳは一九九〇年代初め、ドイツ統合に伴う緊張の高まりのなかで崩壊した。貧窮化した旧東ドイツへの補助にかかる費用を懸念し、ブンデスバンク（ドイツ中央銀行）は金利を引き上げた。他国もこの体制の変動幅――スネークの下でとられていた幅よりは広かったが、それほど広くもない――を守ろうとして、ドイツに倣わざるをえなかった。その結果、加盟各国は経済的な苦痛を味わい、実質的に、目標為替相場と高失業率のどちらかを選ばなくてはならなくなった。そして当然、各国ともその負担に音をあげた。英国も、またしてもヨーロッパの通貨グループに加わって不運な結果を招くことになった。

当然ながらどの国の政府も、こうした経済政策の重要な側面を市場に支配されることを好まない。ヨーロッパ各国は力を合わせて単一の巨大通貨をつくりだすことで、もはや市場のなすがままになるまいとした（少なくともそういう目論見だった）。特に守るべき為替レートもありはしなかった。

四つ目の、そしておそらく最も重要な要素は、政治だった。EMSはヨーロッパ最大の経済通貨であるドイツマルクに支配されていた。結果として、ブンデスバンクがヨーロッパの通貨政策の基調を定めることになった。ブンデスバンクはドイツの歴史を反映し、強硬な反インフレ政策をとった。一部の国々、特にフランスには、ヨーロッパの新しい中央銀行なら、大陸全体の経済に何が必要かというバランスのとれた見方を示してくれるという期待があった。そして実際にブンデスバンクの影響は弱められた。

さらに単一通貨は、ヨーロッパ内での統合を深め、政治的統合への駆動力を強めてくれるものとみなされていた。だからこそ、ヨーロッパの政治的統合が、一九五〇年代以降のフェデラリストの夢となり、前フランス財務大臣で欧州委員長となったジャック・ドロールに擁護されたのだった。また同じ理由から、この構想は英国の指導者たちからは猜疑の目で見られた。

これは地政学的な主張でもあった。ヨーロッパは自分たちがアメリカのような一大経済勢力として認められることを望んでいた。アメリカは世界で最も広く受け入れられる単一の通貨を持っていた。ヨーロッパもそれに匹敵するものを求めたのだ。

しかしアメリカとの比較は、多くの論争を呼び起こした。ヨーロッパとちがってアメリカはひとつの主権国家であり、言語も法制度もひとつで、企業や労働者は地域から地域へと自由に移動できた。そのおかげで通貨圏としては「最適な」場所といえた。たとえば、ミシシッピ州の経済が不振に陥ったら、労働者は職を求めてカリフォルニア州へ向かうことができる。逆に連邦政府は、国税から補助金を得て、新しい企業にミシシッピ州へ移るよう促せる。有権者たちも、同胞であるアメリカ人が恩恵にあずかれるとなれば、進んで賛成するだろう。

一方ユーロの熱心な支持者は、アメリカの各州には税金を上げたり法律を定めたりする権利があり、ベルギーやルクセンブルクといった国に似た役割を果たしていると主張した。しかも欧州連合（EU）は、北アイルランドのような不景気な地域に補助金を出すこともできる。それでも比較すれば、アメリカ経済における連邦政府は、ユーロ圏におけるEU当局よりもはるかに強い力を持っていた。

ヨーロッパの各国政府は、あらかじめこうした問題に対処しようとしていた。財政上の（すなわち税金上の）連合がなければ、通貨圏が崩壊しかねないという認識があった。特にドイツは、金遣いの荒い国(たとえばイタリア)が急にヨーロッパ共通の通貨を自由に借りられるようになったあげく、その救済を求められるようになることを心配していた。そのために、ユーロ圏に対しては事前に条件が定められた。どの国も、インフレ率と財政赤字がコントロール下に置かれ、GDPの三パーセントより低くなくては認められない。そして逸脱した国を統制するための安定成長協定が設けられ、規則を破った国には罰金が科せられた。EUのある国が他の国から救済されることはないことも明確に謳われていたが、この公約はのちに覆されることになる。

警告のサインは初めからあきらかだった。第一に、債務がGDPに対して六〇パーセント以下の（もしくはその水準に向かっている）国でなければ認められないというルールがあったが、これは事実上無視された。第二に、あきらかに財政赤字の基準をクリアするために怪しい会計を行っている国があっても、やはり見て見ぬふりをされた。第三に、市場がユーロ圏の各国政府の借り入れコストをドイツの水準まで引き下げた。

これはコンバージェンス取引として知られるようになったものだが、初めのうちは概ね穏やかな効果をもたらした。借り入れコストを下げることで、加盟各国の財政状態を改善し、赤字の基準をクリアしやすくしたのだ。低金利はその後、有権者に対して、それぞれの歴史ある通貨と貨幣の独自性を手放したことへの見返りだと言って宣伝された。しかしこのコンバージェンスは、突きつめれば、市場が「救済なし」という条項を信じていないことの証でもあった。どの政府も結局は隣国を助けざるをえなくなるだろうと考えられていたのだ。つまり財政上の規律が欠けていることが最初から明示されていたのである。

通貨市場でユーロが当初に示した実績も、あまり信頼を呼び起こすものではなかった。新たな世界的準備通貨としてドルに対抗するどころか、ユーロは確実に価値を失い、一九九九年にはおよそ一・一八ドルだったのが、二〇〇〇年一〇月にはわずか八二セントまで下がっていた。しかし、ユーロは早々に失敗するだろうと考えていた者たちはまちがっていた。ユーロは底値の状態から反発し、国際貿易の一勢力として、また債券発行用の通貨としての地位を確立した。早い時期にユーロ圏を離脱するよう強いられた国はないどころか、その逆だった。他の国々が加盟しようと列を成したのだ。これを書いている時点で、加盟国は当初の一一ヵ国から一七ヵ国まで増えている。

それでも、こうした短期的な成功の裏には、長期的な緊張が隠されていた。安定成長協定の下で考え出された罰則は適用されなかった。フランスやドイツといった大国も規則を破っていたからだ。「ひとつのサイズですべてに」の通貨政策がもたらした金利は、一部の国には低すぎ、アイルランドとスペインの不動産ブームを生み出した。

こうしたブームは、次の章でくわしく見ていくが、バブルという現象の一部をなすものだ。低金利は多くの国で資産価格の上昇を促した。それで生み出された多幸感が、根底にある競争力の問題を覆い隠し、経済動向を実際よりもよく見せたのだろう。

重要なのは、ユーロ圏には貿易赤字を続けている国に圧力をかける仕組みが欠けていたことだった。ドイツは高すぎと思われるレートでユーロに参加した。自らの競争力を回復し、輸出を伸ばすために、何年もの間ゆるやかな賃金上昇に耐えてきたのだ。しかし他の国には、それと同レベルの苦しみを味わう気はないようだった。特に南ヨーロッパ各国のコストは、ドイツのコストに比べて着実に上がっているようだった。

金本位制の下でなら、そうした国は金準備が涸渇し、地金を引き寄せるために行動（たとえば金利を上げる）に走らざるをえなくなっていただろう。変動相場制の下でなら、そうした国は為替レートを切り下げ、輸出品の競争力を高めようとしていただろう。最適通貨圏では、労働者がギリシャやイタリアといった高賃金の地域に移って、労働コストを下げていただろう。ところがユーロ圏では、そういったことは何も起こらなかった。徐々に、だが容赦なく、南の国々は競争力を失っていった。

脱出ルートがないために、その意味するところは悲惨だった。後の章で見ていくが、どの国も自国の通貨を切り下げることでコストを減らすわけにはいかなかった。競争力を取り戻すために残された道は、辛い倹約生活だけだった。

ここでの教訓は、為替相場制は一見、楽な選択肢に見えるだろうということだ。しかし実際には、競争力の欠如という問題を解決することはない。せいぜい先送りにするぐらいだ。固定相場制は、債権者の利益のために、経済、労働者、企業への調整を課す。これはとりわけ民主主義の社会では、きびしすぎる政策に見える。

一九七一年以降、変動相場制が正解のように思われていた。しかし、変動相場制の下で通貨切り下げという選択肢をとりすぎた国は、やがて高インフレと高金利に苦しむことになった。債権者は長期的には復讐をとげる。ヨーロッパは単一通貨の下に協調することでこの問題から逃れようとしたが、いずれ緊張が表に現れてくるのは避けられなかった。

第7章　バブルが弾けるとき

「株式市場のバブルは何もないところから表れてはこない。現実にしっかりと根ざしているが、その現実は誤解によってねじ曲げられている」

——ジョージ・ソロス、ヘッジファンド・マネジャー

あのお金はどこに行ったのか？　住宅の価格、株価、社債の価格がすべて暴落した二〇〇七～〇八年の信用危機の余波のなかで、私の義父はそんな言葉を口にした。実にもっともな疑問に思える。世界の総資産が、たとえばある年には三兆ドルで翌年には二兆ドルになったとしたら、失われた一兆ドルはどこへ行ったのだろう？

その答えを説明するには、有罪判決を受けた詐欺師、バーニー・マドフの経歴に目を向ける必要がある。マドフはアメリカの株式仲買人で、金融業界において目覚ましい役割を果たし、全米証券業者協会（ＮＡＳＤ）の取締役会議長を務めた。その一方、投資運用会社を経営し、顧客から預かった資金を運用していた。彼の経歴はほぼ完璧で、どの月を見ても損失を出したことはほとんどなく、安定した年間収入を記録していた。たとえ彼が自らの投資戦略を十分に説明しなくても、投資家は進んで彼にお金を託した。

やがて二〇〇八年、マドフのやっていることは詐欺であることが暴露された。早い段階で見積もられた損失は、六五〇億ドルという途方もない金額だった。ところがこれは、まったくの架空の数字だった。マドフが自らの顧客に語った金額だったのだ。実際のところ、彼は一ドルも投資していなかった。投資家が出資した一〇〇億〜二〇〇億ドルは失われたが、得られたとされる儲けはマドフの捏造によるものだった。残りの五〇〇億ドルはどこへ消えたわけでもなかった。そもそも存在しなかったのだ。

バブルがたけなわの頃にも、これと同じような話が、資産価格について語られることがある。あらゆる株や存在する住宅の価値を加算し、今の市場価格では価値総額は数兆ドルだなどと言ったりする。しかしこれはほんとうの価値ではない。すべての住宅や株がそのとおりの価値で売れるわけではない。それを買うだけのお金を誰が持っているのか？

私の古くからの同僚は、市場価格はなぜ上がるのかと聞かれるたびに、「売り手より買い手が多いから」と小声で答える。この身もふたもない返答は、正しくもあり、まちがってもいる。あらゆる取引にはひとりの買い手とひとりの売り手がいて、全体の数は正確に一致する。しかし売り手よりも買う気満々の買い手が出てくれば、価格は上昇する。ある時点で実際に取引されている住宅や株は、全体の数のごく一部でしかない。買う気満々の買い手がわずかに数で勝りさえすれば、価格は押し上げられる。そしてこういったことは、当人たちが自分のほんとうの儲けを把握したくない場合、かなり長期間にわたって起こる。

言い換えるなら、多くの人たちがバブルから「紙上の利益」を引き出せるのは、それが紙の上にとどまっている間だけということだ。マドフの顧客たちは、お金を返せと言わずにいる間は、みんな幸せでいられた。投資家たちがある程度まとまった数で、自分の儲けを実際に使おうとすれば、バブルは弾ける。お金はどこかへ消えてしまい、もうそこにはない。

石鹸のバブルとは違い、資産のバブルはずっと影響を残す。バブルが膨張すれば、人々の行動も変化する。ファンドマネジャー会社GMOのジェレミー・グランサムはこう書いている。「機関投資家のみならず個人も、市場のシグナルが本物だ、自分たちはほんとうに金持ちになったと錯覚してしまう。そしてそれに応じた行動をする。その間価格の上がりすぎた資産から得られる利益は通常より少ないにもかかわらず、やたら無駄遣いしすぎるか、ほとんど貯蓄をしない」(1)。

錯覚するのは投資家だけではない。政策立案者も同じだ。カーメン・ラインハートとケネス・ロゴフはこう言っている。「負債に煽りたてられるブームは、政府の政策、金融機関が巨額の儲けを出す能力、その国の生活水準といったものに過大な評価を与える。こうしたブームのほとんどは悪い結末を迎える」(2)。

バブルの四〇年

この四〇年間の（ブレトンウッズ体制の崩壊以来の）経済は目覚ましいものだった。負債やマネー創出の爆発的増加があっただけでなく、先例のない為替レートの振幅、金融部門の驚異的な成長も見られた。資産価格にも大きな上昇があった。ウィリアム・ジェニングス・ブライアンが長期にわたる戦いに勝利したのだ。もはや生み出されるマネーの量に制限は課されなくなった。

中央銀行は貨幣をつくるのに銀を加えたり、貴金属に銅を加えて質を落としたりする必要すらなかった――何もないところからマネーをつくりだせるのだから。紙幣制度と資産価格のバブルの取り合わせが偶然の一致でないことは、リチャード・ダンカンが自著の『ドル暴落から、世界不況が始まる』および *The Corruption of Capitalism*（資本主義の腐敗）[3]のなかで鋭く指摘している。負債と資産価格は密接に結びついている。事情は単純だ。多くの人々、たとえば住宅購入者は、資産を買うために借金をするのだから。

どんどん貸したいという姿勢は、すぐに資産価格の上昇へと形を変える。A国である人が家を買うとき、買い手が住宅価格の二五％を頭金として払い込んでくれるなら、銀行は年収の最大三倍の額を進んで貸そうとするとしよう。A国の平均年収が二万五〇〇〇ポンドだとしたら、住宅の平均価格は一〇万ポンドになるだろう[4]。そして銀行業界が基準をゆるめ、借り手に年収の四倍のローンを組むことを認めるとしよう。物価は時間とともに上昇する。なかには余計に借りるのがいやで、収入のさらに多くを利子の支払いに充てようとする購入者もいるだろうが、慎重な人間よりはあまり慎重でない人間のほうが数の上では多い。同じ効果は預貸率を一〇パーセントに下げたときに達成される。それで貯蓄が一万ポンドしかない人々も、住宅市場に参入してくるようになる。住宅供給のペースが変わらないかぎり、需要が増せば価格は押し上げられる。

こうしたシナリオで、住宅の価格の値打ちは上がるのか？　単純なレベルでは、イエスだ。資産の値打ちとは、人々がそのために進んで支払おうとする額である。複雑なレベルでも、市民たちが支出の多くを住宅購入のために費やすという意識的な決定を行ったといえるかもしれない。しかし貸し付けの基準がゆるくなったために住宅の価格が上がったからといって、社会全体がリッチになったとは、いかなる意味においてもいえない。

実際の話、家を持ったからリッチになったという発想自体、意味をなさないのだ。そもそもリッチとはどういう意味なのか？　他の人々よりも暮らし向きが良いという意味だ。別の表現をするなら、他の人々よりも多くのリソースを求めることのできる権利があるということだ。住宅価格が経済成長よりも早く上がれば、これは要求できるリソースが増えるのではなく、要求できる権利が膨れ上がるということだ。かりに人口の七〇パーセントが住宅所有者であるとしたら、住宅価格が上がっても、持っていない三〇パーセントよりは暮らし向きがよいというにすぎない。大多数の人々が持っていない資産（通常は事業）を持っていれば、たしかにリッチになれる。もちろん住宅への投資も、売却することで現金に換えられる。しかし住宅を持っている人たちの七〇パーセント（もしくはかなりの割合）が一斉に売ろうと思い立てば、住宅の価格は大きく落ち込む。

「家という財産はほんとうの財産ではない」と題された論文(5)で、経済学者のヴィレム・ビュイターがうまい喩え話をしている。ココナツの価格が下がれば、ココナツを売りに出す人々（収穫できるココナツの量が消費量より多い）の暮らし向きは悪くなる。逆にココナツを買い入れる人々（収穫できるココナツより消費する量のほうが多い）の暮らし向きは良くなる。しかし全体的に見れば、その国の富には何の変わりもない。住宅の価格が下がれば、お年寄りは損をする――高齢者は残りの人生が短いため、その間に消費する居住サービスの価値（持ち家がない場合に支払う家賃）を住宅そのものの価値が上回る。しかし若い人にとっては資産が増えることになる。彼らはこれから生きていく間、住居サービスに多くを費やす（たくさんの家賃を払う）必要があるからだ。

住宅が不足していれば、新しい住宅を建てることは、国の厚生の改善につながるだろう。だが、ロンドンの中心にマンションを買いたがる富裕層は別にして、住宅とは、そうした経済状態にない人たちが買いたがるものではない。概していえば、経済的厚生が改善されるのは、取引可能な商品やサービス、たとえば医薬品、工業製品、ビデオゲーム、原料をつくりだすときだ。アダム・スミスは『国富論』の次の一節で、そのあたりを解き明かしている。「家というものは……家主が貸し出せば多少の収入は得られるだろうが、公共に対しては何の収入も生み出さず、資本としての役割を果たしもしない。それによって国民全体として考えた場合の収入がごくわずかでも増えることはない」。

要するに、住宅価格が上がればその国は繁栄するという思い込みは、どの家も隣の家の洗濯をすることで生計を立てているというおとぎ話の島を思わせる。ワシントンDCにあるジョージ・メイソン大学のラッセル・ロバーツはこう言っている。「アメリカ人すべてが家を持つというのは、アメリカンドリームではなく、全国住宅建設業協会と全米不動産業者協会の夢だ」(6)。

だがバブルのときには、そうした真実はたやすく忘れられる。資産バブルを解く鍵は、負債水準の上昇と価格上昇のつながりは自ら強化していくという事実だ。人は借金をして住宅を買い、その家が値上がりすると、リッチになったように感じる。うまくやったと感じる。そして友人に吹聴する。友人は自分が家を買ったときに得られる儲けのことをあれこれ想像しはじめる。そして借金をしてもいいという気持ちが強まっていく。

そして銀行のほうも、融資の決定にあたって気が大きくなる。適切な利率（資金調達コストよりも高い）でお金を貸せば、借り手が月々きちんと返済し、元本も支払えるかぎり、銀行は儲けられる。完済されるのは通常、借り手が家を移るときで、普通は五〜一〇年先のことだ（正式な返済期日よりもだいぶ前）。家の価格が下がったとしても、それが頭金程度であれば、銀行にとっては問題ない。家の価格が上がれば、銀行の安全域（担保物件）は広がる。住宅価格のブームが揺るぎないもののように見えれば、銀行はその担保物件により信頼を持てるようになるし、頭金が少なくても受け入れ、年収の何倍もの融資を申し出る。そして価格はさらに押し上げられる。

こうした価格のスパイラルは、住宅だけに限らない。商業用不動産部門（オフィス街区、ショッピングモール等）も同じパターンを示す。投資家はまた、株から商品にいたるまで、その他の資産もたっぷり買うことができ、ほとんど資金を支払わずにすむ。そしてやはり、価格が上がれば、投機はさらに容易になる（借金で買うことも含まれる）。

第1章で説明したジョン・ローのシステムは、このパターンに完全に当てはまっている。投資家がミシシッピ会社の株を買えるように、紙幣を印刷し、マネーを貸した。株価が上昇している間、この仕組みは完璧に機能していた。紙幣にも株にも価値があると考えられていた。しかし投資家が信頼を失ったとき、価格は上がったときと同様、急速に下がっていった。

ミンスキー効果

一九六六年に死去したアメリカの経済学者、ハイマン・ミンスキーは、こうした負債に煽られるスパイラルは、金融市場に本来固有のものだと考えていた。ブームが始まった段階では、借り手の典型は「ヘッジ」借り手だ。自分の収入から借金の利子と元本をともに返済できる借り手である。第二段階になると、「投機的」借り手が現れる。つまり借金の利子は払えても、元本までは返済できない。最後の段階にくるのが「ポンジー」借り手で、利子も元本も返済することができない。資産をすぐに売って儲けを得ることで、資産を「借り換える」のだ。

チャールズ・ポンジーは一九二〇年代のアメリカの詐欺師である。三ヵ月で投資額を二倍にする方法を発見したと吹聴して有名になった。このポンジー・スキームの基になっているのは国際郵便切手券で、これをヨーロッパで安く購入したあとアメリカで切手に交換できるという触れ込みだった(7)。たしかにそこそこ根拠のある企てではあったが、大規模にやろうとすればうまくいかなくなるものだ。そしてポンジーは、実際にそれをやろうともしなかった。ただ自分の魅力だけで投資者を引き寄せた。自分の投資した分を引き出そうとする人間がいれば、新しい申込者から集めた分で払い戻せばいい。バーニー・マドフはポンジーほど大きなスケールでの収益は約束しなかったが、同じ仕組みを効果的に利用した。投資者が疑いを持ったのは、マドフの約束した収益の大きさではなく、むしろ安定性だったのだ。

この種の詐欺は、ピラミッド金融という名でも知られ、昔から何度も繰り返されている。一九九〇年代にあった「ウーマン・エンパワーリング・ウーマン」はその英国版だ。ある人物Bが別の人物Aに一〇〇〇ドルを支払う。そしてBは、やはり別の人物CとDの両方から同じ額をもらえると期待する。もしそのとおりになれば、AとBはそれぞれ一〇〇〇ドルずつ得をする。すると今度はCとDがEやG、F、Hからお金を受け取ろうとする。巨大なピラミッドが小さな土台の上に築かれていくのだ。しかし小さな先端の上に乗ったピラミッドは、いずれひっくり返る運命にある。一つひとつの層が前の層よりも人が多くなくてはならないが、そんな楽天家（カモ）の数には限りがある。ウーマン・エンパワーリング・ウーマンの方式では、あらゆる段階で一人が八人の投資者を見つけなくてはならない。そのペースでいけば、ピラミッドはきわめて速く拡大する。各段階で必要な人数は、連続して八、六四、五一二、四〇九六、三二七六八、二六二一四四人と増えていく。そのあと五つの段階まで進めば、この方式には地球上の全人口よりも多くの投資者が必要になる(8)。

ポンジー・スキームもやはり、規模の大きさを基盤にしていた。出資額が三ヵ月ごとに二倍になるのだから、投資者は一年で一六倍、二年で二五六倍も金持ちになれる。五年もたてば、一ドル投資しただけで百万長者だ。

だがピラミッドはいずれ崩れるし、リターン（触れ込みどおりの利益）が大きいほどその崩壊が早まることは、周知の事実である（バーニー・マドフの企てがあれほど長く続いたのは、やたら高額のリターンではなく、そこそこに信用できそうなリターンを確約したためだった）。あからさまな詐欺には、投資してもいいと思えるだけの信憑性がまったくない。しかし本物の社会的変化（たとえばインターネットの誕生など）を基盤とするピラミッドでも、結局は失敗する運命にある。

ミンスキーの説明によるポンジーの段階は、「大馬鹿」プロセスとしてよく知られている。買い手はみんな、今の価格が妥当だとは感じていないが、それでもさらに高額を払おうとするうかつな買い手が見つかるだろうと思っている。そして実物を見もせずにアパートを買ったり、配当もなければ収益も上げていないインターネット関連株を買ったりする。こうしたバブルに手を出す投資家はたいてい、自分はピラミッド金融の罠にはまるようなだまされやすいカモより頭がい

図１　大きなバブル　住宅の価格

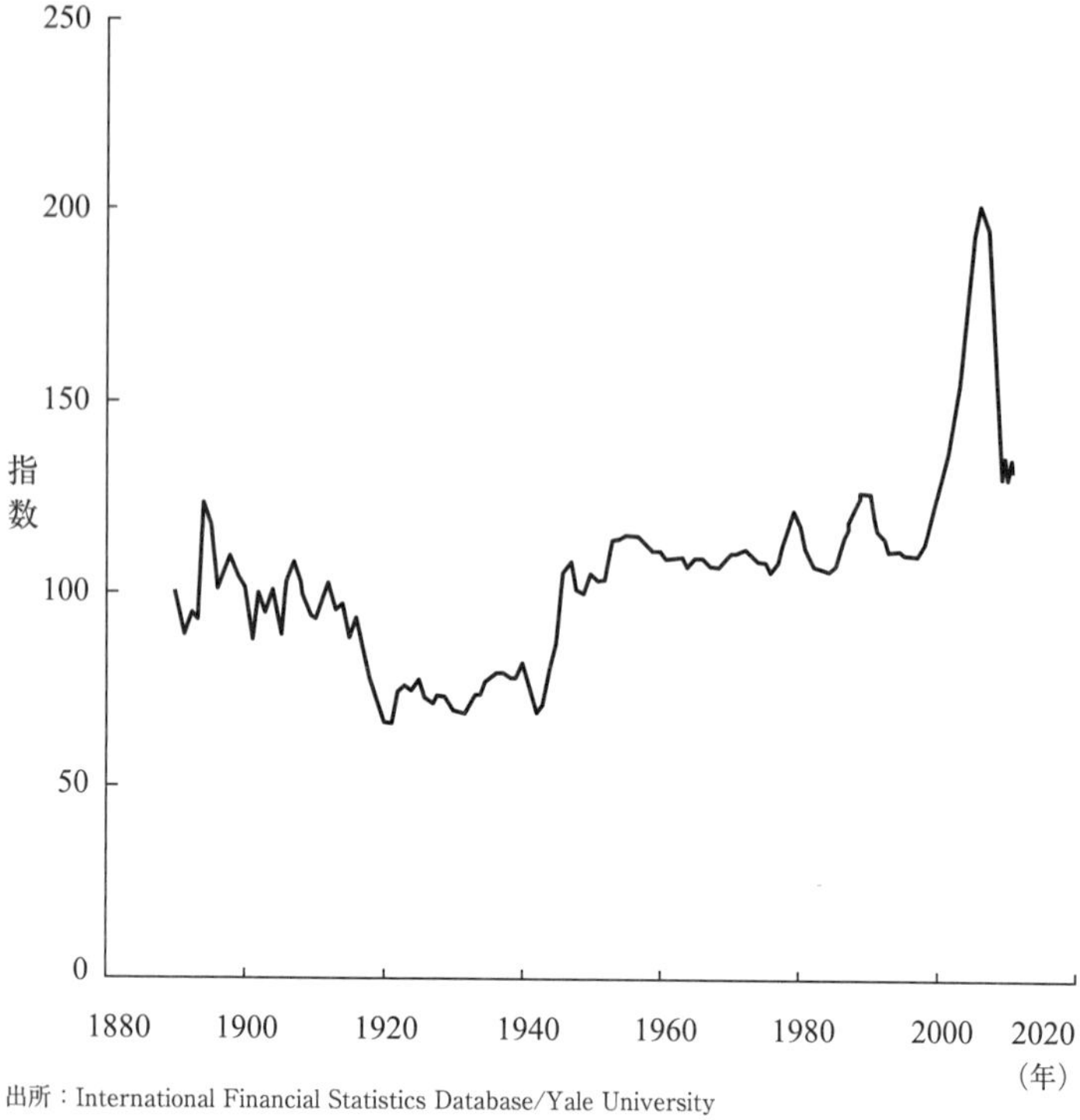

出所：International Financial Statistics Database/Yale University

いと感じているのだろうが、実は同じ過ちを犯しているのだ。彼のアイザック・ニュートンですら、一八世紀初めの南海泡沫事件で大損した後、こう言った。「私は天体の動きは計算できるが、人々の狂気は計算できない」。

　長い目で見れば、資産の価値はそこから生み出される収入と結びついていなくてはならない（不動産の場合なら家賃、株式の場合には配当）。周辺の住宅地が高級化する、企業のつくった製品が大成功するといった理由から、個々の資産の価格が急騰するということはごく普通に起こりうる。だが全体的には、株や不動産の価格には経済の成長率という制約があるし、そして経済は生産資本（新しい工場など）に依存する。

これには少し説明が必要かもしれない。経済活動を測るには三つの尺度がある。収入、生産、支出だ。GDPが一年で五パーセント上昇したといえば、その国が五パーセント多く稼ぎ、五パーセント多く製品をつくり、五パーセント多くマネーを使ったという意味になる。企業は利益から配当を支払えるだけだし、そうした利益は収入（つまりその国の支出）からきている(9)。企業の利益がよくなったとしても（収入に対する利益率が高くなる）、その分は他の誰か（労働者）の分け前からくるのだ。だから利益の分配はいつまでも上がりつづけることはない。

同様に、長期においては収入以上に早く家賃が上がることはありえない。誰も家賃を支払えなくなるからだ。同じ根拠で、住宅の価格がGDPを超えると、住宅購入者の収入はどんどんローンの支払いに費やされるようになる。この状態は長続きしない。

もちろん短期的には、金利、融資の慣行、家賃の変化が住宅価格の高騰を引き起こすこともある。だが、イェール大学のロバート・シラー教授が作成した図を見てほしい。実際の住宅の価格は一世紀ばかり安定していたが、一九九〇年代末になっていきなり跳ね上がっている。これは市場で重大な歪みが生じたことを示す徴候だ。

サブプライム・ブーム

住宅バブルはよく起こるバブルで、とりわけ食い止めるのが難しい。こうしたバブルは、膨らんでいる間は大勢の支持者がいる。銀行は貸し付けによって儲けを出す。不動産業者は不動産取引の手数料で儲けるし、弁護士やその他の業者（鑑定士など）も同じだ。住宅の保有者は、自分の家の価値が上がることでリッチな気分になれる。アメリカを例にとれば、政治家は自宅保有者が増えることを歓迎した。一方では、不動産の保有者は資本主義の支持者として見られることが多かったため、また一方では、貧困層やマイノリティーはかつて抵当市場から締め出されていたためである。

アメリカの中央銀行である連邦準備理事会は、二〇〇〇年代初めには何の措置も講じるつもりはなかった。住宅ブームは消費者物価全般のインフレを伴っていなかったからだ。住宅価格は消費者物価指数には直接含まれてはいなかった（ただし帰属家賃と呼ばれる住宅費の一種は指数に含まれる）。初めて家を買うという人たちさえ、拒絶されることはなかった。住宅購入の最初のハードルは高くなっていたものの、それでも融資基準がゆるめられていたので、買うことができた。

そしてブームを維持するためには、融資基準をゆるめざるをえなかった。銀行が相手の収入に応じて貸し付ける金額を低く抑えていたら、新規購入者の供給は尽きてしまう。そこで銀行は、年収の何倍もの額を出すようにした——ほぼ誰にでも五〇万ドルの家を買えるチャンスを提供したのだ。これがサブプライム・ローン絶頂期の状況だった。信用実績があやしく、収入を示す証拠もない人たちが、ローンを組むことができるようになった。ポンジー・スキームの見地からすれば、これは理に適っている。あの方式にはつねに新しい買い手の供給が必要だ。こうしてアメリカの持ち家のある人口は六三パーセントから六九パーセントに増加し、しかもそうした人たちの多くがまた別に家を買うという不動産「投資」を行っていた。

ローンは頭金なしで組まれた。それどころか、買い手が利子をすべて支払う必要がなく、不足分がただ元本に加えられるようなローンもあった。これはミンスキーの言うパターンの最終段階といえた。しかし住宅の価格がいつまでも収入より早く上昇することはありえない（最終的には、住宅購入者の収入すべてがローンの返済に費やされるようになってしまう）。

バブルが弾けると、こうした好循環が悪循環に転じる。物価が下がれば、資産の価格の大半を借りていた住宅保有者が売り手にならざるをえなくなるということだ。そのために物価がさらに下落する。その間、銀行は貸し渋りをするようになり、そのうえローンの支払いを求めることで、需要と供給のバランスをさらに悪化させる、アメリカの住宅の場合、住宅保有者はローンから逃れるか、銀行の抵当流れに直面するかして、市場の重荷となる空き家をたっぷり残していった。

バブルの歴史の専門家、チャールズ・キンドルバーガーは、一七世紀のチューリップ投機からジョン・ローのシステム、一九九〇年代末のアジア通貨危機にいたるすべてを、ミンスキーのモデルを使って検証した。そしてこうしたバブルが「転移」——戦争や技術の進歩といった進展——のパターンに従っていることを示した。信用供与の拡大、支払い能力を超える取引（投機の最後の局面）の後で、苦痛（一部の投資者が逃げ出そうとする）と憎悪が生まれ、加わった全員がその愚かさをきびしく非難される。サブプライム・ローンのブームはこのパターンにぴったり当てはまった。

バブル、紙幣、ブレトンウッズ体制の終焉

キンドルバーガーの言ったとおり、信用供与の拡大がなければ、資産バブルはそうそう生み出されない[10]。家を買う資金を借りられることや、信用取引で株が買えることが、投機への誘惑をつくりだすのだ。

バブルは金本位制の下では起こらなかった。たとえば一八四〇年代、英国は鉄道建設ブームに沸き、投資家がこぞってこの新しい輸送機関の株を買い入れた。同じ目的地に向かう路線が別会社の手で平行に敷かれることもしばしばあった。当時の鉄道は一九九〇年代末のインターネット並みにもの珍しく、そこから得られる利益は無限だと投資家たちは信じ込んだ。それだけ多くの路線が儲けられるほどの乗客は集まらないということがはっきりすると、投機ブームは崩壊したが、ただそれだけだった。

しかしブレトンウッズ体制の終焉は、このシステムの最後の歯止めを外した。つくりだされるマネーと信用の量に限度がなくなった。どの国も貿易赤字になったときの金の流出にもはや悩むこともない。リチャード・ダンカンは、貿易赤字は信用供与の拡大と密接な結びつきがあり、したがって資産バブルともつながっていると論じた[11]。彼は一九七一年以降の体制を「ドル本位制」

図2　外貨準備高（金を差し引いた分）

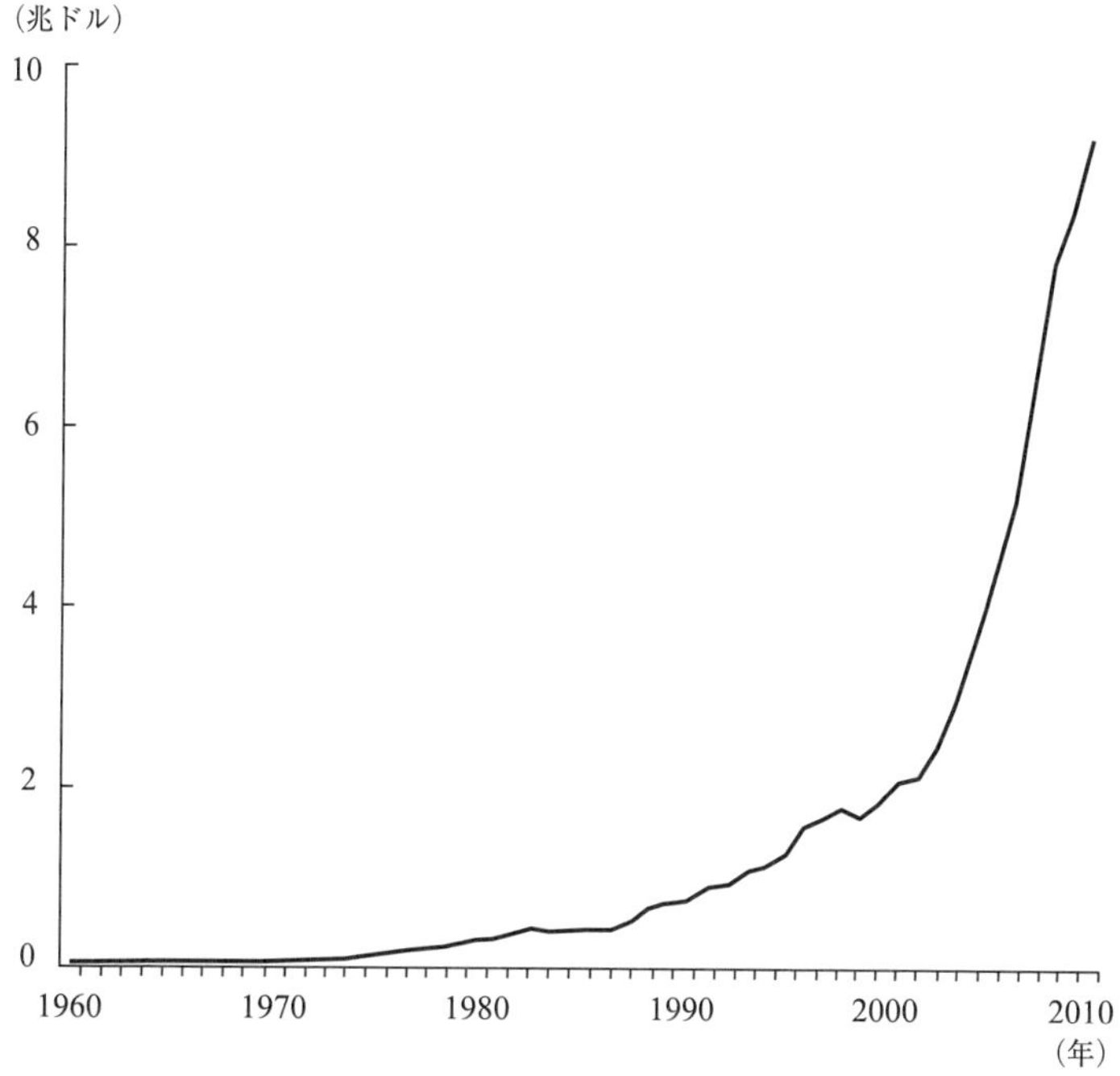

出所：International Financial Statistics Database

と呼んでいる。

この体制の下で、世界の外貨準備高は急増した。ブレトンウッズ協定がまだ機能していた一九四九～六九年に、金を差し引いた外貨準備は五五パーセントまで上昇した。一九六九～二〇〇〇年は二〇〇〇パーセントの上昇である（図2を参照）。こうした外貨準備は黒字国のマネーサプライを増加させた（これはやや専門的な話だ。前章で触れた、黒字国は自国の通貨を売ってドルを買い入れているという話を思い出してほしい。このプロセスの資金を調達するために通貨をつくりだしていれば、マネーサプライは増加する)。アメリカ一国だけで、最も広義の指標によるマネー(M3と呼ばれる)の価値は、一九七〇年代初めには一兆ドル弱だったのが、二〇〇六年には一〇兆ドルに達した。そして連邦準備理事会はこの時点で、算出をやめてしまった。

こうした状況は当初、専門家たちの予測どおり、インフレという結果を引き起こした。アメリカの消費者物価は一九七一~二〇一〇年に五倍以上に上昇した。英国では一〇倍の上昇である。最も影響が早かったのは一九七〇年代で、アメリカの物価は二倍以上、英国の物価は三倍以上になった。それ以降は中央銀行がインフレを管理してきた。一九八二年以降の時期は、専門家たちから「大いなる安定期」と呼ばれている。経済成長が安定し、景気後退はほとんどなく、また一九八〇年代末の短い時期をのぞけば、インフレ率も概ね低かったからだ。

この大いなる安定期には、資産市場の異常なブームが伴っていた。一九七〇年代には二桁のインフレと生産の低下による圧力が加わり、株価は低迷していた。バークレイズ・キャピタルによると、アメリカの株価の実質価値は一九七二~八二年に四二パーセント低下した。英国の株価は一九七三年に実質ベースで三一パーセント、一九七四年にはさらに大きな五五パーセントの下落となった。一九七九年には、ビジネスウィーク誌の表紙に「エクイティの死」の文字が躍った。

しかし株価はほぼ必ず、市場が最も弱気になったとき、最も魅力的になる。一九八二年のダウ・ジョーンズ工業平均株価は、一九六五年と比べて経済活動ははるかに大規模になったにもかかわらず、その当時と変わらない程度だった。株の配当は六パーセントで、大恐慌のどん底の時期や第二次世界大戦当時と変わらなかった。株価収益率(株価の当期純利益に対する比率)は一桁だった。市場は車に一時間閉じ込められていた後のラブラドール犬のように、狂ったように飛び跳ねた。利益が膨れ上がっただけでなく、評価額も跳ね上がった。配当利回りが六パーセントから三パーセントになったのは、同じ配当額で価格が二倍に上がることを意味する。一九八七年半ばには、ダウ平均は最低だった時期のほぼ三倍になっていた。

その後に続いたのは、今にして思えば、バブル時代を決定づける瞬間だった。一九八七年一〇月一九日、ダウ平均は一日でほぼ二三パーセント下落した（この日はブラック・マンデーとして知られるようになる）。ロンドンから香港にいたる世界中の株価も後に続いた。原因となる経済上、政治上の事件も見当たらない。当時は一九二九年の大暴落、つまり一般的に大恐慌の到来を告げるとされる出来事との不気味な類似が語られた。

米連邦準備理事会議長のアラン・グリーンスパンに率いられた中央銀行は、この災厄を食い止める意思を固めていた。この突然の物価急落の被害にあった銀行やブローカーすべてにマネーを貸すと明言した。そして金利を下げ、消費を促し貯蓄を抑制し、現金を保有するより株を持ったほうが魅力的だと思わせようとした。

投資家はこの危機から重要な教訓を学んだ。資産市場が短期間にがた落ちすれば、中央銀行が救済に乗り出してくる。ある意味、中央銀行は投資家が巨額の損失を被ったときの保険になってくれるのだ。この政策は、オプション市場の特殊な用語をもじって、「グリーンスパン・プット」と呼ばれるようになった⑫。長期的に見れば、投資家の保護は投機を促す方向に働いた。ラッセル・ロバーツはこのプロセスをこう説明している。「われわれがアメリカで行っているのは、他人のお金——とりわけ借りたお金——をギャンブルに使いやすくさせることだ。不良貸し付けをした連中ほぼすべてがその金を取り戻すことができるようにしているのだ」⑬。

投資家たちは借金をして資産を買った。ファンドマネジメントグループのPIMCOによれば、アメリカの生産高は一九八四年には三兆五〇〇〇億ドルで、民間部門の信用残高もおよそ同額だった[14]。二〇〇七年までに生産高は一四兆ドルに達したが、信用残高はさらに二五兆ドルにまで跳ね上がった。家計も同じ時期に、その純資産が一二兆ドルから六四兆ドルまで上昇していたので懸念はなかった。そして生産高は四倍に、資産価格は五倍に、負債額は七倍になっていた。

もし市場が今後も正確な評価を行うとすれば、資産価格の高騰が言外にもたらすのは、将来の所得は伸びる（すなわち将来のGDP成長）というメッセージだ。また負債水準の上昇には同様に、高度成長が実現することに投資者が賭けているということだ。しかし今後は、少なくとも先進国では、低成長の時代となる可能性が高そうである。

一九七〇年代初め以降の株式市場や住宅価格の上昇は、全体的に見てあきらかにバブルではなかった。二〇世紀最後の三〇年間には大規模な経済成長があり、資産価格が上がったのはそれで説明できるだろう。一九八〇年ごろから中国とインドが資本主義に加わったことで、世界の生産性は押し上げられた。それでもやはり、株価の評価がかつてないほどに高まったのはあきらかだ。長期的な株価評価の最良の尺度は、周期的に調整される株価収益率である。この一見複雑な統計には、各企業が一〇年間に上げた平均の利益が用いられている。景気循環の変動を均一にならすのが目的だ。

この比率が高まれば、投資家の楽観的な見方も強まる。これまでの所得に比較して高い価格でも、将来の所得はどんどん上がっていくと信じ、進んで支払おうとする（ちょうど銀行が、資産価格が今後も上昇すると思えば、住宅の価格のほとんどを貸してでも取引をまとめようとする

図3　米国株式市場の評価（1860～2010年）

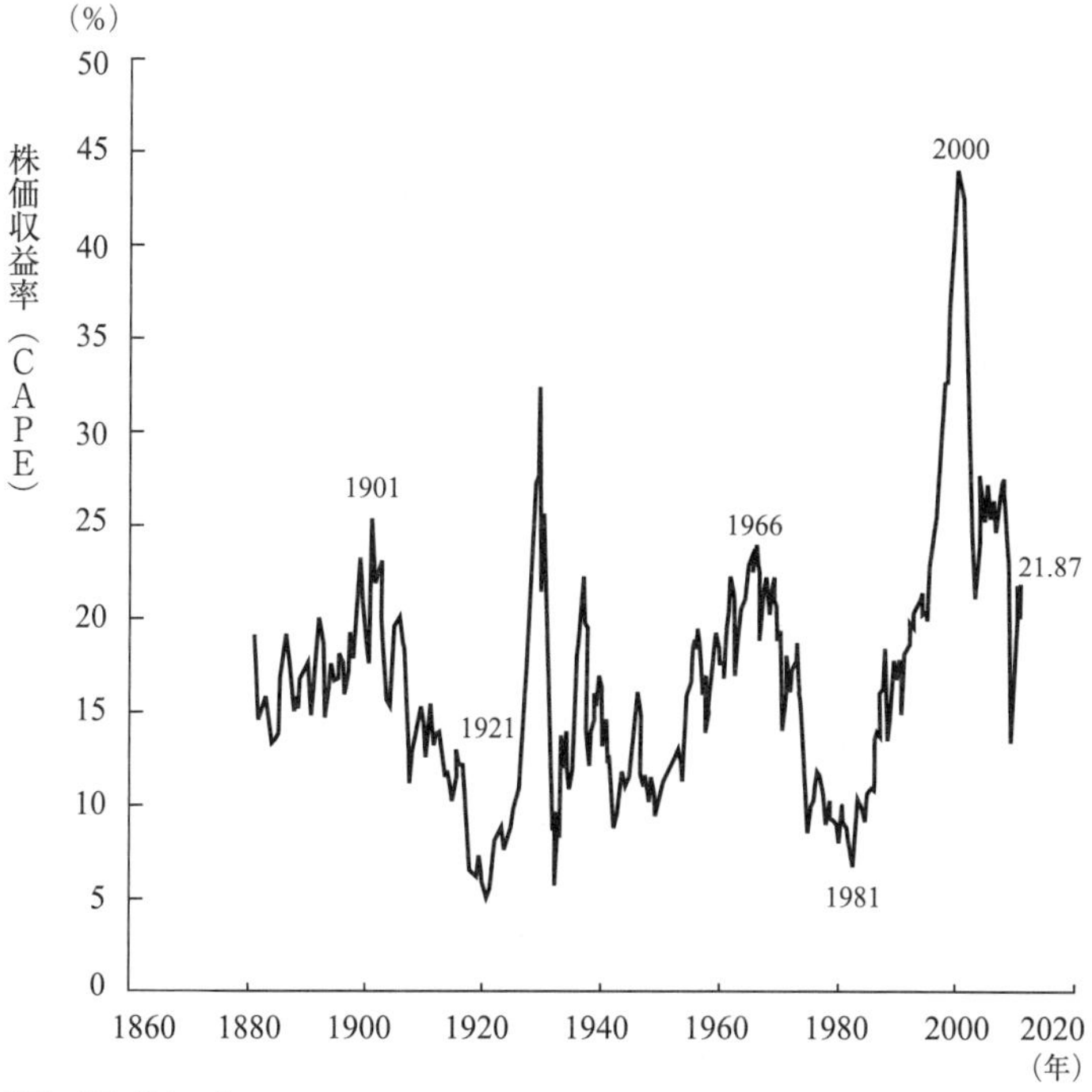

出所：Yale University

のと同じだ）。図3は、イェール大学のロバート・シラー教授の作成による[15]。一九二九年のブームについては、多くの人が何十年もの間、あれは投資家の愚行の極みだとみなしていた。利益が三五年間変わらないとすると、投資家は自分のお金を取り戻すのに一九六四年まで待たなくてはならなかった。だが二〇〇〇年には、その評価ですら追い越される事態になった。投資家たちが米企業の景気循環調整後の利益の四四倍に当たる額を払っていたのだ。このときはインターネットが企業収益を一変させるという想定があった。だが実際は、消費者にとって有利な買い物ができるようになり、いくつかのビジネスモデル（たとえば、ＣＤなど録音された音楽）が崩壊した。

投資家にとっては、その後は必然的に失望の連続だった。続く一〇年間に、先進国市場の株式投資家が直面したのは、ひとつではなく二つの下げ相場とマイナスのリターンだった。

モグラたたき

モグラたたきはゲームセンターに置いてある、穴から飛び出すモグラの形をしたプラスチックの塊をハンマーでたたくゲームだ。このモグラはしょっちゅう現れる。一匹穴のなかにたたきこんだかと思うと、すぐまた別の穴から頭を出す。

一九七一年以降に出現したマネーと信用の創造のシステムは、このモグラたたきのゲームに似ている。つくりだされたマネーは、どこかで表に出てこなくてはならない。一九七〇年代には消費者物価の上昇という形をとって現れ、これを穴にたたきこむにはきわめて強烈な一撃（金利の引き上げといった形をとる）を要した。だがモグラは再び資産価格の高騰となって現れ、その時点で中央銀行は平和主義者となり、ハンマーを下に置いた。そしてこの喩えからはみ出すようなまねをした。モグラたちにうまいエサを差し出し、地上へと引き寄せはじめたのだ。

中央銀行はこうしたバブルを弾けさせようとはしなかった。それにはイデオロギー的な理由もあったが、消費者物価の圧力がなかったためでもあった。また中国（および他のアジア諸国）の台頭のために、これ以上の抑制をかけることは控えられた。

一九七〇年代の爆発的なインフレは、国債を買った投資家たちに大変な痛みをもたらした。額面価値は払い戻されたものの、実質価値（購買力）は大きく低下していた。第6章でも触れた「債券市場の自警団」は当然、そのリスクを埋め合わせるために、債券利回りの引き上げを要求した。クリントン大統領の顧問を務めていたジェームズ・カーヴィルは、政権の経済プランがこうしたお目付け役の存在を考慮に入れなくてはならないということを知り、驚きを隠さなかった。彼はこう言っている。「私は以前、もし生まれ変われるものなら、大統領か法王か、野球の四割打者になりたいと思っていた。しかし今は、債券市場に生まれ変わりたいと思う。あらゆる人間を恐れ入らせられるのだから」⒃。

それが一九九〇年代のことだった。その後の一〇年間、債券市場の自警団は眠りに就いていたらしい。アラン・グリーンスパンでさえ、債券市場のことは「大変な謎」だと語っている。連邦準備理事会が短期の借り入れコストを押し上げると、債券の利回り（実質的には長期の借り入れコスト）が落ち込んでしまった。この謎に対する説明は、債券市場の投資家の性格が変わったというものだった。もはや、リスクとリターンの最良の組み合わせを世界に探し求めてプロのファンドマネジャーたちが基調を定めるのではなくなった。かわりに主要な投資家階級を、アジアや中東の中央銀行が占めるようになった。

こうした銀行は、それぞれの国が厖大な経常黒字を生み出した結果として、海外債券を蓄積していた。これは経済成長を推進するために企図された、意図的な輸出指向の戦略の一環だった。

とりわけ中国には、自国の製造部門（沿岸地域に広く分布している）に雇用をつくりだし、農業地帯の多い内陸部から出てきた余剰労働力を吸収させようという目論見があった。

このブームを維持するためには、輸出国は自国の通貨がドルに対して急激に上がりすぎるのを防がなくてはならない（理由についてはすべて第6章で説明した）。そこで必要になるのは、自国の通貨を売ってドルを買い、外貨準備の形で保有することだった。そうした外貨準備は、先進国の債券（大半が米国債）に投資された。やがてこのシステムはきわめて富裕な投資家グループを生み出した。彼らは自分が投資した物品の価格やリターンにはほとんど関心を持たなかった。債券市場の自警団は多忙を極めた。貯蓄は有り余るほどあり、資産価格を押し上げた。

結果として生まれたのは、どちらの側にも都合のよい奇妙なシステムだった。中国は輸出市場が栄え、アメリカは消費のための資金を低コストで調達することができた。だが、ときおり不満の声もあがった。アメリカの政治家たちには、中国がアメリカの製造業から雇用を奪っているという懸念があった。中国は折に触れてアメリカに向かい、米国債の市場の価値を守る必要があると力説した。本書の最後の章では、こうした取り決めが維持不可能である（まだ破綻してはいなくても）ことを論じていくつもりだ。

経営コンサルタントグループのマッキンゼーは、この資産ブームについて別の見方をしている(17)。（インフレの後の）実質金利の低下を主因とする考え方だ。また、そうした実質金利の低下は、貯蓄と投資のパターンが変化した結果であるともいう。

経済学者たちに言わせれば、貯蓄は投資に等しくなくてはならない。貯蓄と投資のモデルからいえば、自明の話だ。それでもやはり、望ましい貯蓄の額は望ましい投資の額より多くなるという考え方も広く受け入れられる。この両者の額が一致するのは、金利を通じてだ。望ましい投資が望ましい貯蓄より多い場合、実質金利は上昇するだろう。その数字が逆であれば、実質金利は低下する。

マッキンゼーの計算によると、投資のGDPに対する割合は、一九七〇年代には二五・二パーセントだったのが、二〇〇〇年代初めには二一パーセント弱まで下がった⑱。この小さな数字の変化は、実際には年間七〇〇〇億ドルに相当し、二〇〇八年には積もり積もって二〇兆ドルに達した――これは同じ年の日本とアメリカのGDPを合わせた数字に等しい。マッキンゼーによれば、この不均衡が実質金利の低下を引き起こし、一方では株と住宅の価値を押し上げることになった⑲。

投資はなぜ衰えたのか？　マッキンゼーの考えでは、ヨーロッパと日本は一九五〇～六〇年代には、第二次世界大戦で破壊された資本を再建するための大がかりな投資を行っていた。しかし一九七〇年代には、そのプロセスが終わった。実質金利は、途上国の投資ブームが中国の貯蓄の減少とぶつかり、そして中国が消費を基盤とするモデルに移行していくにつれて上がりはじめたのかもしれない、とマッキンゼーの報告書にはある。

一九八〇～九〇年代に資産市場が強かったとされる理由として、もうひとつ成り立つのは、一九四六～一九六四年に生まれた「ベビーブーマー」世代の影響だった。この数の多い世代は長い人生のなかで、こぞって家を買い、雇用主が設けた気前のいい年金制度を利用できたが、そのために雇用主はエクイティへの投資を十分行う必要があった。二〇〇〇年に始まった市場の崩壊と、ベビーブーマーたちの引退の時期が重なったのは、偶然の一致ではないかもしれない。

ベビーブーマーはまた、経済成長にもよい影響を及ぼした。この世代は先行する（そして後に続く）世代よりも単純に数が多い。結果的に彼らが成人すると、人口が大きな割合で経済的に活発になった。そのうえベビーブーマーの女性が労働力に加わったことで、雇える可能性のある働き手がぐっと増えた。

（女性の労働参加は、フィードバック効果の典型例となった。ある家庭に働き手が二人いれば、より高水準の生活を送れるようになる。たとえば大きな家を買えるといったことだ。それは、他の家庭の女性たちが負けじと外に働きに出る意欲を高めることにもつながるだろう）

資産価格の上昇も、消費バブルを煽りたてる一因となった。住宅価格が上がるにつれて、人々は金持ちになったように感じ、その機会を利用して資産を担保に借金をした。これは「住宅エクイティの引き出し」と呼ばれるものだ。たとえば、ある消費者が一五万ドルを借りて二〇万ドルの家を買ったとしよう。五年後にその家の価値は三〇万ドルになっていた。そこで消費者は資産の借り換えを行い、余分に五万ドルを借りた。家にはまだ一〇万ドルのエクイティがあるので、貸し出しをする銀行にとってはある程度の安全手段となった。そして消費者もその余分の五万ドルで、新車やワイドスクリーン・テレビなどを買うことができる。

さらに、この余分な資産は、ベビーブーマーを貯蓄の必要性から解放したようだった。住宅市場が毎年あなたの資産を増やしてくれているというときに、どうして預金を銀行に置きっぱなしにできるだろう？　アメリカとは対照的に、ドイツが住宅ブームに沸くことはなかった。一九九〇年のアメリカの貯蓄率が七パーセントだったのに対し、慎重なドイツ国民は一二・九パーセントを貯蓄していた。二〇〇五年には、ドイツの収入の一〇・六パーセントが貯蓄に回っていたのに対し、アメリカの数字はわずか〇・四パーセントだった。二〇〇五年の英国の貯蓄率は実際にマイナスだった。クレジットカードなどで借り入れができたおかげで、稼ぐよりも多くの額を使っていたのだ。貯蓄は意気地なしのやることだった。

人口統計学的に見れば、理に適った話ではなかった。当時ベビーブーマーは所得のピークを迎えていた時期にあり、本来なら引退後の資金を貯めようとするべきだったろう。しかし住宅市場やエクイティ市場の高騰が、その代役を果たしてくれるように見えた。彼らはただケーキを買って食べればよかった。収入のかなりの部分を使っても、資産はまだ上昇していた。

偽装されたインフレ

消費者物価の上昇は、人口の大多数が注目するし、怒りの的にもなりやすい。ほとんどの人たちが、その当否はともかく、自分たちの賃金は物価の上昇に追いついておらず、生活水準が低下しつつあると感じている。

資産インフレについても、被害にあう人々がいる。貧困層の犠牲の上に富裕層が得をし、若年層の犠牲の上に高齢層が得をするのだ。たとえば、二〇代にとっては、資産形成の梯子をのぼるのは難しい。しかし彼らはそのプロセスに怒りを感じないかもしれない。むしろ、自分たちの番になったとき、資産価格が上がってリッチになれるといいなと望んでいるだけかもしれない。

借金とは、貸し手または借り手（あるいは両方）の側からの信頼の表現であるということを思い出してほしい。何にもまして信頼を高めてくれそうなのは経済成長だ。これは収入、利益、商品および資産の価格を押し上げ、借り手の返済をらくにしてくれる。したがって投資家たちが、ほんとうに経済が上向きだと思ったのなら、われ先にと借金をするのも理に適っているかもしれない。彼らは今より豊かな未来を求めているだけだ。しかしファンドマネジメントグループGMOのジェレミー・グランサムの分析では、その思い込みは誤っていた。資産価格の上昇は一九八二年に始まった。それより前の一世紀間、アメリカのGDP成長率は年間平均三・四パーセント、負債額はGDPの一〇〇～一五〇パーセントを推移してきた。しかし一九八二年以降、GDP成長率は年間二・四パーセントへと減少する一方、対GDP負債比率は急上昇して三〇〇パーセントを超えた⑳。

要約すると、ブレトンウッズ体制が崩壊した一九七一年以降、何かが根本的に変わった。変動相場制によって、より大きな貿易赤字と大規模な国際間の資本移動が許容されるようになった。そして今度は、金融部門がそういった動きを促進する存在として成長し、為替レートのリスクをヘッジする（そして投機を行う）一大産業をつくりだしたのだ。

金融市場の自由化はまた、信用の成長を加速させた。一九七〇年代以降、この信用の成長は消費者物価の水準には表れていなかったが、資産価格の高騰には現れていた。資産価格と債務の水準は、多くの人々が借金をして資産を買い、物価を押し上げ、銀行の担保の価値を増やすという好循環に組み込まれるようになった。中央銀行は、結果として生じたバブルを破裂させるのが自分たちのなすべきことだとは考えなかった。かわりに、市場が上昇したときではなく、下落したときに介入することで投機を促進させた。危機にいたる必要な条件は確立されていた。

次章では、まるでクリスマスの前に太らされる七面鳥よろしく、金融部門がいかにバブルによって繁栄したかを見ていく。

第8章　濡れ手で粟

「銀行業は汚染物質だ。システミック・リスクはその有毒な副産物だ」
——アンドリュー・ハルデイン、イングランド銀行金融安定担当専務理事

「ウォールストリートの銀行は、アメリカの新しい黒幕だ——経済力を持つゆえに政治力も有するグループである」
——サイモン・ジョンソン&ジェームズ・クワック *13 Bankers*（邦訳『国家対巨大銀行』）

ブレトンウッズ以降の時代は、バブルを生み出しただけではない。もうひとつの目覚ましい発展があった——金融部門の驚異的な成長だ。毎日、新聞の見出しでヘッジファンドの億万長者や銀行家のボーナスの話など見ていると、金融業がかつては退屈な業務だと見られていたとはなかなか想像できない。

銀行業のモデルは、三—六—三で表されていた。三パーセントで借り入れ、六パーセントで貸し付け、午後三時にはゴルフコースに出る。資金運用については、こんな古い冗談がある。「ファンドマネジャーはどうして午前中に窓の外を見ないんだ？　なぜって、午後にはやることがなくなってしまうじゃないか」。J・K・ガルブレイスは、金融業という職業に対する傲慢な嫌悪感

を隠さず、こう書いている。「通貨の世界も外交の世界と同じで、きわめて学究的な知性よりも、体制順応的な性質や相手にうまく合わせられること、当世風の気の利いたクリシェを使えることのほうが、個人として成功するには向いている」(1)。

アメリカの金融部門で働く人々は現実には、一九七〇年代には、同じような資格を持つ別の職業の人々より稼ぎが少なかった。一九八〇年代、特に一九九〇年代になって初めて、彼らの賃金はうなぎ上りになった。その間に金融部門がアメリカのGDPに占める割合は倍増し、一九七〇年代には四パーセントだったのが二〇〇七〜〇八年には八パーセントになった。銀行の資産と利益もこの時期にはかなり速いペースで増加している。

この三〇年間、優秀な高学歴の若者の多くが金融部門をめざしてきた。その理由づけは、有名な銀行強盗ウィリー・サットンと同じだった。なぜ銀行を襲うのかと訊かれて、彼はこう答えたのだ。「カネのある場所だからさ」。投資銀行家に七桁のボーナスが支払われれば、大いに注目を浴びる。しかしほんとうの高額を稼いでいるのは、プライベート・エクイティファンドやヘッジファンドで働く人間たちで、そこからは大変な数の億万長者が生まれている。方法はシンプルだ。投資収益全体の二〇パーセントを自分が受け取れるとしたら、数十億ドルを運用すれば、自分自身の富もどんどん増えていく。

ヘッジファンド産業を構成するのは私的なファンドで、こうしたファンドは従来の資金運用業よりも営業上の制限が少ない。ヘッジファンドが管理する額は、一九九〇年には三九〇億ドルにすぎなかったが、二〇一一年にはほぼ二兆ドルに達した。こうした額にかかる手数料だけでも年間四〇〇億ドルになるが、そこに運用報酬がさらに加わる。二〇〇八年には、ヘッジファンドマネジャー上位一〇人が稼いだ額は、全体で一〇〇億ドルを超えた。

こうした利益の集中は、とりわけアングロサクソン系の経済における賃金格差の拡大に大きな役割を果たした。一九四〇年～八〇年は、アメリカでは「大収縮」期と呼ばれている。高い税率と自動車産業などの熟練労働者への報酬などが理由で、所得の不平等が縮小したのだ。しかし一九八〇年以降、税率は引き下げられ、特に所得分布の上位の層が得をする一方、才能ある個人が手にする報酬は増えた。これはスポーツのスター選手や企業の経営責任者だけでなく、銀行家やヘッジファンドマネジャーにも当てはまる。後者の三つのカテゴリーでの所得が増えたおもな理由は、ストックオプション（株式買受選択権）やボーナスのおかげで、報酬と資産価格の上昇とが結びついたことによるものだ。

たとえば一九七三年には、アメリカの平均的な経営責任者が得ていた給料は、平均的な労働者の二七倍だった。二〇〇五年には、この比率は二六二倍となっている(2)。経済成長の成果は、富裕層がほぼ独占するにいたった。アメリカの労働者の実質賃金は一九六六年から二〇〇一年の三五年間で一一パーセント、一年当たりに直して〇・三パーセントしか伸びていない。人口の上位一パーセントの賃金は同時期に一年当たり三・四パーセントの伸びを示している(3)。一九九〇年には一パーセントの富裕層が収益全体の一二パーセントを占めていた。二〇〇七年にはその数字が一七パーセントまで上昇している。

資産の集中の点でいえば、その度合いはさらに大きい。二〇〇七年には人口の上位一パーセントが株式市場の資産の三八・三パーセントを（個人として）所有していた。上位五パーセントでは、六九・一パーセントとなる。高騰する市場は、既存の富裕層に圧倒的な恩恵をもたらしたのだ(4)。

このような状況下で、労働者の多くは、家族の働き手を一人から二人に増やし、出費を借金で補うことでようやく生計を立ててきた。これは、経済学者ラグラム・ラジャンの印象的な表現を借りれば、「連中には信用《クレジット》を食わせておけ」政策だ(5)。こうした借金の激増はもちろん、金融部門の利益を増大させ、不平等の拡大にさらに拍車をかけた。

このように報酬が銀行家に流れ込む一方で、やはり重要な技量を持つエンジニアや医者たちの収入がはるかに低いのはなぜなのか？　あきらかに、金融部門が経済に重要な役割を果たしている。研究によれば、発展した金融システムを持つほど一国の経済成長は速い傾向にある。企業が資本を手にして成長することが容易になるからだ(6)。しかし、二〇世紀最後の数十年間の経済成長に金融部門が果たした貢献の真の性格については、正確に説明するのはきわめて難しい。パーソナルコンピューターや中国の台頭のほうがはるかに重要だった可能性が高い。

英国金融サービス機構長官のアデア・ターナーは、金融部門は四つの重要な役割を果たしていると述べている(7)。一つ目は決済サービス。経済取引の大半は銀行を通じて行われる。現金取引でも通常は銀行からの払い戻しを伴う。二つ目の役割は保険の提供だ。これは火事や盗難、死といった「実世界の」リスクから人々を守ってくれる。三つ目の役割は、外国為替、金利、商品の先物市場をつくりだすこと。そのおかげで企業や投資家たちは、価格の急変といった金融上のリスクから自らを守ることができる。そうしたリスクから自分を守れることが、事業をより安定させるのだ。そしてターナーによる最後の重要な役割は、貯蓄家から借り手へと資金を移動させることだ。あなたや私が銀行に預けた預金は、最終的には産業界への融資に充てられる。われわれが年金として月々積み立てているお金が、企業の発行する株や債券の購入に使われるのだ。実際、そうした投資がなければ、経済は成長できない。

一つ目と二つ目の役割は何世紀も続いてきたもので、きわめて競争の多い分野だ。それ自体で大きな利益を生み出すべきものではないし、実際にそうした活動から得られる利益がこの三〇年で増えたと考えられる理由もないように見える。銀行が実際に自らリスクを負って儲けてきたのは、三つ目と四つ目のカテゴリーだ。このほとんどもやはり、ブレトンウッズ協定の終焉に端を発する。すでに触れたように、戦後の取り決めは資本移動を抑制した。投資家はほとんど持ち金を自宅に置いていた。為替レートに変化が起こることもごくまれだった。そもそも、資本規制は為替レートを安定させるために策定されたのだ。

通貨の変動が許されるようになると、一部の国の政府は次第に、もはや資本移動を制限する理由がないことに気づきはじめた。特に守る必要のある為替レートの基準が存在しなくなったからだ。これは、依然として為替レートを管理しようとする途上国や、ヨーロッパ為替相場メカニズムの加盟国には当てはまらなかった。しかし米英両国の「アングロサクソン」経済には当てはまった。

米英の両国は、一九八〇年代初め、思想的に自由市場経済を好むリーダー（ロナルド・レーガンとマーガレット・サッチャー）を持つことになった。金融部門は概ね自由になった。英国は一九八六年に「ビッグ・バン」と呼ばれる証券取引市場の制度改革を行い、外国資本を市場に招き入れた。アメリカは商業銀行が投資銀行市場に移行するのを少しずつ許可し、一九三〇年代に定められた厳格な分離を崩していった。自由な資本移動と変動相場制は、金融部門を二つの点で変えた。第一に、企業や投資家が通貨危機に対して自衛する必要が生じた。その結果が、シカゴで初めて導入された金融先物市場である。これは、初めは通貨を扱い、次いで確定利付証券を、やがてエクイティを取引するようになった。巨大で実入りの多いデリバティブ市場が生まれたのだ。

第二に、こうした大規模な資本移動によって、より大きな金融機関が求められるようになった。従来の株式ブローカーは、資産の売り手と買い手を結びつけ、見返りに手数料を取っていた。しかし年金基金、保険会社といった大きな投資機関が、このサービスは高くつきすぎると感じはじめた。こうしたリスクを負担する役割は、小さなブローカーや投資銀行――その多くは共同事業で、資本金は主要な社員たちの資産からなっていた――の手には負えなかった。世界的な資本フローという第一線で活躍するためには、こうした仲介業者は大きくなる必要があった。

それで商業銀行は、既存の投資銀行を買収するか、自ら子会社を設立するかして、トレーディングとマーケットメイキングの業務に参入してきた。残った投資銀行は株式市場への投資で資本を調達した。ゴールドマン・サックスでさえ一九九九年に、大事にしていたパートナーの組織を切り捨てている。

もし経済の繁栄がなければ、どの銀行もこんなことはできなかっただろう。ある意味では、一九八〇年代の「大いなる安定期」と金融部門のブームはがっちり結びついていた。銀行が儲けるには、大まかにいって三つの方法がある。借りたときよりも高い利率で貸す。資産を所有してその価格の上昇を待つ。アドバイスをして手数料を取る。したがって大いなる安定期は、銀行の意図するところにはうってつけだった。景気後退がめったに起こらなければ、借り手はさらに進んで融資を申し込み、負債を返済できるようになる。経済状態の上昇傾向は、エクイティと資産の高騰につながる。さらに企業に株式市場への投資や企業買収を行うよう促す——こうした活動が盛んになれば、金融部門はたっぷり手数料にありつける。

銀行はカジノの胴元のようなものだ。マネーがシステム内を流れるたびに、彼らがその一部をせしめる。マネーがどんどん速く流れるほど、取り分もどんどん多くなる。バブルが長い時期に連続して起こったことが、このプロセスを後押しした。資産価格は急速に上昇していたため、投資家は自分たちの儲けの一部を金融部門に取られていることにほとんど気づかなかった（あるいは気にかけなかった）。

しかし個々の銀行家が儲ける間に、納税者の負担は見えないところで増えていった。ときには政府が預金を保証するなどして、あからさまに銀行の後押しをすることもあった。あるいは、そうした支援は暗黙のうちに行われた。銀行システムが崩壊すれば、一九三〇年代の例からもわかるように、経済は徹底的に破壊される。二〇〇七〜〇八年の危機は、政府がいつでも銀行の救済に乗り出そうとすることを示していた。銀行が倒産したときの影響が大きければなおさらだ。イングランド銀行金融安定担当専務理事のアンドリュー・ハルデインは、二〇一〇年三月にこんな発言をしている。「銀行業は汚染物質だ。システミック・リスクはその有毒な副産物だ」(8)。

政府によるこの「安全装置」は、政府が救済してくれると債権者に思わせることで、結果的に銀行の資金調達のコストを引き下げた。資金調達のコストが下がるとは、銀行の利益が上がるということだ。ハルデインの計算によると、二〇〇七年から〇九年に英国の五銀行が受けた一年当たりの平均補助金は五〇〇〇億ポンドを超えたが、これは危機が起こる前の時期の年間収入に等しい額だった。こうした補助金の見返りは求められない。銀行の従業員からは「超過利得」（レント）

として受け止められている。アメリカでは、ジョージ・メイソン大学のラッセル・ロバーツがこう記した。「どうせ救済されるだろうという債権者の期待に応え、金融機関は借りた資金を自らの資本に代えて、ますますリスクの高い投資をするようになっていく」(9)。

それ以上に有害な影響も起こっている。小さな銀行がひとつ倒産しても、金融システムに危険はないが、大きな銀行が倒産するのは大変な問題となる。したがって、銀行ができるだけ大きくなろうとするのは、政府による保証でより大きな利益を得られるという意味で理に適っている。そして当然のように、業界の集中化が進んだ。アンドリュー・ハルデインによると、アメリカの銀行の上位四社が全体の資産に占める割合は、一九九〇年の一〇パーセントから二〇〇七年の四〇パーセントまで上昇した(10)。世界レベルで見れば、最大の銀行五社の資産が全体に占める割合は、一九九〇年の八パーセントから二〇〇八年の一六パーセントまで上がっている。当世風にいえば、銀行は「大きすぎて潰せない」存在になったのだ。

こうした集中化によって、経済の効率性が大きく高まるかどうかは何ともいえない。ハルデイン氏によれば、銀行の最適な規模は資産一〇〇〇億ドルを超えない程度だという。しかし二〇〇八年には、世界的規模の銀行一四五社が業界全体の八五パーセントを支配し、一〇〇〇億ドル以上の資産を保有していた。そのうえ、個々の銀行が大きくなっているだけでなく、業界全体の規模も拡大している。アメリカでは、銀行資産のGDPに対する長期比率は、ドイツ銀行のジム・レイドによると(11)、平均およそ六一パーセントだった。この比率は一九九〇年代半ばから急に上がり、八五パーセントになった。英国の銀行資産は、一八八〇年から一世紀の間は、GDPのおよそ五〇パーセント前後を推移していた。だがその後に急上昇し、二〇〇七年にはなんと

GDPの五〇〇パーセントに達した。納税者に突きつけられるかもしれない請求書の金額が一〇倍になったのだ(12)。

株式市場では金融部門が優位を占めるようになった。アメリカでは、一九八九年には金融部門の価値はS&P五〇〇インデックスの八・八パーセントにすぎなかった。二〇〇七年初めには、その比率は二二・三パーセントまで上昇した(13)。ある時点で、金融部門はアメリカ国内の収入の三分の一を占めていた。

この大規模な拡大には、銀行が積極的にリスクをとるようになったことが大きく関与している。銀行は資産よりも少ない資本しか保有していなかった。言い換えれば、銀行はレバレッジを多用した。ことがうまく運んでいるときには、レバレッジが高ければ、株主には高いリターンがもたらされる(14)。銀行のガバナンス構造がパートナーシップから公開会社に変化したことも、大きな影響を及ぼした。二〇世紀の前半にウォールストリートで大手投資銀行を創設した人間たち(ゴールドマン・サックスのシドニー・ワインバーグなど)は、リスクをとるに当たってはもっと慎重だった。自分の財産がかかっていたからだ。他人のお金でリスクをとるのは、いつでもより魅力的なものである。

一九世紀末には、アメリカの銀行では自己資本比率(資産に対する自己資本の割合)は二五パーセントほどだった。だが二一世紀の最初の一〇年で、一〇パーセントを切るまでに低下した。英国では、この比率は同じ時期に一五パーセントからおよそ五パーセントまで下がった(15)。こうなると、システムの安全度は低下する。比較的小さな損失があっただけでも、銀行の財務上の健全性は脅威にさらされる。

中央銀行、市場、負債水準の関係についてはすでに触れた。市場が低迷すれば、中央銀行が金利を引き下げ、投資家にもっとリスクをとるよう促す。銀行と政府の間にも、もうひとつのスパイラルが働く。政府が銀行を支援することで、銀行は大きくなり、さらに政府の支援を求めるようになる。ある研究によれば、金融危機の影響を受けて、預金保険制度の対GDP比は四倍に増えたという(16)。これは「モラルハザード」の問題を引き起こす。預金者に銀行の健全性をチェックしようとする意欲はなくなった。銀行の背後には政府がいて、預金を保証してくれるからだ。そうして英国の預金者はアイスランドの銀行と関わりを持つようになったのだ。銀行は安全性を競うのをやめた。かわりに儲けの大きさを売り物に株主を引き寄せようと競い、さらにリスクを冒そうとする意欲を高めた。そうした賭けがうまくいけば、銀行は利益が上がったが、賭けが不成功に終われば、結局、納税者につけが回ってきた。

金融監督機関もこうした問題に気づき、資本に関する国際協約(バーゼル合意)で定められた規制を通じ、コントロールを試みた。しかし本書の後のほうで見ていくとおり、銀行はルールを回避する手段を見つけ、自社のバランスシートからリスクを消していった。監督機関も、給料のいい民間部門の専門家たちの発想にはついていくことができないようだった。これはIMFの前チーフエコノミスト、サイモン・ジョンソンが明確に述べた問題に関連するかもしれない。ジェームズ・クワックとの共著『国家対巨大銀行』で、ジョンソンは言っている。途上国はかつて、政府が少数の有力な実業家と共謀するか、あるいはその支配を受けていることで悪名高かった。しかし今では、アメリカにも同じことがいえる。

「ウォールストリートの銀行は、アメリカの新しい黒幕だ――経済力を持つゆえに政治力も有するグループであり、その政治力を自分たちの利益のために利用する。金融部門が手にする天井知らずの利益やボーナスは、選挙献金を通じて政治力や、ウォールストリートと政府をつなぐ回転ドアのアトラクションに形を変えた」[17]

このねんごろな関係にまつわる疑惑が露呈したのは、ゴールドマン・サックスの前経営責任者ハンク・ポールソンが、金融危機の時期にアメリカ財務省を預かることになったときだ。驚いたことに、ゴールドマン・サックス出身の財務長官は、ロバート・ルービンに次いでポールソンが二人目で、それもルービンが辞めてから一〇年たっていなかった。

ウォールストリートの大物を政府に招聘するということには、もう少し悪意のない説明もつけられるが、やはり意味深長である点に変わりはない。ウォールストリートの投資銀行の華々しい成功ぶりや、現代の金融が知的に複雑になっていることから、金融業界の経営者はこの国で最も頭のいい人間たちなのだと思われていたのだ（ジョン・F・ケネディもこれと同じ理屈に導かれて、アメリカの自動車産業が世界を席巻していた時代に、フォードからロバート・マクナマラを国防長官に招聘した）。

しかし理由はどうあれ、もたらされた効果は同じだっただろう。ウォールストリート出身の閣僚が金融業界にきびしい規制を課すことはまずありえない。ゼネラルモーターズの会長だったアルフレッド・スローンはかつて、「ゼネラルモーターズにとってよいことは、アメリカにとってもよいことだ」と言い放った。一九九〇年代から二〇〇〇年代初めには、ゴールドマン・サックスにとってよいことはアメリカにとってもよいことだと、政府閣僚が思い込むのはたやすかった。

金融業界はまた、高額納税者でもあった。ボーナスの支払いには所得税が、株価による収益にはキャピタルゲイン・タックスが、不動産および株の取引などには印紙税がかけられる。英国では、ブレアからブラウンへと続く労働党政権ですら、大銀行を外国へ追いやってしまうことを恐れ、規制については手加減をした。そしてロンドンは世界金融の中心であるニューヨークに追いつくか、あるいは追い抜こうとしていると吹聴した。

金融機関が規制回避のために、より寛容に扱われる国へ移っていく（規制の裁定）という見通しも、監督機関が銀行に断固たる措置をとらず、危機以降の改革プログラムも手ぬるいものになっている理由のひとつだろう。アメリカでは一九二九年の大暴落の後にグラス・スティーガル法が可決され、商業銀行（預金を受け取る）と投資銀行とが分離された。しかし今回は、そうした徹底的な措置は何もとられなかった。アメリカはドッド・フランク法案という大規模な金融改革法を可決したが、これには大手銀行の解体の構想も、業務の根本的な分離の構想もなかった。細かな実施については数多くの研究グループにほとんどまかされることになった――これは改革を「丈高い草むら」に蹴り込む、つまり改革が都合よく忘れ去られ骨抜きにされるように計らうためのお役所的仕組みの典型だ。そして大がかりな改革のチャンスは、共和党が二〇一〇年に下院を掌握したことでさらに薄められてしまった。英国では、二〇一一年に第三者銀行委員会による銀行手数料についての報告書が発表された。報告書はリテール業務が投資銀行業務の影響を受けないように隔てることを勧告しているが、その実施はひどく遅れそうだ。銀行が将来の政府に働きかけ、なかったことにさせようとしているのかもしれない。

危険なのは、金融部門が経済学者の言う「レントシーカー」になる、つまりそのサービスに過大な対価を設定し超過利得をねらおうとすることだ。こうしたレントは、競争の不足から生まれるものかもしれない。政府による保証が、新たな銀行の参入を阻む障壁となりかねないからだ。透明性の不足による結果とも考えられる。金融商品は複雑なものが多く、実効価格があいまいになることもしばしばだ。業界が設定する価格は、他の経済部門からの富の移転を表している。これは「プリンシパル＝エージェントの問題」となる。つまり顧客の利益とお金を扱う人間の利益とが整合していないということだ。

元ファンドマネジャーのポール・ウーリーは、ロンドン・スクール・フォー・エコノミクスで「資本市場の機能不全」を研究するセンターを開いている。彼は自分がかつて属していた業界をきびしい口調で説明している。「金融は、下水道やガスといった公益事業のひとつにすぎないのに、なぜあれほどの高給取りばかりの業界でなくてはならないのか？　まるで際限なく膨らんで大きくなり、全身を乗っ取ってしまうがん細胞のようだ」[18]。

効率的市場理論

中央銀行が資産バブルに介入したがらないのは、資産価格の上昇がもたらす異常な高揚感と何かしら関係がある。中央銀行は大衆を遠ざけてしまうことで、何より大切にしてきた独立性を失うのが恐ろしいのだ。しかしおもな動機はイデオロギーにある。米連邦準備理事会議長のアラン・グリーンスパンは、アイン・ランドの信奉者だった。ランドは哲学者であると同時にカルト的な小説家で、その「客観主義」はエリートを賛美し、愚鈍な大衆や邪魔立てする官僚を貶めるものだった。ランドが初めて書いた小説「水源」の主人公、ハワード・ロークは建築家で、モダニズム建築を推し進めるという野望を持っているが、劣った連中にいつもじゃまされていた（どういったタイプかおわかりだろう。コンクリートの高層ビルに住みたがらない人々だ）。

ランドの世界では、われわれはこうした主人公に感謝しなくてはならない。彼らは大きなことを成し遂げられるだけの衝動とビジョンを持っている。社会を前に推し進めるのは、この自覚的なエリートであり、政府や大衆の意思ではない。経済学の言葉でいうなら、この哲学はつまり、市場はつねに信頼すべきものであって、政府はその邪魔をしてはならないということだ。データの分析に人生を懸けている頭のいいファンドマネジャーたち――現代のハワード・ローク――にとやかく言うのは、アラン・グリーンスパンの仕事ではなかった。

この見方は、大戦後のケインジアン・コンセンサスに対する一般の反応を反映するものだった。そのコンセンサスは結局、産業の重要な部分が政府の統制下に置かれることに終わったように思われたのだ。これに対する学者からの反論の中心にいたのが、シカゴ学派のミルトン・フリードマンである。政府は資本の配分などには不得意だというのが、彼の言い分だった。自由市場主義にはたしかに、それなりの正当な根拠があった。いわく、政府のプロジェクトは過剰支出が目立ち、コンコルドのような無用の長物を生み出すことが多々ある。官僚にはｉＰｏｄや任天堂Ｗｉｉのような人気製品はまずつくりだせない。市場のほうが本来的に、技術革新には向いている。消費者一人ひとりから毎日送られてくる価格設定や欲求にかかわるシグナルに反応できるからだ。

それとはまったく独自に、金融研究者たちは「効率的市場理論」をつくりだしていた。これは、現時点の市場の価格はつねに、政府閣僚や中央銀行の人間たちの見解よりも市場の基本的な状態をよく反映しているとする考え方だ。効率的市場理論は、多くの投資家に共通する見解――市場を出し抜くのは難しい――と密接につながっている。ある意味、まったく自明の話だ。英国のFTSE一〇〇インデックスやアメリカのS&P五〇〇は、市場の価値の大部分を表す株の銘柄のグループである。したがってこのインデックスの運用成績は、平均的な投資家の運用成績と似ていなくてはならない。投資家は全体として、市場をそっくり所有しているからだ。そしてインデックスには株取引のコストはかからないが、平均的な投資家にはそのコストがかかる。だから普通の投資家は市場一般よりも運用成績が悪くなる。

プロのファンドマネジャーは、マネーの運用に対して手数料をとる。小口の一般投資家の場合、この手数料は通常、年間一パーセントを超える。だから平均的な一般投資家は、こうした手数料分、市場より運用成績が悪くなる。驚くなかれ、それが真相なのだ。

あなたはこう言うかもしれない。ああそう、でも平均以上のファンドマネジャーを見つけることはできるはずだろうと。そう、そんなマネジャーはまちがいなく存在する。しかしそれが実際に見つかって、投資家が有り金すべてを渡し、平均以下のファンドマネジャーには一ドルも渡さなくなったとしよう。すると市場はすっかり、平均以上のマネジャーたちの手中に落ちることになる。理屈からいって、すべてのマネジャーが平均以上になれるわけがない。それで一部のマネジャーたちは平均以下の成績に落ち込みはじめる。

これと同じ洞察は、終始一貫して市場を出し抜くように見える戦略――たとえば、利益の出る見込みの高い会社の株を買うといったもの――すべてに当てはまる。そんな戦略がもし見つかれば、誰でも利用するだろう。その結果、そうした会社の株価は、平均的な利益しか生み出さないレベルにまで下がってしまう。

効率的市場理論を支えるこうした学者たちの知見は、非常に有用だった。それがやがて、一般投資家が株式市場を買う体験ができる安価なトラッキングファンドの発展をもたらした。こうしたファンドは単純にインデックスに倣おうとする。コストがかかる分、インデックスよりもパフォーマンスが少し下回らざるをえないが、ヴァンガード（協同組織グループ）のようなすぐれたインデックストラッカーは、そうしたコストをできるだけ低く抑えている。インデックストラッカーを選べば、あのファンドの花形マネジャーが辞めてしまうんじゃないか、ふと頭に浮かんだカナダのダイヤモンド鉱山に有り金すべて投資するべきか、などといった心配をする必要はなくなる。

しかし効果的市場理論が生まれてからというもの、ライバルの学者たちはずっとこの仮説をひっくり返そうとしてきた。この理論は、新しい情報が自動的に株価に反映されること、投資家には抑制がかからないこと、市場には企業一つひとつの会計数字をじっくり読む合理的な投資家ばかりがいることを前提にしている。

だが現実には、投資家にはたくさんのバイアス、たとえば優良株を売って赤字株を持ちつづけるといった傾向もあることがわかっている。効率的市場理論は投資家が上昇する相場に賭けるのと同様、空売りをする（下がっている株に賭ける）ことも許すだろうが、実際には監督機関が空売りに多くの制限を課している。また歴史を見れば、市場が例外的な振る舞いをすることはいくらでもある。たとえば毎年一月には株の運用成績が悪くなるとか、小さな企業のほうが投資パフォーマンスはよいといったことだ。

一九八七年一〇月二〇日、株価が前日の取引開始時から二三パーセント落ち込むという事態が起こったが、それを踏まえれば、市場はつねに効率的に評価されていると主張することはきわめて難しくなる。それでもアラン・グリーンスパンは一貫して態度を変えなかった。計上できる利益も配当もない企業が何十億ドルの値をつけられたドットコム・バブルの時期にも、そうした見方を変えようとはしなかったのだ。実際、何百万人もの投資家たちの見方についてとやかく言うことなどできるだろうか？　たとえバブルの存在を突き止められたとしても、それを弾けさせるには、金利をかなり引き上げなくてはならない。そのことは経済を景気後退に追いやる結果となるだろう。それこそまさしく、中央銀行が是が非でも避けようとしていたことだった。

しかし批判する側から見れば、「ブラック・マンデー」以降のグリーンスパンの行動は、投資家に旨みだけの賭けを提供するものだった。つまり、もし市場が急落すれば、グリーンスパンは介入する。急騰するときには介入しない、ということだ。ロンバード・ストリート・リサーチのエコノミスト、チャールズ・デュマスは、グリーンスパンが「非対称的無知」を演じていると当てこすった。市場が下がりすぎたときにはそれと分かるが、上がりすぎたときには分からないという意味だ。しかし連邦準備理事会の議長を務めた一九年間を通じて、アラン・グリーンスパンは概ね賢者として奉られていた。ニクソン大統領の失脚に一役買った記者のボブ・ウッドワードは、二〇〇一年に出した本のタイトルで、グリーンスパンにマエストロの称号を捧げている(19)。今にして思えば、この本の出版は、中央銀行の評価が絶頂に達した時を示す出来事だった。各国中央銀行に課されていた役割は、インフレを低く抑えることだった。実際に、インフレはほぼ低いままだった。そして景気後退を食い止めるという責任も負っていた。一九九〇年から九一年のつかの間の下落の後には、長期にわたる好景気が来た。中央銀行は毎月のように金利を上げ下げし、経済政策において活発な役割を担っていた。対照的に金融大臣は、総需要をコントロールしようとするのでなく、社会政策や優遇措置をいじりまわすことに年間予算を利用した。

古き悪しき一九六〇~七〇年代には、中央銀行は政治家の言いなりだと思われていた。政治家が金利の引き上げと大きな財政赤字を望むのは、しごく当然だった。そうすれば票が買える。中央銀行のほうも政治家の行き過ぎをなかなか止められなかった。ところが次第に中央銀行には、政治の介入なしに金利を定める権限を与えられるようになった。一九八九年にニュージーランドがそうした基調を打ち出し、中央銀行に独立性とインフレターゲットを与えた。英国では労働党政権が一九九七年、イングランド銀行に金利を司る責任を譲り渡した。アメリカでは一九一三年の創設以来、連邦準備理事会が金利を定める権限を持っていた。そして欧州中央銀行も一九九九年から同じ権限を持った。

ただしこの自由は絶対的ではない。政府は与えたものを再び取り上げることもできる。中央銀行の総裁を任命する権利もあり、そのつもりなら協力的な人物を選ぶことも可能だ。また銀行がめざすべき目標を、たとえば、インフレや成長を助長する方向へと変更することもできる[20]。

こうした変化は将来にも、もし経済状況がさらに悪化すれば、起こりうるかもしれない。今のところ政治家たちは、中央銀行の独立性は、支払うに足る代価だと判断している。中央銀行が金融政策の信頼性を高めることで、政治家にまかせた場合よりも金利が低い状態が実現してきたと考えてもおかしくはない。実際、そのほうが成長の度合いは大きくなり、有権者もそのぶん幸せになれたのかもしれない。

このように中央銀行が成功を収めたのは、その技量によるものなのか、あるいはただの幸運なのか？　一九八〇〜九〇年代には、マクロ経済の全体図に巨大な変化があった――中国と、旧ソ連およびその衛星国が資本主義世界に参入してきたのだ。こうした国々の数億人の労働者が一気に、労働力として使えるようになった。これによって欧米世界の賃金には、一貫して下向きの圧力がかかりはじめた。企業には東ヨーロッパとアジアに低コストのサプライヤーを求めるという選択肢もできた。

こうした労働力のすさまじい増加は、世界経済にとってはデフレショックに似たものがある。これを完全に制御できれば、欧米では賃金は下がっても、物価も同じように下がり、（インフレ分を差し引いた）実質所得は上がるかもしれない（一九世紀末にも同じようなことがあった。蒸気船の出現によって、アメリカとアルゼンチンの広大な農場がヨーロッパの消費者の前に開かれたのだ。食料の価格が下がり、農地の価格もヨーロッパの農業労働者の人口も下落したが、その結果、工場労働者の実質収入は押し上げられた）。金利を何度も引き下げることで、中央銀行はデフレが居座るのを食い止めた。こうした観点から見れば、一九九〇年代で驚くべきだったのは、インフレが低水準にとどまったことではない。インフレがまったく起こらなかったことだ。

中央銀行がデフレを生み出してしまうのを恐れるのは、負債水準が高まるからだ。物価が急落した一九三〇年代、中央銀行は何が起きたかを見ていた。負債の名目上の水準は同じだったが、債務者の収入が下がったため、債務の返済が不可能になってしまったのだ。この負債の問題があるために、中央銀行はわずかな景気後退でも生じるのを避けようとした。だがおそらく、景気後退は経済全体を掃除するには必要なのだろう。経済には、古い産業は棄てて、新しい産業を発展させるという新陳代謝が必要だ。あらゆる景気後退を防ぐのは、国有林で小さな火事が起こるのさえも防ぐというおなじみの慣習に少し似ているかもしれない。そのせいで潅木がやたら茂ってしまい、実際に火事が起こると、一気に燃え広がって大惨事になるのだ。

こうしたことは、金本位制やブレトンウッズ体制の下では起こらなかっただろう。金本位制の下では、中国が巨大な黒字を積み上げるずっと以前に、アメリカの金準備が尽きてしまっていただろう。ブレトンウッズ体制の下では、貿易赤字はいつまでも継続しようがない（実際、そのためにブレトンウッズは崩壊したのだった）。

規制

この「市場こそ正義」という哲学はまた規制のゆるさにも反映していた。民間部門は行動によって自らを規制するものと想定されていた。そのためには、返済できなくなりそうな相手には貸さない。バランスシートを損ないそうなリスクを冒すのもいけない。なんといっても、銀行の経営陣は自身が株主でもあった。自分の財産を失うリスクを負わねばならない理由があるだろうか？

しかしこうした想定は二〇〇七〜〇八年に、まったくのまちがいだったことが証明された。なぜ銀行がここまでの思い違いをしでかしたのか？ ひとつ考えられるのは、実際にどれだけのリスクが冒されているかを経営陣が認識していなかったのではないかということだ。銀行の業務が複雑怪奇になりすぎ、金融商品の細かな点までいちいち把握できないため、取締役たちは従業員たちがやっていることについていけなかったのかもしれない。

もうひとつの問題は、業界内の圧力だ。銀行の経営陣は、株主のために利益を生み出し、株価を押し上げられるかどうかによって評価される。ある地域でライバルの銀行がたっぷり儲けているようなら（たとえばサブプライム・ローンで）、経営陣はその後を追わずにはいられなくなる。シティグループの元トップ、チャック・プライスはかつてこう言った。「音楽がいったん止まれば、流動性の観点から見て、事はかなりややこしくなる。しかし音楽が演奏されているかぎりは、立って踊らなくてはならない。われわれはまだ踊りつづけているんだ」(21)。プライスやその同種の人間にとっては、短い期間で儲けを生み出せなければ、すぐに首を切られてしまう。

リーマン・ブラザーズのディック・ファルドやベアー・スターンズのジミー・ケインなどは、銀行が倒れたときに自分の財産を何億ドルも失う羽目になった。それならばなぜ、グリーンスパンの理論も教えているように、もっと慎重にならなかったのか？　ひとつには心理的な理由がある――投資銀行のトップまで登りつめるような人間は、リスクをとることに慣れている。そうしたタイプは、自分は平均よりも頭がよくて抜け目がない、だから失敗などありえないと考えるだろう。なにしろこれまでにやった大きな賭けはほとんどうまくいっていたのだから。

同様に、銀行家の一人ひとりが、他の銀行のライバルと競争しているという意識を持っている。スコアをつける方法は、儲けた額だけだ。彼らはいつでも隣の人間より多くの儲けがほしい。それでリスクを多くとるようになる。彼らの長期的な繁栄は保証されている。これまでに何年もかけて、すでに厖大な数の株を現金化してきたからだ。

「大いなる安定期」にもときどき銀行が倒産し、銀行業にかかわるリスクが露呈することがあった。一九八四年のジョンソン・マッセイ、一九九一年のBCCIの崩壊は、銀行がいまだに昔ながらの形で倒産しうることを示していた。つまり、返せない連中に貸したために潰れたのだ。一九九五年のベアリングスの倒産はもう少し現代らしい話で、デリバティブ市場と結びついていた。ベアリングスの経営陣の驚くべき認識の甘さ、統制の欠如が暴露された事件だった。

ニック・リーソンは、ベアリングスのシンガポール支店で働く下級行員だった。それまでの経歴を見れば、スターになれる器でなかったことが分かる。彼に課せられた業務はもっぱらシンガポールと日本の市場の間でアービトラージ（裁定取引）をすることだった。ある取引所で安く買い、別の取引所で高く売るのだ。道端に落ちている二〇ポンド紙幣を探して歩くに等しい仕事だった。ときには得をする可能性もあるが、大当たりは望めない。そのリーソンから大変な利益を上げたという報告が入りはじめたとき、ベアリングスの経営陣（ロンドンにいた）は何を思ったのだろう？　シンガポールと日本の市場はそこまで効率的に富を生み出せるのか？　アジア人は愚かだからリーソンと同じようなチャンスをものにできないのか？

さらにあきらかな答えは、彼らの目の前にあった。リーソンはトレーディングだけでなく、事務処理業務も担当していた。取引の報告と清算を行っていたのだ。学校の生徒が自分の宿題をつくるようなものだった。リーソンは有能でないというだけではなかった。儲けるどころか損を出していて、その損失を「取引事故勘定」に隠していたのだ。莫大な利益は幻だった。損失が積み重なると、彼はその状況を修復しようとますますリスクを冒した。そして日本で地震が起こり、東京証券取引所で株価が暴落すると、リーソンは万事休すとなった。

ベアリングスの本社は、リーソンの上げた利益の証拠を、現金の形では要求しなかった。それどころか、すばらしく実入りのいい彼の業務に大喜びで資金を供給しつづけていた。「証券市場で儲けを出すのは実際、さほど難しいことではなかった」。この投資銀行の会長だったピーター・ベアリングは、自社が倒産するわずか二年前にそう発言している[22]。

ベアリングスの倒産は、金融ブームの核心にある暗い秘密を白日の下にさらした。第一に、高リターンにはつねに高リスクがついてまわる。第二に、トレーダーは「他人のマネー」を種にリスクを冒して自分のボーナスを増やそうとするインセンティブはたっぷりあるが、自分のミスを認める意欲はほとんどない。ニック・リーソンの自伝の書名『ローグ・トレーダー』を見れば分かる。彼はシステムの内部ではなく、外部で活動していたのだ。

私企業にはリスクを抑えようとする強いインセンティブがあると、監督機関は考えていた。なにしろ彼らは、他の銀行と毎日の取引をするなかで、何か弱みはないかと探りを入れられているのだ。市場はつねに効率的なのだから、きっと自制が働くだろう。そういった想定の下、実際に二〇〇四年には、アメリカ最大の監督機関である証券取引委員会が一流のブローカーディーラー（ベアー・スターンズ、リーマン・ブラザーズなどの入るカテゴリーだ）が利用できるレバレッジの上限を撤廃した。これによって、投資銀行が営業免許を賭けた投資に走ろうとする力を抑えるものはなくなった。

このシステムは巨大なだけでなく複雑でもあった。大銀行は毎日それぞれ、お互いに何百万件もの取引を行っていて、それも融資のからむもの、株式や債券の取引がからむもの、オプションやスワップといったデリバティブ商品がからむものと多岐にわたっている。また同時に、ヘッジファンド、保険会社、年金基金といった外部の事業体との取引もあり、これらの事業体それぞれが数社の銀行とのつながりを持っていた。

多くの場合、銀行はこうした取引相手に担保を求めていた――取引の価値に照らして政府債券やその他の証券を担保に出させていたのだ。そうすれば取引相手が破綻しても、銀行は担保を手にすることができる。このような手段で、銀行は孤立した取引相手の破綻から守られていた。だが、さらに広範な破綻からシステムをどう守るかとなると、これはずっと厄介な問題だった。この点については、監督機関も一九八七年に警告を受け取っていた。

ブラック・マンデーの株価暴落は、経済見通しを抜本的に見直した結果だったわけではない。一九八七年の前半には株価は急騰していて、投資家は概ね利益が上がっていた。それがあっという間に下落したのは、ポートフォリオ・インシュアランスという市場慣行に技術上の変更が行われた結果だった。

ポートフォリオ・インシュアランスは、投資家、特に巨大な年金基金や保険会社が市場の下落に備えて自衛するために考え出された方法である。年金基金などの機関は株式市場でも最大の投資家だった。そしてリスクを分散するために多くの企業の株を個別に所有していたが、それでも市場全体が下落するという危険にはさらされていた。

そこでの解決策は、金融先物市場を利用することだった。金融先物市場とは、一九世紀半ば頃から農民（および原料を使用する製造業者）が利用していた商品先物取引を改良したものだ。一九七〇年代に、為替変動をカバーするのに使われていたのと同じ仕組みが、株式市場向けに改良された。株式市場の先物では、投資家が特定のインデックスに基づいた契約を売り買いできる。アメリカの場合、最も人気の高いインデックスはS&P五〇〇で、ダウ・ジョーンズ工業平均株価よりもずっと幅広い市場の尺度だった。

たとえば、今が六月だとしよう。あなたは大口の投資家で、九月前に市場が急落することを心配している。S&P五〇〇は一〇〇〇で取引をしているが、夏の間に九〇〇まで下がるのではないかという懸念がある。このインデックスに基づいた先物契約は、九九〇で取引をしている。あなたはリスクをカバーできるだけの先物契約を売る。もし市場があなたの予想どおり下落すれば、先物の価格も下がる。それを九〇〇で買い戻せば、利益が出る。この利益で、あなたの市場取引でのポジションから生じた損失を埋め合わせられる。自分の身を守れるわけだ。

このシステムは、理論上はたしかにそのとおり働く。しかし金融業界や経済界ではままあるように、実際に起きたことはまったくちがった。市場が下落すると、保険を求める人が増える。それでS&Pの先物を売りに出す。しかし先物の下落は、投資家が懸念を持っているというシグナルを市場に伝える。それで株価が下がり、ますます保険が必要になるといった具合だ。

経済理論では、個々の参加者が経済の基礎的な条件に影響を及ぼすことはほとんどないとされることが多い。つまり、価格が都合の悪いほうに動くことなく、売り買いできるということだ。しかし大口の投資家は、自分たちが市場の大半を占めているので、そうした要素も気にする必要がある。要するに、システムは自らを守ることはできないのだ。誰も取引相手になってはくれないのだから。

ところが中央銀行は、一九八七年の大暴落を引き起こした原因を突きつめようとせず、自分たちが金利を引き下げたことが不況の再現を防いだということを重くみた。そして一九八七年の件を政策の成功例とみなしたのだ。

大きいほどよい

一九三四年のグラス・スティーガル法で確立された商業銀行と投資銀行の境界は、一九八七年の頃にはまだかなり明確にあった。預金を受託する銀行の健全さをめぐる混乱などはかけらもなかった。しかしあらゆる銀行がコングロマリット化し、大きなグループに統合されるにつれて、システミック・リスクが高まっていった。それでも監督機関は、市場が自らリスクに対処できると決め込んでいた。なんといっても、銀行は最優秀の人材や数学者、市場のモデルを定められる切れ者たちを雇っているではないか？

こうした頭のいい若者たちは、一九七〇年代以降に成長してきたややこしいデリバティブ商品を扱うためには必要とされたが、そのデリバティブがサブプライム危機に大きな役割を果たすことになった。デリバティブは典型的な諸刃の剣だ——リスク（たとえば原油価格の急騰や急落）に対する保険を買えるチャンスにもなれば、そうしたリスクが起こることを認める（というより求める）場合もある。アラン・グリーンスパンの寛容な見方では、デリバティブはシステム全体にリスクを広げ、より安全にするというものだった。悲しいかな、この見方は、システムは自らを守れないという原則に反するものだった。

銀行はデリバティブの成長については、隠れた動機を持っているかもしれない。デリバティブ商品は複雑であればあるほど、投資家が価格を見通すことが難しくなる。その結果、金融部門にはたんまりと手数料が入る。しかし銀行は、長期的に見れば自分を欺いているのかもしれない。最大損失予想額（ＶＡＲ）というリスクを測る尺度が、ブラック・マンデーの余波を受けて金融ビジネスに組み入れられた。ＪＰモルガンの経営責任者デニス・ウェザーストンは、一九八七年の事件で被害を被った。彼は部下のチームに、銀行が市場の急変のリスクにどこまでさらされているかを示す尺度をつくるように命じた。そうして考案されたのがＶＡＲだ。これは銀行が取引日全体の九五パーセント（もしくは九九パーセント）で被る可能性のある最大損失を数値化するものだった。

このＶＡＲの利用は、銀行の経営陣に誤った安心を与えることで危機を招く一因となる、という見方もある。著述家のパブロ・トリアナはこの手法を、自動車の助手席エアバッグになぞらえた。助手席エアバッグは、全体の九五パーセントでは機能するものの、自動車が衝突するときの肝心の五パーセントでは機能しない㉓。ナシーム・ニコラス・タレブは「ルーディック・ファラシー（遊びの誤謬）」について書いている。それは、市場変動の確率はポーカーの手が勝つ確率と同様、正確に計算できるという思い込みのことだ㉔。タレブは、問題は確率の分布は前もって分からないことだと指摘する。ポーカーの場合、一組のカードには五二枚（ジョーカーを入れれば五四枚）しかない。だが市場となると、われわれは「ナイト流の不確実性」の領域に置かれる。前アメリカ国防長官ドナルド・ラムズフェルドが別の表現で示したように、「われわれには何が分かっていないかも分からない」のだ。

数学用語でいえば、市場をモデリングする最も簡単な方法は、「正規分布」を使うことだ。これはベル・カーブ（鐘型曲線）とも呼ばれ、データポイントの大半が値幅の中央に分布する。自然界では、これは非常に役に立つ。たとえばほとんどの人の身長は五フィートから七フィートの間に位置し、極端な外れ値（一フィート以下や一〇フィート以上）は知られていない。ところが市場では、ベル・カーブに「ファット・テール」が、つまり予想を超えた極端な例が見られる。ゴールドマン・サックスのＣＦＯ（最高財務責任者）、デイヴィッド・ヴィニアーは、二〇〇七年一〇月にこう発言した。「われわれの見るかぎり、標準偏差二五の状態が数日間連続していた」[25]。ベル・カーブで標準偏差が二五でも、ごくわずかながら起こる可能性があるのだから、これはＶＡＲモデルが単純に誤っていたことを示している。

もちろん、モデルを作成するときに、ベル・カーブとはちがった確率分布を考慮することはできる。だがそれでも、どういった分布が起こるかはわからない。慎重すぎる見方をとってろくにリスクを冒さなければ、他の投資銀行に利益を全部持っていかれる。ディック・ファルド、ジミー・ケインといった攻撃的な投資銀行の経営者にとって、これは論外だった。慎重を期そうと主張する人間はチームの輪を乱す存在だった。

イングランド銀行のアンドリュー・ハルデインは、二〇〇九年初のスピーチで、銀行家の動機に関する知見を提供した[26]。同銀行は金融サービス機構とともに、各銀行を対象に、金融機関のポートフォリオのストレステストをテーマとする一連のセミナーを開いた。監督機関は、このストレスの影響がきわめて小さく算出されていることに気づいていた。これにはどんな説明がつけられるのか？　ある銀行家が告白している。

「個々人にとっては、きびしいストレステストを行い、結果を経営陣に示すインセンティブはどこにもなかった。第一に、もし深刻な打撃になる要素があれば、ボーナスを失うことになる可能性はきわめて高いし、職まで失いかねなかったからだ。第二に、もし大事になれば、どのみち当局が介入し、同じような窮状にある銀行その他を救いにこざるをえないだろうとも思った」

もうひとつの問題は、VARモデルの数字は、最近の情報に大きく左右される傾向があることだった。つまり長期にわたり変動率が低い場合、このモデルから生み出される可能性のある損失額が低く出る傾向があり、したがって銀行はさらにリスクを冒そうという気になるのだ(ハイマン・ミンスキーの予言どおりに)。

タレブが指摘するように、これはきわめて危険な考え方を生み出す。彼の言う「ブラック・スワン」の例は、デイヴィッド・ヒュームまで遡るものだ。白い白鳥を一〇〇〇羽見たとしても、黒い白鳥がどこにもいないということにはならない(実際にオーストラリアにはいる)。しかし彼が説明に用いたもうひとつの喩えのほうがはるかに啓発的だろう。七面鳥が三六四日間、飼い主からエサをもらっていたとしても、その飼い主が情け深い慈善家だとは決していえない。その飼い主はおそらく、感謝祭かクリスマスの食卓のために、三六五日目には七面鳥を殺すだろうからだ。

これが市場の話なら、データ分析の結果、投資家たちが同じような取引をして、住宅市場のほうに賭けようと考えるかもしれない。そして同じ理屈に導かれて、この賭けはきわめて流動性が高いと思い込むかもしれない。彼らはそうした取引を行ってもなんら問題がないからだ。しかしやはり、これは誤った安心感といえる。多くの銀行がこの資産区分に殺到すれば、その価格は上昇し、いかにも賢明な行動に見える。だがいざ売ろうとすると、価格は下がりはじめるだけでなく、買い手を見つけられなくなりかねない。これが「取引の集中」と呼ばれる状態だ。

二〇〇七〜〇八年の金融ビジネスには、もうひとつ大きな問題があった。一九八〇年以降に発展してきた新しいタイプの金融機関、たとえばプライベート・エクイティファンド（ＰＥファンド）やヘッジファンドなどが、あの手この手で流動性に賭けようとしていた。理論上、非流動資産は高いリターンを必要とする。すぐに売れないことへの埋め合わせを投資家に提供しなくてはならないからだ。その高いリターンを活用するべく、ＰＥファンドやヘッジファンドはそうした資産を購入した。短期資金に頼っているのでないかぎりは、結構なことだ。しかし実際に頼っているときには（たとえば、ヘッジファンドの顧客が出資金を取り戻そうとしたり、ブローカーが自分の資金源を引き揚げようとしたりすると）昔ながらの銀行業の問題――短く借りて長く貸す――を抱えることになる。

最も重大な過ちは、投資家の大きなグループが市場の下落に備えてヘッジできる、つまり保険を掛けられると想定したことだった。この契約には、誰か相手がいなくてはならない。こうした保険は、良い状況のときには簡単に掛けられるものの、状況が悪化したときには誰も取引に応じなくなる。システムは自分を守ることはできないのだ。したがって巨額の賭けをする、とりわけ流動性の低い資産に賭けることは、きわめて危険な娯楽となる。

一九八八年のロングターム・キャピタル・マネジメント（ＬＴＣＭ）の倒産は、その典型例といえる。ＬＴＣＭはジョン・メリウェザーという債券トレーダーが率いるヘッジファンドだった。メリウェザーはかつて、当時ウォールストリートでも指折りの投資銀行だったソロモン・ブラザーズで働いていた。彼は自分のファンドに、ノーベル賞を受賞した経済学者ロバート・マートンとマイロン・ショールズを擁する一流のチームを雇い入れた。

LTCMがとったのは、アービトラージ（裁定取引）という戦略だった。不自然に安く見える資産を買い、同じように不自然に高く見える資産を空売りする（値下がりに賭ける）のだ。そうした典型例がアメリカ国債で見られた。投資家は、最も新しく発行された三〇年物債券の流動性に惹きつけられ、所有したくてならなかった。その前年に出た債券のほうは、あと二九年で満期になるはずの債券なので、あまり人気がなかった。とはいえ、どちらも連邦政府の債券であることに変わりはない。だから二九年物を買って三〇年物を空売りするのは理に適っていた。

ところが、価格の乖離はごく小さいものだったため、そこそこのリターンを得るには多くのレバレッジが必要になった。最盛期のLTCMは、資本一ドル当たり三〇ドルを借りている計算だった。そしてこのファンドの賭けは、基本的に、非流動資産を買って流動性の高い資産を空売りするということに尽きた。大手銀行も同じような賭けを行っていた。だから一九九八年に、市場の空気がリスク忌避の方向に振れたときは、さながら椅子取りゲームの様相となった。誰もが流動資産に殺到し、非流動資産の価格は急落した。LTCMの資本は縮小しはじめ、そのポジションから抜け出すことはできなかった。椅子がもう残っていなかったのだ。レバレッジと非流動性がすべてを消してしまった。

LTCMの顛末はこの時代全体を表す隠喩といえる。頭のいい連中がシステムを出し抜こうと決め、他の連中を巻き込んでそのためのリソースを提供させた。ある意味、ポーカーの名手がラスベガスで一儲けするのに、友人たちを支援に駆り出すようなものだ。もしその名手に技術とツキがあれば、しばらくは稼げるだろう。だがもしツキが変われば、友人たちは損失を負担することになる。ポーカーの名手にとってはよい取り決めだが、友人たちにしてみればそうはいえない。

姿勢の変化

昔ながらの銀行の支店長、たとえばテレビドラマ「ダッズ・アーミー」に出てくる不機嫌なキャプテン・メインウォリングのような人物は、一九八〇〜九〇年代に姿を消した。銀行は進んでリスクを引き受けるようになった。しかし「未来は本質的に不可知である」というタレブの主張を受け入れるなら、これは大きな誤りといえる。タレブの見解では、多くの負債を抱えた借り手は、正確な予測に大きく依存することになる。不確かなものに対する適切な対応とは、できるかぎり借りる額を少なくすることであるはずだ㉗。

こうした姿勢の変化は、銀行家がもはや「通貨価値の維持」陣営にはいないことの表れかもしれない。現代の銀行家はデフレに興味を持たない。彼らの関心といえば、高額の負債からうまく儲けを得ることと、資産価格の上昇が続いていくことにしかないのだ。一九二九年〜三一年にはシティーが英国政府に警告を迫ったが、あの頃とはちがって、予算の均衡や金利の引き上げを求めるような金融界からの圧力はなくなった。二〇〇七〜〇八年に先進国の経済は、やんやとはやしたてる銀行とともに危機に陥っていった。

第9章　危機が始まる

「巨額の金を借りてまやかしの繁栄を生み出そうとするとき、人は未来を現在に持ち込む。それはほんとうの未来ではなく、奇怪なまがいものの未来だ。人はレバレッジによって、実際には手にしてもいない繁栄を垣間見るのだ」

――マイケル・ルイス *Boomerang*（邦訳『ブーメラン』）

二〇〇八年秋のある時期、金融監督機関は、銀行システムが現実に崩壊するという危機感を持った。ATMからは現金が出てこなくなった。企業は従業員に給料を支払えず、サプライヤーは商品の代金を受け取れなくなった。完全な経済破綻が迫りつつあるようだった。

こうした事態はすべて、第7章でも説明したように、一九七一年以降のバブルが弾けたために起こった。前の章で論じたように、銀行がバランスシートを拡大しすぎ、不動産のリスクにさらされすぎていた。居住用（および営業用）不動産の所有者たちが、負債をなかなか返済しようとしないか、返済自体が不可能になった。その結果、銀行の資本準備金が底を突くという危険に見舞われた。

その後、政府と中央銀行による大規模な介入があり、政治論争の基調はすっかり変わった。自由市場主義のアメリカ共和党政権とゴールドマン・サックス出身の財務長官は、銀行への資本注入を決めた――同じ方針を民主党がとろうものなら、「社会主義だ」と言って非難されていただろう。短期金利はほぼゼロ近くまで引き下げられた――イングランド銀行の場合、過去三〇〇有余年の歴史でも前例のない水準となった。財政赤字は大戦時以外には見たことのない水準にまで膨らみ、景気回復プロセスを後押しするために、中央銀行は債券利回りを抑える手段として、新たにつくりだしたマネーで国債の購入を決定した。こうした施策の多くは、中央銀行内でも過去の世代からは異端とみなされていたはずのものだ。「通貨価値の維持」と「均衡予算」擁護派の完全な敗北だった。

ベアー・スターンズとリーマン・ブラザーズの破綻については多くの本が書かれているが、本書はそういった類の本ではない。個々の人々の愚行については、多くの角度から焦点が当てられている。自社の破綻を招いた投資銀行家たち、金利を極端に低く抑えつづけた中央銀行、返せもしない大金を借りて住宅を買った消費者、さらに投機熱を煽った新奇なデリバティブ商品。

だが本書の主旨に照らして、この危機を新たに見つめなおしてみよう。マネー（負債）は消費者や企業の欲求を満たし、経済活動（取引）を盛んにするために膨張していった。しかしマネーの一部は、株や住宅といった形の資産を買うために使われ、そうした資産の価格が急騰した。銀行はいつもどおりのことをやった――資産の安全性にかんがみ、短期で借りて長期で貸したのだ。そして歴史は繰り返すの言葉どおり、今回もやりすぎてしまった。やがて「ミンスキーの瞬間」が訪れ、スパイラルが逆転した。別の表現をするなら、ポンジー・スキームの新しい顧客が尽きたのだった。

こうした危機が起こるのに四〇年間かかったことを踏まえれば、予測の専門家がこのタイミングに意表を突かれたのも無理はない。経済学者ティム・コンドンは、一九八〇年代末に*The Debt Threat*（債務の脅威）[1]という本を書いた。やはり経済学者のピーター・ウォーバートンは、*Debt and Delusion*（債務と幻影）という本を九〇年代末に発表している[2]。だがそうした時期にも危機は到来しなかったため、楽観主義者たちがこんな主張をすることが可能になった——負債水準が上がるのは、より洗練された経済および金融システムが生まれる徴候なのだ。負債額の上昇は経済的リスクではない。資産価格の上昇に裏づけされているし、負債はいずれ相殺されて消えるからだと。

こうした主張に、統計的な精度をもって異を唱えるのは難しかった。ある経済で回っているマネーがこの時点で多くなりすぎる、という鉄則がないように、負債の対GDP比がいくつになると「高すぎる」ということもいえない。第一に、GDPは年間の活動の尺度であって、資産（土地、工場、石油など）の総額とはちがう。金融アナリストはある企業の負債の規模を年間収入と比べたりはしないが、負債の対GDP比というのは基本的にそれと同じことだ。

それでもやはり、どこかに限度が存在するという考え方はありうる。アイスランドとアイルランドの例でいえば、負債総額の対GDP比が八倍から一〇倍になったときに、金融危機が引き起こされた。要するに、状況が一定レベルを超えると、債務者は負債を返済できなくなる——債権者にとっては寝耳に水の成り行きだ。したがって、負債（信用）が経済成長を超える速さで長期間膨らみつづけると危機が起きるというのは、かなり確かだろう。高速道路を時速一六〇キロでずっと走りつづけていれば、すぐには事故を起こさなくても、いずれきっと起こすだろう。

危機が起きたとき、当局はいつものような対応をした。債権者よりも債務者の利益を守るための手を打ち、住宅ローンのコストは急速に下がった。そしてデフレスパイラルを防ぐために為替レートを引き下げた。おかげで貯蓄による収益はほぼゼロになった。中央銀行の二つの責務、つまり通貨価値の保全と金融システムの保護がせめぎあったとき、中央銀行は後者を選んだのだ。

わが家も安全ではない

債務危機は二〇〇七年に勃発した。始まりはあのおそろしく悪名高い、アメリカのサブプライム・ローンがもたらしたバブルだった。第7章で取り上げたかつての多くのバブルと同様、資産価格を空前の高さまで押し上げる融資ブームがここにもかかわっていた。危機がこれほど広く行き渡った裏には、住宅ローンが別のパッケージにまとめられ、転売されるという仕組みがあった。リスクが最終的にどこでどうなるのか、誰が最も危ない状況なのか、誰にも分かっていなかった。そうした不確かさと、金融界のやたら積極的な姿勢があいまって、悲惨な結果を招くことになったのだ。

ブームが起こる条件は、貸し付けの基準がゆるめられ、多くの買い手を市場に引き込めるようになることだった。ポンジー・スキームにはつねに新しいカモが必要なのだ。それまでの住宅は値段が上がりすぎ、低収入の人々の手の届くものではなくなっていた。借り手がローンの資格を得るために、所得の水準を実際よりも高く申告するのが当たり前になっていたほどだ。当時ですら彼らには、満額の利子を支払う余裕はなかった。そこであてがわれたのが「ティーザー」ローンだった。当初は返済額を安く抑え、二年ほど後から高くなるというものだ。しかしその時点で住宅の価格が上がっているので、ローンを借り換えることができる、と購入者は説得された。

なぜ自己利益の意識が働いて、こんなペテンがまかりとおるのを食い止められなかったのか？購入者はたいてい頭金を払わずにすんだし、ほとんどの関係者はこのブームが続くことで利益を得られたということだ。不幸だったのは、たとえローンを踏み倒しても罰則を受けることはまずなかった。だからローンを借りると、バブルが膨らみつづけるかぎりは、利益が得られる見込みがあり、同時にいい家に住むこともできた。住宅価格にオプションを持ちながら、その家を賃貸しているようなものだった。

住宅を売る不動産業者や、ローンの取り決めをするブローカーは、手数料を取ることが動機としてあった。だから彼らには、たとえ悪い取引でも、取引がゼロであるよりはましだった。ローン業者はもっと気にするべきだったろうが、彼らにも短期的な目標があった。ローンはすぐに外部の投資家に売られた。そして投資家は？　彼らの動機は高利回りの商品を探すことにあり、自分が何を買っているかをじっくり考えるような根気はなかった。

このシステム全体が機能しつづけるには、住宅価格が急騰を続け、資本価値が高まり住宅ローンを借り換えられることが必要だった。だから住宅価格の上昇が鈍りだすと、デフォルトが急速に広まっていった。住宅の所有者は利子の支払いができず、利益の上がる見込みのなくなった不動産を持ちつづけることに関心を持たなくなった。

こうしたローンはすべて、モーゲージ担保証券、つまり住宅ローンを担保にした債券のパッケージにまとめられていた。ローンの返済は、債券の利子の支払いに使われた。デフォルト率が高まるにつれ、サブプライム・ローン業者は、資金の調達がどんどん難しくなっているのに気づいた。彼らの経営手法は、モーゲージをつくりだしてからできるだけ早く処分することに基づいていた。したがって売り上げによる現金が入らなくなると、負債を返済することができなくなる。

この問題の余波は次第に広がっていった。モーゲージ担保証券はさらに別の、債務担保証券（CDO）という証券にまとめられていた。これは投資家に、さまざまな高利回りの資産のプールを提供するために考えだされたものだ。こうした資産が魅力を持っていたのは、大いなる安定期がもたらした皮肉な結果だった。預金や国債の利回りが低すぎるために、投資家はより高い利回りのものを進んで追い求めたのである。

こうしたCDOはお菓子のトライフルのように、小さな層に分割され、それぞれの層が異なる権利と、予想されるリターンを持っていた。いわゆるエクイティの層は特にリスクが高かった。利回りは最も高いものの、ポートフォリオにある債券がデフォルトになれば、真っ先に損失を被ることになる。その下には利回りが低く、つぎのデフォルトの重荷にも耐えられる層がある。根底にあるのは、モーゲージとリンクした債券はほとんどデフォルトを起こさないという想定だった。つまるところ、住宅価格が上昇していた時代の発想である。さらに安全性を高めるために、ポートフォリオは地域とモーゲージ業者によって分散された。結果的に、ポートフォリオの最大の層はごく低リスクであるとみなされ、ムーディーズやスタンダード&プアーズといった機関からも最高レベルのAAAに格付けされた。そのおかげで債券は、会計上または規制上の理由から安全な資産がほしい投資家の目に、いっそう魅力的に映った。そして奇妙なことに、そうした投資家には銀行も含まれていた。

この災厄を説明するにはもうひとつの新機軸が必要だ。銀行はしばしばCDOを商品化したが、銀行は市場でモーゲージ証券を販売する前に、自ら購入してもいた。またCDOを買おうとする投資家に、しばしばコンジット（秘密ルート）として知られるオフバランスシート取引を通じて、資金を貸し付けたりもした。これが特にまずかった。このひどい不正に何かしら正当な理由がつけられるとすれば、リスクが銀行の外部に分散されるということぐらいだろう。CDO産業は進んで銀行をかかわらせようと図った。さらに悪いことに、銀行はリスクにさらされていたにもかかわらず、以前ほどきちんと借り手の質を監視することをしなくなっていた。

二〇〇六〜〇七年のローンがデフォルトに向かいはじめたとき、このシステム全体が停止した。サブプライム部門に最も力を入れていたモーゲージ業者、たとえばニューセンチュリーなどは、役立たずのローンを処分できずに倒産した。モーゲージ担保証券がおかしくなると、そうした証券を多く持っていた銀行も巻き込まれることになった。これには、CDOに組み入れる目的で証券を買っていたというケースもあった。悪い知らせがリークされ、新たなCDOの発行は不可能になった。また、コンジット（借金でCDOを買うための取引）が破綻したため、銀行がその証券を所有せざるをえなくなるケースもあった。

CDOの価格は急落した。買い手がつかず、売ることも不可能だった。誰が何を所有していたのか、どの銀行がどれだけ影響を被るのか、誰にもわからなかった。つい最悪の想定をしたくなる状況だった。アメリカの投資銀行ベアー・スターンズは、有名な二つのファンドを傘下に持ち、サブプライム・ローン市場に投資していた（うちひとつは、ハイグレード・ストラクチャード・クレジット・エンハンスト・ファンドという仰々しい名前だった）。これらのファンドが苦境に陥ると、ベアー・スターンズはそれを下支えし、顧客の損失というまずい事態を避けようとした。やはり投資銀行であるリーマン・ブラザーズは、不動産市場に積極的に進出していた。

こうした銀行は、ホールセール市場からの資金調達に依存していた。要するに、他の銀行や金融機関から融資を受けていたのだ。モーゲージ関連の損失が拡大すると、各銀行は自らの資金を守ると同時に、苦境に陥った銀行から悪影響を受けまいとした。噂が噂を呼んだ。弱い銀行は自社の株価が急落し、負債に保険を掛けるコストが跳ね上がるのを目の当たりにした。

その保険もやはり、別のデリバティブの形をとっていた。クレジット・デフォルト・スワップ（CDS）と呼ばれたが、その基本的な仕組みは名前ほど複雑ではなかった。企業Aが、ある債券発行者が利子の支払いを履行できなくなるのを心配し、そうした不測の事態への備えとして、通常の保険料を払うように、企業Bに対して定期的に支払いをしておく。そして債券発行者がデフォルトを起こせば、保険で火事の損害を埋め合わせるように、企業Bが企業Aの損失を補償するのだ。

CDSが物議を醸したのは、投資家が債券を所有しなくても、デフォルトが起こったときの保険を掛けられる点だ。つまり投機家が、ある企業がまずい状況にあると判断すれば、その災厄から利益を得ることを目論み、保険を買うことができたのだ。大勢の人間が保険を買えば、価格は上昇する。そうなってから投機家はCDSの契約を売って利益を上げる。CDSはペテンを助長するものだという批判もあった。悪辣な人間がある企業のデフォルト保険を買い、その企業が倒産するという噂を広め、結果的に利益を得るということが起こりうる。なお悪いことに、市場もデフォルト保険のコストの上昇を、その企業がほんとうに悪い状態にあるというシグナルとして見る。そして株を売ろうとする投資家も出てくれば、「空売り」の戦術を用いて株価の下落に賭ける投資家も出てくる（空売りとは、他の投資家から株を借りて、市場で売ることだ。借りた株を返す時がくると、空売りをした人間は再びその株を買い戻す。もし株の価格が下がっていれば、空売りをした人間は利益を上げる）。

空売りをする人間がどんどん増えれば、株の価格は売り注文の重圧を受け、実際に下がるだろう。そのせいで誠実な債券投資家は企業の経営実態を心配し、結果的にデフォルト保険を買うようになる。CDSのコストは上昇し、市場のセンチメントをさらにへこませる。続いて企業の死のスパイラルが起こる。

製造企業の場合なら、利益は前より上がっていると発表することで、噂を食い止められるかもしれない。財務関連の噂は、企業のほんとうの健全さを反映するものではないからだ。銀行の場合は異なる。市場の暗い空気が原因となって、顧客が預金を引き出す、貸し手が必要な資金以上の額を請求するといったことが起こる。市場の悪い知らせはそうしたビジネスに影響を及ぼすのだ。

それが二〇〇八年の、あの想像を絶する六ヵ月間に起きたことだ。ベアー・スターンズとリーマン・ブラザーズは、大手投資銀行のなかでは小さな存在で、住宅市場に最も力を入れていた。だから他の銀行は、この二社に短期資金を出すのを渋った。そして他の投資家たちは、投資銀行が潰れるかもしれないと考えはじめた。ベアーとリーマンの株価は急落し、その債券に保険を掛けるコストは跳ね上がった。

ベアーとリーマンの経営陣は、狼狽と怒りの反応を示した。そして自分たちが陰謀の犠牲になったと思い込むにいたった。何年もかけて自由市場の利点を売り込み、政府の介入を非難してきたウォールストリートの大物たちが、今は当局に頼って、投資家がCDSに投機し、株の空売りをするのをやめさせようとしていた。だがそうした行動の資金を提供していたのは、ウォールストリートの投資銀行である場合が多かった。つまり禁止の措置をとれば、顧客の資金が犠牲になるということだった。

CDSはさらにつぎの問題も生み出した。債券が実際にデフォルトになれば、誰かが損失を負担しなくてはならない。保険のコストが上がるのも、すでに保険を引き受けている業者にとっては損失の規模が大きくなりかねないため、やはり問題だった。それはスワップが考案された際の技術的な事項に原因があった。もしデフォルトが発生した場合、保険業者が担保を差し出し、お金に関しては大丈夫だというところを示さなくてはならないのだ。

この問題が、世界最大の保険会社に数えられるAIGで露呈した。同社の金融商品部門は、サブプライム・モーゲージCDOのAAAの部分を保証する契約を結んでいた。同部門の責任者ジョゼフ・カッサーノは、これは基本的に「ただのマネー」だと考えていた。債券がデフォルトになるなどということはまずありえないからだ。そこでAIGは六二〇億ドルを保証することになった。ところが二〇〇八年秋、危機が深刻化するにつれ、AIGのポジションはきわめて危険な領域に入ってきた。ゴールドマン・サックスをはじめとする取引相手が、さらに担保を要求してきたのだ。資金負担はあまりに大きすぎ、AIGグループはアメリカ政府から一八二〇億ドルの資金注入を受けて救済された。

細かな話は複雑怪奇でよくわからないかもしれないが、あれほど多くの銀行とひとつの巨大保険会社を破綻させたのは、根本的には単純な問題だった。アメリカの金融システムには住宅ストックに対する連綿たる請求権が積み上げられていった。その権利の価値を加算したら、住宅そのものの価値よりもはるかに高くなっていた。そのことがあきらかになると、そうした権利の一部は価値を失わざるをえなかった。二〇〇七〜〇八年の危機は簡単にいえば、投資家たちがそれぞれの権利を処分しようとする激しい争いだった。しかし当然ながら、全員が処分できるわけがない。そしてトランプのババ抜きのように、最後にババのカードをつかまされた者が負け組となったのだ。

二〇〇八年の秋は、市場恐慌の典型例だった。投資家は自分たちの資本のリターンを気にかけるのをやめ、資本そのものが返ってくるかどうかを気に病みはじめた。危機を食い止める手段はただひとつ、政府が介入し、銀行部門に対して保証することだった。だがその結果、ソブリン債務（公的債務）の異常な増大がもたらされた。これはやがて、二〇一〇年初め、ギリシャの財政状況への懸念とともに始まった債務危機の第二段階へつながっていった。

負債を民間部門から公共部門に移しても、経済全体にはまだ恐ろしく巨額の負債が残っている。マッキンゼーの二〇一〇年の調査(3)によると、負債総額（つまり政府、企業、個人の負債）は英国ではGDPの四六六パーセント、スペインでは三六六パーセント、フランスでは三一五パーセント、イタリアでは二九六パーセントに相当した。こうした数字は、本書で描いてきた長い歴史プロセスの頂点といえる。マッキンゼーが調査した一〇ヵ国の経済を平均すると、負債総額は一九九五年にGDPの二〇〇パーセントだったのが、二〇〇八年には三〇〇パーセントを超えていた。パーセントポイントでいえば、最も増加が大きかったのは英国とスペインで、それぞれ一五七パーセント、一五〇パーセントだった。だが、今の世界を捉えているソブリン債務危機に目を向ける前に、この負債の山を築いた他の構成要素についても見てみよう。

消費者の負債

消費者はいつの世も借金をするが、一九三〇年代を生きてきた世代は、個人の負債をきわめて懐疑的な目で見る傾向がある。私の父はクレジットカードを頑として持とうとせず、頼みもしないのにどこかから郵送してこようものならそれを切り刻み、送り返すついでにインフレの講釈をたっぷり垂れたものだった。一九三〇年代といえば、特に私の印象に残っている話がある。洗濯機を分割払いで購入した女性が、支払いがすべて終わるまで使おうとしなかったというのだ。

経済学者は概ね、消費者信用は経済にはきわめて有益だということで合意している。国によっては、消費者の負債がほとんどないところもある。たとえばロシアでは、住宅ローン負債はGDPのわずか三パーセントだ。借金が可能であるがゆえに、人は人生を通じて円滑な消費生活を送れる。ある家庭で子供が若いうちに借金し、家を出るときに完済する、ということが成り立つ。これはつまり、消費のペースが急変する傾向が小さく、景気後退が深刻でなくなるということだ。

現代の大きな変化は、消費者信用が銀行システムを通じて与えられることにある。第二次世界大戦前の時代は、銀行に信用供与を拡大してもらおうとすれば、相当りっぱな人物でなくてはならなかった。銀行は当然、不動産の形で担保を要求してきた。地元の名士に人物保証をしてもらう必要もあっただろう。英国では、住宅金融組合が設けられ、少額貯蓄の資金が住宅購入希望者たちの手に渡るようになった。しかしこの組合にはかなり厳格な与信基準があった。相当額の頭金が必要で、認められる融資も年収の何倍もの額ではなかった。一九八〇年代までは、住宅を買おうとする人々がなんとか融資を認めてもらおうと、嘆願者のような気持ちで住宅金融組合を訪れたものだった。

その後一〇年間に金融部門の規制がゆるめられ、基調が変化していった。銀行やその他の金融機関は、高いリターンの得られそうな不動産事業を求めて激しく競いはじめた。金利の低下によって、住宅購入者のローンの支払いが楽になり、住宅価格の上昇が貸金業者の持つ担保の価値を高めた。融資基準は着実にゆるめられ、必要とされる頭金も二五パーセントから一〇パーセント、五パーセント、ゼロと下がっていった。信じがたいことに、オプション変動金利モーゲージ（オプションＡＲＭ）といった商品のおかげで、アメリカの住宅購入者は住宅そのものの価値よりも多くの額を借りることができた。家を買おうとする人は、年収の何倍もの額の借金を認められ、場合によっては所得を示す証明書の提出すら求められなかった（いわゆる「嘘つきローン」だ）。

住宅ローンは一九八〇年代以降に急増した。英国でもアメリカでも、住宅ローンは一九八三年にＧＤＰの三〇パーセント強だったのが、二〇〇六年には約八〇パーセントまで上昇していた。驚いたことにデンマークやオランダでは、住宅ローンの対ＧＤＰ比はさらに大きく、ほぼ一〇〇パーセントに達していた。

その一方で、無担保による信用貸しの世界も、クレジットカードの出現とともに変わった。すでに見てきたように、消費者信用は一九~二〇世紀初頭を通じて着実に成長してきた。一九五〇年代末になってクレジットカードが出現し、消費者は幅広い製品やサービスの支払いができるようになった（当初のカードは裕福な層向けだった。ただの引き落としカードで、消費者は毎月支払わなくてはならず、貸し手のリスクを減らしていた）。これはもちろん、貸金業規制法のある世界では不可能だっただろう。クレジットカードの高すぎる利率への反対運動は、過去五〇年間に幾度となく起こっている。しかし消費者は、このカードのおかげで以前より融通がきき便利になったと、概ね好意的に受け止めていた。

消費者が求めてもいない信用を供与しましょうと申し出るなど、ヴィクトリア朝時代の銀行家の目には、とても正気には見えなかっただろう。だが実際には、これはきわめて実入りの多いビジネスだった。第一に、カード利用が簡便なこともあって、利用者は長い間金利については比較的無関心で、カード業者は損失を埋め合わせて余りある利率を課すことができた。第二に、カード業者は商店にカード取引をさせるかわりに手数料を取ることができた。なかにはこの傾向に対抗する店もあったが（英国のマークス&スペンサーが有名な例だ）、カード使用がごく一般的になると、どの店も受け入れざるをえなかった。やがて偽造の問題から、店が個人小切手を受け取るのをやめると、カードはますます普及した。

こうしたなかで重要な役割を果たしたのが、マネーの幻影だった。二〇〇六年のこと、BBCが消費者債務をテーマとする番組を放送した。ある中年男性が、クレジットカードを初めて使った日のことを思い出していた。「急に金持ちになったように感じました」とその男性は言ったが、もちろん現実はちがった。月々のクレジットカードの請求額をすべて支払うか、支払わないかのどちらかだった。きちんと支払う場合、ほんとうはカードを使う必要もなく、暮らし向きがよくなるわけでもなかった。支払わない場合は、買ったものの返済に利子が加わるので、前より貧乏になってしまう。だが人間には、楽しみを先延ばしにできないという生まれ持った性質がある。たとえば五〇インチ大画面のテレビを見ると、今すぐほしくなってしまう。二年かけて製品の代金を貯めようとはせず、通常以上の額を（利子の支払いという形で）進んで支払おうとするのだ。

とはいえクレジットカードの利用には、合理的な要素もある。経済学者たちの指摘では、商店主はクレジットカードの業者に手数料を支払うが、現金で買う客のために特別に値引きすることはない。かわりに店頭価格を引き上げて、カード業者に払う手数料を反映させる。つまり結果的に、現金買いの客がカード利用客を補助する格好になるのだ。ある研究によると、現金を使うアメリカ人の世帯主は、カードを使う世帯主に一人当たり年間一四九ドルを支払っている計算になる(4)。カード利用は家計収入に関連することが多いため、これは貧困層から富裕層への富の移転といえる。低収入の家庭（年収二万ドル未満）が年間で平均二一ドルを支払う一方、年収一五万ドル以上の家庭は年間七五〇ドル近くの補助を得ているのだ。

自分の負債を処理できなくなることは、一九世紀とはちがって、もはや恥の証ではなくなった。英国では、負債で身動きがとれない人は、個人債務者任意整理手続（ＩＶＡ）に申し込むことができる。ＩＶＡの下で裁判所は、債務者の収入と支出を評価し、必需品に使わなくてはならない額を勘案して、債務者がいくら支払うのが妥当かを判断する。そうした「必需品」には、携帯電話や衛星テレビの契約も含まれることがある。アメリカでは、債務者に有利な自己破産の法律があったが、二〇〇五年にもう少しきびしい制度が導入された。

消費者信用は第二次世界大戦以降、指数関数的に増大してきた。一九四五年にはアメリカの消費者信用は五七億ドルだったが、それから一〇年でほぼ八倍の四三〇億ドルに膨れ上がった。その先は坂を転げ落ちるようだった。一九六六年には一〇〇〇億ドル、一九八四年には五〇〇〇億ドル、一九九四年には一兆ドルに達した。ウォールストリートの大暴落直前の二〇〇八年七月には、総額は二兆六〇〇〇億ドル、つまりこの国の男女の大人から子供まで含め、一人当たり八〇〇〇ドルに達していた。先ほどのマッキンゼーの調査では、成熟した国々（カナダ、フランス、ドイツ、イタリア、日本、韓国、スペイン、スイス、アメリカ、英国が当てはまる）における消費者債務残高は、二〇〇〇年から〇八年の間に一〇兆八〇〇〇億ドル、すなわち六六パーセント増加していた(5)。これは同時期の負債総額の増加分四〇兆ドルのうち、単一の要素としては最大のものだった。

J・K・ガルブレイスは一九八四年に、自著の『ゆたかな社会』の新版で(6)、需要の増大と消費者債務の増大は互いにがっちりと結びついていると記した。返済期間を長くする、頭金の額を減らす、与信基準を低くするなど、このプロセスを引き延ばす手段はあれこれ考えだされるだろう。そうした彼の予測は、あらゆる面で正しかった。しかしガルブレイスは最後に、このプロセスは終わらせなくてはならないと警告している。そのとき何が起こるだろうかと、彼は問いかける。「負債の増加が止まるのは、実際に商品の需要が減ることを意味しているのだ」。

債務危機が多少の手がかりを与えてくれる。リーマン・ブラザーズの破綻の後、クレジットカード会社は供与する信用の量を制限し、消費者はカードの使用を手控えはじめた。アメリカのクレジットカード負債の総額はその後の二年間に低下し、二〇一〇年一一月にはピーク時から一五パーセント減った。「わが国の経済はこれまでも、回転信用勘定の成長が長期的に鈍化する時期を経験しているが、これほど長期にわたってはっきりした低下が見られることはかつてなかった」(7)。フィラデルフィア連邦準備銀行のエリザベス・デュークはそのように語った。これには、クレジットカードのデフォルト率が、二〇〇七年の四パーセントから二〇〇九年の九パーセントまで上がったという理由もある。デュークの結論はこうだった。消費者はクレジットカードからデビットカードに切り替えつつある。理由は第一に、負債を避けること、第二に、支出に対してきつく手綱を締めること。分割払いでの買い物は、次第に時代遅れになりつつあるのだ。

企業の負債

企業部門の負債に対する姿勢はもう少し複雑だ。前の章で説明したように、銀行は非常に熱意あふれる借り手である。だが、企業でもその他の業界は、そこまで熱心ではない。それでもコンサルタント会社のスミザーズによれば、一九八五年に対ＧＤＰ比五八パーセントだった総負債額は、二〇〇九年には七六パーセントまで上昇した。これはアメリカだけの現象ではない。マッキンゼーの調査によると、成熟経済での非金融企業の債務は、二〇〇〇年から〇八年の間に九兆ドル、つまり四四パーセントも増えている(8)。

その結果、企業の信用の質が低下した。格付け機関は企業債務をＡＡＡ（最上級）からＤ（不履行）までの尺度で判定している。負債の多い企業ほど格付けが下がることが多い。スタンダード＆プアーズによれば、平均的な企業の債券は、一九八一年にはAだったのが、二〇一〇年にはBBBマイナスにまで下がった。これは実に驚くべき変化だ。BBBマイナスの債券といえば、かろうじて投資適格というのが絶対的な評価である——ところが今や保守的な投資機関にちょうどいいとされそうな債券である。この格付けがさらに下がれば、平均的な企業でも「ジャンクボンド」に分類されることになるだろう。このカテゴリーは、一九八〇年以前には、よほどギャンブル的な投機家にしか推奨されないものとされていた。

企業債務の危険性は、債務者のみならず債権者の性質も変化したことを示している。社債はかつて、年金基金や慈善基金などに抱え込まれていた。こうした機関は、とにかく資本の安全性に関心があって、最高の格付けの債券しか求めない。しかし一九八〇〜九〇年代には、新しいタイプの投資の専門家たちが現れた。特にヘッジファンドは、より高いリターンを求めてより高いリスクを進んでとろうとするグループだった。短期金利や国債の利回りの低さがこうした傾向を助長したのだ――ヘッジファンドは、手数料を補おうとするのであれば、高利回りの資産を買うことが必要だった。

借り手にとっては、現金を手元に貯め込むのは時代遅れとなった。企業は「遊び金」を抱えていると言って批判されたほどだ。経済学者たちは、企業は企業買収や新しい工場への投資によってマネーを働かせるべきだと主張した。あるいは株主に利益還元すべきだと主張した。そうすれば株主はそのマネーを、より成長力を秘めた魅力的な企業に投資できるだろう。積極的な株主はしばしば、企業の経営陣にそうした政策をとるよう要請していた。

理屈の上では、企業はエクイティ（返済を求めない株主から集めた現金）や負債、あるいはその二つを組み合わせることで、自ら資金を調達できる。経済学者に言わせれば、他の所与の条件が同じであるなら、この組み合わせ自体は企業の価値とは関連がない。企業の価値は、生み出されるキャッシュフローによって決まる。企業はそうしたキャッシュフローを利用して、株主に配当を、債権者に利子を支払う。エクイティと債券の組み合わせを調節すると、それぞれの価値の比率は変わるが、全体的には変わらない。

しかし他の条件は同じではなかった。ほとんどの国では、企業は税金から利子支払いのコストを控除できるが、配当支払いは控除できない。そのために多くの有識者は、負債の多いバランスシートのほうが「効率的」だと断言する。もちろんそうしたバランスシートはリスクが大きくなるのだが、これまで見てきたように、一九八二年～二〇〇六年の「大いなる安定期」には景気後退はまれな上に深刻にはならなかったので、企業は負債を積み重ねても大きな不利益を被ることはまずなかった。

アメリカの企業の場合、リスクをとる傾向が強いと思われるが、それは同国の破産法が企業にとって有利にできているためだった。こうした法律は、債務者に寛容なアメリカの文化から生まれてきた。とりわけ影響を受けているのは、一九世紀半ばの鉄道ブームとその破綻からだ。債権者は、鉄道は営業をやめると価値がガタ落ちになることに気づいていた。鉄のレールと枕木に大した値打ちはない。事業を健全に保ち、順調な企業としてライバルの経営者に買ってもらえるほうがましだ。二〇世紀になると、このシステムは「チャプター11《イレブン》」に進化した。これは企業が営業を続けられるようにし、債権者が担保権を行使するのを防ぐための仕組みだ。裁判所が責任を引き受け、窮地に立った企業にひと息つく時間を与え、必要なら債権者の金額順に返済がなされるように計らう。この手続きのおかげで、多くの企業が景気後退を生き延びてきた。ただし、そうした「ゾンビの」企業が営業しつづけられるようにすることで（特に定期航空部門では多かった）、結果的に他の効率的な企業がそれにふさわしい収益を上げづらくなるという損失は起こりうる。進んでリスクをとろうとするアメリカの起業家たちの姿勢は、倒産に対する心構えの甘さからも後押しされているというのが、多くの有識者の考えだ。

倒産への不安が薄れるとともに、経営陣には自分の会社を借金漬けにする強いインセンティブが生まれた。まず、一九八〇年代半ば以降、経営陣は株式買受選択権の形で報酬を受け取ることが多くなった。これは株を一定の価格で買う権利が経営者に与えられるものだ。そこで経営者たちは、資金を調達して投資や企業買収を行うことによって、増収のチャンスに賭けた。そのギャンブルが成功すれば、利益は跳ね上がり、株式買受選択権から巨万の富を築くことができる。もし賭けが失敗し、選択権が価値を失っても、もともとの状態より暮らし向きが悪くなるわけではない。経営者たちにすれば、旨みしかない賭けだった。対照的に株主たちは、ギャンブルが成功した場合には利益の一部を経営者たちに払い、失敗した場合にはそのコストをすべて負担することになった。

企業買収活動が増え、取締役会が業績不振の経営責任者を解任する傾向が出てくると、リスクをとろうとする姿勢は強められる。そうした経営者は長期的にではなく、短期的にものを考えるようになる。先のことまで考えても、そのときにはおそらく別の人間が自分の任に就いているだろうからだ。また企業は、食う側と食われる側のどちらかに分類される傾向が強まるだろう。競合相手を買収しようとしなければ、自分たちが買収される危険を冒すことになる。買収に成功すれば、経営責任者の報酬は当然のように上がるだろう。逆に買収されれば、経営責任者は職を失う。

経営陣はまた、もっと借り入れを利用しましょうとしばしば勧めてくる取り巻きに囲まれていた。投資銀行のアドバイザーは、債券の発行と買収の段取りを整えることで報酬を得る。企業が現金を金庫にしまっておくだけでは、何の稼ぎも得られない人種だ。アナリストは新しい売れ筋の株を探してきて、クライアントに勧める。彼らはまた、景気後退のときにリソースを小出しに使おうとする企業よりも、成長に向けて全力で突っ走ろうとする企業を好みがちだ。

それから、プライベート・エクイティ業界がある。こうした部門は、株式上場会社を買ったうえで、その財務を立て直すために存在する。このプロセスにはたいてい、さらに多くの負債を引き受けることが含まれる（その後、以前より高い価格で企業を市場に売り戻す）。「プライベート・エクイティ」という言葉自体、マーケティングの勝利といえそうだ。この部門はかつてレバレッジド・バイアウトファンドと呼ばれていた。そちらの名称のほうが内在するリスクの意味をつかみやすい(9)。

プライベート・エクイティはどのように機能するのか？　第一段階では、ゼネラル・パートナーと呼ばれるファンドの経営者たちが、リミテッド・パートナーと呼ばれる投資家から資金を集める。ブラックストーンやコールバーグ・クラヴィス・ロバーツなど、最大級の成功を収めているPEマネジャーたちは、資金に余裕のある投資家たち（年金基金、大学基金）と長い関係を築いている。リミテッド・パートナーは、ひとつのファンドに長期間の投資を行うことに同意し、その期間はしばしば一〇年にも及ぶ。

こうした投資への意気込みにあふれるPEマネジャーは、ターゲットとなる企業を探す。それは株式市場から嫌われて苦労している企業であることが多い。そのおかげでPEファンドがほどほどの価格で買えるのだ。理想的なターゲットは、資産がたっぷりあってキャッシュフローも豊富で、その理由が明快であるような企業だ。ゼネラル・パートナーはリミテッド・パートナーたちの資金を使って取得価格の一部に充てる。だが取引資金の大半は負債の形で調達される。それは当初は銀行からの借り入れだが、最終的には外部の投資家によって買われる「レバレッジド」ローンの形をとる。この負債はもちろん税控除される。

そして買収が成功すれば、PEファンドは外部の経営者を引き入れるだろうが、企業の現経営者とともに仕事をするケースも多い。こうした経営者は、成功報酬として株式買受選択権やボーナスを受け取るが、会社が高い値段で売れれば十分に元がとれるし、経営者はコストカットや余剰資産を売却することで負債を完済しようと考える。このプロセスがうまくいけば、エクイティ(リミテッド・パートナーと経営者が所有する分)の価値ははるかに上がる。逆にうまくいかなければ、エクイティは無価値になり、貸し手の一部が打撃を被る。

ゼネラル・パートナー(ファンドの経営者)たちは、二通りの方法で分け前を得る。ひとつは年間の管理手数料で、これは投資された資金の二パーセントにも及ぶ場合もある。経営者の運転資金もこの手数料から賄われることになっている。もうひとつは運用報酬で、「キャリード・インタレスト」と呼ばれるものだ。資産が売却され、最終的なリターンが届いた後に受け取るもので、全体利益の二〇パーセントであることが多い。PEファンドの経営者が金持ちになるのは、このキャリード・インタレストのおかげだ。そして司法判断ではそれは所得としてではなくキャピタルゲインとして課税されることから多くの議論を呼んだ。一般にキャピタルゲインの税率は低いので、この場合、業界のある人物が回想しているように、PEマネジャーは自社オフィスの清掃業者よりも低い税率しか課されないという異様な事態が起こる。

プライベート・エクイティに関する不満はそれだけではない。批判的な目で見るなら、こうした経営者は資産剥奪者なのだ。いろいろな企業に押し入り、スタッフを解雇し、ごく短期間だけ経営するといったことを、すべて課税控除できる負債を背景に行う。実際に高いリターンをもたらすのかどうかも論争の種で、レバレッジの使用と株式市場の全般的な上昇を考慮すれば、リターンは最低に落ち込むという声も一部にある⑩。

PEマネジャーたちは当然、こうした意見に反論する。われわれのシステムは、経営者と投資家の利益を一致させるものである。顧客が満足するとき、われわれも初めて潤うのだ。またわれわれは、経営にかかわる企業を改善しているのであり、コストカットだけでなく、企業が高い評価を受けて売れるように育てることに関心があるのだと主張する。

ほとんど議論にのぼらないことだが、この二五年間はプライベート・エクイティにとって非常に有利な環境にあった。投資家は投資先を探しつつ、株式市場から「代替的資産」のほうに分散する必要性を感じていた。これはプライベート・エクイティのほか、ヘッジファンド、商品も含むとされるカテゴリーだった。イェール大学の寄付基金はこうした手法の先駆けとして、それなりの成功を収めている（いささか奇妙なことも起こる。ある年金基金が公開会社の株式を保有していて、それをPEファンドに売るとしよう。ファンドは年金基金のためにその会社を運営し、高い手数料を取る。そして株式市場に再び流通するようになると、年金基金が同じ会社の株式を高値で買い直すのだ)。

PEマネジャーは安く買える負債、資産市場の上昇、たまに起こる景気後退の組み合わせから利益を得てきた。そうした要素のうちどれかが欠ければ、成長には歯止めがかかったかもしれない。安上がりの負債が欠けると、取引の資金調達が難しくなる。資産市場が横ばいか下がっている状態では、売却して儲けを出すのが難しくなる。そして景気後退が度々生じれば、企業が負債を抱えて押し潰されてしまいかねない。おそらく今後二〇年間は、この三つの要素すべてがPEマネジャーにとって有利には働かないだろう。またプライベート・エクイティには「大成功か大失敗か」の傾向がある。投資家はたいてい過去のリターンが高かった部門を選ぼうとする。過去のリターンはたいてい資産価格が上がっているときに高くなる。したがってPEマネジャーは、価格指数が高いときに儲けを手にすることになる。彼らは競争しあって価格をさらに高くし、さらに借り入れを行うことを強いられる。すると結果的に、そうした取引でのリターンは平均以下になるケースが増える。

プライベート・エクイティはおそらく、一九九〇〜二〇〇〇年代当時のような勢いをなくしている。そして非金融企業も概ね、信用危機の余波を受けて、自社の財務構成にはより慎重になるだろう。この変化はずっと続く可能性がある。日本は過去二〇年間のほとんどを、負債を減らし、現金を貯め込むことに費やしてきた。

しかし慎重な企業部門は、経済の成長をさらに難しくするだろう。また、政府にとってもさらに難しい事態を引き起こすことになるのだが、このテーマについては次章で述べる。

第10章　リスクなし、とはいうものの

「多くの工業国で財政当局がたどっている道は、継続不可能な道だ。現在および未来の政府債務の急増を食い止めるために、抜本的な対策が求められている」
——「公的債務の未来：その展望と意味」国際決済銀行調査報告二〇一〇

かつて政治家たちは、均衡予算を信奉していた。その典型が、一九世紀英国の自由党の首相ウィリアム・グラッドストンだ。敬虔なキリスト教徒だったグラッドストンは、軍事的勢力の拡大には消極的で、戦争への出費は現時点での課税で賄うべきだと考えていた。有権者が戦争のコストを意識すれば、戦場に兵隊を送り込むことにあまり熱心でなくなるかもしれない。彼の教えが守られていれば、数々の戦争は避けられた可能性がある。

二〇世紀になると、均衡予算への執着はすっかり消えた。これから見ていくが、理由の一部はケインズの影響と、経済を支えるために赤字支出を利用したことにある。しかし政治家が有権者向けにとった行動も、要因のひとつだった。

公共選択理論によれば、政府は公共の利益を強く意識して行動するのではなく、それぞれの自己利益に応じた行動をとる。官僚は自分たちの帝国を拡張して力を増やそうとする。政治家は選

挙戦の資金を融通してくれる特別利益団体をひいきする。そして通常の有権者の利益などは、自分たちの大義を推し進めるべく時間と資金を注ぎ込むロビー団体のパワーに圧倒されてしまう。政策決定の一つひとつがロビー団体にとっては大きな利益となる一方、それは通常の納税者にとっては小さなコストである。しかし時間がたつうちに、そうしたコストは積み重なり、政府は次第に大きくなっていく。

こうした問題を指す「恩顧主義（クライエンテリズム）」という言葉がある。政党は政権に就いたときには、支持者に税制上の優遇や補助金といった形で報いなくてはならない。そうした無用な事業は一度つくりだされると、廃止されることはめったにない。そして別の政党が政権に就いたときに何が起こるかというと、また別の支持者たちにそうした褒美が配られるのだ。このプロセスはずっと長い間続くかもしれない。なにしろどこの政府も、信用限度の設定にはほとんど関心がないように見える。政府債券は通常、投資家からはリスクのないものとみなされる、税金を上げるか紙幣を刷れば返せるからだ。政府は通常、国内市場では最も低い利率で借り入れを行える。

戦後の債務危機

シティバンクの最高経営責任者ウォルター・リストンは、政府の資金調達に対するこうした姿勢について、「国家は破産しない」と要約した。だがもちろん、第2章で歴史をざっとひもといてみて分かったように、国家も債務のデフォルトを起こす。そして二〇〇七〜〇八年の信用危機の余波が、特に弱い先進国を呑み込んだように、いくつかの国が再び債権国を追い込むことになるかもしれない。

債権者はいつの世も、ソブリン債務者の扱いには大いに苦労させられてきた。自国の政府や君主に貸し付けをすれば、当局が権力を使って法律を変えたり、支払いを拒否したりするリスクを冒すことになる。他国に貸せば、こちらの権利が全うされる公算はさらに低い。ソブリン債務者が債権者への返済に同意したとしても、返済の仕方でごまかしをしかねないのだ。品位を低下させた硬貨や価値を切り下げた通貨で返そうとするかもしれない。そこで為替相場制が、債務国を正直にさせるための手段として発展した。この制度は双方の側に利点がある。債権国は自分たちの権利が保証されれば、積極的に低い利子で貸そうとするだろう。英国やオランダのような良い債務国は、一八世紀のフランスのような悪い債務国に比べ、財政上有利な立場にあった。英国の財政が成功したことで、他の国もその例に倣おうとした。

だが、慎重な金融政策に倣おうとするそうした国々の意思は、酒飲みが立てる元旦の誓いと同じ程度にしか続かなかった。カーメン・ラインハートとケネス・ロゴフは、ナポレオン戦争とともに始まり、何度もうねりのように起こってきたソブリン・デフォルトについて詳述している(1)。一八四〇年代のサイクルでは、先進国のほぼ半分がデフォルトに陥った。一八七〇〜九〇年代のうねりは商品価格の低下と関連があり、一九三〇〜五〇年代のうねりは大恐慌および大戦とつながっていた。

第二次世界大戦以来、ソブリン・デフォルトの問題は途上国と関連づけられてきた。なかでも最大なのは、一九八〇年代の「第三世界の債務危機」だった。一九七〇年代には銀行業が拡大したが、理由の一部は石油輸出国が生み出した黒字を還流したことにある。この黒字分が世界各国の政府に貸し付けられ、上昇した石油の代価を払うのに役立つことになった。しかし一九八〇年代初めのアメリカの景気後退は、南の隣国に悪影響を及ぼした。一九八二年にメキシコは、負債の返済が不可能であることを宣言し、危機はたちまちラテンアメリカ全域に拡大した。アメリカの銀行（リストンのシティバンクも含む）は大きな損失にさらされ、ある種の寛大な会計処理のおかげでようやく生き延びることができた。米財務長官ジェームズ・ブレイディから名前をとった、いわゆるブレイディ・プランによって、銀行はラテンアメリカの非流動性債券を米財務省の裏づけのある流動的な債券に交換できた。

そうした損失から投資家たちが立ち直ろうとした矢先、メキシコは一九九四年にまたしても債務危機を迎え、ペソを切り下げたうえ、アメリカ政府から緊急援助を受けざるをえなくなった。しかし一九九〇年代の大きな驚きといえば、この負債の問題がアジアにまで広がったことだった。アジアはラテンアメリカと比較してずっと評価が高く、低い労働コストと製造業への重点的な投資といった特徴を持つその経済は、「虎」と称されていた。そして韓国、タイ、台湾の成功から、「アジアの奇跡」という言葉も囁かれるようになった。

こうした国々の経済は急成長を遂げ、多くの世界規模産業で高い市場シェアを占めるようになったが、その成長モデルには欠点もあった。アジアの国の多くは、輸出競争力を維持するために、現在の中国と同様、通貨をドルにペッグしていたのだ。しかしアメリカの金利は、アジアのほとんどの国よりも低かった。そのためにアジアの企業は、自国の通貨よりもドルで借り入れをすることが多かった。アジアの企業が地域の銀行で借り入れをして不動産に投資するという、投機バブルの舞台は整った。やがて不動産バブルが弾け、銀行が破綻すると、アジア各国は外の世界に助けを求めた。

一九八〇〜九〇年代にはソブリン債務危機のために、IMFに頼らざるをえなくなった。ブレトンウッズ体制の終焉を受けて、IMFは自ら体制を改革し、途上国に緊急資金援助を行う機関となった。こうした融資にはしばしばきびしい条件が伴っていたが、それは自由市場を支持し公共支出を減らすという「ワシントン・コンセンサス」を反映していた。政府とIMFとの交渉は、英国が一九三一年に直面した「銀行家の壁」を彷彿させるものだった。IMFの処方箋に従った政府は、激しい街頭抗議に直面し、欧米の債権者側に寝返ったとしばしば非難された。

金融植民地主義という批判が最も影響を及ぼしたのは、アフリカだった。この大陸は一九八〇〜九〇年代に相次ぐ危機に苦しんだ。商品価格の下落、飢饉を引き起こす旱魃、政治の腐敗、超大国同士の敵対関係と結びついた内戦といった問題が山積し、アフリカはアジアの経済成長からはるか後ろに取り残されていた。多くの国が債務を抱え、しかも返済できる望みはほとんどなかった。

アフリカの窮状を見た活動家たちは、中世のキリスト教徒にはなじみ深かったであろう債務免除を、人道的観点から復活させるべきだと思い立った。ジュビリー債務キャンペーンは、時折起こる債務免除のお祭りから名前をとっている——ジュビリーという言葉はもともとそういう意味なのだ。貧困国の住民が食糧不足に苦しんでいるときに、債務の返済を強いられるのは不当である、そのお金は医療や教育に振り向けたほうがいい、と活動家たちは主張する。彼らはまた、独裁者や泥棒政治家のせいで抱え込んだ赤字の問題を扱うのに、法律学者アレクサンダー・サックが提唱した「不当債務」の概念を用いた。

サックは、つぎのようなことがあった場合、その債務は不当であると主張した――その債務国の国民に恩恵がない場合。その国の市民の同意がない場合。そして、その資金の使い道を債権者が知っている場合(2)。サックの考えは歴史上の現実を反映するものだった。ボルシェビキが一九一七年に権力を掌握したとき、その新体制はロシア帝政期の負債を支払うことを拒んだ。中国共産党も一九四九年に同じことをした。資本主義の圧制者たちが背負い込んだ負債を国民が支払う必要はないと、両国の政府は宣言したのだ。

現代の世界では、この不当債務の議論はアフリカに当てはまりそうだ。コンゴ民主共和国の国民はなぜ、独裁者ジョゼフ・モブツがその取り巻きともども私腹を肥やすために背負い込んだ負債の責任を負わなくてはならないのか? 支配者が借りたお金をかすめ取ったのではないとしても、政府が武器取引や、当事者の市民には何の益にもならない見栄を張るためだけのプロジェクトに費やしてしまったかもしれない。

債務免除の運動に対する反論は概ね、二つの前提を基にしている。ひとつはモラルハザードの問題だ。もし一部の国が負債の支払いを拒否することを認められたら、ちゃんと返済しようとしている他の国はそれをどう受け止めるだろうか? もうひとつは実際的な問題だ。債権者が今ある債務のデフォルトを受け入れざるをえないとしよう。しかしデフォルトの原則が確立してしまったら、債権者が新しく融資先を広げようとするだろうか?

だがそれでも、債務免除キャンペーンは勢いを増していった。債務免除の仕組みはすでに、先進国一九ヵ国の経済担当閣僚が集まるパリクラブ（主要債権国会議）という形で存在していた。しかし、さらに正式な制度が一九九六年、重債務貧困国向け債務削減イニシアティブ（ＨＩＰＣ）として開始され、一九九九年には、前年にバーミンガムで開かれたＧ８サミットで発生した大規模なデモのあとを受けて再編された。そして債務免除の措置が、たとえばサダム・フセイン体制が一掃された後のイラクに対して、ごく速やかに認められた。富裕な世界の側がイラクの安定を望んだからだ。しかし債務免除のプロセスにＩＭＦと世界銀行がからんでいる以上、政治が関与してくるのは避けられなかった。

二〇〇五年にグレンイーグルスで行われたＧ８サミットに関連して、さらに一連のキャンペーンが行われ、また新たな略語――多国間債務救済イニシアティブ（ＭＤＲＩ）が生まれた。これは世界銀行とＩＭＦから借りた債務約五〇〇億ドルを棒引きにするという確約だった。二〇一〇年には、ＩＭＦによれば、アフガニスタンからザンビアにいたるまで、およそ三〇ヵ国がこの制度から恩恵を受けていた(3)。

このプロセスはよい影響をもたらしたか？　欧米の政治家が親切なふうを装い、現金による援助のかわりに債務免除を認めることで、支援予算を膨らませたのだという批判の声もある。だが、ＯＥＣＤ（経済協力開発機構）の数字(4)を見れば、偽善うんぬんをあまり言い立てるべきでないことがわかる。二〇〇八年には、主要な先進経済国からの開発援助は総額一二一五億ドルで、そのうち債務免除の額はわずか八八億ドルだった。ＯＥＣＤの算出によると、二〇〇九年には、各国政府の財政に多くの圧力がかかっているにもかかわらず、債務援助をのぞいた開発援助の額は六・八パーセント上昇していた。

それでもやはり、欧米諸国は一方の手では与え、もう一方の手では奪い取るということをしている。たとえば二〇〇五年にジュビリー債務キャンペーンが算出したところでは、最貧国は欧米から四〇四億ドルの援助金を受けながら、債務の返済で四三一億ドルを支払わなくてはならなかった。そして一部の国では、免除されるより早く負債が増えていった(5)。しかし活動家たちは、債務免除が実現した国に、政府が医療制度を改善できるはずだ、教育に予算をかけられるはずだと主張する。欧米の政治家が途上国の債務を免除しようとするかどうかは、自分たちの国がきびしい緊縮プログラムに従っている現在、なかなか興味深い問題ではある。

今ある危機

貧困国の多くは今でも、債務を処理しようと苦闘している。しかし近年著しいのは、ごく最近の危機ではその焦点が途上国から先進国へ移っているということだ。IMFによると、二〇一五年に各国が抱える債務は、新興市場国ではGDPの三〇パーセントにとどまるのに対し、平均的な先進国は一〇〇パーセント以上になると見られている。これを現金として考えると、コーネル大学の経済学者エスワー・プラサドの計算によれば、豊かな国々で労働者ひとりが抱える負債の平均残高は、二〇〇七年には三万一七〇〇ドルだったのが、二〇一五年には六万八五〇〇ドルになる(6)。

この問題が深刻さを増したのは、二〇〇七年以降だ。表1はこの章の冒頭で引用した国際決済

表1　財政状況と見通し

	財政バランス			構造バランス[1]			一般政府債務		
	対GDP比（%）								
	2007	2010	2011	2007	2010	2011	2007	2010	2011
オーストリア	-1.0	-4.6	-3.5	-2.3	-3.6	-3.2	60.7	72.2	72.3
フランス	-2.8	-7.1	-5.9	-3.0	-4.6	-3.8	64.2	82.3	86.8
ドイツ	0.3	-3.3	-1.7	-1.1	-2.3	-1.4	65.0	84.0	82.6
ギリシャ	-6.7	-10.4	-8.0	-10.4	-11.4	-6.9	105.4	142.8	165.6
アイルランド	0.1	-32.0	-10.3	-8.4	-8.9	-6.8	24.9	94.9	109.3
イタリア	-1.5	-4.5	-4.0	-2.5	-3.1	-2.6	103.6	119.0	121.1
日本	-2.4	-9.2	-10.3	-2.6	-7.4	-8.1	187.7	220.0	233.1
オランダ	0.3	-5.3	-3.8	-1.3	-4.5	-3.4	45.3	63.7	65.5
ポルトガル	-3.2	-9.1	-5.9	-3.3	-9.4	-4.0	68.3	92.9	106.0
スペイン	1.9	-9.2	-6.1	-1.1	-7.2	-4.4	36.1	60.1	67.4
英国	-2.7	-10.2	-8.5	-3.4	-8.0	-6.3	43.9	75.5	80.8
アメリカ	-2.7	-10.3	-9.6	-2.2	-7.0	-6.4	62.3	94.4	100.0

注：1.景気循環調整後のバランス
出所：IMF World Economic Outlook

銀行の報告書から引用したもので、多くの国で債務の対GDP比が二〇パーセントポイント以上増加したことが示されている。英国では一九九七年と二〇一一年を比べるとその数字が倍増した。年間の財政赤字が一〇パーセントポイント以上増えたケースもある。これはまったく予測されていてしかるべき事態だった。ラインハートとロゴフは、過去の銀行危機によって、公的債務の絶対値が八六パーセント上昇したことを突き止めている[7]。

ほとんどの国以上に、アメリカの世論は国の負債からの影響を受けてきた。一九九二年と九六年の大統領選に無所属で出馬したロス・ペローの選挙戦は、この問題への警告に駆り立てられていた部分がある。こうした問題は一九九〇年代のブームに打ち消され、同時期のクリントン政権はかなり保守的な財政政策を実施するにとどまった。この時期にはどこでも財政黒字が当たり前で、連邦準備理事会議長のアラン・グリーンスパンは、もしこの傾向が続けば債券市場に何が起こるだろうかと疑問を呈しはじめた。連邦準備理事会は、かつては市場の基準だった三〇年物国債の発行を停止した。

二〇〇〇年代には、ジョージ・W・ブッシュ大統領の減税措置にイラクおよびアフガニスタンでの戦争、経済の停滞があいまって財政赤字になり、負債総額は再び上昇した。信用危機の間に、税収入は急激に落ち込み、特に企業部門からの納税額の減少が問題を悪化させた。序章でも記したように、二〇〇八年には国の負債総額が一〇兆ドルを超え、タイムズ・スクエアの債務時計には新たに一桁が付け加えられた。

銀行救済のコストの高さ、それに政府が銀行業界の素行の悪さに対していかにも前向きに公的資金で報いたことで、一般大衆からは新たな怒りが沸き起こった。そこで新たに選出されたオバマ政権は、ケインズ流の古典的手法でこの危機に対応し、八〇〇〇億ドル近い景気刺激策を公表したが、やはり大衆からの反発のうねりに直面することになった。

「ティーパーティー」運動は、英国の課税に抗議したアメリカ市民が積荷の紅茶をボストンの港に投げ込んだという革命的事件からその名をとったものだ。元はといえば、ケーブルテレビCNBCの金融チャンネルの通信記者リック・サンテリが、住宅ローンを抱えた人々を救済しようとする政府の計画について熱弁を振るったのが始まりだと思われる。この運動は住民が不満を持つ多くの地域に広がった。銀行の救済が嫌われるのは当然だが、またそれとは別に、公的資金を使って企業を救済するのは「アメリカ的ではない」という一般感情もあった。それはたとえ何百人、何千人という従業員のいる自動車会社であっても同じで、人は自分の二本の足でしっかり立つべきなのだ。しかもティーパーティーのメンバーは、そうした救済は、政府がさらに経済に介入しようとする徴候――オバマの医療保険制度改革に例証される傾向の表れと見ていた。

ティーパーティーはまた、今の世代は無責任にも自分たちの負債を子供や孫に引き継がせようとしていると主張した。そして中西部の州（その多くが一〇〇年前にウィリアム・ジェニングス・ブライアンを支持した）――バラク・オバマに投票した「ブルー・ステイト」の言葉で表される――を古くから囲い込む文化的な境界の存在をうまく利用した。

しかしティーパーティー運動の位置づけは、あまり一貫していないといえるかもしれない。彼らは赤字を批判し、増税なしで赤字を削減することを求める。また支出削減を求めはするものの、ティーパーティーの支持層である高齢者の多くが頼っている高コストのメディケアや社会保障プログラムには反対しない。また予算の均衡を図れば景気後退が避けられず、それはティーパーティーのメンバーも直撃するかもしれないので、何を要求するかについては注意が必要になる。しかしティーパーティーの台頭が示すのは、経済がこれ以上の債務を引き受けられるかどうかには政治的な限界があるかもしれないということだ。皮肉にもアメリカでは、債権者の側からもっと倹約しろという圧力がかけられたことが未だにない。債務の負担が跳ね上がっても、歴史上初めて国の信用格付けが下がったあとも、国債の利回りは低下した。二〇一一年九月には、一〇年物国債の利回りは二パーセント下がった。

なぜ債権者たちはこうも気前がいいのか？　アメリカの債務負担の悪化している状態が見えにくいからだ。アメリカは依然として世界一の経済大国で、流動的な市場と、確かな債務返済の歴史を持っている。しかもかなり閉鎖的な経済で、外国との貿易からなる活動の割合はごく小さい。その結果として、ポンドの下落が英国の物価をまたたく間に押し上げるのに対し、ドルの下落がアメリカのインフレにつながることは考えにくい。だがマーティン・ウルフが言っているように、「アメリカにとって巨額の借り入れを比較的安全なものにしている要因――自分たちが自由につくれる通貨で借り入れをしているということ――こそが債権国にとってのリスクを大きくする」(8)。そして、後の章で論じるように、アメリカはきわめて大きい長期的な財政上の難題にぶつかることになった。

ユーロ圏の危機

ソブリン債務危機の中心となったのは、アメリカではなくヨーロッパだった。第6章でざっと説明したように、ユーロには設計上の欠陥が数多くあった。加盟国に財政上の規律を課せられないこともそのひとつだ。これは公共・民間部門の両方のレベルでの失敗だった。ユーロ圏では周辺的な加盟国も、ソブリン債務の利回りはそのリスクにかかわらずドイツやオランダとほぼ同じなので、投資家は長年にわたってそうした債券を進んで買い入れてきた。

最初に市場の懸念の的となったのは、PIGSと呼ばれる国々、ポルトガル、アイルランド、ギリシャ、スペインだった。こうした国々は、住宅ブームの膨張と破裂にさらされ、肥大化した銀行業界が抱える問題がさまざまにからみあい、苦しんでいた――繰り返される経常赤字が示す競争力のない経済、膨張しすぎた国有部門、民間部門の高失業率。原因はちがっても、もたらされる結果はすべて同じだった――政府債務の対GDP比の急上昇だ。

一九九〇年代なら、これらヨーロッパの国々は、自国の通貨を切り下げて競争力を取り戻すことで対処していただろう。だがユーロに加盟したことで、その選択肢はもはや消えた。唯一可能な選択肢は自国のコストをドイツの国内コストに一致させることだ。ドイツのコストは、ドイツのインフレをユーロ圏の平均以上に保つという数年来の政策によって、上昇する可能性があった。しかしドイツは、これまでの歴史的経緯から、そうした計画に従うことを渋っている。ドイツの経済モデルは競争力の高い輸出産業を基盤とするものだ。一九九〇年代初めに東の社会主義国を再吸収するという痛みを経験した後、一九九九年にきわめて高いレートでユーロに加盟した。国内コストの上昇を許せば、積み重ねた苦労がすべて水の泡になってしまう。

ドイツにインフレや通貨の切り下げがありえない以上、PIGSの競争力を改善させるには、苦しい緊縮と通貨切り下げの時期を通じて国内コストが下がることをきっかけにするしかない。ある意味でユーロは、金本位制の現代版ともいえる。各国とも犠牲を払ってその為替レートを維持しなくてはならないのだ。だがそうした犠牲を国民に強いるのは、民主主義国家の場合には難しかった。

最初にトラブルに陥った国は、ギリシャだった。ユーロ加盟は二〇〇一年で、他のPIGS諸国より少し遅かったのは、平均より高いインフレ率と大きな財政赤字の長い歴史があったためである。そして資格の審査には赤字の際のルールが適用されるはずであったにもかかわらず、創造的会計を使って数字を操作していたことを、その後認めるにいたった。

ギリシャは単一通貨に加わることで、外部の規律を課すことができると考えていたのかもしれない。だが、競争力という難題に取り組むことはできなかった。二〇一〇年にはユーロ圏の他の国と比較して、国内コストは二五パーセント上昇していた(9)。それが二〇〇六、〇七、〇八年と連続して、経常収支赤字がGDPの一〇パーセントに達するという結果を生んだ。二〇〇九年一〇月、新たに選出されたゲオルギオス・パパンドレウ首相は、その年の財政赤字が、GDPの六パーセントという予測を裏切り、一二・五パーセントに達するだろうと認めた。市場への信頼は打ち砕かれ、ギリシャ国債の利回りは容赦ないペースで上昇しはじめた。

ギリシャは多くの点から見て、赤字のための資金調達がどんどん難しくなる、いわゆる負債の罠に陥っていた。負債の罠の前提となる条件は、負債の利率が経済成長率よりも高いことだ。つまりそのときには、国が収入の増加分よりも多くの利子を支払うことになる。もし負債水準が低ければ、高い金利もどうということはない。だがもちろん、一国の負債が巨額にのぼって、高額の利子を支払わなくてはならず、債権国がその返済に懸念を持つようになる可能性は高い。負債水準がGDPの一〇〇パーセントぐらいになると、負債の罠は非常によく利いてくる。そして負債の罠は、その国の負債の多くが短期のものだった場合、恐ろしい危機に変わる。負債が借り換えられるときに利子コストが増え、平均した負債コストが急激に上昇していくためだ。

負債の罠から逃れる最良の道は、問題を増やさないことだ。だから国は「基礎的財政収支の黒字」を持続する必要がある。これは国の歳入が利子コストを除いた支出を上回らなくてはならないということだ。基礎的収支の黒字が長らく続けば、債務の対GDP比は低下する。しかしこの目標を達するには、長年にわたる緊縮が必要だ。ギリシャは二〇〇九年末にこの方法を始め、街頭抗議やストに直面することになった。危機で露呈したのは、多くの無駄な公共支出と、富裕層が税金を逃れられる税制だった。ギリシャ経済は機能不全に陥っていることが公にされたのだ。

アイルランドは、財政的にはかなり健全な状態のまま、危機に陥った。債務の対GDP比は、二〇〇七年に二五パーセントだったのが、三年後には九八パーセントまで上がっていた。政府が銀行部門の預金（およびシニア債）の保証に乗り出したためだ。「ケルトの虎」と呼ばれた一九九〇年代の好況に煽られ、アイルランドの銀行部門は浮かれたように貸し付けを行った後、その影響から立ち直ろうとしていた。

アイルランドの信用ブームは、ユーロ圏に加盟したことで引き起こされた側面もある。欧州中央銀行は、平均的な条件に基づいて地域ごとの金利を定める。それで必然的に、一部の国は非常に低く、他の国は非常に高くなるということが起こる。アイルランドのGDPの実質成長率は、二〇〇五年には六・二パーセント、二〇〇六年には五・四パーセント、二〇〇七年には六パーセントだった。同じ三年間でも、ドイツのGDPは、それぞれ〇・八パーセント、三・二パーセント、二・五パーセントである。どちらの国も、同時期の短期金利は二パーセントから四パーセントの間だった。

こうした金利水準は、ドイツには適正だっただろうが、アイルランドの借り手には利率二・四パーセントでの借り入れなど、その二倍か三倍の勢いで成長している経済にあってはまったく問題ないと思えた。負債が家計収入に占める割合は、二〇〇二年～〇七年にかけて一〇〇パーセントから二〇〇パーセントと、およそ二倍になった。借金の多くは住宅の購入に使われた。二〇〇五年～〇七年のドイツの住宅価格の上昇分は二・六パーセントだったが、アイルランドの住宅価格はなんと四八パーセントも上昇した。

アイルランドの不動産価格は、二〇〇八年には下がりはじめたが、その結果はきわめて深刻だった。好景気のさなかには、アイルランド人労働者のほぼ八人に一人が建設業に従事していた。不動産業などの関連事業を計算に入れれば、五人に一人だったかもしれない[10]。住宅ブームが破綻した結果、雇用が大打撃を受け、税収入が二〇〇七年の四七〇億ユーロから二〇〇九年の三三〇億ユーロにまで落ち込み、そのために赤字が膨れ上がった。

そしてまもなく、ローンを組んで住宅を建てたり買ったりした人たちの多くが、負債を返済できないことがあきらかになった。そうした事態は当然、アイルランドの銀行システムの財務状態は大丈夫かという疑念を生み、この一〇年間ずっと大きくはびこってきた。欧州委員会が出した数字には、アイルランドの金融機関が一九九九年〜二〇〇九年に、GDPの七五〇パーセントに相当する規模で拡張していたことが示されている[11]。

ベアー・スターンズとリーマン・ブラザーズと同様、アイルランドの商業銀行も、営業を続けるために大手の貸し手から短期の融資を受けた結果、経営権を失う危険に直面した。この災厄を食い止めるべく、アイルランド政府が乗り出し、銀行預金だけでなく銀行債務もすべて保証した。これは短期的には成功したかに見え、アイルランドの銀行には、英国の銀行の状態を心配した英国民から預金が集まった[12]。しかしこれは長期的には悲惨な結果を招いた。アイルランドの銀行は、政府が支えるには大きすぎるため、いきおい納税者に大きな負担を強いることになる。そして二〇一〇年、アングロ・アイリッシュ銀行とアイルランド住宅金融組合への公的資金の注入によって、年間の財政赤字はなんとGDPの三二パーセントにまで押し上げられた。格付け機関スタンダード&プアーズの試算によると、アイルランドの銀行保証の額は、最終的にGDPの五〇・五八パーセントに達したという。

その後に続く財政上の混乱には、アイルランドはすばやく対応した。増税や公共部門の賃金カットを含む一連の緊縮プログラムを発表し、赤字を抑制しようとしたのだ。金融市場の信頼を得るという点では最善を尽くしたといっていい。しかし住宅ブームの破綻から経済が弱まったため、GDPが名目ベースでほぼ五分の一も落ち込んだ。経済の収縮の影響で、債務の対GDP比は悪化した。

銀行の脆弱な状態が災いし、アイルランド政府の信用も次第に衰えていった。二〇一〇年九月、アイルランドの銀行は政府保証による二五〇億ユーロの負債を借り換えた。そのことが再び市場の疑念に火をつけた。その翌月、市場から要求される高い利子から逃れるために、アイルランドはEUおよび英国からの八五〇億ユーロの救済金を受け入れた。その後には政治的反動が起こり、アイルランド首相のブライアン・コーウェンは退任に追い込まれた。

スペインは市場の視点からすれば、債務の対GDP比にかんがみて、他の三ヵ国よりましに見えた。だがスペインには、民間部門に巨額の債務があり、それはGDPのおよそ一八〇パーセントにも及ぶものだった。過去の危機が示すように、民間の負債はたやすく公共の負債に変わる。二〇〇〇年から〇八年にかけてのスペインの総負債の年平均伸び率は、七・四パーセントという驚くべき数字で、同じ時期のアメリカの負債増の二倍に相当した[13]。

建設ブームのおかげで、スペインの住宅関連株は一〇年間で三五パーセント上がり、住宅価格は三倍になった。しかしその後に残ったのは負債の山だった。リサーチグループBCAのア

図４　政府債務と銀行部門の債務（2010年、対GDP比）

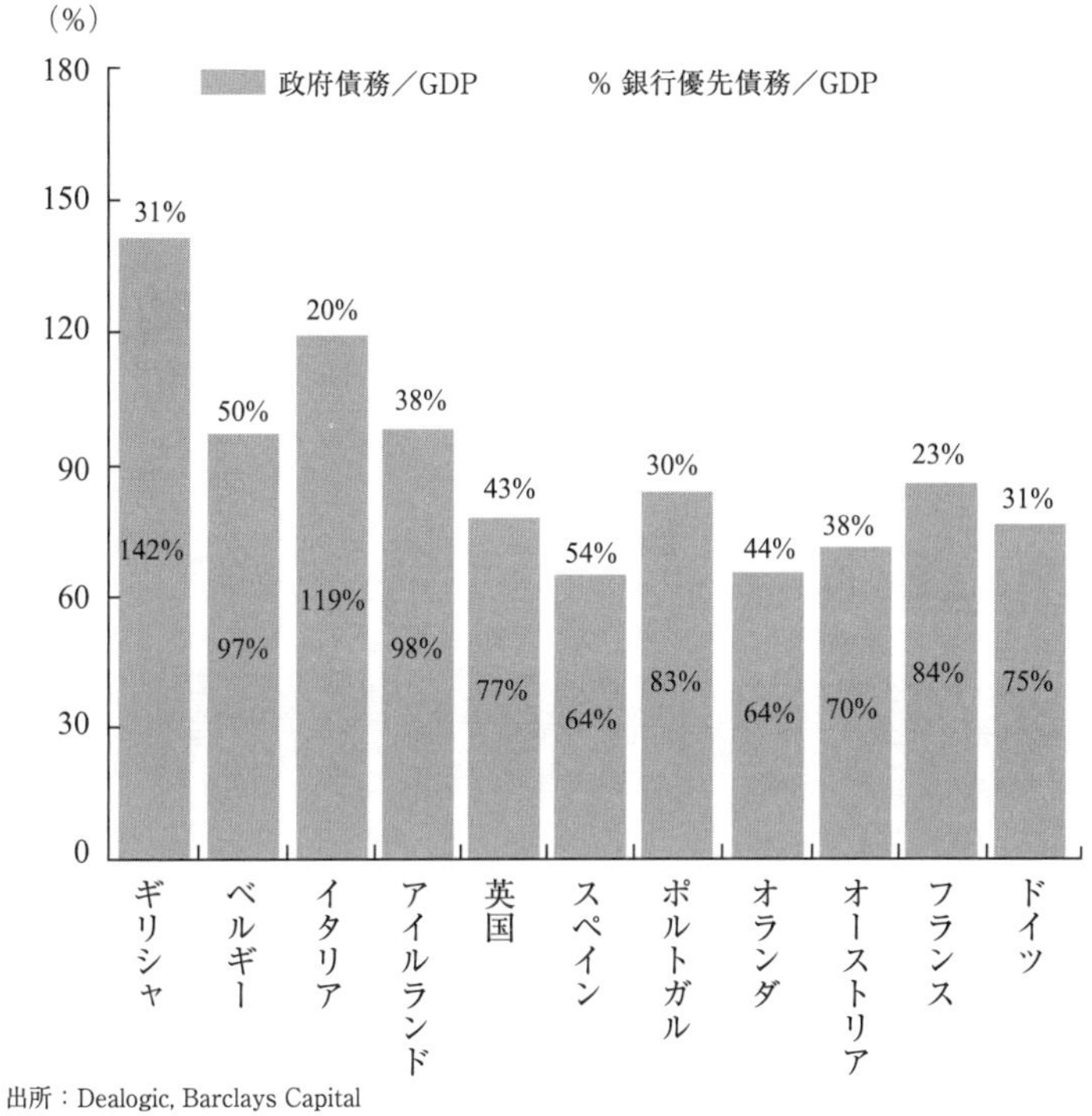

出所：Dealogic, Barclays Capital

ナリストであるダヴァル・ジョシの計算では、こうした民間部門の負債の三分の一に当たる六〇〇〇億ユーロが不動産市場の破綻のためにデフォルトになる恐れがあった[14]。GDPの五五パーセントに相当する貸し倒れ金だ。バークレイズ・キャピタルはこの問題を、政府債務と銀行優先債務（債務弁済順位で一般債務に劣後しない債務）を一括りにして評価した[15]。図からわかるように、スペインの銀行債務は政府債務とほとんど変わらない。

この二つの要素を足し合わせると、図にあるすべての国の負債比率がGDPの一〇〇パーセントを超えている。

スペインでは二〇〇九年に、財政赤字がGDPの一一パーセントに達した。市場がこの赤字を懸念していることがあきらかになると、社会主義政権はひどく渋々ながら対応策をとった。街頭抗議やゼネストはあったものの、公務員の給料はカットされ、VAT(付加価値税)が引き上げられた。しかしアイルランドとはちがって、スペインの労働市場は柔軟性に乏しい。労働法によって労働者を解雇するのは難しく、経済は職を保護されたインサイダーとそれ以外のアウトサイダーに二分される。二〇一一年半ばには失業率が二一パーセントに達した。労働市場を改革しようとする試みが行われたが、大規模な組合の反対に遭った。

ポルトガルでは、アイルランドやスペインが経験したような住宅ブームは起こらず、銀行システムも過剰に肥大化してはいなかった(銀行優先債務はGDPの三〇パーセントで、ドイツと同じ水準だった)。だが、政府債務の対GDP比八三パーセントはやはり高すぎるし、ユーロ加盟後も毎年、経常赤字になっていることから、競争力の欠如がうかがえた。二〇〇五年にはGDPの九・五パーセント、二〇〇六年には一〇パーセント、二〇〇七年には九・四パーセント、二〇〇八年には一二・一パーセントの赤字だった。

長引く経常赤字には、ポルトガル経済における外国の資産が年々増えているという意味合いがある。そのためにポルトガル政府は、投資家の信頼を取り戻す責任を負わなくてはならない。ところが政府は腰が重く、二〇一〇年九月まで緊縮プログラムを公表しなかった。その頃には、ポルトガルの銀行は大丈夫なのかという疑念が広まり、各銀行が欧州中央銀行からの融資に頼らざるをえなくなった。公的な融資元からの資本流入が、民間の融資元からの流入に取って代わった。

ユーロ圏の弱小経済国を襲った危機は、アルゼンチンの場合と驚くほどよく似ている。すでに触れたように、アルゼンチンは一九九一年にカレンシーボード制を導入し、通貨のペソはすべて米ドルと結びつけられた。ギリシャは自らをドイツにつなぎとめることで、その通貨への信頼を輸入しようとし、アルゼンチンは自らをアメリカにつなぎとめることで、ハイパーインフレを解消しようと懸命に努めた。この戦略はしばらくは効果を上げ、ユーロの導入も当初はギリシャに恩恵をもたらした。しかしそこに十分な改革は伴わず、とりわけ地方レベルでは、公的支出は抑制されないまま膨らんでいった。一〇年後には市場が、アルゼンチンはペッグを維持するために必要な痛みに耐えられるのかと市場が疑いはじめ、緊張が高まった。ギリシャ危機を研究するある歴史家はこんな至言を口にしている。「通貨に関する取り決めは、もともと強い経済を支えることはできても、強い経済をつくりだすことはできない」[16]。

救済のタイミング

ヨーロッパの当局はこうした問題に対処しようとする際、否定、怒り、受容という典型的パターンをたどった。当初の反応は、ユーロ圏にはソブリン債務危機など起こるはずがないという否定だったが、その後には、存在しないはずの問題を引き起こしている「投機家」への攻撃が始まった。

ギリシャの危機から、当局の姿勢は変化した。二〇一〇年春にギリシャ国債の利回りが二桁まで上昇し、支援が必要なことがあきらかになってきた。だがドイツのアンジェラ・メルケル首相は、ライン川北部にあるヴェストファーレン地方の重要な選挙を控えていたため、支援を承認することに二の足を踏んだ。その遅れがパニック感をさらに強め、メルケルのキリスト教民主同盟は選挙に敗れた。

二〇一〇年五月、ギリシャへの一一〇〇億ユーロの救済計画が合意され、その一環としてユーロ圏とＩＭＦから期間三年の融資が行われた。引き換えにギリシャは、さらに厳格な緊縮政策をとることを強いられた。その後すぐに七五〇〇億ユーロの計画が成立し、欧州金融安定ファシリティー（ＥＦＳＦ）と呼ばれるようになった。ＥＦＳＦはＥＵ加盟国の後ろ盾で基金を集め、困難な状態にある他の国々にも融資を行うものだった。

目的は、「衝撃と畏怖」をもって市場を抑えつけ、政府はいつでも安上がりな資金調達ができるのだと投資家に思い知らせることにあった。実際には、この手段を使わずにすむのが理想だった。投資家が納得すれば、利回りは低下し、どの国もほどほどの利率で自ら資金を調達できるようになる。

ところがそのわずか六ヵ月後、アイルランドが苦境に陥った。苦しんでいる銀行の資本を政府が支えられるようにするために、八五〇億ユーロの救済案が決まった。英国はユーロ圏の一員ではなかったものの、アイルランドとの貿易による密接な結びつきから、この取り決めに貢献した（英国が借りるときよりも高い金利をアイルランドに課すことで、利益を上げられるという理由もあった）。そしてさらに二〇一一年五月には、ポルトガルの救済に七八〇億ドルが投入されることになった。

欧州中央銀行（ＥＣＢ）も行動を起こすよう呼びかけられた。ＥＣＢはすでに苦境にある国々の銀行に対し、市場からの調達が難しくなったときに資金を供給するという支援を行っていた。二〇一〇年五月、ＥＣＢは困難に陥った国々の債券を、その利回りを抑える目的で買い入れることに同意した。専門的にいえば、これは量的緩和（ＱＥ）ではない。ＥＣＢはマネーサプライを増やしているわけではなく、等量の資産を売って市場に現金を注入したのだ。

とはいえ、ＥＣＢがヨーロッパの通貨安定の守護者として設立された経緯を考えると、これは大胆な措置だったし、危機以前のＥＣＢの声明の基調にも反するものだった。二〇一一年六月には、ＥＣＢが買った債券の額は七四〇億ユーロにのぼっていた。キャピタル・エコノミクスによると、ＥＣＢがもしイングランド銀行の買いあさり——ポンド市場の二五パーセントに達した——に肩を並べようとするなら、四九三〇億ユーロ相当の債券を買わなくてはならなかっただろう⑰。

だがこうした救済計画も、効果の兆しはほとんど見られなかった。第一に、緊急融資の利率の高さが被援助国に支払える範囲を超えていた。第二に、融資では現実問題に対処できなかった。ＩＭＦの元高官デズモンド・ラックマンは、レガタム研究所の報告書にこう記している。救済策が役立つのは、流動性の問題に対してであって、支払い能力に対してではない⑱。ユーロ圏の周辺的な国々が抱える支払い能力の問題とは、「債務の再編とユーロからの離脱がなければ、こうした国々の財政状態の改善が達成されるときには、きわめて根深く長期に及ぶ国内経済の景気後退を引き起こさずにおかないという意味である」。救済はこうした結果をただ先送りにしただけだった。国の経済に競争力が生まれないかぎり、経常赤字はどんどん積み重なり、債務に加算されていく。そして過酷な緊縮政策をとれば、経済はおそらく縮小し、そうなれば債務の対ＧＤＰ

比が上昇する。

そして実際に、ギリシャの救済から一年がたった二〇一一年夏、まさしくそのとおりの事態が起こった。ギリシャにはEUとIMFの資金が必要だったが、見返りとしてさらに緊縮政策が求められた。ストや激しい抗議行動のなかで、六月末に緊縮政策がギリシャの国会で可決された。ギリシャにとってこうした「救済計画」は、返済しなくてはならない債務がさらに増え、国民の生活水準が急速に低下するという意味しか持たない。

他のEU諸国は、ギリシャの正式なデフォルトを避けようと躍起だった。第一の理由として、ギリシャの負債の多くは、大きな国際的銀行システムの手中にあった。したがってデフォルトになれば、さらに銀行危機を引き起こしかねなかった。第二に、EUはギリシャの破綻によって、市場がポルトガルやアイルランド、あるいは、はるかに大きな（はるかに状況の悪い）スペインやイタリアに注意の目を転じることを恐れた。デフォルトの原則が一国に適用されたとしたら、他の国もそうなるのではないか？　EUはギリシャのデフォルトを遅らせることで、各銀行（および他の国々の政府）に財務状態を修復するチャンスを与えようとした。この「のらりくらり」の政策は逆の効果をもたらした。二〇一一年の夏、イタリアとスペインの国債の利回りが急激に上がりはじめた。その結果、またしても危機のピークがやってきた。欧州中央銀行はこの両国の国債を購入し、利回りを押し下げることに同意したが、これもやはり「絆創膏を」貼るだけの解決策だった。

債務危機から抜け出す最良の方法は成長だが、ギリシャ、ポルトガル、スペイン各国のGDPが急激に成長する見込みはまずありそうもない（アイルランドは国際的な企業を引き寄せるのに成功しているので、また別かもしれない）。ギリシャとポルトガルは長年、EUの補助金と政府支出に頼りきって、収入以上の暮らしをしてきたのだろう。スペインは建設ブームに沸いていたので、建設関連の労働者をより生産的な新しい産業に移すのは難しいかもしれない。そうした理由から、ドイツとフランスの政府は、EFSF（二〇一三年に執行する予定だ）に替えて別の機関を設置することを要求した。負債の満期を延長し、債権国に自分たちの資産の額面価値が支払われないことを受け入れさせる、長期的な仕組みを求めたのだ。

しかしギリシャが債務を返済できないことを受け入れてしまうと、デフォルト以外の道はひとつしかない。他国がギリシャの負債を肩代わりして支払うことだ。これはつまり、財政同盟の形をとる。アメリカでは何か危機が起こると、連邦政府が個々の州に助けを送ろうとする。だがそうした選択肢はEUでは人気がない。特にドイツなどは、請求額の大半を支払うことになるので、当然といえる。フィンランドのような国でも、「真のフィンランド人」党が他国の救済に反対したとき、得票数がいきなり増えるということがあった。ドイツのように豊かな国でも、ギリシャ（あるいはイタリア）の債務を保証する条件として、高い政治的代価を求めてくるかもしれない。保証相手の国の予算政策に対する実質的な拒否権だ。これはギリシャとイタリアの有権者にとっては呪いになるかもしれない。ユーロ圏は今も、こうした政治的な分裂に直面し、崩壊の危険に瀕しているのだ。

ヨーロッパの救済計画は、悪い債務が連鎖のように先送りされていく長いプロセス——民間部門の借り手から銀行へ、銀行から政府へ、弱い政府から強い政府へ——の終わりを表している。つぎの試練は、そうした強い政府がどれだけの債務を進んで吸収するか、あるいは吸収することができるのかということだ。

隠れた負債

公式の債務の数字は概ね、国が市場から借り入れたものだけだ。だがこうした目に見える負債に加え、各国の政府はたいてい、財源のない確約を数多く行っている。その実体は概ね、年金や医療保険などの、引退を控えた人々に約束された給付である。こうした確約をするのは、短期的には実に魅力的なのだが、それは全体のコストが意識されないことが多いためだ。負担はすべて他の人間が責任ある地位に就いているときに降りかかってくる。次章でくわしく説明するが、高齢者は先進国にとって非常に大きな問題だ。高齢者は公共支出の額を押し上げるだけでなく、成長の足枷にもなる。先ほどの確約を守ろうとすれば、欧米諸国の実質債務の負担は相当重いものになりかねない。

アメリカで自由市場主義を掲げるケイトー研究所のジャガディーシュ・ゴーカレーの算出によれば、こうしたヨーロッパの債務の総額は、GDPの数倍に相当し、その数字の範囲はスペインの二・五倍からポーランドの一五倍強にまで及ぶ[19]。EUの平均はGDPの四三四パーセントである（英国の場合はGDPの四倍）。もし何も手を打たなければ、国際決済銀行のエコノミストたちの予測では、今後一〇年のうちに債務の対GDP比は、日本で三〇〇パーセント、英国で二〇〇パーセント、そしてベルギー、フランス、イタリア、アメリカで一五〇パーセントに達するという[20]。総額よりも負債比率が好まれる場合もある。政府には資産があり、その価値は負債から差し引くことができるという理由からだが、国際決済銀行の専門家によれば、そうした資産は評価が難しく、危機の際には簡単に売れなくなりやすい。

重要な点は、政府が多くのステークホルダー――債権者、納税者、給付の受給者――を抱えていることだ。現在の混乱から抜け出すためには、このステークホルダーの誰かが犠牲を払う必要がある。債権者が実質的にお金を取り戻せなくなるかもしれない。あるいは納税者がさらに支払うか、給付がカットされるかもしれない。これら三つの結果の組み合わせも考えられる。モルガン・スタンレーのアルノー・マレスが言うように、「問題は政府が約束を破るかどうかではなく、その約束のうちどれを破るかということ、そしてどのような形のデフォルトが起こるかということだ」[21]。

こうした債務は、さまざまな理由から実に悩ましい問題だ。すべての負債は資産でもあるという言葉は事実かもしれないが、本書を通じて見てきたかぎり、債務者と債権者の利益は対立にいたる場合が多い。主要な問題は、負債は定期的に借り換えるか、もしくは返済を繰り延べる必要があるということだ。そうした事態が起こるたびに、債権者は債務者がちゃんと算段をしてくれると信じなくてはならない。定期的な信任投票のようなものだ。そして信任が失われれば、それは伝染する。ある債務者がデフォルトになれば（おそらく債権者が貸し付けの支払い期限を延ばさないという理由から）、貸し手は他の債務者もその例に倣うのではないかと心配になるだろう。債務の対GDP比が高まるほど、この潜在的な問題はさらに悪化する。債務の対GDP比が一〇〇パーセントのときには、生産高の一〇パーセントが危険にさらされる。もしGDPの四〇〇パーセントになれば、生産高の四〇パーセントが危険だということになる。

第二の問題は、前の章でざっと説明したとおりだ。負債の多くは資産の価値によって守られている。債務者がローンを返済するために資産を売らざるをえなくなると、こうした資産の価格は下落し、あらゆる貸し手の担保の価値を下げる。負債の額面価値は決まっているが、資産の価値は変動する。危険なのは債務デフレスパイラルだ。これは一九三〇年代にアーヴィング・フィッシャーが初めて紹介したもので[22]、物価の下落が経済活動を鈍らせることをいう。消費者は誰もが、明日は商品がもっと安くなるという理由から、今日のうちに買おうとはしなくなる。

フィッシャーは九つの連鎖からなるプロセスについて説明している。負債の清算が投げ売りにつながり、預金通貨の収縮、物価の下落、事業の純資産のさらに大幅な下落、利益の低下、生産高と雇用の低下へと続き、信認の喪失、お金の退蔵、金利への悪影響へとつながっていく。フィッシャーによれば、物価が下がると「まだ支払われていない負債の一ドル一ドルが大きくなっていく」。そしてさらに、「債務の負担を減らそうとする個人個人の努力自体が、負担を増やすという結果を引き起こす。支払いがいっせいに殺到すると、集団効果によって借りていた一ドル一ドルが膨らんでいくためだ……だから債務者が支払えば支払うほど、さらに多く支払わねばならないということになる」。

第三の問題は、債権者と債務者のアイデンティティーに関わるものだ。最後の章で見ていくが、いくつかの先進国（特に目立つのはアメリカ）はいま、いくつかの新興国（特に目立つのは中国）に借金をしている。かつては世界政治を牛耳っていた大国にとって、この状況はかなり不快なものだ。中国が新たに得た資金力を使って自分たちに歯向かってきたらどうなるか？　中国もまた、アメリカがデフォルトになったときに何が起こるかを心配しなくてはならない。

たとえ政府が債務の不履行に踏み切らなかったとしても、債務の返済はやはりきわめて高くつくだろう。利払い費用は年間予算の多くを食いつくし、学校や道路の建設といった有益なことに使うお金が残らないかもしれない。こうしたコストの上昇に対処しようと、政府は増税をするかもしれないが、高い税金は経済活動を鈍らせる結果になる。債務者より債権者を優遇する政策は、貧困層よりも富裕層にとって有利だろう。しかし債務者を優遇する政策は、結果的に資本をどこかへ追いやることになりかねない。

ラインハートとロゴフは、ソブリン債務のデフォルトを研究した共著書を補足する論文のなかで、一国の経済成長率は、債務の対GDP比が九〇パーセントを超えたときに衰えはじめると記した[23]。この論文は多くの批判を浴びている[24]。相関関係は因果関係と同じではない。国が経済的な苦境に陥れば、債務の対GDP比が急上昇することは起こりうる（すなわちGDPは債務の上昇よりも早く下落する）。政府債務の増加が経済に最も及ぼすことの多い悪影響は、民間部門の投資の「締め出し」から生まれるものだろう。政府が国の貯えをすべて吸い上げてしまい、企業に回る分が残らなくなるのだ。それを踏まえたうえで、赤字の累積ではなく年間赤字を重要な規準とするべきだろう。

批判はあるものの、債務の対GDP比が高い国は、赤字も（利子の負担のために）大きくなるという傾向はありそうだ。また債務の対GDP比が高い国は、政府支出がGDPに占める割合も高くなる傾向があると思われる。さまざまな研究で、政府支出の水準が高まるほど、成長率は下がることが示されている[25]。ある研究によると、支出がGDPに対して一パーセントポイント高くなるごとに、成長は〇・一二〜〇・一三パーセントポイント下がるという。

ゆるやかな成長と大きな負債の組み合わせは、特に人口問題を抱える先進国の場合、まったく魅力的ではない。それが次章のテーマとなる。

第11章　債務を後世に残す

「あなたの神、主であるわたしは、ねたむ神であるから、わたしを憎むものには、父の罪を子に報いて三、四代に及ぼすであろう」

――『申命記』五章九節

人口の急増は比較的最近の現象だ。世界の人口が一〇億を超えたのは、ようやく一八〇〇年頃のことだった。だが一九二〇年代には二〇億、一九六〇年代には三〇億を超えた。それ以降は半世紀でなんと二倍以上になり、二〇一一年末には七〇億に達するという。この人口増加の時期が、急速な経済成長の時期と重なっているのは偶然だろうか？　つながりがあると一概に言うことはできない。中国は一九七〇年代末まで、政府の誤った経済政策のためにきわめて貧しい状態にあった。だが、急速な人口成長が問題をもたらす一方で、人口の縮小もさらに大きな問題になりそうな気配である。

人口動態の傾向は、絶対に変わらないというわけではないが、変化はあってもごくゆるやかなものだ。国連の現時点での算出によれば、今後の人口増加のペースは鈍っていく。二〇世紀の後半に二倍以上に増えた後、二一世紀の前半の増加は五〇パーセントにとどまる見込みだという。

それでもまだかなり速い成長率といえる。だが欧米にとって重要な問題となるのは、その増加の配分だ。成長はほぼすべて途上国に集中している。ドイツ銀行の分析によると、二〇一〇年から五〇年の間に先進国の人口は三パーセントしか増えないという(1)。これはまったく変化がなく、何の影響ももたらさない数字だ。しかも一部の国は人口が急激に減ると予想されている。これは一四世紀の黒死病以来、一度も見られなかった現象である。日本は、二〇五〇年までに二五〇〇万人、つまり二〇パーセント減少するだろう。ロシアは二四〇〇万人で一七パーセント、ドイツは一一六〇万人で一四パーセント減る見通しだ。

そして人口構成もやはり変化している。先進国の高齢者(六五歳以上)の数は二〇一〇年から五〇年の間に一億九七〇〇万人から三億三四〇〇万人へと増えるだろう。全体の割合で見ると、一六パーセントから二六パーセントへの増加だ。世界全体で見れば、高齢者の人口は七・六パーセントから一六・二パーセントまで増え、今世紀半ばには六五歳以上の数がおよそ一〇億人となるだろう。以前なら引退と結びつけられていた年齢である。

英国人の平均年齢は、一九八〇年には三四歳だったのが、二〇〇九年にはほぼ四〇歳となった。二〇五〇年には四二・五歳になると予測される。アメリカ人の平均年齢は、一九八〇年の三〇歳から二〇〇九年には三六歳まで延び、二〇五〇年にはほぼ四二歳となる。中国は一人っ子政策の効果もあって、平均年齢は一九八〇年にわずか二二歳だったのが、二〇五〇年には四五歳になる見込みだ。

出生率の急落

とはいえ、こうした数字は予測でしかない。人口動態の傾向は予想外の変化をすることがあるので、それは認識しておかなくてはならない。ケインズでさえまちがっていたのだ。一九三七年の講演で、彼はこう明言した。

「未来に関連する社会的もしくは経済的要因については、他の何にもまして確実に分かっていることがある。これまで何十年、何百年にわたって経験してきた着実かつ急激な人口増加に代わって、われわれはごく近いうちに人口水準の停滞もしくは低下に直面するだろうということだ」(2)

この当時、政府の統計部門は、二〇〇〇年までに英国の人口は三四〇〇万人まで減少すると予測していた。だがその後に、戦後のベビーブームが起こったのだ。

このベビーブームが驚きをもって受け止められたように、先進国では予測を裏切って、出生率がいきなり上昇する、あるいはあまり愉快な話ではないが、病気のために高齢者のグループが激減するといったことが起こりうる。だが、確実に認められている傾向は二つだ。一つ目は、繁栄は出生率の低下と結びついているということ。これは先進国だけでなく途上国にも当てはまる。貧しい人々は将来を見越して子供を多く持つ傾向がある。第一に、幼児死亡率は低収入の家庭では高くなる。四人いればうち二人が生き延びて大人にまで成長できるということだ。また貧しい家庭では、幼いときから仕事を手伝わせ、年をとってから養ってもらうというように、子供に頼るケースが多い。

また世界的に、女性が教育を受ける機会が増え、バースコントロールをして子供をあまり産まなくなる傾向が見られる。女性は大学へ進学すると、結婚して子供をつくる年齢が遅くなり、妊娠・出産に最適な時期が短くなる。先進国では、多くの女性が外での仕事を持つようになり、夫の収入に頼っていた一九世紀の女性にはなかった経済的な自由を手に入れた（一九一一年当時、英国の既婚女性の九〇パーセントは報酬を得られる仕事に就いていなかった(3)）。

しかも豊かな国では、子供は資産ではなく、経済的負担となる。養育にコストがかかり、法律上働くことは許されず、女性がいちばん稼げる時期に何年間も仕事を離れる原因になる。子供が高齢になった親を養うというケースも今ではあまり見られない。国の社会給付がその肩代わりをしているのだ。

ヨーロッパの出生率、つまり子供の数を女性の数で割った数字は、一九六〇～六五年には平均二・五八だったのが、二〇〇〇年～〇五年には一・四一まで下がった。人口統計学で算出される「人口置換水準」（この数字が二より高いのは、乳児期や幼児期の死亡率を考慮しているためだ）の二・一よりもずっと低いが、すでにこの状態で安定しているようだ。日本でも二・〇二から一・二九と、同様の低下が見られる。アメリカの状況はかなりましだ。出生率は低下しているものの、三・三一から二・〇四となっただけで、しかも安定した移民流入の恩恵を受けている。

二つ目の傾向は、寿命が延びたことだ。ヨーロッパの出生時の平均余命は一九五〇年からほぼ一〇年増えている。世界全体の出生時の平均余命は、一九七〇年～七五年の五八歳から現在は六七歳になり、二〇四五年には七五歳まで延びる見込みだ。先進国では、出生時の平均余命は今世紀半ばに八二歳になるだろう。この傾向は不変のようだ。日本はすでにこの水準にあり、二〇五〇年には八七歳になる見込みだ。この寿命の延びには、栄養状態が改善した、抗生物質の開発により病気になっても助かるケースが増えた、以前は男性労働者の寿命を短くしていた肉体労働が減った、喫煙者が減った、など多くの理由があると考えられる。

これらの人口動態の変化は、経済成長に大きな影響を及ぼしてきた。経済の成長はおもに二つの原因から生じる。労働力の増加、そして労働者一人当たりの生産高——すなわち生産性の向上だ。労働力が横ばいもしくは縮小していれば、すべてが生産性の向上にかかってくる。

したがって、生産性を一気に改善できるテクノロジーの奇跡がなければ、成長はぐっとゆるやかになるだろう。だがそんな奇跡に頼るのは、宝くじが当たって懐《ふところ》が暖かくなるのをあてにするようなものだ。さらにいえば、高齢者は多くの介護を必要とするが、介護の活動が生産性を大きく上昇させるという見込みは少ない。介護が「効率的」になるほど、むしろその価値は下がっていく。介護の本質とは、患者一人ひとりに費やされる時間なのだ。

英国で年金受給年齢に達している人々は、二〇〇八年に一一八〇万人だったが、二〇三三年には一五六〇万人に増えると予測されている。計画どおりに受給年齢が引き上げられれば、この増加のペースはゆるやかになり、特に女性ではその傾向が強まる。だが、それで引退できなくなる人々全員が、仕事を見つけられるわけではない。六〇歳以上の人々の数は、同じ二〇〇八年〜三三年に一三六〇万人から二〇六〇万人に増えると考えられる。つまり全人口の二二パーセントから二九パーセントになるということだ。さらに八五歳以上の人口は、一三〇万人から三三〇万人へと倍増する。こうしたきわめて高齢の人たちが働くことはまずないだろう。

英国の納税者にかかる負担の点から見れば、重要なのは労働者と被扶養者――子供および高齢者――の比率である。二〇三三年には、被扶養者一人に対する就業人口の比率はわずか一・五二になるだろう。この数は二〇〇八年には一・六四だった。ベビーブーマーたちは年齢別人口分布のなかを、夕食を平らげる大蛇さながらに移動しつつある。ベビーブーマーを一九四六〜六四年に生まれたグループと定義すれば、彼らは一九六〇〜八〇年代に労働力に加わり、一九八〇〜二〇〇〇年代に生活力のピーク（三五〜五四歳をそのピークとすれば）に達した。最初のベビーブーマーは現在六五歳になろうとしているが、その多くは二〇〇〇年代の初め頃から次第にキャリアを終わらせてきている。

労働者と引退者の比率を考えれば、事態はさらに悪く見える。引退者は子供と比較して、医療費の補助や年金があるために、国にとってははるかに大きな重荷だ。労働者の数を引退者の数で割った値は、一九七〇年には四・三、二〇一〇年には三・六だったが、二〇五〇年には二・四まで下がるだろう。アメリカでは同じ数値が、一九七〇年には五・三、二〇一〇年には四・六だったのが、二〇五〇年には二・六になる見込みだ。そしてフランスでは、二〇五〇年には一・九、イタリアでは一・五、日本ではわずか一・二となるだろう。

その一方で、引退年齢は平均寿命と歩調を合わせて上がりはしなかった。史上初めての国による年金制度は一八八九年、ドイツ宰相オットー・フォン・ビスマルクが考案した。当時の出生時の平均余命は四五歳だったが、ビスマルクは引退年齢を六五歳と設定している（出生時の平均余命の数字は、幼児死亡率によってぐっと押し下げられる。したがって高齢に達する人々は多く、ビスマルク自身も八三歳まで生きた)。しかし二〇世紀の後半になると、六五歳に達した人々の寿命が着実に延びていった。これには医療の改善が影響している。たとえば、心臓発作を起こした患者の回復率が大きく高まった。英国では、一九五〇年に六五歳になった男性がその後生きられるのは平均一二年ほどだった。二〇〇八年には平均寿命が延びたおかげで、六五歳の男性はあと二一年生きられるようになった。その間、公的年金の受給年齢は変わっていないため、引退してからの期間は平均七五パーセントも増えている。

この問題に対処するには当然、引退年齢を引き上げ、人々が労働力として長い時間を過ごせるようにしなくてはならない。何もしない時期を短縮するということだ。極端な例を挙げると、フランスの男性は一九七〇年の頃に比べ、引退後の時間を一〇年も長く過ごしている。この「失われた年月」の一部を活用することが必要なのだ。引退後の年数と平均寿命の比率を一九七〇年当時の水準に等しくするには、OECD加盟国の労働者の引退年齢は七〇歳にしなくてはならない(4)。

いずれにしろ、健康な人々は経済的にも、より長期間にわたって活発でいられる。そういったことはすでにある程度起こりつつある。アメリカのウォルマートへ行ってみれば、店に入ったとたんに、陽気なおじいさんたちから挨拶の声が飛んでくるだろう。こうした人たちは自ら忙しく過ごせるだけでなく、税金を払うことで若年層の重荷を減らしてもいるのだ。

とはいえ公式の引退年齢は、ゆるやかに変更されていく可能性が高い。理由のひとつは公平さの問題だ。もしあなたがすでに六三歳で、今から引退の年齢を二年先まで延ばすというのは、いささか唐突な話だ。そんなに急に希望を伝えても、しかるべき時期に退職金を受け取ることはできないかもしれない。だから変更はあらかじめ余裕をもって、周囲の人々がちゃんと準備できるような時期に伝えることだ。これを書いている時点で、英国の年金受給年齢は六八歳に引き上げられる予定だが、ただしこれは二〇四四年からである。もし多少早まったとしても、短期的には労働力の規模に対して大きな影響は出ないだろう。

だが、こうしたわずかな変化に対応するにも、雇用主と雇用者の側にある程度の柔軟性が求められる。有名な例外を除き（ウォルマートや英国のＤＩＹ店のＢ＆Ｑなど）、ほとんどの雇用主は年配のスタッフをなかなか雇おうとしてこなかったが、理由はあきらかに、柔軟性に欠ける、訓練しづらいなどと見ているためだった。彼らは年配の労働者の人生経験を活用することをもっと学ぶ必要があるだろう。労働者のほうも、年功に応じて報酬を増やすという従来のやり方に代わり、年をとるにつれて給料が低くなることを受け入れられるようになる必要があるかもしれない。そして仕事に対する「ポートフォリオ」的アプローチ、つまりパートタイムを組み合わせて働くというやり方を取り入れるべきかもしれない。とはいえ、長く働くことが、他の職業に比べてはるかに楽な職業というものは存在する。オフィス労働者なら六七歳まで働きつづけるのは容易かもしれないが、消防士や警察官ではそうはいかないだろう。

つまり根底にあるのは、引退者を養うべき働き手が少なくなっているという問題なのだ。ドイツ銀行の計算によると、先進国では三五〜五四歳のグループが二〇五〇年までに一四パーセント、ヨーロッパでは二四パーセント縮小するという(5)。このことは、やはり被扶養者である子供たちの数も減っていることで、一部は相殺されるだろう。しかし日本、イタリア、ドイツ、フランスなど多くの国では、二〇五〇年には、三五〜五四歳という最も重要な労働者の数を高齢者が上回るようになる。

フランスでは、サルコジ大統領が年金受給年齢を六〇歳から六二歳に引き上げたことで、二〇一〇年に広範な抗議運動が起こった。その人口動態は、他のいくつかのヨーロッパの国よりはましのようだが、傾向はやはり恐ろしいものだ。一五〜六四歳（生産年齢人口）の労働者は、一九一〇年から一九五〇年の間に一二八パーセント増加した。だが、今後四〇年間では五パーセント減少する。そして同時期に、六五歳以上の数は七一パーセント増加するだろう。

その結果として、政府財政はおそらく逼迫する可能性が高い。公的年金はそうした義務のあきらかな例だが、高齢者は医療保障も若年層よりはるかに多く必要になる。格付け機関スタンダード&プアーズの予測によると、このまま政策に変更がなければ、平均的先進国の財政赤字は、現在の対GDP比四・七パーセントから、二〇二〇年には七・五パーセント、二〇三〇年には九・七パーセント、二〇五〇年には二四・五パーセントへと上昇するという(6)。高齢者関連の支出は、二〇五〇年には平均的な経済先進国のGDPの二七パーセントを占めるだろう。そして平均的先進国の債務の対GDP比は、二〇二〇年には七八パーセント、二〇三〇年には一一二パーセント、二〇五〇年には三二九パーセントまで押し上げられるだろう。

もちろん、国がそこまで劣化した状況になることを、市場にしても有権者にしても受け入れるとはまず考えられない。しかし、必要な調整は大変なものになるだろう。S&Pの計算によれば、先進国はこの問題の収拾がつかなくなるのを防ぐために、平均で赤字をGDPのおよそ八・四パーセント分減らさなくてはならないという。

そのことはしかし、政策のジレンマを浮き彫りにする。長期的な継続可能性という観点からは、赤字は早く削減されるほどよい。だが、世界経済が弱まっているときに、政府が税金を上げ支出を削れば、国内経済を再び景気後退に追いやる危険がある。もし債務負担の削減より早いペースでGDPが落ち込めば、財政状態はさらに悪化しかねない。また、債務削減に積極的に取り組む政府は、選挙民には不人気を博し、政権を失うことになる。しかも今の世界では、とりわけ才能に恵まれた人々が重税を避け、外国へ移住してしまうということが簡単に起こるのだ。

気づかれていない債務

前章で触れたように、規模としてきわめて大きな公共部門の労働者にも、政治家たちは重要な確約をしている。この点を理解するには、あらためて年金という不可解な世界に足を踏み入れる必要があるだろう。最大の問題は公的年金（一定の年齢を超えた国民すべてに支給される）ではない。ほんとうに問題なのは、行政事務や警察、医療機関等で政府のために働いてきた人々の年金だ。

多くの国、特に英国やアメリカでは、公共部門の労働者には、最終給与と連動した年金額が支給される。これは一年ごとの公務で得られる額に応じ、ある公式に基づいて計算される。たとえば、六〇分の一方式を取り上げてみよう。一年の公務で最終給与の六〇分の一が得られるので、四〇年勤めれば最終給与の三分の二の年金を受け取れるということだ。一九七〇年代のインフレを経験した後、こうした年金はたいてい物価スライド式になったため、年金の額は物価とともに、少なくとも一部は上がっていく。それに加え、遺された配偶者への給付や、医療費の支給もある。

雇用主はどのようにしてそれだけの資金を捻出するのか？　仕組みは複雑だ。年金制度のなかには、賦課方式に基づき、雇用者から拠出金を集めて引退者に支払うというものがある。雇用主自身と雇用者が出す年間拠出金を通じて、基金を積み立てるものもある。その後利益の一部は投資にまわされ、厖大な額に及ぶ年金の足しにされる。

賦課方式は、あきらかにピラミッド金融の一例だ。引退者に給付金を支払うには、新しい雇用者からたえずお金が入ってこなくてはならない。実のところ、引退者よりも多くの雇用者が必要になる。雇用者の拠出金（通常は給料の三〜一〇パーセント）は給付額よりずっと少ないからだ。年金制度が最初にできた時点では、引退者に対する雇用者の比率が高いのは当然である。だが時間がたつと、このプランの内実は悪化しはじめる。公共部門の年金制度で給付金が拠出金を上回れば、納税者がその不足分を補わなくてはならなくなる。

公共部門の積立型最終給与年金プランは、一見するとそれよりはるかに理に適っている。納税者の税金を使わなくてもすみそうにさえ思えるかもしれない。税収入は経済生産、つまりＧＤＰに一致して増えていくと期待される。しかし政府は、年金基金がエクイティやリスクの多い資産に投資を行うことで、ＧＤＰの成長より速いペースでリターンを稼げることを望んでいるかもしれない。

公共・民間を問わず、年金基金は概ね、過去五〇年にわたってそれを実行しようとしてきた。エクイティは他の資産、特に債券や現金よりも長期のリターンがよいと考えていたのだ。そして一九八七年や、ドットコム・バブルが弾けた二〇〇〇年〜〇二年などの時期には、変動の激しい株式市場に短期間だけ投資したりもした。これは理屈の上ではもっともに思われた。エクイティはリスクが大きいし、企業は資金調達のコスト（債券や現金のリターン）より多くの収益を得ることを期待されているのだから、長期のリターンが得られるはずだ。なにしろ企業がそこそこの収益を得られないようでは、経済は深刻な苦境に陥る。この賭けはまた、エクイティ市場が活況を呈した一九八二年から二〇〇〇年の時期にも、効果をあげているように見えた。

だが、最終給与年金プランの積み立てに必要な拠出金率を決めるときには、多くの想定が関係してくる。雇用者は引退までにどれだけ稼ぐのか？　何歳まで生きるのか？　物価スライド式の年金だとすれば、引退後のインフレの水準はどの程度か？　基金のリターンはどうなるか？

基金に対して高いリターンが見込めるなら、投資だけですべて賄えそうだ。多くの企業が一九八二年～二〇〇〇年の上げ相場を利用して、拠出金を大きく増やした。その誘惑は民間部門の企業に劣らず、政府当局にとっても強いものだった。たとえば一九九二年にニュージャージー州では、ジム・フローリオ知事が年金基金のリターン率の想定を引き上げた。そしてそのおかげで拠出金率を下げ、州予算の均衡をとることができた。彼の後任者たちも会計の想定にさらに余裕を持たせ、給付額を増やした。その結果、二〇一〇年の半ばには、州の年金基金は一七三〇億ドル、つまり同州のＧＤＰの四四パーセントという公的債務の三倍に当たる額の赤字を出した(7)。この問題は全米で繰り返された。ある計算によれば、個々の州の年金の赤字を加算すると三兆二〇〇〇億ドル、つまり連邦債務全体の四分の一に相当する額になるという(8)。いくつかの州では、二〇一〇年代の終わりまでに、年金支払いに必要な予算が尽きてしまう恐れが出てきた。

この巨額の数字はどのように計算されたのか？　想定されるリターン率を用いたわけではな

い。そうしたやり方は、年金プランにさらにリスクを冒させるように働く。よりリスクの高い資産を買えば、負債はその分減っていくように見える。しかしこれは、公金を使った一か八かの賭けに等しい。

民間部門では、大きなリスクをとるような年金プランは、へたをすると会社を倒産させかねない。そうなると従業員は、確約された給付金を全額受け取れなくなってしまう（一部には、企業年金を保証するための基金を積み立てている国もあるが、それはまた別の話だ）(9)。政府（国でも地方でも）が自ら行った年金の確約からそう簡単に抜け出すことはできない。たとえ投資が失敗して、見込まれていたリターンが得られなくても、給付金は支払わなくてはならず、それは納税者の負担となる。言い換えるなら、負債の規模というものは、それを支払う資金を調達するための資産とは関係がないということだ。私が一〇〇〇ポンドの税の請求を受けたとすれば、競馬で二五対一の馬に四〇ドル賭けることでその資金をつくろうとするかもしれない。だが馬が勝てなかったとしても、税務署はおかまいなく税を取り立てようとするだろう。

政府による年金の確約は、たしかに負債に似ている。決まった期間の後で、受給者に決まった額を支払うという義務だからだ。政府がこの制度に応える手段は、引退後の決まった時期に満期を迎える債券を雇用者全員に与えるか、あるいは年金の確約を民間部門の企業に丸投げするかだ。そのための資金を調達するには、まとまった額を借りなくてはならないだろう。どちらの場合でも、重要な基準となるのが政府の借り入れコストなのはあきらかだ。それは負債の割引に使われる率である。

そのおかげで、公的年金の確約はきわめて高くつくものとなる。イングランド銀行は自らの年金制度を、インデックス連動債の発行と同等にみなしている。雇用者が引退したときの給付金はインフレ指数と連動しているからだ。それで銀行はインデックス連動債を買って、年金の資金に充てようとする⑽。その二〇一一年のコストは、給与支払額の五五パーセントに及んだ。これはほとんどの公的年金制度をはるかに上回る高額だ。

この問題が陰に隠れていたのは、年金制度の会計報告の仕方のせいだった。しかし給付金の現金コストが上がりはじめるにつれ、次第に問題があきらかになってきた。ほぼすべての州が均衡予算のための修正を行っているアメリカでは、拠出金の増加分はすべて増税もしくは公共サービスの削減によって賄わなくてはならなくなる。

英国では、公共部門最大の年金制度が、賦課方式で実施されている。雇用主は予算から形ばかりの拠出金を出すことを「課されて」いるが、その額はきわめて少ない。政府が赤字を削ろうと四苦八苦しているときに、大蔵省は年金資金の上積みコストを二〇一〇～一一年の四〇億ポンドから、二〇一四～一五年には九〇億ポンドまで増やそうとしている。政府債券の利回りを割引率として使っても、英国政府の国家部門の年金の負債総額は一兆二〇〇〇億ドルと、国のGDP全体とほぼ同じになる⑾。この請求書はすぐに支払期日がくるわけではない。それでも結局は支払わなくてはならないのが借金だ。政府財政の他の部分が健全な状態なら、まだこのコストにも耐えられるかもしれない。だがもちろん、そんなことは口が裂けても言えない。

政府はゆるやかな段階を踏んで、年金にかかるコストを減らそうとしている。そうした手段はもちろん、民間部門よりも力の強い公共部門の労働組合からの反対を受ける。そして今後はそうした紛争が数多く起こるだろう。引退年齢を引き上げることとは別に、政府は他の改革にも踏み切ろうとするかもしれない。たとえば新規スタッフの年金受給権の改革だ。彼らはいわゆる「確定拠出型プラン」を勧められるだろう。このプランの下では雇用主は、拠出金は出すが、最終的な年金に対しての責任は負わない。すべてはポートフォリオにある資産の運用成績にかかっている。要するに、投資のリスクを雇用主ではなく雇用者が引き受けるのだ。

もうひとつの選択肢は、雇用者を最終給与方式から全期間平均給与方式へと移すことだ。給料は組織内で昇進するたびに上がっていくので、最終給与方式は上級スタッフにとって有利になる。そして通常の雇用者には損失が増える。だがほとんどのスタッフは、インフレと連動して賃金が増える傾向にある。全期間平均給与方式に切り替えれば、低賃金のスタッフを犠牲にすることがなく、雇用主の資金も節約できる。

年金の負担は、インフレ連動の範囲を狭めることでも削減可能だ。英国はすでにこの措置をとり、公共部門の年金は小売物価指数ではなく消費者物価指数と一致して上昇すると発表している。消費者物価指数の上昇傾向は年間〇・七パーセントで、小売物価指数よりも小さいのだ。この変更によって、政府の年金コストは一〇パーセント減らせる計算になる。

実際、英国の民間部門で提案されている年金改革は、さまざまな手法の組み合わせとなっている――政府は、インフレと連動した変化だけでなく、民間部門の労働者たちを（六〇歳ではなく）公的年金の受給年齢に合わせて引退させ、全期間平均給与方式に切り替えたうえに、拠出金の額を上げるという計画を立てた。この四重の打撃は二〇一一年七月のストを引き起こしたが、今後もさらに論争が起こるのは避けられそうもない。

アメリカでは、高齢化のコストは「公的給付制度（エンタイトルメンツ）」という名称の下に

――とりわけ社会保障およびメディケアに収まる。社会保障、年金プランは、厳密にいえば基金による制度だが、実は財務省証券に投資する信託基金というだけのことだ。こうした債券は、未来の政府が支払うという約束にすぎない。この基金の方式は、ＩＯＵをビスケットの缶に入れて大学進学の資金を貯めようとするのに等しい。給付金はやはり未来の納税者に依存している。

メディケアは高齢者医療の資金調達コストである。これは非常に高くつく。アメリカはＧＤＰの二倍もの額を医療に費やしているが、平均寿命の延び率にはさほど足しになっていない。ベンチャーキャピタル企業のＫＰＣＢの分析によると[12]、メディケアは過去四五年間で一兆九〇〇〇億ドルの資金不足となっていた。受益者一人に対する年間支払額は、一九六六年から二六倍も増えている。平均的なアメリカ人の生涯医療コストは六三万一〇〇〇ドルで、政府はそのうちのほぼ半分を出しているのだ。

人口が高齢化するにつれ、この支出には拍車がかかってくる。さらにメディケード（貧困層に対する医療支出）を加えれば、二〇二五年には公的給付が連邦予算をすべて呑み込むだろう。だが、こうした支出プランの伸びを抑えようとする動きはほとんど見られない。

新しい姿勢

高齢者人口は政府の負債に影響を及ぼすだけではない。こうした人口の変動を、労働する能力と、負債を引き受ける意思に照らして考えてみてほしい。大まかにいえば、引退者は三つの収入源に依存している。公的年金、自身の貯蓄、雇用による年金だ。雇用者が引退すれば、こうした資金源が重要な収入の成長を生み出すことはなくなる。高齢者が望めることといえば、せいぜいインフレについていく程度だろう。

それなのに高齢者はどうして、負債を引き受けたり、与えられたりできるのだろう？　債権者にしてみれば、引退した人間のキャッシュフローが、元本と利子を返済できるほど改善するという信頼は持てないはずだ。高齢者が今より大きな家を持とうとすることは考えにくい。むしろ通常は、子供たちが家を出ていったときに、小さな家に買い換えようとする（キャッシュフローを生み出すために、自宅を担保にして借金をしようとする高齢者もいるだろう）。

投資のライフサイクル理論とは、人間が貯蓄する額は、年齢によって異なるというものだ。若い頃にはあまり蓄えず、多く借りる。中年になると、ほとんどを蓄えにまわす。そして引退すると、蓄えを吐き出していく。この理論に従うなら、一九九〇～二〇〇〇年代の貯蓄率にはひとつの波がやってくるはずだった。ベビーブーマーたちが四五～五五歳の年齢幅に入ってくる時期だったからだ。

しかし奇妙なことに、アメリカのベビーブーマーたちはまったく逆のことをした。一九九〇～二〇一〇年まで、歴史的な基準から見て、貯蓄率はきわめて低かった。これは将来の災いのもとになると警告する識者もいたが、自由市場主義の経済学者たちは、この貯蓄率の数字は低く見積もられている、ベビーブーマーたちが住宅や株で得たキャピタル・ゲインが反映されていない、と反論した。こうした経済学者たちの意見は、この現象の裏にある動機付けに関しては正しかった。ベビーブーマーたちは、自分の持つ資産の価値が上がるにつれ、もう収入の一部を貯蓄にまわす必要はないと思い込んだ。しかしキャピタルゲインは永遠ではなく、実際にエクイティの利益は二〇〇〇～〇二年から、不動産の利益は二〇〇七～〇九年から下がりはじめた。

経済全体への影響でいえば、収入が貯蓄にまわされるのは、将来の成長を刺激する投資のための基金ができるという意味で重要だ。キャピタルゲインとは将来の成長が早い段階で認められることである。住宅や株の価格が上がるのは、多くの人々が給料や利益が将来的に増えると期待しているからだ。しかしこのキャピタルゲイン自体は、そうした給料や利益の増加を生み出すようなことは何もしない。二〇〇七年には、五五歳以上のアメリカ人で、一〇万ドル以上の貯蓄がある人々は全体の半分にも満たなかった[13]。昔ながらの「二〇倍の法則」（望ましい収入を得るにはその二〇倍の元手が必要になる）を用いれば、これは年金に直すと年間五〇〇〇ドルにも満たないことになる。

高齢者が必要なものには、さらに別の意味合いもある。なんとか貯蓄に頼って暮らしていこうとすれば、自分の資産、とりわけ家を売ることになる。これはよくある成り行きだ。しかし過去には、売る側の世代は買う側の世代より少数だった。だから過去の高齢者は、買ったときよりも高い価格で資産を売ることができたのだ。これは現在の高齢者にとってはもちろん、大きな失望となるだろう。しかし住宅ローンを借りている就業年齢の人々にとっても、これは問題となる。資産価値がマイナスになってしまう人々が増えるだろう。そして投資としての住宅（セカンドホームとして、あるいは貸家として）への需要は、確実に低下するだろう。

長期的には、住宅の価値はＧＤＰに一致して上昇すると考えられるだろう。好況の時期には速いペースで高騰する。したがって住宅価格は、上の世代の資産売却による二重の打撃に直面する。

GDP成長がゆるやかになると、住宅価格の上昇率も自然と鈍りはじめる。そして住宅の平均価値は少なくとも、GDPとの昔ながらの関係にもどっていく。高齢者層が引退後のための資金手当てをするためだ。

現在のような低金利の時代が続けば、高齢者の生活はきびしくなっていく。すでに引退していて、資産のかなりの割合を預金の形で持っているとしたら、収入はもう低下しているだろう。だが引退を迎えようとする人たちにも、暮らしはやはり苦しいものになる。引退のために必要な収入を生み出せる元本を積み立てなくてはならない。金利が五パーセントなら、二〇万ドルの元本から一万ドルの収入を得られるが、金利が二パーセントなら収入は四〇〇〇ドルにしかならない。引退を迎えようとする人が一万ドルの収入を目論んでいるなら、貯蓄はそれよりはるかに多くの五〇万ドルが必要になる。これは大変な負担だ。

さらにまずいのは、それだけの元本をつくろうとする試みも、低金利のせいで困難になるということだ。引退を迎えようとする人は、収入の一部を貯蓄しなくてはならない。貯蓄による収益は仕事の報酬と比べて少ないからだ。したがって利子の低さは、逆に貯蓄を促す方向に働く——すばらしいパラドクスだ。ちなみに、引退者が自分の力で貯めるのでも企業の制度を通じて貯めるのでも、なんらちがいはない。同じ原則が当てはまる。

要するに、政府がこれまでに蓄積した負債の利子や、高齢者福祉の社会的費用を支払っていると、成長は鈍り、納税者の負担は大きくなっていくということだ。まさしく親の因果が子に報いているのだ。政府が負債を負えば、若い世代はそれからずっと、上の世代の負債を返済していかなくてはならない。しかし過去三〇〇年との重要なちがいは、これまではどの世代も前の世代より数が多くなっていたことだ。先進国の高齢化は、それがもはや当てはまらないことを示している。ポンジー・スキームのカモが尽きようとしているのだ。

エネルギー

人口問題とは関係なく、世界の経済成長を抑制する要因がもうひとつある。これは恐ろしく物議を醸す問題だし、多くの専門家が即座に却下する見方でもあることを、読者の皆さんも心に留めておいてほしい。すなわち、経済活動はエネルギーの有効利用に依存している、だがエネルギー効率は低下しつつあるということだ。

一八世紀のことを思い返せば、短期間のうちに産業革命、農業革命と、経済活動に奇跡的な変革が起こった。あの時期までの経済成長は、現代の基準から見れば、実に長いあいだ情けないほどゆるやかだった。人類はマルサス流の罠にとらえられていた。人口が増加して食料の供給量を上回れば、飢饉が起こり、人口が再び減少するという繰り返しだった。

何が人間の活動を変えたのか？　そしてこの過程を主導したのが英国という、ヨーロッパの北西にある雨だらけの島国だったのはなぜなのか？　英国が特別だったという説明はずいぶん聞かされてきた——たとえばプロテスタントの信仰、立憲君主制、財産権を守る法制度、奴隷貿易の利益の再投資。しかし三つの事柄がほぼ同時に起こらなかったこともあきらかだ。新たな産業は資金、市場、労働力を見出す必要があった。人々が農地から離れ、産業で働くようになる必要があった。それには農業がより効率的になり、少ない労働力で多くの食料を生産できるようにならなくてはならなかった。そして人口が増加し、より大きな市場がつくりだされ、そこに産業が入り込み、さらに多くの労働者を雇えるようになるといった変化が必要だった。

鍵となる要素は、おそらくエネルギーだろう。人間は有史以来ほとんどの期間、人間自身と家畜の労働力に頼ってきた。だが蒸気機関が出現し、多くの人間や馬に匹敵する仕事ができるようになった。人間が従来利用してきた燃料は木だったが、この資源は減少しつつあった。英国は現代のアマゾンの伐採業者並みに容赦なく、自国の森林を丸裸にしていったのだ。石炭が多大な変化をもたらした。石炭は地面の下から掘り出すことができ、しかもあきらかに無尽蔵だった。石炭産業は一九五〇年代になっても、依然として英国最大の雇用の場だった。

著述家のアダム・リドリーによれば⑭、一八三〇年の一年間に英国が消費した石炭の量は、森林にすると一五〇〇万エーカー、つまりウェールズの面積の三倍に相当した。石炭はこの国のすべての工場や列車を動かし、都市の熱源となった。その後は石油が経済成長の動力源として取って代わり、あらゆる形の輸送機関に燃料を提供した。これもやはり、人間や動物による労働と比較して、驚くほど割安だった。二〇世紀に入ると、石油からつくられた製品が肥料として使われて、穀物の生産を向上させ、急増する世界の人口を養った。

あらゆる経済活動を、埋め込まれたエネルギーという形で考えてみよう。私はこの文章を、電気を動力とするノートパソコンに打ち込んでいる。その部品である金属とプラスチックをつくるには、エネルギーが必要だ。PCを載せているテーブルは木でできているが、その木は電動鋸で切り倒され、ディーゼル燃料で走るトラックで運ばれて、電力と照明に頼っている工場で組み立てられた。私が食べ物を料理するのにも、交通機関で仕事に行くのにも、着ている服をつくるのにも、すべてエネルギーが必要なのだ。

もしも私が狩りや畑仕事をして食料を手に入れたり、自分の服を縫ったり、鵞《が》ペンで原稿を書いて直接届けたり、その他あらゆることを自分自身でやらなければならなかったとして、そのための労力を想像してみてほしい。エネルギーの利用なしには存在しえない、現代文明の利器を考えてみてほしい――洗濯機や乾燥機、電子レンジ、冷蔵庫、CDプレーヤー、ラジオ――こうしたものはすべて、ジェーン・オースティンの世界から見れば魔法のようだろう。

石炭の利用が経済活動を拡大したのは、すばらしく効率的だったからだ。人間が石炭を使うことで得られるエネルギーは、石炭を発見して使うために必要なエネルギーよりもはるかに大きかった。経済を一企業として、石炭と石油の利用を利益獲得のための強力なてこ入れとして考えてみよう。企業が成長の一途をたどるように、世界経済も安価なエネルギーに乗ってどんどん成長していく。

まったく当然のことだが、人類はまず、最も手に入りやすいエネルギー源から利用していった。木を切り倒した後は、なるべく地表近くにあるか、精製コストのかからない石炭・石油を開発した。サウジアラビアがあれほど裕福なのは、石油の採取がきわめて安上がりだからだ。なにしろ一バレル当たり数ドルしかかからない。

サウジの石油埋蔵量は誇張されている、世界の石油生産はすでに最大値に達し、後は下がるだけだという見方もある――これは「ピーク・オイル説」と呼ばれている。実際に一部の地域、たとえば英国とノルウェーにはさまれた北海などがピークに達しているのはたしかだ。すべては価格の問題だとする見解もある。価格の上昇は、新しい油田を発見し開発しようという動機を生み出す。しかし最近になって発見された新しい油田は、開発するのに高くつきすぎるか（たとえば大西洋のブラジル近海の海底）、あるいは政治的に難しい場所にある。この点は非常に重要だ。掘削にかかった高いコストは、開発会社から消費者へ転嫁される。これを書いている時点で、原油は一バレル当たり九〇～一〇〇ドルで取引されている。一〇年前の価格は通常二〇～三〇ドルだった。先ほどの論点に照らしていえば、以前と同じ量の実用性を得るために、はるかに多くのエネルギーを注ぎ込んでいるのだ。世界という「企業」の利ざやは低下してしまった。

数字も理解に役立つかもしれない。一九三〇年代に発見された油層は、その開発に要したエネルギーの一〇〇倍のエネルギーを生み出した。一九七〇年代には、その比率はおよそ三〇対一となった[15]。カナダのタールサンドは、精製のために多くの熱とエネルギーを要する。ある見積もりによると、採取にかかるエネルギーの七〇パーセント増しのエネルギーしか産出できないという。つまり一・七対一の比率ということだ[16]。生物燃料の比率はさらに悪いだろう。

それがなぜ問題になるのか？ われわれは生産性が改善されることに慣れている。少ないインプットでどんどん多くのアウトプットを生み出すことが当たり前になっている。ムーアの法則を考えてみよう。マイクロプロセッサーの性能は一八ヵ月ごとに二倍になっていく、という法則だ。そのおかげで、コンピューターはより小さく、はるかに強力になった。あの一部屋を占領するような、テープがぐるぐる渦を巻く、一九六〇年代のSF映画の定番だったコンピューターは過去の遺物となった。

だが、エネルギー利用の効率が悪化すれば、全体的な生産性を上げるのははるかに難しくなる。

その影響は甚大なものになりかねない。エネルギーの抽出が高くつくようになると、その価格が上がる。石油価格の上昇は、一九七〇年代、そして二〇〇八年～〇九年にも見られたように、しばしば景気後退との関連で語られる。消費者は熱や燃料に多くのお金を費やさざるをえず、他のものにかける分が減ってしまうのだ。

この問題を調べてきた投資銀行家のアンドリュー・リーズによれば、エネルギー支出はGDPのおよそ五パーセントから二〇パーセントまで上昇する可能性があるという。この計算が正しければ、現代生活の様相は大きく変わらざるをえないだろう。燃料にかかるコストのために、遠い郊外の住人が自動車通勤をするのは難しくなるだろう。仕事場の近くに住むか、公共の交通機関を使わなくてはならない。エアコンを動かすのは途方もなく高価になり、世界の一部地域は人間が住むのに適さなくなる。飛行機で大陸間を移動するのは、以前のように金持ちだけの特権となる。経済の再編成にかかるコストは莫大になり、余剰の不動産が多く生まれる。経済生産活動はさらに大きな影響を被るだろう。

エネルギー価格の上昇は、ありとあらゆるものに及んでいく。農場から店や家庭への食料の輸送に始まり、オフィスビルの骨組をなす鉄や、自動車に使われるアルミニウムをつくるのに必要なエネルギーまで、生活のあらゆる面に影響を及ぼす。石油価格の上がった二〇〇八年には、農家がとうもろこしの生産からエタノールの抽出へ鞍替えする光景が見られ、それが食料価格を押し上げる圧力となった。穀物生産の向上に使われる化学肥料は、製造にきわめて多くのエネルギーを要するのだ。

もちろん、効率的な新しいエネルギーが現れれば、問題は解決するかもしれない。安価な太陽光発電はひとつの可能性だ。核融合も、現在ある核分裂の過程より廃棄物が少なく、もうひとつの可能性といえる。シェールガスはアメリカで開発中だが、フラッキングと呼ばれるその抽出の方式は、大きな論議を呼んでいる。地下深くまでドリルで穴を開け、水と砂と化学物質をポンプで送り込むのだ。この作業で岩に亀裂が生じ、ガスが出てくるようになる。しかしこの方式は、周辺地域で起こる水資源の汚染や地震との関連性を疑われてきた。実際にフランスは二〇一一年にこの技術を禁止している。

こうしたテクノロジーがさらに普及したとしても、人類が過去何世紀にもわたって恩恵を受けてきた、ただ地面を掘るだけのエネルギー源を過小評価するのは馬鹿げているだろう。こうした恩恵は簡単に手に入れられるものではない。また以上の議論は、地球温暖化とは何の関係もない。この現象もやはり、異常気象や穀物の不作といった形で、それなりの影響を生産に及ぼす可能性がある。

要約すれば、エネルギー価格の上昇は、先進国の財政にも成長率にもさらに重圧をもたらすだろう。欧米諸国の人口の高齢化から、債務問題に対処するために生産性の向上が必要だといわれているときであるにもかかわらず、エネルギー部門の問題はさらに生産性の低下をもたらす可能性が高い。

第12章　勘定を支払うとき

「世界中のどの国にも借金があるって、誰からの借金だ？　そいつを殺ってしまえば世界中の人間が枕を高くして寝られるじゃないか」
——トミー・ティアナン「マイケル・マッキンタイアのコメディ・ロードショー」ＢＢＣ、二〇一〇年一〇月九日放送

何千年にもわたってマネーの性質は変わってきた。そして負債という形でわれわれを結びつける経済的な絆も、ぐっと太くなってきた。リーマン・ブラザーズとＡＩＧが破綻した二〇〇八年には、その影響が全世界を駆け巡った。そして数週間のうちに、台湾、ブラジルといった遠く離れた国々でも、生産活動が急落した。

こうした国際的な波及は、金融システムの重要性と、信頼が果たす重要な役割を如実に示すものだった。地方のスーパーマーケットが客の差し出すポンドやドルやユーロを受け取るのは、その紙切れに価値があり、他の誰かに受け渡しできると信じられているためだ。われわれが銀行に預金をするのは、マネーがつねにそこにあると信じているからだ。この信頼がなければ、現代社会は機能しなくなる。

この信頼は根本のところで、われわれの国に対する信頼に依存している。われわれは国が通貨の価値を維持してくれることを（あるいは最低でも、あまり急な下落は防いでくれることを）、そして法廷でわれわれの負債契約が遵守されるようにしてくれることを求める。銀行は自らを民間部門の機関と見ているかもしれないが（実際、従業員の給料は出している）、二〇〇八年に思い知らされたように、本質的な部分では国からの支援を受けている。ワイマール共和国やジンバブエのように、国が通貨の価値を維持できなければ、大混乱が生じる。同様に、債権者が自らの権利を行使できなければ、投資が引き揚げられて経済が停滞する。一九三〇年代のアメリカのように国が銀行の破綻を放置すれば、結果として恐慌が起こる。

しかし国には、また別の重要な役割がある。国はほどほどの利率で自ら資金を調達できなくてはならない。それには国内外の債権者に、この国の経済政策はしっかりしている、納税者にはこの負債を返済できる力があると信じてもらわなくてはならない。しかし二〇〇七〜〇八年の危機のために、一部の国はもう、債権者たちの信頼が失われる段階に達してしまっている。

いま債務をテーマにして何か書こうとする人間は、これまでに何度も警報ベルが鳴らされてきたことは知っておく必要があるだろう。一九世紀の歴史家トマス・マッコーリーは、こんな皮肉なコメントを残している。国の債務が負担となって英国は身動きがとれなくなるとは、予言のように度々語られてきたことだが、しかしこの国はますます繁栄しているではないか、と。はるか以前の一九四九年にも、アメリカのビジネスウィーク誌には、「この国は負債に漬かっているのか？」という見出しが躍っていた。

こうした危機の規模を左右するのが、国際的な通貨制度との相互作用だ。紙幣と変動相場制の採用は、少なくとも先進国では、負債額の著しい増加を促した。個々の国は債務危機に見舞われても立ち直れるが、世界的な債務危機ははるかに危険なものだ。一九三〇年代に経験した問題――債務とデフレのスパイラル、倹約のパラドクス――がまた戻ってくる。

まずは単純な計算から始めよう。ある国がGDPの一〇〇パーセント相当の政府債務を抱えている、そしてその負債の平均的な利率が五パーセントだとする。これはつまり、政府が経済生産高のなかから利子として五パーセントの額を支払うということだ。もし経済がきっかり年間四パーセントで成長しているとしたら、政府がいわゆる「基礎的財政収支の黒字」（利子の支払いを除外したときの黒字）を達成していないかぎり、債務全体を圧縮することは不可能になるだろう。

ここで厄介な状況がからんでくる。もし政府が、基礎的財政収支の黒字のために支出を削減しようとすれば、経済はたぶん景気後退に落ち込むだろう（つまりGDPが減少する）。その結果、当初のうちは債務の対GDP比が上昇する。投資家はこの成り行きを見て警戒し、政府債務の利率の引き上げを要求する。そして債務を減らそうとすれば、基礎的財政収支の黒字分を増やさなくてはならず、それにはさらに緊縮の手段が必要になり……というぐあいだ。これが第10章でも触れた負債の罠である。

二〇一一年五月のギリシャは、まさしくこの罠にはまっていた。負債はGDPの一五〇パーセントに達し、三年物債券の利回りが二四パーセント、一〇年物は一六パーセントという状態だった。二〇一一年には利子の支払いにGDPの六・四パーセントを費やしたが、この数字は二〇一三年には七・九パーセントまで上がる見込みだ。EUからの救済策は、利率が四・二パーセント（当初の五・二パーセントから引き下げられた）で、それでようやくしのいでいた。この利率ですら、ギリシャが基礎的財政収支の黒字を達成し、債務の対GDP比を引き下げるどころかぎりぎり安定させるのに、どうしても必要な数字だ。そして緊縮プログラムをずっと続けなければならないのである。スイスの個人銀行ロンバー・オディエが同月、GDP成長のトレンドと一般的な実質債券利回りに基づいて算出したところでは、債務の対GDP比をぎりぎり安定させるのに必要な財政引き締め幅は、アイルランドではGDPの九・七パーセント、ギリシャでは八・八パーセント、ポルトガルでは七・八パーセントだった。

つまりギリシャは、その負債が国際的な投資家たちには受け入れられない段階まで来てしまい、近隣諸国の信用力に乗っかっていかざるをえなくなったのだ。投資家はもはや、ギリシャ政府が自力で債権者に全額返済できるとは思っていないのである。

ここでの皮肉は、マネーはギリシャ経済のなかをちゃんと巡りつづけていて、ハイパーインフレのリスクはなさそうだということだ。だがそれはもちろん、ギリシャがユーロを通貨として採用しているからである。苦しい状態の経済にはときどきあることだが、打撃を受けた現地の通貨がドルに置き換わったときのような代替効果が、すでに起こっているのだ。しかしギリシャはユーロを採用したために、インフレや通貨切り下げといった古くからある工夫によって負債の負担を減らすことはできない。

ギリシャは八方ふさがりだ。かりにユーロを離脱してドラクマに戻せば、債務の問題はよくなるどころかさらに悪化する。ギリシャの債務はユーロ建てだからだ。ドラクマの価値を三〇パーセント切り下げれば、ユーロ建ての債務を返済するコストは増える。つまり通貨を切り下げるにもデフォルトが必要になる。もしユーロを離脱すれば、商品の競争力は増すかもしれないが、ギリシャにはそれを活用できるような産業がほとんどない。さらに悪いことに、ユーロを離脱することで他のヨーロッパ諸国が機嫌を損ね、ギリシャから支援を引き揚げてしまう可能性がある。また少しでもユーロ離脱の兆しが見えようものなら、ギリシャ国内の預金者は、自分の預金が三〇〜四〇パーセント減になるのを避けるために、ユーロ圏の他の銀行にお金を移そうとするだろう。すると結果として、各銀行で取り付け騒ぎが起きる。

債務返済の繰り延べも、ギリシャ国債の最大の保有者である銀行にはダメージが大きい。もし政府によるデフォルトが起これば、銀行資本の再編成が求められるだろう。だが、その資金はどこからくるのか？　おそらくデフォルトによって、ギリシャは民間の貸付機関から、少なくとも短期間は切り離されるだろう。そうなれば緊縮の継続が必要になる。デフォルトはヨーロッパの他の銀行、たとえば欧州中央銀行のような公的な貸付機関にも痛みをもたらすかもしれない。そこから他の国もギリシャに倣うのではないかという懸念が起こり、ヨーロッパ中に投げ売りが広まるだろう。

ヨーロッパ各国は、債務危機の長期的な解決策はないものかと協議を重ねてきた。ＥＦＳＦ（欧州金融安定ファシリティ）のような、ＥＵ全体に及ぶ組織がすべての国を代表して債券を発行する、という方策が考えられる。この債券はすべての国のために、すべての国によって保証される。ただし一定の限度、たとえばＧＤＰの六〇パーセントまでといった上限があり、それを超えると保証はなくなり、しかるべき価格がつけられる（中南米の債務危機の後で導入されたブレイディ・プランに近い計画といえそうだ）。

この巧妙な解決策には、二つの障害が立ちはだかっている。第一に、これには強い国——たとえばドイツ——から弱い国への補助金という意味合いがある。実質的に、強い国が弱い国に信用格付けを貸すことになるからだ。ドイツの有権者には面白くないかもしれない。二つ目の障害は、国債に第二の高リスクの層（しかもGDPの六〇パーセントを上回る）をつくりだすということに説得力があるのかどうかだ。ヨーロッパは危機のときに、もともとユーロにあった「救済はなし」条項を撤回したように、こうした債券を支えることを強いられるのか？

さらに大胆なアイデアは、通貨同盟を財政同盟に変えるというものだ。そうすればギリシャとポルトガルは本部から補助金を得ることができる。ワシントンがアーカンソー州やミシシッピ州へ送金するのと同じ要領だ。多くの有権者にとって、ブリュッセルに主導権を引き渡すことへの抵抗はきわめて強いだろう。しかしヨーロッパの指導者が有権者を無視するのは、今に始まったことではない。

ギリシャの問題は、多くの主権国が置かれる状況のなかでもごく極端な例だ。他の先進国の窮状はそこまで切迫してはいないが、不吉なことに変わりはない。英国とアメリカは、債務総額の対GDP比がそれぞれ八九パーセント、一〇一パーセントとなっている。アメリカはスタンダード&プアーズのAAAの格付けを失っても、まだまだ安い利率で借金をすることができる。ロンバー・オディィエによれば、アメリカは負債水準を安定させるために、GDPの七パーセントに及ぶ財政引き締めが必要だという——これは政治的に実行可能な数字にはとうてい見えない。

問題を要約すれば

われわれが個人レベルで負債を返済しようと思ったら、何をするだろう？　まず支出を減らす。それが個々の国にとって問題になりうることは、大恐慌の時代にあきらかになった。しかし世界レベルでの問題にもなりうるのだ。ある国が負債水準を下げようと考え、輸出を増やし、輸入を減らそうとする。だがそういったことは、本質的に不可能なのだ。

だからもう、債務危機は債務者と債権者の単なる綱引きだという議論は忘れなくてはならない。楽観論者はこう言う。債務者は返済ができなくなれば、義務から解き放たれる。負債の返済に使われるはずだったお金は、他のどこかで使われる。もし債務者がそのお金を返せば、自由に使える収入は削られるが、債権者の収入は増える。だからお金が消えてしまうことはない、と。

だがそうしたプロセスは、政治や経済の世界では起こらない。債務者と債権者の身元が問題になってくる。国内の債権者はよい暮らしをしていることが多く、また国際的な債権者とはその定義からいって、外貨準備を多く保有する人々だ。だから債務の返済は、貧困層から富裕層へのお金の移動となる。豊かな個人や国の限界消費性向は、負債のある国のそれよりも低くなる。言い換えれば、一〇〇ポンドの収入があったとき、富裕層は貧困層と比べてあまりそれを使わないということだ。

世界的な需要成長、すなわち経済成長は、債務の返済、つまりデレバレッジ（レバレッジ解消）

と呼ばれる時期にはさらにゆるやかになる。マネーは凡庸な人間の懐から目端のきく人間の懐へ移っていく。クリスマス後にクレジットカードの請求を突きつけられた買い物好きのように、世界はしばらく切り詰めた暮らしを強いられる。

これは今後起こりうるシナリオの穏やかなバージョンだ。むしろ多くの債務者が返済不能に陥る可能性のほうがはるかに高い。債務の不履行を起こす人々をタイプ分けするとしたら、第一のタイプは、収入が低下し、利子の支払いができなくなった人々。第二のタイプは、自分の資産を担保に借りていたが、その資産の価値が下がってしまった人々だ。こうした場合は、借り手も貸し手も大損をする。借り手の財産が以前より減れば、貸し手にとっても同じことになる。彼らはバーニー・マドフの顧客のように、自分たちの富の一部が幻だったことに気づくのだ。結果として、ただ成長が鈍るだけでなく、生活水準の大幅な低下がもたらされる。

長期的な展望

本書で説明したとおり、この世界ではマネーと負債が周期的に拡大してきた。初めのうちそうした周期は、余剰のマネーが信頼を生み出すように、自らを強める方向に働く。一八世紀初めのジョン・ローの実験でもそうだったが、あれはローの洞察が正しかったためだ。マネーは交換の媒体であると同時に、価値の貯蔵手段でもある。マネーサプライの拡大は、少なくともしばらく取引を促すほうに働く。逆に公式のマネーが不足すれば、取引にはブレーキがかかり、しばしば別の形の支払いが発展する。

ここで少し、前章までのマネーと債務の歴史をあらためて要約しておこう。産業革命はさまざまな理由から、人類史上の重大な局面となった。一八世紀以降、経済成長はそれまでの蝸牛《かたつむり》のようなペースから加速し、世界の人口は急増した。通信や海運などの輸送手段が発達したことで、さらに取引が盛んになった。

この段階でもまだ、マネーは貴金属を基礎にしていた。そしてこの爆発的な繁栄は、金と銀の供給の物理的限界という制約に直面した。だが幸運なことに（あるいはおそらく必要に迫られて開発が進んだのだろう）、一九世紀の間にカリフォルニアと南アフリカで巨大な金鉱が新たに発見された。

二〇世紀の初めには、このシステムが揺らいだ。第一次世界大戦の影響で金本位制が停止され、紙幣が大量に発行された。国際経済が戦前の状態に戻ることは、国際的な債務、とりわけ賠償金の負担のために不可能になった。加えて戦争は従来の政治エリートを一掃し、民主主義が広く採用されるにいたった。そのことが債務問題への対処をより複雑にした。債権者は為替レートを金に固定するという形で通貨価値維持政策の復活を主張したが、債務の返済の重荷が現実の経済にのしかかり、大量の失業をもたらした。これは政治的に受け入れがたい事態で、やがて金本位制は廃止された。

両大戦間期には、ドイツでハイパーインフレが起こり、政府が何の制約もなく通貨供給量をコントロールすることを許されれば、どんな恐ろしい結果になるかが証明された。第二次世界大戦が終わる頃、主要国は新しい体制に同意し、その下で通貨はドルに固定され、ドルは金に固定された。この時点で、経済活動は貴金属の供給量をはるかに上回っていた。毎日の取引に金属を使うには、世界には単純に金が足りなかった。大戦間期に金本位制を復活させる試みはあったが、ただ金準備に裏づけられた紙幣を使うという案にすぎなかった。ブレトンウッズ体制の下では、中央銀行だけが紙幣を金に交換する権限を持った。だがこれは実質的に、金準備のほとんどを保有しているアメリカへの請求権といえた。

一九四五年以降の取り決めが、通貨価値の安定――金――を支える柱の一本を弱めたとすれば、もう一本の柱だった均衡予算の概念はたたき折られた。ヨーロッパ各国は福祉国家モデルに移行し、その後をアメリカがゆるやかなペースで、リンドン・ジョンソンの「偉大な社会」改革を通じて追いかけていった。

固定相場のブレトンウッズ体制は、資本移動のコントロールと、世界の投資家たちがアメリカの経済政策に寄せる信頼に依存しつつ、二五年間なんとか機能した。だが一九七〇年代には崩壊した。その時点から金との最後のリンクは断たれ、各国の政府が貿易と財政の両面で巨額の赤字を出すようになった。マネーと負債が爆発的に増大した。

当初の結果として、一九七〇年代にはインフレ問題が起こったが、一九八〇年代以降には、この余剰のマネーは資産市場に流れ込んだようだった。消費者物価の上昇を抑えるのに役立ったのは、中国と旧ソ連の元社会主義国家群が世界経済に加わってきたこと、テクノロジーの進歩、労働力に占める女性の役割の向上などだった。そしてそれらすべての要因によって生産性が向上した。しかしこのモデルは、資産価格の上昇と、増える一方の負債を返せるだけの人口の増加に依存していた。まるでサメのように、生きるために前へ前へと泳ぎつづけなくてはならなかった。

先進国の多くでこのモデルが崩壊したのが、二〇〇七〜〇八年だった。

中央銀行はその後、通貨の価値を守ることと、金融システムを守ることという、二つで一組の問題に直面した。そして、矛盾は何もない、金融緩和は銀行を救うだけでなく景気後退のリスクを埋め合わせるためにも必要だと主張した。二〇〇九年四月、世界の首脳がロンドンでのG20の会議に集まり、一連の協調的刺激策が合意された。対GDP比で見て、最大の貢献を果たしたのは中国だった。

とはいえ、現代の経済問題の解決策が、金利をゼロ近くに保つこと、各国政府が税金で集められるよりはるかに多くのマネーを使うことだというのなら、人類はずっと以前にその方策を見つけていたはずだ。人生はそれほど簡単にはいかない。

ここからどこへ？

二〇〇七〜〇八年の金融危機はたしかに、世界的な経済政策の転換点となったが、二〇一一年の時点から見ても、政策がどちらの方向へ向かっているのかはあきらかでなかった。

銀行の救済はすさまじく辛辣な反応を引き起こした。とりわけ少し前の一九八〇年代に、鉱業や製鉄業などの「レームダック」産業を救済するべきではないという論調があったことを覚えていた人たちは、有力な銀行業界が窮地に立ったときにはずいぶん風向きがちがうものだと感じていた。健全な財政といった視点も忘れ去られたようだった。ノーベル賞受賞経済学者のジョゼフ・

スティグリッツは、こう語っている。「銀行が数千億ドル必要だと言い出したとき、財政赤字の規模に対する懸念はどこかへ消えてしまった」(1)。

スティグリッツはリーマン・ブラザーズの破綻について、ベルリンの壁の崩壊に匹敵する事件だと見ている(2)。今回崩れ去ったのは、自由市場資本主義のモデルだった。スティグリッツのような批判者から見れば、アメリカはもはや、金融システムが資本の配分に最も寄与しているなどとは主張できない。ライバルである中国の、政府が銀行を管理し、国際資本の流入を制限するやり方のほうが、新興国にはずっと魅力的なのだ。銀行を野放しにすることで支払った代価は、きわめて大きなものに思われた。

こうした資本主義の危機は、左派の政党にとっては棚ぼたのように思われるだろうか。だがそうはいえない。たしかにバラク・オバマは、二〇〇八年一一月という危機がピークに達した時期にアメリカ大統領に選出された。しかし二〇一〇年秋の中間選挙では、潮の流れは共和党のほうへと向かった。二〇一一年九月には、英国、フランス、ドイツ、イタリアで右派の政党が勢力を伸ばす一方、スペインの左派政権は今後の選挙では敗色濃厚だ。この経済危機を外部勢力のせいにするという、昔ながらの傾向も表れてきた。フィンランド、スウェーデン、オランダではそれぞれ、極右政党が躍進を遂げている。

これはおそらく、有権者は危機を引き起こした銀行家を忌み嫌う一方、左派政権に何か解決策があるのか、特に増税が必要だとされるようなときによい対応ができるのかと疑っているからだろう。政治家や識者がどんな美辞麗句を並べようと、「新自由主義」改革に限界があったことはあきらかだ。サッチャー女史の努力にもかかわらず、英国の政府が彼女の政権下でさほど「小さく」

なったわけではない。サッチャーが首相になった一九七九年には、公共支出はGDPの四四・六パーセントだった。その五年後には、四七・五パーセントになっていた。その後の好況のおかげで、彼女が退任する年にようやく、GDPの三九・四パーセントまで下がった。保守党が完全に力を失った一九九七年には、支出はGDPの四〇パーセントほどだった（そして労働党のゴードン・ブラウンの二〇一〇年の退任時には、国家収入に占める公共支出の割合は一九七九年当時の水準に戻っていた）。

ケインズ流のやり方は排除されず、むしろ調節された。政治家は景気後退の時期には予算の均衡を図ろうとするべきでない、という認識は概ね受け入れられていた。さもないと一九三〇年代のように悲惨な結果になる。かわりに「自動安定装置」を働かせるようにするべきだ。税収入が落ち込み、社会支出が増大すれば、予算が赤字になるのは当然だろう。

しかしポール・クルーグマンのような経済学者たちの頭のなかでは、政府は金融危機に対して手を打ちすぎるどころか、何もしていないに等しかった。この危機は一九三〇年代の再現である。だから政府は支出を続けて経済を支えるべきなのだ、債務の負担については後で考えればいい。最も重要なのは経済成長を回復させることだ。適切な水準での成長があれば、一九九〇年代の経験から分かるとおり、赤字はすぐに消える。これに対してクルーグマンの論敵たちは、債務危機はさらに債務を重ねることでは解決されないと主張した。あとに残るのは、子供たちに負担を負わせ、経済への政府関与を増やし、長期的に経済成長を鈍化させるという結果だけだと。

二〇一〇年の議会選挙後のアメリカ政府は、増税に反対する共和党と、支出削減を嫌う民主党に二分された。二〇一〇年末にはその直接的な影響が表れ、オバマ大統領との間で、国民すべてに対して減税を行うが、支出削減による相殺はしないという妥協案が成立した。この政策は債務問題を悪化させただけだった。これに対しては、増税より通貨供給量の増加を好むという、独立戦争の頃に端を発するアメリカ人の国民性をよみがえらせたのだとの皮肉な見方もある。こうした分裂は、二〇一一年夏に起こった債務上限の引き上げをめぐる論争に要約されている。危機の引き金は、第二次世界大戦後初めて、議会が連邦債務残高の上限規定の引き上げを認めざるをえなくなったことだった。従来ならこれは、形式的な手続きとして扱われただろう。なにしろ政府は、議会がすでに承認した政策を進めるために借り入れをしていたのだ。だが、ティーパーティーの支持者に尻をたたかれた共和党は、これはオバマ大統領に予算上の規律を課すチャンスだと考えた。そして、支出削減が伴わないかぎり債務上限の引き上げを支持しない、と迫った。この行き詰まり状態は、さながらダモクレスの剣のように、金融市場と世界経済の上に吊り下げられることになった。債務上限が引き上げられなければ、アメリカ政府は労働者、公的給付の受給者、債権者のうち誰にお金を出すか出さないかを選ばなくてはならなくなる。土壇場で取引は決着を見たが、計画にある削減の詳細をまかされた、共和党と民主党両党のメンバーから成る委員会では、とうてい合意に達しそうには思われなかった。

この危機の後、すぐにアメリカ国債の格下げが続いた。アメリカには債務の返済について、少なくとも名目上は、問題がないはずだった。その負債は自国の通貨で積み上げられたものであり、その通貨をアメリカは思いのままにつくりだすことができるはずだからだ。だが今回の危機で、アメリカには返済の能力はあっても、政治的な理由から返済を渋る可能性があることが示された。アメリカの選挙民が、自国が直面するジレンマを理解しているかどうかは、まったく定かではない。

アメリカが債務の負担を減らそうとすれば、大切にしてきた公的給付制度の見直しに取り組むことが求められる。

清算の日は、先送りにされているだけなのだ。

聖ならざる三位一体

では、債務危機の長期的な影響はどのようなものになるのか？　現実的に見れば、影響は以下の三つ——インフレ、スタグネーション（停滞）、デフォルトだ。経済が急速に成長すれば危機から抜け出せる、という意見も一部にある。実際、第二次世界大戦後には、各国とも概ねそうしたやり方で債務の負担を減らしたのだが、かなり高かったインフレ率もそれには役立った。

しかし前章で述べたように、欧米の多くの国では人口の制約があるために、そうした成長は達成できそうにない。今後数年間に第二次ベビーブームがくることもないだろうし、欧米社会で軍隊から民間に人間が移るとか、産業を軍備から必需品の生産に転換して生産性を高めるといったことも考えにくい。エネルギー価格の上昇も難題になってくるだろう。代替エネルギー（たとえば安価な太陽光発電）から大きな利益を得るという期待は持てなくもないが、そうした変化に頼るわけにもいかない。先進国は乏しい（あるいは控えめにいっても、開発が高くつくようになった）エネルギー源を求めて、中国やインドと争わざるをえなくなっている。結果的に、ヨーロッパやアメリカ、日本にとっては増税と同じ効果が生まれる。

それでも一部の国には、どうにか切り抜けることも可能だろうが、すべての国がそうなることは難しい。ギリシャ、アイルランド、ポルトガルをとらえた負債の罠に、さらに多くの国がはまりこむ危険があるのだ。

インフレーション

では、あまり愉快でない三つの影響に目を向けて、まずインフレから考えてみよう。本書でも示してきたように、紙幣のシステムはこれまで必ず、急激なインフレをもたらしてきた。実際、一九七一年に金とのつながりが断たれた後には、かなり急激なインフレが起こっている。再びあの一九七〇年代のような、二桁のインフレ率に戻ることがあるのだろうか?

高インフレは、予算の均衡がとれない政府にとっては、きわめて魅力的な選択肢だ。ハイパーインフレの研究で知られる経済学者のピーター・バーンホルツは、こう語っている。「歴史上のハイパーインフレの例を見ると、巨額の財政赤字によって引き起こされなかったものはない」(3)。彼の見解では、赤字が政府の歳入の四〇パーセントに達したときが重要な分かれ目だという。二〇一一年には英米の政府がともに、歳入の二五パーセントの赤字となった。財政の悪化がさらに続けば、バーンホルツの声が耳に届く距離に入ってくるだろう。

インフレを懸念する人々の多くは、二〇〇二年にベン・バーナンキが行ったスピーチについて指摘する。これは彼が連邦準備理事会議長になるかなり前のことで、そのタイトルは、「デフレ

──決して起こらないようにするには」(4)だった。大恐慌を研究してきた経済学者であるバーナンキの自他ともに認める専門領域である。そしてこのスピーチが行われたのは、一九九〇年代末に起こったテクノロジー関連株のバブル崩壊とアメリカの景気後退に続き、デフレの兆しの不安が囁かれている状況だった。バーナンキはまた、長期にわたる経済の停滞と穏やかなデフレにはまりこんだ日本の経験についても検証していた。

一つ二つの文を取り上げてみれば、かなり首を傾げるようなものもある。「現在の状況で、とりわけ重要な保護的要因は、わが国の金融システムの強さである……前年にあれほどのショックがあったにもかかわらず、わが国の銀行システムは依然として健全かつ堅固で統制がとれ、家計のバランスシートは大部分がよい状態にある」。たしかにこれは、行き過ぎた住宅ブームが最悪の状況になる前の談話なのだが、言葉にはやはり自己満足が感じとれる。

バーナンキはつぎに、中央銀行にとって特に重要な問題であるデフレと、金利のゼロバウンドについて説明を行った。金利はゼロ以下に下げるわけにはいかない。現金を預金している人々の特権を無視すれば、みんなかわりに現金を家に置くようになるだけだ。バーナンキは指摘した。その結果、「名目金利がゼロまで下げられれば、債務者が支払う実質上の金利は、その額とは関係なく、予想されるデフレ率に等しい」。ここでいう「実質上の」とは、資金コストを織り込んだインフレ（デフレ）率ということだ。一〇パーセントのデフレ率が進行しているとしたら、「名目上ゼロ金利で一年間借りた人は、もともと借りたドルの購買力よりも一〇パーセント高い購買力を持つドルでローンを返さなくてはならないので、実質一〇パーセントの資金コストに直面する」。そしてバーナンキは歴史から引用し、ウィリアム・ジェニングス・ブライアンに擁護された農民たちの問題を取り上げ、デフレを食い止める最良の方法について論じた――インフレ率を低くてもプラスの数値に保つこと、銀行をうまく統制すること、デフレに向かおうとする動きを積極的な金利引き下げによって食い止めること。だが、これだけの対応策にもかかわらず、実際に二〇〇九年以降のように、中央銀行が金利のゼロバウンドに直面したときはどうなるのか？

ある有名なくだりで、バーナンキはこう表明している。

「アメリカ政府には、印刷機（あるいはそれに相当する電子的手段）があり、基本的にはコストなしで、好きなだけ米ドルの量を増やすことができる。流通する米ドルの量を増やす、もしくはそうするとまことしやかに脅しをかけることで、アメリカ政府は製品やサービスと比較してドルの価値を低下させることもできる。それは製品やサービスのドル価格を上げることに等しい。われわれの結論はこうなる。紙幣制度の下、決然たる政府はいつでも支出の増大を、そしてプラスのインフレを生み出すことができるのだ」(5)

彼にはあきらかに、こうした措置がおそらくドルの価値の低下をもたらすという認識があった。「アメリカ史上の際立った例は、フランクリン・ルーズヴェルトが一九三三年～三四年に、金購入と国内の貨幣創出のプログラムに従って、金に対するドルの価値を四〇パーセント切り下げたことだ」とバーナンキは述べた。

「この通貨切り下げと、そこから生じた通貨供給量の急激な増加は、アメリカのデフレを驚くほど早く終わらせた。アメリカの消費者物価指数の平均上昇率は、一九三二年のマイナス一〇・三パーセントから、一九三三年にはマイナス五・一パーセント、一九三四年にはプラス三・四パーセントとなった。経済は力強く成長し、一九三三年は株式市場にとっては今世紀最良の年のひとつとなった。事情が変わらなければ、何よりもこうしたエピソードから、名目金利がゼロもしくはゼロ近くであるときでさえも、通貨政策が経済に強い影響を及ぼしうることがよく分かる。ルーズヴェルトが通貨切り下げを行った時期はまさにそうだった」(6)

もちろん、急激なドルの低下は、ドル建ての財務省証券を持っている海外の債権者に甚だ悪い知らせだったろう。フランスのソシエテ・ジェネラル銀行のストラテジストだったアルベール・エドゥアルドは、これは「実質的なデフォルト」だと記した。一部のコメンテーターはバーナンキ氏のことを「ヘリコプター・ベン」と呼んでいる。これは彼がミルトン・フリードマンの、連邦準備理事会はただヘリコプターから住民の上にマネーを落とすだけでインフレをつくりだせるという発言を引用して以来のことだ。だが、意図的にインフレを生み出そうとする政策がそもそも実行可能かどうかについては、多くの疑問がある。

一つ目の疑問は、投資家の反応に関するものだ。投資家たちは、政府がわざとインフレをつくりだし、自分たちの手元にある債券の実質価値を減らそうとしていると思えば、ただ手をこまぬいてはいない(7)。その債券が借り換えられるときに、高い金利を要求してくるだろう。そうした負債コストの上昇は、すでに赤字が大きくなっている場合、政府に今まで以上の負担を強いることになる。しかも多くの国が物価スライド式の債券を発行していて、その返済額は物価と直接連動して上がっていくため、そうした部分を返済する重荷を取り除くうえでは、インフレはなんら役には立たない。

もし投資家が完全に合理的に振る舞うとしたら、インフレの水準がどうであれ、同じ実質金利を要求するだろう。つまり彼らは、インフレ率がゼロのときに二パーセントの名目金利を求めるとすれば、インフレ率が一〇パーセントのときには一二パーセントの名目金利を求めてくる。先進国の多くで債務の対GDP比が一〇〇パーセントに近づいている現在、これはゆゆしい問題だ。年間の利子の請求がGDPの一〇パーセントを上回りかねない。国防や社会支出に使われるはずのお金を、利子の支払いに向けなくてはならなくなるのだ。

もちろん、債券のなかには長期のものもある。一〇年物債券や三〇年物債券を買ってしまえば、インフレ戦略に対しては、ただ売る以外に選択肢はない。つまり国は、長期債券の保有者にはうまくつけ込むことができる。だが多くの国で出している債券は、比較的短い満期の債券が多い。アメリカの場合、債券は平均して五年以下で満期を迎える。急激なインフレによる利益も束の間のことになるだろう。

独立系の調査グループ、キャピタル・エコノミクスは、計画的なインフレ戦略によって最も多くの恩恵を得られる国はどこになるかを算出した。その国が発行しているインフレ連動債と、年間赤字の規模、債券の平均的な満期に注目したのだ。リストの最下位は英国だった。債券の満期は平均一三年だが、経常赤字がきわめて大きく(二〇一〇～一一年現在)、インフレ連動債の割合も高かった。アメリカもあまり上のほうの順位ではなかった。皮肉なことに、インフレで債務を消すという場合、いちばん有利な立場にあるのはドイツだった。もっともワイマール共和国の先例があるため、ドイツがそうした政策をとることはまずありえないだろう。

中央銀行がインフレを生み出そうとする際の二つ目の問題は、どの方法をとるかだ。バーナンキ氏のヘリコプターの喩えはこれまでのところ、ただの言葉の綾の域にとどまっている。中央銀行には、おそらく四方から政治家の反対を浴びると分かっていて、それと似た方策を試みるだけの度胸があるだろうか？　二〇一一年八月、共和党の有力な大統領候補リッチ・ペリーは、連邦準備理事会によるつぎの量的緩和の見通しについて、「ほとんど裏切り行為だ」と表現した。

　そこまで劇的でない代案もある。政府が中央銀行から資金を得て、クーポンの形で税金の払い戻しを行うのだ。こうしたクーポンは、貯蓄がわりにされるのを防ぎ、また短期の支出を押し上げるという目的で、「使用期限」を定められる。あるいは中央銀行が四・五パーセントのインフレターゲットを公表することで、消費者に危機感を抱かせ、貯蓄が目減りする前に使ってしまおうという気にさせられるかもしれない。

ＱＥするべきか、せざるべきか？

　それでも中央銀行は、「量的緩和」（ＱＥ）策を通じて、バーナンキの敷いた道をたどろうとしてきた。ＱＥの着想は、本書で何度となく触れてきたとおりだ。この方策には、中央銀行が民間部門から資産を買い上げ、売り手の銀行に信用をつくりだすことが含まれる。これは実際に紙幣を刷ることほど粗雑なやり方ではないが、本質的には、規模の点こそちがいはあっても、ワイマール共和国の時期にライヒスバンクがとった方策や、硬貨の品位を落とした中世の君主たちと変わりはない。マネーが新たにつくりだされるのだ。

　このアイデアは三つの部分から成る。一つ目は、銀行にあるマネーが増え、それを企業や個人に貸し出せるようになるということ。二つ目は、中央銀行による買い入れが債券の利回りを引き下げ、人々が借り入れをするコストが安くなるということ。三つ目は、国債の利回りが低いために、投資家がエクイティや社債といったリスクの高い資産を買おうとすること。その結果生じる株価の上昇が、投資家を煽り、消費意欲や先行きへの信頼感を高め、経済活動をよみがえらせる。

連邦準備理事会から見るかぎり、QEは彼らが従来からやってきた活動の延長だった。中央銀行が短期金利に影響を及ぼす方法のひとつは、短期の政府債券、つまり財務省短期証券を売買することだ。QEはこの方策を、より長期の債務を対象として行うものでしかなかった。

それはともかく、効果はあったのか？　証拠はいろいろで、一概にどうとは言えない。キャピタル・エコノミクスのアナリストによれば、二〇〇八年末に連邦準備理事会がQEを始めてから、債券利回りは低下し、通貨供給量は増加した。だが連邦準備理事会がこのプログラムを停止する頃には、財務省証券の利回りは最初のときの水準に戻り、通貨供給量の規模はやや低下した。そしてプログラムが終わった後には、利回りが上昇し通貨供給量が増加するという、予想とは逆の結果になった。QEが市場を動かす唯一の要因でないことはもうあきらかだった。

二〇一〇年一一月、連邦準備理事会はつぎの量的緩和を発表し、二〇一一年の半ばまでに六〇〇兆ドルの債券を購入すると宣言した。この知らせをエクイティ市場は歓呼の声で迎えたが、こうした資産効果こそ、QEによって促されるとされるメカニズムのなかで特に重要なものかもしれない。実際、債券利回りに及ぼす影響よりもあてになるのは確かなようだ。やがて分かったことだが、QE2が始まってから一ヵ月後、重要な一〇年物債券の利回りは、理事会がこのプログラムを発表した時点から〇・五パーセントポイント上昇していた。

そのことから数多くの問題が生まれてきた。QE2がおもに影響を及ぼすのが、債券や物価ではなくエクイティだというのなら、連邦準備理事会はある意味、ただ株式市場に補助金を出しているだけではないのか？　だとしたら、「グリーンスパン・プット」――連邦準備理事会が株価を引き受けるという考え――の再現のように思える。これは連邦準備理事会の本来の役割ではないが、もし理事会が支援を引き揚げてしまえば、市場が破綻する危険が出てくるのもたしかだろう。

もうひとつの問題は、ＱＥは先進国よりも途上国の経済を膨張させる効果があるのではないかということだ。自国の通貨をドルにペッグしている国々は、アメリカの金融政策を実質的に輸入する。通貨リスクが低く、高リターンが望めるとあって、投資家が引き寄せられてくるからだ。また通貨ペッグ制は必然的に、ペッグされた国同士の金利は互いにあまりかけ離れないということでもある（ただし中国のように、大規模な資本規制を行っている場合は例外だ）。

二〇一〇年には多くの新興国が、生活必需品価格の高騰に始まったインフレ率の上昇に対処せざるをえなくなった。不動産価格の急上昇とエクイティ市場の急騰を経験した国もあった。ジョン・ローの時代にも見られたように、ＱＥは実施国以外の国に資産バブルをもたらす危険を秘めている。またＱＥには一部の国から、アメリカが自国の通貨を引き下げて世界貿易のシェアを独占しようとしているとの批判が寄せられた。新たにドルをつくりだせば、ドルの価格（為替レート）は下がると予想できる。

量的緩和については、債務者の利益が債権者の利益に対して最終的な勝利を収めることだという見方がある。政府は債務者が負債を清算できるようにマネーをつくりだそうとする。しかしＱＥはまた、効果があるかどうか立証されていないという理由で、さまざまな方向からの攻撃にさらされてもいる。日本では二一世紀に入ってすぐQEが断続的に利用された。日本の国債の利回りはすでに低く、その点から得られる恩恵はほとんどなかった。そして通貨供給量は増えたものの、借り入れの急増には結びつかなかった。つくりだされたマネーはただ、現預金として貯め込まれただけだった。

つまりこの方策には、おそらく効果がないのだろう。誰の目にも手品と大差ないのはあきらかだからだ。「紙幣を印刷し、信用供与を拡大しても、富は生み出せない」。ヘッジファンドマネジャーのリー・クエインタンスとポール・ブロドスキーはそう書いている[8]。「もしそれが可能なら、世界の問題はすべて、コンピューターのキーを二、三回たたくだけで解決できるだろう。通貨供給量と信用供与の拡大は、せいぜい富の再分配をもたらすだけだ。最悪の場合、富の創出を抑制するほうに働くかもしれない」。

中央銀行がQEを進めるうえで厄介な部分は、QEをいつ止めるかという判断だ。QEの効果が利回りを下げることにあるとすれば、そのプログラムを放棄したとたんに利回りが上昇し、回復を危うくさせるかもしれない。この見方に立ったのが、世界最大の債券運用会社であるPIMCOの共同経営者、ビル・グロスだった。二〇一一年三月にグロスは、「QE2が開始されてから、［債券の］年間発行高のほぼ七〇パーセントが、連邦準備理事会によって買われている」と記し、さらにこう続けている。「理事会が財務省証券を買わなくなったら、いったい誰が買うのだろうか？」[9]ところが皮肉なことに、グロスの見解は誤っていた。二〇一一年六月に連邦準備理事会が債券の買い入れをやめたとき、利回りは低下したのだ。しかしそれは、投資家たちがまた景気後退に戻る可能性を懸念したためで、QEが成功した証だとはいえなかった。

もうひとつの問題は、中央銀行がいずれ、手持ちの債券を売りに出そうとすることだ。その時点で財政赤字が削減されているのでなければ、民間部門は通常の量の債券だけでなく、中央銀行が処分しようとする手持ちの債券まで購入することを求められる。債券市場は消化不良を起こしかねない。こうした制約の結果、中央銀行は決して手持ちの債券を減らすことはできないのではないかという疑問もある。

一八世紀初めを振り返ると、例のジョン・ローの計画も、マネーの創出がかかわっていたという点で、量的緩和同然だったと考えられる。あのときの紙幣はミシシッピ会社の株を買うのに使われ、ミシシッピ会社は政府債券を買うのに使われた。英国の南海泡沫事件も、それと似た企図だった。会社が国債を引き継ぐ権利を手にあれこれ画策し、その投機がもたらす利益に頼って計画を機能させようとしたのだ。こうした計画があまり長続きしなかったのは、ポンジー・スキームに似たその性質もあったが、新たにつくられたマネーの一部が他の投機計画、たとえばアイルランドの沼地を干拓する、鉛を銀に変えるなどの計画へ流れていったせいでもあった(10)。

日本の経験からも、中央銀行はバーナンキ氏が言うほど簡単にインフレをつくりだせるのかという疑問が生まれてくる。経済学者の多くは、マネーサプライをインフレの決定要因として見るのでなく、潜在的な経済活動と現実の経済活動の「産出量ギャップ」について語ろうとする。インフレが起こるのは経済活動に活気があるときだけだと、彼らは言う。雇用主たちは原料と労働力を求めて争い、必需品価格と賃金を押し上げる。空きの容量があれば、インフレは起こりえない。一月のデパートのバーゲンセールのように、生産者は価格を下げて在庫を処分しようとする。労働者は失業の憂き目にあうのを免れるために、低い賃金を受け入れる。

二〇〇七～〇八年の景気後退はかなり深刻なもので、アメリカの生産は約三パーセント、英国とドイツの生産は約六パーセント落ち込んだ。この生産の低下が回復しても、すぐにインフレは起こらないだろうと、ほとんどの経済学者は言っている。経済は長い期間をかけて成長する傾向があるためで、その率はドイツや英国ではおそらく二パーセント、アメリカでは三パーセントだろう。つまり経済が生産の低下から回復し、さらに通常の時期のような成長トレンドが戻ってくるまでは、意味のあるインフレは起こらないということだ。

たとえば、景気後退が始まったときの英国の産出量が一〇〇で、それが一年の間に九四まで落ち込んだとしよう。二年で「通常の」状態に戻るには、一〇四以上の成長が求められる。つまりもともとの一〇〇に加え、二年におよぶ成長トレンドが必要なのだ。回復までに三年かかるとすれば、一〇六の成長が必要になる。要するに、景気後退の後には数年間に及ぶトレンド以上の成長がないかぎり、急激なインフレは始まらないのだ。

こうした考え方には批判が寄せられる可能性がある。第一にわれわれは、経済の趨勢的な成長率がいくつかになるかが分からない。ただ後知恵でしか判断できない。歴史が教えているのは、トレンドは時間とともに変化するということだ。信用危機が結果的に潜在生産高の水準を低下させる、不動産業者や建築業者の訓練を受けた人たちがまともに再雇用されなくなるという可能性はたしかにある。

もしもこうした批判が正しく、われわれが趨勢的な成長率のことを知らないとしたら、われわれは産出量ギャップの大きさも分からない。そしてインフレがいつ脅威になるのかも分からない。長期的には、世界各国の政府が債務危機に対応した結果、インフレが起こるということも十分ありうるだろう。だがそこへ行く前に、代わりのシナリオを試してみるのもいいのではないか。

スタグネーション

スタグネーション（停滞）はどうだろう？　日本はあきらかにこの現象の実例となっている。日本の民間部門は、一九八〇年代の好況期に引き受けた負債の泥沼にはまりこんでしまった。負債の大半は不動産を担保にしたものだが、その不動産の価格が三〇パーセントから四〇パーセントも下落してしまったのだ。名目GDPの成長はほぼ二〇年間にわたって鈍いままで、株式市場は一九八〇年代末の四分の一の水準にとどまっている。日本はQEのほか、ほぼゼロ金利に近い政策をとっていながら、この不振からどうしても抜け出せない。財政出動も広範に行っているが、二〇一一年の債務残高はGDPの二〇〇パーセントに及んでいる。

日本の金融政策は、経済活動をよみがえらせることができていない。リチャード・クーが自著の *The Holy Grail of Macro Economics : Lessons From Japan's Great Recession*（マクロ経済学の聖杯——日本の長期景気後退に学ぶこと）[11]で指摘しているように、経済学者はかつて、金利を十分に下げさえすれば、人々は必ず借金をすると考えていた。金利が〇・五パーセントなら、企業はさらに儲けの出る実入りのいいプロジェクトを見つけられるはずだった。ところが日本は、必ずしもそうはならないことの証明となった。クーの見方によれば、日本はバランスシート不況に陥っていた。つまりどの企業も、自分たちの資産が負債より価値が低いことに気づいたのだ。

とにかくこれ以上借金を増やすのはごめんだった。代わりに低金利のおかげで、債務を返済し、減らしていくことは容易になった。

日本はまた、高齢社会の好例でもある。引退後のグループが就業人口を上回るペースで増えつつあり、人口全体がついに縮小の方向へ向かおうとしているのだ。そのことも経済成長の重しとなっている。

楽観論者たちは、日本はほとんど手を打ってこなかったし、手を打つのも遅すぎたのだ、日本の銀行はリストラに手間取ったし、人口動態はアメリカよりも悪い、と主張する。しかし第11章で見たように、西欧の人口動態もよくないことには変わりない。いくつかの国は人口の減少と、さらに深刻な労働力の減少見通しに直面している。生産性が急激に上がりでもしないかぎり、労働力の減少は成長の鈍化につながる。

日本の例は、いったん債務比率が上がりすぎると、政府の政策はほとんど影響を及ぼさないということを示すものだろう。民間部門はとにかく、ゼロ金利であっても借り入れをしたがらない。将来の所得の伸びを期待して借金をするだけの、先行きへの信頼を失っているのだ。

もうひとつの問題は、ブームの性質にあるのかもしれない。フリードリヒ・ハイエクやルートヴィヒ・フォン・ミーゼスといったオーストリア学派の経済学者は、信用ブームはそれ自体を破滅させる種子を含んでいると述べた。企業は期待されるリターンと資本コストとの兼ね合いに基づいて投資を行う。中央銀行が金利をごく低い水準に保っているときには、利益を上げられそうなプロジェクトが多く現れ、資金がちゃんと調達される。しかし長期的に見れば、そのことが競争を強め、利益を引き下げる結果につながる。銀行は自分たちのマネーが安全かどうかを恐れはじめ、ローンを回収しようとする。そのために企業が破綻する。

問題なのは資本の不適切な配分が行われることだ。典型的な例は、住宅ブームの時期のアイルランドである。この国の銀行は、金利がアイルランドのGDPに対してきわめて低いこと（ユーロ圏にアイルランドが加盟した効果だった）を背景に、不動産デベロッパーに住宅建設の資金を大量に貸し付けた。このブームの間、アイルランドのGDP成長がきわめて健全に見えていたのは、アイルランドの労働者が住宅建設業に雇用されていたためだった。彼らが納める税金も政府の歳入を押し上げ、政治家に支出を増やすよう促した。公共部門の賃金は二〇〇〇年から〇八年の間に九〇パーセント上昇した。

だが、住宅ブームは維持不可能だった。建てられた家の多くは空き家のまま残され、もう入居者が見つかることもないだろう。GDPが健全に成長していると見えた好況の時期、アイルランドは富を浪費していたのだ。オーストリア学派なら、ただ物価と賃金が下がって新しい現実に適応するのを待つ以外、できることは何もないと言うところだろう。その意味合いはつまり、スタグネーションの時期は避けられないということだ。「悲しい事実だが、もともと実体のない好況であり、新たな繁栄の到来を告げるものではなかった。しかし多くの企業を欺き、貴重なリソースを悪い投資のために浪費させた。その後いくら努力を重ねても、歴史的な事実と、その有害な結果を変えることはできなかった」と経済問題研究所のイーモン・バトラーは書いている。実は本書の主張にも、オーストリア学派の見解を踏まえているところがある。二〇〇〇年代の金利は低い水準に抑えられすぎ、エクイティや不動産への投機を促した。それは資本の誤った配分をもたらし、金融部門に資源が集中しすぎるなどの結果を招いた。欧米世界の一部（ドイツはちがったが）では、こうした集中は製造業部門への投資を犠牲にすることで成り立っていた。難しいのは、危機が自ら吹き飛んで消えるのを待つしか選択肢はないというオーストリア学派の結論を受け入れるかどうかだろう。このアドバイスには絶望しかないように思える。

著述家のリチャード・ダンカンによれば、デフレは過去四〇年にわたる貿易の不均衡の避けがたい結果である(13)。煎じつめれば、アメリカ人はずっと信用で商品を買ってきたが、それももうできなくなるだろうということだ。その間にアジア各国が、アメリカの消費者市場に向けて製造業を拡大してきた。その需要が揺らげば、世界は生産過剰に陥り、製造業者は価格を下げざるをえなくなるだろう。

それと関連する議論に、新興国は製造業の商品の価格を無理に引き下げ、必需品価格を押し上げているというものがある。先進国にとっては、これは交易条件の悪化を表している。われわれが消費するものの価格が上がり、生産するものの価格が下がっているのだ。結果的に欧米の生活水準の低下につながり、デフレによる債務危機が起こりやすくなる。

歴史的な経験から見ると、債務危機の後には、経済成長が鈍化する傾向がある。ラインハートとロゴフの研究によれば、生産高は平均九パーセント以上低下し、失業率は七パーセントポイント上昇している(14)。経済がこの失地を回復するには、数年待たなくてはならないだろう。

世界中に蔓延する低金利は、この予測が現実になる徴候だとする見方もあるだろう。低金利と低成長は同時に起こる。資本にかかるコストと資本からのリターンは同じ水準になる傾向がある。もし成長率が一貫して上昇していれば、そのチャンスを活かそうと、より多くの資本が投資される。より多くの資本への需要は、金利を押し上げる。そこで重要なのは、低金利が借り入れの高まりを導くわけではないことだ。それは企業部門が成長見通しについて悲観的になっている徴候である。

もしそのとおりだとすれば、欧米各国は信じられないような欠陥戦略をとってきたことになる。高齢化に向かう先進国は、経済力が新興国に移っていく状況を活用するべきだった。年金暮らしを控えた人間が引退のための基金を積み立てるように、貯蓄のプールをつくり、新興市場の企業や国債などに投資を行っておけばよかったのだ。そうした貯蓄から得られる収入で、生活の水準を保っていくこともできただろう⑮。

しかし貯蓄のプールをつくるには、新興国に資産を蓄積できるように、長年にわたって経常黒字を続ける必要があった。だがドイツのような際立った例をのぞいて、欧米各国は赤字を出しつづけた。そしてあべこべに、新興国に債務をつくった。六〇歳過ぎの人間が引退前の五年間に、クレジットカードの請求に対し支払う方法を考えもせず、好き放題に使いまくるようなものだ。スタグネーションは金融部門にも影響を及ぼし、年金のために働く労働者の姿勢にも影響を及ぼす。成長が鈍化し、景気後退も通常より多く起こるとすれば、借り入れを利用して市場に賭けるのはさらに魅力的でない選択だろう。良い年のリターンが低くなるうえに、悪い年には帳消しにされるリスクが高まるからだ。

例を挙げれば分かりやすいだろうか。たとえば、良い年の市場リターンが平均一二パーセントで、資金調達のコストが七パーセントだとしよう。ただし市場は一〇年ごとに三〇パーセントの下落を経験する。ある投資家が資本金の四倍の額（つまり資本金の一〇〇万ドルに加えて四〇〇万ドル）を借りたとしたら、良い年には六〇万ドルのリターンが得られる。そこから資金調達コストの二八万ドルを引いて、純益は三二万ドル、つまり資本金の三二パーセントということになる。しかし一〇年ごとに一度、五〇〇万ドルの三〇パーセント（一五〇万ドル）の下落があり、資本金を超える額が消えてしまう（もっとも、当人が銀行かヘッジファンドの下で働いているのなら、これはまあまあの賭けだと見るかもしれない）。

この数字を、低リターンの世界と比べてみよう。たとえば資金調達のコストが五パーセントで、平均のリターンが六パーセント、そして五年ごとに市場が二〇パーセント下落する世界だ。パーセンテージの数字が最初の例と同じだとすれば、投資家は良い年には一〇万ドル儲けられるが、五年ごとにすべて失うことになる。

こうした変化の影響は大きなものになるだろうが、すぐに起こりはしないだろう。これが有利なだけの賭けではないと投資家が気づくには、資産価格が下落するか数年間横ばいの状態でなくてはならないだろう。結局、家は住むための場所であって、投資戦略の基盤ではないということになる。買うか賃貸にするかは、財務上の決定というより、ライフスタイルの選択になるだろう（ひとつの場所に根を下ろしたいのか？　家主が家を修繕して家具を取り替えてくれるのを待つほうがいいのか？）。

スタグネーションは、他の二つ――インフレとデフォルト――に対しては一時的な別の選択肢にすぎないのかもしれない。最終的には、選挙民がこれ以上のスタグネーションに嫌気がさし、実質ベースあるいは名目ベースで、債務を減らす道を選ぶ可能性もある。

デフォルト

負債の困った点は、初めて借金をして大きな購買力を手にしたとき、まわりの世界が輝いて見えるということだ。しかしその借金を返す段になると、購買力は低下する。借り手はそうなるまでに、自分の収入が――個人の場合は給料が、企業の場合は利益が、国の場合はGDPが――上がることを期待しなければならない。それが実現しないと、債務の返済に四苦八苦することになる。これは個人レベルではよく起こることで、住宅ローンを払えなくなったアメリカ人などはその一例だが、国家レベルでもソブリン・デフォルト（債務不履行）という形で起こりうることだ。

ソブリン・デフォルトに対処するには、ごく原始的なやり方しかない。もしあなたか私が自動車のローンを払えなくなったら、金融会社はその自動車を没収できる。相手が国の場合、軍事行動に出るのでなければ、無理やり返済させる確実な方法はない（ただし一九世紀に、英国が債権国としての利益を守るために、エジプトを保護国化したことがあった。アメリカも一九一五年にハイチで類似の措置をとった）。債権国にできるのはせいぜい、相手の国がさらに借り入れをする道を断つことぐらいだ。しかし数年たつと、たいてい新たな債権国が現れ、さらに高い利率で貸し付けようとする。

二〇〇一年に起きたアルゼンチンのデフォルトは、とりわけ混乱した後者の例といえる。数年たっても、債権国との話はつかなかった。そこからIMFが、ソブリン・デフォルトに対処する計画の着想を得た。これはアメリカの企業倒産を管理するチャプター11の制度に倣ったものだ。こうした計画の問題は、主権国家が多国家からなる組織に権力を引き渡すという、どの国もとりたがらないプロセスを含んでいることにある。

根底にあるのは、どの国にしても、占領下にあるのでもないかぎり、歳入のかなりの部分を毎年毎年おとなしく外国人に引き渡すことは期待できないという現実だ。遅かれ早かれ、有権者が反乱を起こす。債権者の権利を強制するのはきわめて難しいし、実際に執行されもしないだろう。負債がGDPの一〇〇パーセントを超えれば、返済の年間コストはおそらく五パーセント以上になり、政府予算にずっしりとのしかかってくる。

デフォルトの誘惑は非常に大きいし、借金の相手が欲深な外国人だと思われているとしたらなおのことだ。ギリシャでは、IMF、EU、欧州中央銀行の三者は、緊縮プランを押しつけてくる悪玉の三人組としてひどく嫌われている。実際のところ、どんな債務危機においても、無責任な貸し手は無責任な借り手に劣らず非難の対象となるのだ。

国内の債務なのか、国外の債務なのかも重要だ。一般には前者のほうが問題は少ないとされている。日本は巨額の債務を抱えているが、大部分が自国民から借りているものなので、債務の対GDP比はギリシャをはるかに上回るにもかかわらず、対処はずっとしやすい。ラインハートとロゴフの研究では、一八〇〇年以降に起こったデフォルトで、海外債務によるものが二五〇例なのに対し、国内債務によるものはわずか八〇例だった⑯。

国内債務のデフォルトは重大な決断となる。多くの貯蓄者、それも高齢で、失った収入を埋め合わせる手段も持たないような人たちから、大切な虎の子を奪うことになるのだ。また政府が将来的に借り入れをするときには、さらに多く支払わなくてはならなくなるだろう。それは銀行の倒産を招く結果になってもおかしくない。

銀行は、自国の政府と一蓮托生の関係にある。溺れる二人が互いに抱きついて離さず、相手を引きずり込もうとするように。国内の銀行が政府債券を大量に持っているというのはよくあることで、そうした安全な資産はバランスシートを支えるものとされているからだ。したがって政府がデフォルトを起こすと、一部の銀行が多大な損失を被り、倒産するケースも出てくる。ヨーロッパ中に広がるデフォルトの波は、とりわけ脅威となり、健全な国の銀行までが危険にさらされることになる。

もっとも、ソブリン・デフォルトは起こりうるという本書の主張は、誰もが受け入れるわけではない。二〇一〇年九月のIMFの論文では、カルロ・コッタレリ、ロレンツォ・フォルニ、ヤン・ゴットシャルク、パオロ・マウロが、デフォルトは「不必要かつ有害で、起こりえないもの」だと断言している[17]。著者らは、なぜデフォルトが起こりうるのかという議論を覆そうとしているので、この論文には正面から取り組んでみる価値があるだろう。論文で語られている第一の論点は、債務国は必要な財政調整(つまり赤字の削減)を行うことができるというものだ。著者らによれば、過去三〇年間でGDPの七パーセントの予算調整を達成した国は四〇例ある。そのうえデフォルトは、どのみちかなりの財政調整が必要になるため、意味がなくなる。デフォルトを起こした国は金融市場から締め出されるので、自ら予算の均衡を図らなくてはならなくなる、というのだ。

この論点には、明白な反論がある。まず、個々の国は危機のときに予算の均衡を図れるのだろうか。一九九〇年代半ばのカナダが好例だ。しかしカナダが財政政策を引き締めていた時期は、隣国にして最大の顧客であるアメリカが好況に沸いていた。今度は、先進国の多くが自ら予算を抑制し、同時に負債を減らそうとしている。アメリカですら、これ以上の大規模な財政出動があるとは考えにくい。つまり、大切な需要の源の役割を果たしてくれる気前のいいおじさんはもういないのだ。

論文の二つ目の論点は、ソブリン債務の平均的な金利は実はきわめて低く、政府予算を損なうほどではないだろうというものだ。しかしギリシャとアイルランドの例を見ると、投資家がパニックを起こしはじめたときに、金利が急激に上がるということがある。それに歴史的な基準では低利回りに見えても、経済が停滞していれば、やはりダメージを及ぼしかねない。とはいえ、数多くのダイナミクスが働いているという著者たちの指摘は、第10章でも説明したとおり的を射ている。問題になるのは、債務の満期、外国人が保有する割合、GDPの成長と比較した金利、当初の債務の対GDP比などだ。

IMFの著者たちのもうひとつの主張は、国の財政を秩序立った状態に戻すのに必要な財政調整は経済成長に害をもたらすが、デフォルトやリストラもやはり有害だろうというものだ。

だが、デフォルトが起こるような経済危機の状態では、合理的な経済議論が影響を及ぼせるかどうかは定かでない。「欲深な」債権者に支払いをしなくてはならないことへの政治的な不満が、他の論点を呑み込んでしまうのだ。ラインハートとロゴフがソブリン・デフォルトの例を何十も集めてくれているので、そうしたことが起こりうるのが分かる。ロゴフ教授は、二〇一〇年にこう書いている。

「[苦境に陥ったユーロ圏の国々は」今後一〇年間が失われるという見通しに直面した。これは一九八〇年代にラテンアメリカが経験した状況とよく似ている。ラテンアメリカの再生と現在の成長過程は、一九八七年のブレイディ・プランによってこの地域全体の債務が帳消しにされた後、ようやく始まった。それに類するリストラクチャリングこそ、ヨーロッパにおいて最も信頼できるシナリオだろう」[18]

あきらかに、英国やアメリカの政府がはっきりとデフォルトを起こすというのは、まずありえないことのように思える。通貨切り下げの選択肢がある以上、なおさらそういえるだろう。もちろんそれは、少なくとも外国の投資家にとっては部分的なデフォルトだ。

国内を見れば、民間部門で多くのデフォルトが起こるのは、まったくありうることだ――消費者レベルではクレジットカードや住宅ローンで、企業レベルではプライベート・エクイティローンやジャンクボンドで。こうしたデフォルトは、二〇〇七～〇八年にあったように、銀行と債券発行者のつながりを通じて、システム全体に波のように広がっていく。

二〇一一年九月現在、民間部門のデフォルトは、低金利で名目上の債務返済額が減っていることによって抑えられている。しかし経済が通常の状態に戻れば（あるいは政府がインフレという選択肢をめざせば）、金利は上がらざるをえない。すると多くの借り手が苦しい立場に追いやられる。金利が長期間にわたって二〇一一年の水準にとどまりつづけるには、先ほど説明したスタグネーションのシナリオのほかに道はない。多くの債務者にとっては、ゾンビになって生きているようなものだろう。

以上の三つのシナリオのどれが起こるのだろうか？　悲しいかな、確実に知ることはきわめて難しい。だがある意味では、どれでも大勢に影響はない。重要な点は、この債務が実質的に返済されることはない、つまり貸し出されたときと同じ購買力を持つマネーの形では返済されないということだ。先に説明した三つの結果――インフレ、スタグネーション、完全なデフォルト――のどれであっても、いずれかの段階で危機をもたらすだろう[19]。その危機は少なくとも二〇〇八年と同程度に深刻なものとなり、市場は下落し、銀行は窮地に立ち、企業は倒産するだろう。過去にはそうした危機が、国際的な経済システムの根本的な再編成を再三もたらしてきた。それが本書の最終章のテーマとなる。

第13章　新秩序

「アメリカ政府は、やみくもに借り入れをすることで自らつくりだした混乱から逃れられた、そんな古き良き時代がついに終わったという事実を、痛みとともに受け入れねばならない」

――新華社、中国の通信社

世界経済が危機に向かおうとするとき、国際的な通貨制度はしばしば変化する。第一次世界大戦中は、金兌換制が廃止されるという事態が起こった。一九三〇年代の大恐慌では、多くの国が金本位制を停止した。そして一九七〇年代にはブレトンウッズ体制が崩壊した。システムが崩壊するのは、債務者が義務を果たせないか果たそうとしないため、あるいは債権者が安定した価値の通貨で支払われないことを恐れるためだ。今回の危機の場合、最初の徴候はユーロ圏に現れた。つぎの徴候は中国とアメリカの関係に現れるだろう。

現在の先進国の変動相場制と途上国の管理相場制という組み合わせは、なぜ生き延びられないのか？　その答えを見つけるには、一九七一年以前の世界がどのように動いていたのかを振り返る必要がある。あの頃、為替レートはドルにペッグされ、政府は債権者をなだめる必要性から、財政赤字や貿易赤字を続けられる範囲が限られていた。

本書にもし根本的なテーマがあるとすれば、それはつまり、経済学に簡単な答えはないということだ。債権者が気に入るように通貨の価値を固定したとしても、効果は一時的なものにすぎない。経済のファンダメンタルズがうまく働かなくなれば、固定相場制がもたらすトラブルは増していく。ギリシャとアルゼンチンの例を見ても分かるように、弱い通貨を強い通貨に固定するのは、弱い通貨の国が経済的な競争力をつけ、財政の不均衡（公的支出の急増など）を是正するために根本的な改革に乗り出そうとするのでもないかぎり、誤った方法だ。ウィリアム・ジェニングス・ブライアンは簡単な解決策があると考えていた――通貨供給量を増やすか、通貨の切り下げを認めるかだ。これは流通するマネーの量がごく少ないときや、為替レートが過大評価されているときなら効果的かもしれない。だがこうした政策はやがて、債権者が購買力の低下の埋め合わせを求めるようになると、必然的に高インフレか、借り入れコストの上昇につながる。

変動相場制の理論的な根拠は、通貨がそれぞれに適した水準に収まるということにある。つまり経済調整の負担を、生産高や雇用ではなく、為替レートにまかせるということだ。しかし変動相場制は、支持者たちが期待していたよりもはるかに不安定だった。ときにはファンダメンタルバリュー（相対価格によって判定される）を通り越して、投機バブルや、輸出部門の競争力が失われるといった問題を引き起こすこともある。こうした行き過ぎが起こるのは、通常の取引ではなく、ポートフォリオ投資が通貨市場を動かしているためかもしれない。だが、政府による意図的な干渉も一役買っている。各国政府が変動相場制のコンセプトをうわべだけで受け入れる一方、市場は必ずしも落ち着くべき水準に落ち着いてはいない。

量的緩和は、ブライアンの哲学を現代に移したものといえる。中央銀行はマネーをつくりだしているが、これは（他の条件が変わらない場合）為替レートを引き下げようとする方策のひとつである(1)。QEは債券利回りを下げることによって、債権者の収益を減らそうとする直接的な試みだ(2)。

ブレトンウッズ体制の崩壊以来、債権者は危険を冒して賭けを続けてきた。一九七一年以降は、各国とも思いのままに通貨を切り下げられるようになった。実際に多くの国がそれを実行した。そしてまた長期間にわたって財政赤字や貿易赤字を出しつづけ、長期的な信用力を損なっていった。

だが債権者には、ちょっとした楽しみもあった。一九七〇年代に大きな損失を被った投資家たちは、一九八〇年代と一九九〇年代初めの出来事のおかげで、胸をなでおろした。ひとつは、ポール・ヴォルカーを議長とする米連邦準備理事会が、インフレ抑制に取り組む姿勢を示したこと。もうひとつは、実質金利が上昇し、債権者が早い段階で被った損失を埋め合わせてくれたことだ。結果的に、債券利回りは一九七〇年代末のピーク時から低下したものの、投資リターンはその分増加した。

しかし一九九〇年代末以降、政府債券のおもな投資家は、最大のリターンを求める一般投資家や職業的なファンドマネジャーではなくなった。そのかわりに、経常黒字の蓄積によって稼いだ外貨準備を運用しようとする、アジアおよび中東の中央銀行や政府系投資ファンドが買い入れるようになった。そうした買い手は、利回りには比較的無関心だった。

それでもやはり、これらの投資家の忍耐心でさえ、いずれはすり減っていくにちがいない。

二〇一一年秋には、世界の政府債券の利回りはきわめて低くなり、投資家たちはインフレや通貨の切り下げ、デフォルトに対して弱くなっていた。ヨーロッパの危機は、無リスクの資産とされてきた国債が、決してリスクとは無縁ではないことを示している。

変化へ向かう選択肢

では、システムはどのように変化するのか？　この議論の多くは、世界的な準備通貨である米ドルが中国の人民元に取って代わられるのか、あるいはユーロや人民元や円など一連の準備通貨のひとつでしかなくなるのか、という点に関係してくる。

世界的な準備通貨とは、各国の中央銀行の保有高に最大の割合を占める通貨だ。もっと大まかにいえば、他の国で商人が最も受け入れることの多い通貨である。アフリカへ旅行に行けば、買い物のときにはポンドや円よりドルを出したほうがきっとスムーズにいくだろう。

私には、ドルが人民元に取って代わられるかどうかの議論は、いささか根本から外れているように見える。そうした変化は、いずれは起こるかもしれないが、長い時間を要するだろう。二〇一〇年現在、世界の外貨準備高の六〇パーセントはドル建てで、アメリカ通貨の十分な影響力を裏づけている(3)。投資家はいまだにドルを手元に持っておこうとする。この危機の時代に、たとえアメリカが財政問題を抱えていようと、ドルは安全な拠りどころとみなされている。なにしろ、英国経済の相対的な衰退があきらかになって久しい二〇世紀の半ばにも、ポンドはまだ準備通貨として使われていたのだ。

準備通貨の選択には、多くの要素がからんでくる。アメリカの政治的、軍事的、経済的優位性はまちがいなくドルの地位を押し上げてきた。しかし投資家や他国の中央銀行が、必要なときにその保有しているドルを簡単に売れるということも大きい――言い換えれば、ドル市場の流動性が高いということだ。生活必需品は今でもすべてドル建て価格だし、アメリカの通貨はすべての外国為替取引の八六パーセントで使用されている。投資家たちはまた、アメリカが勝手に自分たちの資産を没収するという恐れは抱いていない。この国は法規がしっかりしているし、現職大統領から後任への交替もスムーズだ。現在、アメリカ国外で流通している米通貨の額は、およそ五〇〇〇億ドルにのぼる(4)。

こうした信頼は、何十年にも及ぶ実地経験がもたらしたものだ。中国が人民元の交換可能性を認めたとしても(二〇一五年をめどに実施する予定)、人民元の市場が米ドルの市場ほど流動的なものになるまでには長い時間がかかる。さらに世界の投資家たちが、共産党主導による政府が自分たちの権利をつねに尊重してくれるという信頼を寄せられるようになるには、さらに長い時間を要するだろう。

人民元に対するドルの価値は一貫して下がり気味だとはいえ、準備通貨としてのドルはまだまだ魅力を失っていないように見える。実際、価値が下がるのは、準備通貨であれば当然の話なのだ。このことはある意味、第5章で説明したトリフィンのジレンマにまでさかのぼれる。通貨が国際的に使われるには、外国での流通量が多くなくてはならない。しかしそれが実現するには、その国の貿易収支が赤字になり、外国の商取引相手の口座にその国の通貨がどんどん貯まっていくことが条件となる。しかし赤字が大きくなりすぎると、その国の通貨への信頼はやがて低下していく。

IMFの特別引出権(SDR)といった、バスケット通貨についての話もときどき出てくる。二〇〇九年初めにG20の国々が世界経済をよみがえらせようと集まったとき、SDRを新たに発行し、世界的な流動性を押し上げるという案が合意を見た。しかしこれまでのところ、SDRには流動性という必須成分が欠けている。SDRが世界の準備に占める割合は五パーセント以下で、この通貨建てで債券を発行している私企業もない(5)。

今の傾向が続いていけば、中国はやがて二〇二〇年代には世界最大の経済国になるだろう。その外貨準備から、すでに債権国としての力は十分に備わっている。しかし外国人がドルのかわりに人民元を持ちたいと思ったとしても、それにはいろいろな制約がある。もしその制約を取り除けば、人民元は跳ね上がるだろう。これは中国にとってはなんとしても避けたい事態だ。

今後一〇年間に、人民元本位制がドル本位制に取って代わることが考えにくいとしたら、新たなブレトンウッズ協定はどうだろうか? さすがに一九四四年当時の規模で協定を結ぶのは非常に難しいだろう。あれはある意味、参加国の少なさと戦時中の切迫感があって初めて実現したものだった。ヨーロッパのほとんどはナチス占領下にあり、参加できなかった。ソ連にはほとんど必要な知識がなかった。先進国の取り組みにもかなり付け焼き刃の感があった。主導権をとったのはアメリカだが、その知的業績に敬意を表し、ケインズの意見にも耳を傾けた。

今の時代に取り決めを行うには、アメリカ、中国、EU、インド、ブラジルなどの同意を得なくてはならないだろう。これは実に厄介だ。しかしブレトンウッズほど公式でない取り決めなら、ありうるかもしれない。二〇一〇年一一月、元米財務省高官で、世界銀行総裁のロバート・ゼーリックが、ある計画について記した。それは世界各国が成長を押し上げ、外為市場介入をやめ、「協調的な通貨制度」を構築するための構造改革に同意するというものだった(6)。またその通貨制度は、「インフレ、デフレ、そして将来の通貨価値をめぐる市場予測の国際基準点として、金を用いることを考慮するべきだろう」。

これは金本位制への復帰の提言だとする見方もある。金本位制への復帰は、ワイマール共和国のハイパーインフレのような悲惨な状態にならないかぎり、まず考えにくいだろう。それに代わる、財貨のバスケットに基づいた方法でさえ、まず受け入れられそうもない。金がきわめて長期間にわたる価値の貯蔵手段になるということは考えうる（一九八〇〜九〇年代にはそうしたブームも下火になったが）。しかしマネーのもうひとつの重要な役割である交換の媒体として機能するには、単純に金の量が足りない。

とはいえ、改革のアイデアをすべて否定してしまう前に、ひとつ思い出すべきことがある。世界は一部でブレトンウッズⅡと呼ばれる、アメリカが中国の商品を買い、中国が資金を供給するという体制の下で動いていることだ。このプロセスには、アメリカの貿易赤字はいつまでも続き、中国人による米国債への投資はどんどん増えていくという意味合いがある。ニクソン大統領の経済顧問だったハーバート・スタインはこう言い放った。「いつまでも続かないものは、止めなくてはならない」。

こうした体制は、これまでの中国には合っていたかもしれない。中国は、地方の人々に製造業の職をあてがいたがっていたからだ。しかし中国もある時点で、たまりにたまった何兆ドルもの外貨準備をどうにかしなくては、と思うかもしれない。すでに中国は、途上国の天然資源を取得する方向へ転じようとしている。またアメリカの経済政策を批判し、自国の財政赤字を減らすよう呼びかけてもいる。この批判は、二〇一一年の夏に米国債の格付けが下がった後、さらに勢いを増した。中国の官製通信社である新華社はこう言った。「アメリカ政府は、やみくもに借り入れをすることで自らつくりだした混乱から逃れられた、そんな古き良き時代がついに終わったという事実を、痛みとともに受け入れねばならない。世界で唯一の超大国に対する最大の債権国である中国は、アメリカがその構造的な債務問題に取り組み、中国のドル資産の安全を確保するよう要求できる権利を有している。米ドルの問題を監督する国際的な仕組みが必要であるし、安定した裏づけのある世界的な準備通貨を導入することも、一国によって引き起こされる破局を回避するための選択肢となるかもしれない」。

言葉の綾はともかく、中国があからさまにドルを棄てることは一〇〇パーセントありえない。中国はすでに、米国債については多すぎるほど保有しているので、もし売りに出すという素振りを少しでも見せれば、債券価格の急落を招くだろう。本書で何度も見てきたことだが、債権者と債務者の運命は密接にからみあっている。だから解決策となると、なんらかの管理のための取り決めを行い、中国が自国の通貨を切り上げ、経常黒字を制限することに同意する一方で、アメリカは赤字に取り組むことに同意するというぐらいだろうか。通貨はある範囲内で取引され、赤字にはターゲットが定められる。

これは一九七〇年代末～一九九〇年代に存在した、ヨーロッパ為替相場メカニズム（ＥＲＭ）に似たものになるだろう。かつてのＥＲＭは周期的に起こる危機に悩まされ、各国とも通貨を定められた範囲内に保つために四苦八苦した。世界的なシステムはあきらかにこれと同じ圧力を受けるだろう。さらに悪い事態になる恐れもある。フランスとドイツの経済は、アメリカと中国の経済よりも共通点が多かった。それでも、われわれは不完全なシステムのなかからどれかを選んでいるということ、現在のシステムが世界経済にのしかかる債務危機を生み出すのに一役買っているということは覚えておくべきだ。

二〇一〇年一〇月に米財務長官のティム・ガイトナーは、そうした取り決めを行うことをほのめかし、経常黒字にGDPの四パーセント程度の上限を設けることを示唆した。G20に集まった各国の財務大臣も、概ねその方向で同意し、こう述べている。「常態化した大きな不均衡は、今後合意を見るガイドラインに照らして評価され、その性質と調整を阻む真の原因とを評価する十分な根拠となるだろう」(7)。

かなり官僚色の強いこの発言からもっと具体的なものへの進展が、一朝一夕に起こることはないだろう。中国もアメリカも、自らの行動に制限を課されることは受け入れたがらないだろう。しかし中国も、自分たちの利益になると思えば、これまでの方針を変える可能性はある。それはおそらく、自分たちが保有する国債の損失に直面するか、輸出主導から消費ベースという、国内での人気を得られるモデルに移行したくなった場合だろう。

アメリカが自国の経済政策の独立性に制限をかけられるのを受け入れることなどありえない、という声も一部にある。外国から指図された一連の政策を認めることはおろか、大統領が自らのプランを議会で可決させることさえ難しいのだ。アメリカは自国の通貨建てで債務を負い、通貨価値の切り下げによってその負担の一部を消せるという事実から大きな恩恵を得ている。そうした権利を部分的にでも失うのは、受け入れがたい重荷だろう。

結果的に、新しいシステムは新たな危機の一部として表れてくるという期待しか持てないのかもしれない。それはアメリカ財務省が適当な条件で資金を集められなくなるといった問題であるのかもしれない。あるいはドルが急落し、インフレへの恐怖が引き起こされることから生じてくるのかもしれない。実際に、量的緩和はワイマール共和国の例に見られるとおり、恐ろしい事態を招く可能性もある。新たにつくりだされたマネーがすべて（その大半は通常、銀行システムのなかで眠っている）、いきなり世界経済に流れ込み、物価を押し上げてもおかしくないのだ。

欧米各国が政策の選択肢をほとんど使い尽くしてしまっていることも、思い出さなくてはならない。二〇一一年半ばには、金利全般が一パーセントかほぼゼロとなった。これ以上の財政出動があるとは考えにくい。また、量的緩和が及ぼしうる影響はまったく不透明だ。

イングランド銀行総裁のマーヴィン・キングは、二〇一〇年一〇月のスピーチで、世界経済に果たす役割の大きな国々同士での「重要な協定」を呼びかけた(8)。「ともに調整を行う方向での合意が見られなければ、政策間の対立が世界全体の生産を望ましからぬ低水準にとどまらせ、結果としてすべての国が困窮に向かうというリスクがある」とキングは語った。「重要なのは共通の利益のために行動することであり、もしそれが叶わなければ、一、二の国が保護貿易主義に走るのは時間の問題だろう」。

根本的な問題は、貯蓄国と支出国の不均衡だ。ある意味、この状況は一九二〇年代の、英仏が世界の金準備の大半を保有していた時期に似ている。ただし今回やたらと貯め込みすぎているのは、アジアと石油輸出国機構（ＯＰＥＣ）の国々だ。こうした状況で当然考えられるのは、黒字国の為替レートの引き上げだろう。これは貿易の不均衡を減少させ、赤字国の通貨流出を減らすはずだ。ゴールドマン・サックスの計算によると、二〇一〇年末の時点で、新興市場の通貨は一ドルに対して約二〇パーセント引き上げる必要があった(9)。

しかし各国とも、自国通貨の価値を抑えるために介入し、市場介入を行うか資本規制を課している。典型例がスイスフランで、従来からヨーロッパの財政問題からの避難場所として見られてきた。その通貨が急騰したため、二〇一一年九月にスイス国立銀行が介入し、ユーロに対するスイスフランの水準の上限を定めた。スイス国立銀行はスイスフランで外国の通貨を「無制限に」買い入れることができると表明した。これは実質的にスイスフランの為替レートを引き下げるためのQEの利用である。しかし、すべての通貨が下げられるわけではない。どうしても上がってしまい、その過程でデフレの危機にさらされるものもある。マーヴィン・キングが言ったように、そこには、先進国が国内の雇用を守るために関税を課すという逆戻りのリスクがあり、一九三〇年代初めの過ちの再現といえる。これは先進国・途上国のどちらの経済も損なうものだろう。

皮肉なのは、一九四〇年代にケインズが推奨したがワシントンが拒絶した政策を、今になってアメリカが唱えているということだ。当時のケインズの主張は、大戦間の通貨制度には問題があり、調整のためのコストがすべて債務国に降りかかってくる、だから債権国も政策を変えるべきだというものだった。アメリカは自らが債務国になった今、初めてケインズの見解を取り入れた。だが今のアメリカはもちろん、中国にその見解を押しつけられる立場にはない。

アジアの経常黒字の増大には、経済・財政の不安定というリスクに対する保険の意味合いも一部にあった。しかしもはや保険の一言ではすませられないほど、長期の黒字が続いていて、他国の資産を要求する権利を持つまでになった。ただし今のところは低いリターンしか生み出さず、債務をすべて回収できることもなさそうだ。これはいささか無駄な投資のように思える。

フィナンシャル・タイムズ紙のマーティン・ウルフによれば、新興国には投機攻撃を受ける危険を冒さずに経常赤字を出すという信頼感が必要だ(10)。それには、いざとなればＩＭＦが資金を提供し、しかも一九九〇年代末に債務国に課されたような面倒な条件がないことが求められる。そのためには、一九四四年以降ずっと先進国に支配されてきたＩＭＦの改革も必要になるだろう。理想をいえば、ＩＭＦ総裁の地位がヨーロッパの政治家の名誉職であることはもはや望ましくない(11)。だが、ドミニク・ストロース＝カーンが女性への暴行の容疑でＩＭＦトップの座を退かざるをえなくなると、すぐに後釜に座ったのは、やはりフランス人政治家のクリスティーヌ・ラガルドだった。欧米の双方から支援を受けるラガルドの前では、新興国に勝ち目はなかった。

システムの輪郭

為替レートや経常収支黒字でターゲットを定めるのなら、それは柔軟なものでなくてはならないだろう。固定相場制では、金融政策を下位に置くことか、あるいは資本規制が効果をあげることが必要になる。すでに投資を制限している中国は、資本規制をしたがるだろうが、巨大な金融サービス産業を抱えるアメリカが世界的な規制をかけることに同意するとは考えにくい。

だが、アメリカ政府を翻意させられるかもしれない要素がひとつある——負債の重荷だ。すでに論じてきたように、緊縮プログラムを通じて負債を減らすのは不快なことだし、無条件のデフォルトもほぼ考えられない。しかし各国とも、第二次世界大戦後の債務負担をブレトンウッズ体制の援助の下でなんとか減らしたという実績がある。

カーメン・ラインハートとベレン・スブランシアは、二〇一一年三月の論文で、この債務削減プロセスの成否は「金融抑圧」にかかっていると論じている⑫。たとえば、年金基金のような国内の投資者は、投資の自由を制限する規定を通じて政府に融資することを強いられてきた。そしてその債務にかかる金利は、人為的に低い水準に保たれる。その結果、実質（インフレ率を差し引いた）金利は、一九四五～八〇年の時期のおよそ半分の期間はマイナスだった。つまり投資家は資金を失うことを強制されてきたのだ。ラインハートとスブランシアの計算では、この政策によって債務の対GDP比は年間三～四パーセント削減できた可能性があるという。

二〇〇七～〇八年の危機の後に課されたバーゼルⅢの規定は、金融抑圧に向かって一歩踏み出したものだと言っても過言ではない。銀行はさらに資本金を保有することを強制されているが、この方針によって政府債券も多く持つようになるだろう。年金基金も最近は、「負債への対応」という名目で多くの国債を保有している。ラインハートとスブランシアも言っているように、金融抑圧は「健全性規制の名の下に」表れてくるかもしれない。金融史研究家のラッセル・ネーピアも同様の見方をとって、こう記している。

「そろそろ資本規制を復活させる時期だ。そうした規制があって初めて、政府債務の負担をインフレによって取り除くことが可能になる。資本規制があれば、民間の貯蓄を引き出して公共部門の債務にすることがもっと容易になる。英国債の利回りを一九七〇年代のインフレ率より下にとどめたのは、資本規制の働きだった」[13]

一九四五年以後のルールから外れることが難しかったのは、資本規制の導入によるものだ。当時は支払いの手続きに時間がかかったので、ルールを強制するのも簡単だった。英国人旅行客は、外国に持ち出せるポンドの額まで制限されていた。

今ではマネーは、コンピューターマウスのクリックひとつで動かされる。そして一九六〇年時点でさえ、規制を避けて通るさまざまな方法が見つかっていた。多国籍企業はつねに、利益をA国からB国へと移転する巧妙な手段を何かしら編み出している。昨今では税金に関してもそうした仕掛けで管理しているため、いろいろな戦略をとるのにもはるかに熟達しているだろう。

それでもなお、情勢は資本規制の方向へと変化しているようだ。さまざまな新興国がすでに、自国通貨への影響を規制しようとしている。ブラジルは二〇一〇年、債券投資家にかかる税を二倍にした。危機の後の金融部門への風当たりの強さを思えば、資本流入を制限するという政策は得票にも結びつくかもしれない。ヨーロッパの政治家の多くはずっと投機家を嫌っていて、彼らが為替レートや国債利回り、必需品価格に及ぼす影響力を制限しようとしてきた。国際的な制限がかかるのを食い止めてきたのは、ひとえにアングロサクソンの大国、つまり英米の抵抗だった。しかし投機家のホスト国ではなく、逆に投機攻撃の標的になるようなことが起これば、この二国も態度を変えるかもしれない。

以前からのイデオロギー的信念が、ご都合主義の祭壇に捧げられることは珍しくない。二〇〇八年にありえないことがどれだけ起こったか、考えてみてほしい。ウォールストリートの錚々たるビッグネームが破綻するか、あるいは破綻寸前にまで追い込まれた。右派の共和党大統領は、政府が救済策の一環としてエクイティの持ち分を引き受けることを許した。世界中の指導者たちが、財政政策を調整することに同意した。先進国の金利は前例のない水準まで引き下げられた。

こうした状況を少し和ませる材料があるとすれば、中国を説得して、自国通貨の価値を年間一〇パーセントにまで引き上げさせたことだろう。そのことで、より柔軟な為替レートを求めるアメリカの圧力に、中国が屈したように見せることができたからだ。

こうした管理為替相場制は、どのように機能するのか？　最終的にブレトンウッズ体制の下では、為替レートをペッグしつづけることは不可能だと分かった。それでもこの体制は四分の一世紀も機能した。為替レートのペッグが投機家にとって魅力的なターゲットになるというなら、解決策は投機家を阻止することだろう。そしてルールを定めるのが中国だとすれば、そうした動きは実際にありそうだ。中国は、欧米の政府が経済政策を市場のなすがままにさせているのは愚かなことだとみなしている。

英国が金本位制の条件を定め、アメリカがブレトンウッズの条件を定めたのだとしたら、つぎにくる金融システムの条件を定めるのが世界最大の債権国、つまり中国になる可能性は高いだろう。その体制は、過去三〇年間われわれが慣れ親しんできたものとはずいぶんちがったものになるかもしれない。

ただし、この見解には多くの反論がある。とりわけ多いのは、中国は大戦後のアメリカのような圧倒的な債権国ではないという意見だ。たしかに日本やＯＰＥＣの国々も、政府債券をかなり多く保有している。それでもやはり、政治的・軍事的観点から見ても、中国が債権国としてはるかに重要なことは確かだし、中国の承認を取りつけずに新しい体制が生まれるとはとても想像できない。

さらに反論として、中国は国際的な議論への参加に消極的で、主導権をとることはありそうにないという意見がある。しかし同じことは、第一次世界大戦前のアメリカにも当てはまった。戦後ですらアメリカは孤立主義うんぬんの言葉の陰にひっこみ、国際連盟への加盟を拒否したため、大戦間の国際協調をはなはだ難しくした。だが最後にはアメリカも、国際的な取引によって金融システムがスムーズに動くようにすれば、自国の利益にもなるということに気づいたのだ。

今日の中国にも、同じことが当てはまる。すでに記したように、中国は輸入主導型の経済モデルを推し進め、地方の人口を沿岸部の製造業に移動させてきた。そうした工場を動かしつづけるには、欧米の顧客が繁栄することが条件になる。そのうえ中国は、欧米の国債に外貨準備をたっぷり投資しているのだから、欧米が財政危機に呑み込まれてしまわないように力を尽くす動機がある。

いずれにしろ私は、中国が来週か来年にも、体制をつくり直そうとするなどと言っているわけではない。一九三〇年代に金本位制が崩壊してから、一〇年の年月と大戦ひとつをはさんで、ようやくブレトンウッズ協議が合意にいたった。そしてブレトンウッズの崩壊は一九七一年だったが、金融システムに秩序が回復するには、一九八〇年代まで待たなくてはならなかった。

それでもいつか、多くの識者の予想どおりに中国の力が育っていけば、やがては世界最大の人口を持つ世界最大の経済大国となり、世界最大の大陸であるアジアで支配的な地位を確立するだろう。先進国は未来を担保にして資産価格への愚かしい賭けを行い、金融部門に過剰な信頼を寄せてきた。これからはミスター・ミコーバーのように、何かが現れて自分を窮状から救い出してくれるのを待つことになるだろう。

何かが現れるにしても、それは一〇年あるいは一五年先になるかもしれないし、必ずしも欧米の気に入るものとは限らないだろう。だとしても、新しい秩序は到来する。そして欧米のスーパーマーケットにある大半の商品のように、それもきっと「メイド・イン・チャイナ」だろう。

紙切れの約束

これまでの四〇年間、世界は富そのものをつくりだすより、富の一部を要求する権利をつくりだすことに成功してきた。経済は成長したが、資産価格もどんどん上昇し、債務はさらに早く膨らんでいった。債務者は、投機目的で住宅を購入する人間から大国の政府にいたるまで、全額を返済することはないという約束をしてきた。そうした債務の返済を当てにしている債権者は、失望することになるだろう。

この混乱を収拾するのは、長くゆっくりとしたプロセスとなるだろう。二〇〇八年の銀行危機の間に起こったように、またヨーロッパのソブリン債務危機ですでに見たように、多くの挫折や失敗があるだろう。債務はインフレで価値の目減りしたマネーか、切り下げられた通貨で支払われるかもしれない。あるいは返済余力の大きな他国の政府に受け渡されるか、無条件のデフォルトという結果に終わるかもしれない。

こうした紙切れ同然の約束は、経済の混乱をもたらし、債務者も債権者もともに苦しむことになるだろう。今のこの危機は、一九三〇年代に金本位制の終焉をもたらし、一九七〇年代に固定相場制の終焉をもたらした状況に劣らず深刻だ。世界経済は変わりつつある。それは西側の多くの国にとって、良いほうへ向かう変化ではないだろう。

原注

序章

（1）John Taylor, *An Inquiry into the Principles and Policy of the Government of the United States*, first published 1814.
（2）この問題については、以下の小論に要約されている。Quentin Taylor at http://www.usagold.com/gildedopinion/oz.html.
（3）Paul Krugman, 'Mugged by the moralizers', *New York Times*, 31 October 2010.

第1章　マネーの本質

（1）'North Korea's currency revaluation', Banyan's notebook, Economist.com, 2 December 2009.
（2）'N. Korea executes two over bungled currency reform', Agence France-Presse, March 2010.
（3）H. Montgomery Hyde, *John Law: The History of an Honest Adventurer*, London, 1969.
（4）同上書。
（5）ピラミッド金融は、一九二〇年代の詐欺事件にちなんでその名がついた。この方式では、古い投資者へのリターンは新しい投資者から引き出せる資金にかかっている。くわしい話は本書の後のほうでも紹介している。
（6）以下に引用されている。Janet Gleeson, *The Moneymaker*, London, 1999. 賢者の石（philosopher's stone）とは、金属を金に変えられるという、錬金術師たちが探し求めた霊薬。英国版ハリー・ポッターシリーズの第一巻の題名にもなっているが、アメリカの読者には「philosopher」という言葉が嫌われたのか、代わりに「〝魔法使い〟の石」（sorcerer's stone）が使われている。

(7) 以下に引用されている。Gleeson, *The Moneymaker*.

(8) Meyrick Chapman, *Don't Be Fooled Again: Lessons in the Good, Bad and Unpredictable Behaviour of Global Finance*, Harlow, 2010.

(9) 以下に引用されている。Glyn Davies, *A History of Money: From Ancient Times to the Present Day*, Cardiff, 2002.

(10) J. K. Galbraith, *Money: Whence It Came, Where It Went*, 2nd edn, London, 1995.（邦訳『マネー――その歴史と展開』都留重人監訳、ＴＢＳブリタニカ）

(11) Davies, *A History of Money*.

(12) 同上書。

(13) Charles Kindleberger, *A Financial History of Western Europe*, London, 1984.

(14) Galbraith, *Money*.

(15) Davies, *A History of Money*.

(16) Kindleberger, *Financial History*.

(17) James Macdonald, *A Free Nation Deep in Debt: The Financial Roots of Democracy*, Princeton, 2003.

(18) もちろん金に対してあらゆる物の価格を切り下げることはできるが、そうすると負債や収入も切り下げなくてはならず、おそろしく複雑な手続きになってしまう。

(19) Kindleberger, *Financial History*.

(20) Roger Bootle, *The Death of Inflation: Surviving and Thriving in the Zero Era*, London, 1996.（邦訳『デフレの恐怖』高橋乗宣監訳、東洋経済新報社）

(21) Davies, *A History of Money*.

(22) 金細工業者が最初の銀行だったわけではない。それ以前に銀行の役を務めていたのは、信用のしっかりした羽振りのいい商人だった。取引の資金はしばしば「為替手形」――ある商人が別の商人に支払うという約束――で調達されていた。抜け目のない商人は、こうした手形を値引きさせて買うことができた。その値引き分が借り入れコストよりも大きければ、商人はその取引で儲けることができる。つまり実質的に銀行となるのだ。

(23) 以下に引用されている。Peter Bernholz, *Monetary Regimes and Inflation: History, Economic and Political Relationships*, Cheltenham, 2003.

(24) Davies, *A History of Money*.

(25) 債権者であり債務者でもある人は多い。しかし富はたいてい一部に集中しているので、債権者／不労収入生活者の階級はマイノリティーだ。

(26) ほどほどのインフレーションなら問題はない。だから中央銀行は、二パーセント程度のインフレをターゲットにしている。しかし年間のインフレ率が五パーセントを超え、二桁にまで達すると、問題が生じてくる。

第2章　ポローニアスを無視して

(1) James Macdonald, *A Free Nation Deep in Debt: The Financial Roots of Democracy*, Princeton, 2003.

(2) Sidney Homer and Richard Sylla, *A History of Interest Rates*, 4th edn, New York, 2005.

(3) Macdonald, *A Free Nation*.

(4) Charles Kindleberger, *A Financial History of Western Europe*, London, 1984.

(5) Virginia Cowles, *The Great Swindle: The Story of the South Sea Bubble*, London, 1960.

(6) Hilaire Belloc, *Usury*, London, 1931.

(7) Homer and Sylla, *Interest Rates*.

(8) 同上書。

(9) Plutarch, *Life of Lucullus*.

(10) Homer and Sylla, *Interest Rates*.

(11) 同上書。

(12) 同上書。

(13) Ian Mortimer, *The Perfect King: The Life of Edward III, the Father of the English Nation*, London, 2006.

(14) Macdonald, *A Free Nation.*

(15) Carmen Reinhart and Kenneth Rogoff, *This Time Is Different*, Princeton, 2009.（邦訳『国家は破綻する――金融危機の８００年』村井章子訳、日経ＢＰ社）

(16) すべて以下からの引用。Ron Chernow, *Alexander Hamilton*, London, 2004.（邦訳『アレグザンダー・ハミルトン伝――アメリカを近代国家につくり上げた天才政治家（上・中・下）』井上廣美訳、日経ＢＰ社）

(17) 同上書からの引用。

(18) Homer and Sylla, *Interest Rates.*

(19) 債務者はこんな合理的な計算はしていない、ほしい商品が手に入るのを待てないだけだという反論もあるかもしれない。これは「充足の引き延ばし」にかかわる問題だろう。それでも貸し手には、借り手が返済できるという確信がなくてはならず、このシステムが成長見込みに依存するものであることに変わりはない。

(20) Lendol Calder, *Financing the American Dream: A Cultural History of Consumer Credit*, Princeton, 1999.

(21) 同上書。

(22) 経済学者の一部は、この点に関してはケインズは誤っていたと考えている。貯蓄はすなわち投資に等しい、だから貯蓄がブームになれば企業は投資に励める、というのがその理由だ。しかしケインズによれば、企業が投資を行うには信頼や「血気（アニマル・スピリット）」が必要で、そうしたものは景気後退の時期には不足する。だから計画的な貯蓄の額は、計画的な投資の額より大きくなる。貯蓄の一部は、マットレスの下に現金を入れる要領で隠匿され、起業家による投資には使われない。

第３章　金という選択

(1) 中国は固定相場制と経済の拡大を好んでいる。しかしこれは少々特別なケースで、輸出を押し上げるために為替レートの抑制を選んでいるのだ。通常の政策のジレンマに直面したのは、一九三一年の英国、あるいは一九七一年のアメリカで、通貨を切り下げたり経済を損なったりして、債権者を落胆させた。

(2) Roger Bootle, *The Death of Inflation: Surviving and Thriving in the Zero Era*, London, 1996.

(3) Sidney Homer and Richard Sylla, *A History of Interest Rates*, 4th edn, New York, 2005.

(4) John Maynard Keynes, *The Economic Consequences of the Peace*, London, 1919.（邦訳『平和の経済的帰結』、早坂忠訳、東洋経済新報社）

(5) Barry Eichengreen, *Golden Fetters: The Gold Standard and the Great Depression 1919-1939*, Oxford, 1995 and *Globalizing Capital: A History of the International Monetary System*, Princeton, 2008.

(6) Filippo Cesarino, *Monetary Theory and Bretton Woods: The Construction of an International Monetary Order*, Cambridge, 2006.

(7) J. K. Galbraith, *Money: Whence It Came, Where It Went*, 2nd edn, London, 1995.

(8) Glyn Davies, *A History of Money: From Ancient Times to the Present Day*, Cardiff, 2002.

(9) Walter Bagehot, *Lombard Street*, first published 1873, reissued New York, 1999.（邦訳『ロンバード街――金融市場の解説』久保恵美子訳、日経ＢＰ社）

(10) Peter Bernholz, *Monetary Regimes and Inflation: History, Economic and Political Relationships*, Cheltenham, 2003.

(11) 数値は以下による。James Macdonald, *A Free Nation Deep in Debt: The Financial Roots of Democracy*, Princeton, 2003.

(12) 数値は以下による。Harold James, *The End of Globalization: Lessons from the Great Depression*, Cambridge, Mass., 2002.（邦訳『グローバリゼーションの終焉――大恐慌からの教訓』、高遠裕子訳、日本経済新聞社）

(13) 以下に引用されている。Liaquat Ahamed, *Lords of Finance: 1929, the Great Depression and the Bankers Who Broke the World*, London, 2009.

第４章　マネーと恐慌

(1) Liaquat Ahamed, *Lords of Finance: 1929, the Great Depression and the Bankers Who Broke the World*, London, 2009.

(2) John Maynard Keynes, *The Economic Consequences of the Peace*, London, 1919.

(3)以下に引用されている。Ahamed, *Lords of Finance*.
(4)同上書。
(5)以下を参照。http://freetheplanet.net/articles/106/interim-report-of-the-cunliffecommittee-1918.
(6)実際にチャーチルは、私生活では予算の均衡をとることができず、しばしば借金を抱えていた。
(7)John Maynard Keynes, *The Economic Consequences of Mr. Churchill*, London, 1925.
(8)Barry Eichengreen, *Golden Fetters: The Gold Standard and the Great Depression 1919-1939*, Oxford, 1995.
(9)Keynes, *Economic Consequences of Mr. Churchill*.
(10)Filippo Cesarino, *Monetary Theory and Bretton Woods: The Construction of an International Monetary Order*, Cambridge, 2006.
(11)Richard Duncan, *The Corruption of Capitalism*, Hong Kong, 2009.
(12)Barry Eichengreen and Peter Temin, 'Fetters of Gold and Paper', Vox *EU*, 30 July 2010.
(13)以下に引用されている。Eichengreen, *Golden Fetters*.
(14)Cesarino, *Monetary Theory*.
(15)David Howell, *MacDonald's Party: Labour Identities and Crisis 1922-1931*, Oxford, 2002.
(16)Diane B. Kunz, *The Battle for Britain's Gold Standard*, London, 1987.
(17)以下に引用されている。Austen Morgan, *J. Ramsay MacDonald*, Manchester, 1987.
(18)同上書。
(19)ある事象がもうひとつの事象の後に起こったのだから、前者は後者の原因にちがいないと考えること。

第5章　ドルとともに踊る

(1)以下に引用されている。Armand van Dormael, *Bretton Woods: Birth of a Monetary System*, New York, 1978.
(2)同上書に引用されている。
(3)同上書に引用されている。

（4）以下に引用されている。Filippo Cesarino, *Monetary Theory and Bretton Woods: The Construction of an International Monetary Order*, Cambridge, 2006.
（5）以下に引用されている。van Dormael, *Bretton Woods*.
（6）Charles Kindleberger, *A Financial History of Western Europe*, London, 1984.
（7）以下に引用されている。 David Marsh, *The Euro: The Politics of the New Global Currency*, New Haven, Conn., 2008.（邦訳『ユーロ――統一通貨誕生への道のり、その歴史的・政治的背景と展望』田村勝省訳、一灯舎）
（8）Interview with Fred Hirsch, 1965.
（9）Robert Triffin, *Gold and the Dollar Crisis*, New Haven, Conn., 1960.（邦訳『金とドルの危機――新国際通貨制度の提案』村野孝・小島清監訳、勁草書房）
（10）Tim Congdon, 'America's Deficit, the Dollar and Gold', World Gold Council Research Study No. 28, 2002.
（11）Marsh, *The Euro*.
（12）Cesarino, *Monetary Theory*.

第6章　紙の約束

（1）Milton Friedman, *Studies in the Quantity Theory of Money*, Chicago, 1956.
（2）Tim Congdon, 'America's Deficit, the Dollar and Gold', World Gold Council Research Study No. 28, 2002.
（3）Martin Wolf, *Fixing Global Finance: How to Curb Financial Crises in the Late 21st Century*, rev. edn, New Haven, Conn., 2010.
（4）David Marsh, *The Euro: The Politics of the New Global Currency*, New Haven, Conn., 2008.

第7章　バブルが弾けるとき

（1）Jeremy Grantham, 'Night of the Living Fed', *GMO Quarterly Letter*, October 2010.

(2) Carmen Reinhart and Kenneth Rogoff, *This Time Is Different*, Princeton, 2009.

(3) Richard Duncan, *The Dollar Crisis*, rev. edn, New York, 2005（邦訳『ドル暴落から、世界不況が始まる』徳川家広訳、日本経済新聞社）; Richard Duncan, *The Corruption of Capitalism*, Hong Kong, 2009.

(4) これはもちろん単純化した例だ。多く預金している人もいれば、少ない人もいる。

(5) Willem Buiter, 'Housing Wealth Isn't Real Wealth', HYPERLINK "http://www.economicsejournal" www.economicsejournal. org/economics/journalarticles/2010-22.

(6) Russell Roberts,'Gambling with Other People's Money: How Perverted Incentives Caused the Financial Crisis', Mercatus Center, George Mason University, May 2010.

(7) これが現代なら、彼はこのビジネスを郵便アービトラージと称しただろう。

(8) さしたる分析をしなくても、こうした仕組みから一人当たり平均で多くの額が得られないことはあきらかだ。全員が一〇〇〇ドル出したのであれば、平均のリターンは一人一〇〇〇ドルでなければならない。しかし実際には、投資者の最下層はお金を得られなくなる。

(9) もちろん多国籍企業は海外で外貨を稼ぐため、国内経済を上回ることがある。だがグローバルな水準では、この分析は正しい。

(10) Charles Kindleberger, *Manias, Panics and Crashes: A History of Financial Crises*, 4th edn, New York, 2000.（邦訳『熱狂、恐慌、崩壊——金融恐慌の歴史』吉野俊彦・八木甫訳、日本経済新聞社）

(11) ダンカンの著作による。*The Dollar Crisis* および *The Corruption of Capitalism*.

(12) プットは所有主に、資産を一定の価格で売る権利を与える。そして投資家が価格の暴落から自らを守るために、その資産を買う。

(13) Roberts, 'Gambling with Other People's Money'.

(14) 'What Has-and Has Not-Been Learned About Monetary Policy in a Low Inflation Environment? A Review of the 2000s'. Speech by Richard H. Clarida to the Federal Reserve Bank Conference, 21 October 2010.

(15) 更新された数値については以下を参照。www.irrationalexuberance.com.

(16) 以下に引用されている。*Wall Street Journal*, 25 February 1993.
(17) 'Farewell to Cheap Capital? The Implications of Long-term Shifts in Global Investment and Saving', McKinsey Global Institute, December 2010.
(18) この数字は先進国一〇ヵ国と、新興国四ヵ国(ブラジル、中国、インド、メキシコ)の経済に基づいている。
(19) この議論は収益還元法という評価方法に依拠している。資産価値は、貨幣の時間的価値を考慮して割り引いた、将来のキャッシュフローに等しい。つまり割引率が低ければ、現在価値は高くなる。だが、こうした議論はいささか近視眼的だろう。実質金利の低さは期待成長率の低さを表しているはずだ。だから割引率が下がるかぎり、期待される将来のキャッシュフローも下がることになる。
(20) Grantham, 'Night of the Living Fed'.

第8章　濡れ手で粟

(1) J. K. Galbraith, *Money: Whence It Came, Where It Went*, 2nd edn, London, 1995.
(2) Lawrence Mishel, 'CEO-to-Worker Pay Imbalance Grows', Economic Policy Institute, June 2006.
(3) Ian Dew-Becker and Robert Gordon, 'Where Did the Productivity Growth Go? Inflation Dynamics and the Distribution of Income', National Bureau of Economic Research, Working Paper 11842.
(4) Edward N. Wolff, 'Recent Trends in Household Wealth in the United States: Rising Debt and the Middle Class Squeeze', an update to 2007 Working Paper no. 589, Levy Economics Instituter, March 2010.
(5) Raghuram Rajan, *Fault Lines: How Hidden Fractures Threaten the World Economy*, Princeton, 2010.
(6) 'Finance, Financial Sector Policies and Long-Run Growth', by Asli Demirguc-Kunt of the World Bank and Ross Levine of Brown University.
(7) Adair Turner, 'What do banks do? Why do credit booms and busts occur and what can public policy do about it ?' in 'The Future of Finance', LSE report, 2010.
(8) Andrew Haldane, 'The $100 Billion Question'. Comments given at the Institute of Regulation & Risk in

Hong Kong, 30 March 2010.

（9）Russell Roberts, 'Gambling with Other People's Money: How Perverted Incentives Caused the Financial Crisis', Mercatus Center, George Mason University, May 2010.

（10）Haldane, 'The $100 Billion Question.'

（11）Jim Reid, 'Fundamental Credit Special', privately circulated research note, July 2010.

（12）Piergiorgio Alessandri and Andrew Haldane, 'Banking on the State', Bank of England, November 2009.

（13）'Still Vulnerable: It Looks Too Early to be Buying Financial Stocks', *The Economist*, 17 April 2008.

（14）一億ポンドの資本金があって、一〇パーセントのリターンがあるとしたら、株主は全体で一〇〇〇万ポンドを得られる。別に九億ポンドを、たとえば五パーセントのコストで借り入れ、やはり全体のバランスシートで一〇パーセントのリターンがあるとしたら、株主は五五〇〇万ポンドを得られる。

（15）Alessandri and Haldane, 'Banking on the State'.

（16）Luc Laeven and Fabian Valencia, 'Systemic Banking Crises: A New Database', IMF Working Paper No. 08/224, 2008.

（17）Simon Johnson and James Kwak, *13 Bankers: The Wall Street Takeover and the Next Financial Meltdown*, New York, 2010.（邦訳『国家対巨大銀行――金融の肥大化による新たな危機』村井章子訳、ダイヤモンド社）

（18）以下に引用されている。John Cassidy, 'What Good is Wall Street?' *New Yorker*, 29 November 2010.

（19）Bob Woodward, *Maestro: Greenspan's Fed and the American Boom*, New York, 2001.（邦訳『グリーンスパン』山岡洋一・高遠裕子訳、日本経済新聞社）

（20）これは実のところ、ヨーロッパ中央銀行の場合にはきわめて難しいだろう。その権限は協定によって定められたものだ。

（21）Michiyo Nakamoto and David Wighton, 'Citigroup Chief Stays Bullish on Buy-outs', *Financial Times*, 9 July 2007.

（22）以下に引用されている。Nick Leeson, *Rogue Trader*, London, 1996.

(23) Pablo Triana, *Lecturing Birds on Flying: Can Mathematical Theories Destroy The Financial Markets?*, New York, 2009.
(24) Nassim Nicholas Taleb, *The Black Swan: The Impact of the Highly Improbable*, London, 2007.（邦訳『ブラック・スワン――不確実性とリスクの本質』望月衛訳、ダイヤモンド社）
(25) Peter Thal Larsen, 'Goldman Pays the Price for Being Big', *Financial Times*, 13 August 2008.
(26) Andrew Haldane, 'Why Banks Failed the Stress Test', 9–10 February 2009.
(27) 著者へのインタビュー。25 October 2010.

第9章　危機が始まる

(1) Tim Congdon, *The Debt Threat*, Oxford, 1989.
(2) Peter Warburton, *Debt and Delusion*, London, 1999.
(3) 'Debt and Deleveraging: The Global Credit Bubble and its Economic Consequences', McKinsey Global Institute, January 2010.
(4) Scott Schuh, Oz Shy and Joanna Stavins, 'Who Gains and Who Loses from Credit Card Payments? Theory and Calibrations', Federal Reserve Bank of Boston, March 2010.
(5) 'Debt and Deleveraging'.
(6) J. K. Galbraith, *The Affluent Society*, 4th edn, London, 1984.（邦訳は『ゆたかな社会』鈴木哲太郎訳、岩波書店）
(7) Elizabeth Duke, speech to the Payment Cards Center Conference, Philadelphia, December 2010.
(8) 'Debt and Deleveraging'.
(9) プライベート・エクイティファンドはしばしば、ベンチャー資本家とひとくくりにされるが、実はまったく別のものだ。ベンチャー資本家は、小さくても大きな成長の可能性を秘めた企業、とりわけ新興企業に投資を行うことが多い。こうした投資は失敗する率も高い。ときどき大当たりをとることで、他の多くの失敗を埋め合わせられればいいという発想だ。イノベーションを推進することなどから、ベンチャーキャピタルは概して、経済にとってはプライベート・エクイティよりずっと好ましい存在として見られる。だが悲しいかな、もたらされるリターンははるかに低い。

（10）以下を参照。Peter Morris, 'Private Equity, Public Loss?', Centre for the Study of Financial Innovation, July 2010.

第10章　リスクなし、とはいうものの

（1）Carmen Reinhart and Kenneth Rogoff, *This Time Is Different*, Princeton, 2009.

（2）以下に引用されている。Alexander Sack, 'Unfinished Business: Ten Years of Dropping the Debt', Jubilee Debt Campaign, May 2008.

（3）The Multilateral Debt Relief Initiative factsheet, August 2010.

（4）2010 Development Cooperation Report, OECD.

（5）Elgie McFadyen, 'The Multilateral Debt Relief Initiative: Impact on Structural and Economic Development Among African Nations', Kentucky State University, April 2008.

（6）Alan Beattie, 'Rich Nations Face Increased Debt Burden', FT.com, 31 October 2010.

（7）Reinhart and Rogoff, *This Time Is Different*.

（8）Martin Wolf, *Fixing Global Finance: How to Curb Financial Crises in the Late 21st Century*, rev. edn, New Haven, Conn., 2010.

（9）数値は以下による。IMF at http://www.imf.org/external/np/exr/faq/greecefaqs.htm.

（10）'Threadbare: A Briefing on Ireland's Economy', The Economist, 20 November 2010.

（11）Bennett Stancil, 'Ireland: From Bubble to Broke', Carnegie Endowment for International Peace, May 2010.

（12）私も当時、友人や親戚に説明しようとしたのだが、この動きは誤りだった。主権国は、自国通貨の預金に関しては、自ら必要なだけ紙幣を印刷できるという条件で保証が可能だ。しかしアイルランドには、ポンドの預金は保証できなかった。ユーロの預金も、やはり印刷機がなく、保証は不可能だった。

(13) 'Debt and Deleveraging: The Global Credit Bubble and its Economic Consequences', McKinsey Global Institute, January 2010.
(14) Dhaval Joshi, 'A Spanish Lament', privately circulated research note, December 2010.
(15) 'How Banks can Undermine their Sovereign', privately circulated research note, December 2010.
(16) Jason Manolopoulos, *Greece's Odious Debt: The Looting of the Hellenic Republic by the Euro, the Political Elite and the Investment Community*, London, 2011.
(17) 'Will the ECB Ride to the Rescue?', privately circulated research note, December 2010.
(18) Desmond Lachman, 'Can the Euro Survive?' Legatum Institute paper, December 2010.
(19) Jagadeesh Gokhale, 'Measuring the Unfunded Obligations of European Countries', Cato Institute policy report no. 319, January 2009.
(20) Stephen Cecchetti, M. S. Mohanty and Fabrizio Zampolli, 'The Future of Public Debt: Prospects and Implications', Bank for International Settlements, Working Papers 300.
(21) 以下に引用されている。 Arnaud Mares, 'Ask Not Whether Governments Will Default, But How', Morgan Stanley research note, 20 September 2010.
(22) Irving Fisher, 'The Debt-Deflation Theory of Great Depressions', *Econometrica*, 1 (4), 1933.
(23) Reinhart and Rogoff, in 'Ask Not Whether Governments Will Default'.
(24) 包括的な批判については以下を参照。 John Irons and Josh Bivens, 'Government Debt and Economic Growth: Overreaching Claims of Debt "Threshold" Suffer from Theoretical and Empirical Flaws', Economic Policy Institute briefing paper no. 271, July 2010.
(25) Antonio Afonso and Davide Furceri, 'Government Size, Composition, Volatility and Economic Growth', School of Economics and Management, Technical University of Lisbon, working paper ISSN 0874-4548, January 2008.

第11章　債務を後世に残す

(1) 'Global Demographics–From Golden to Grey, Long-Term Asset Return Study', Deutsche Bank, 10 September 2010.

(2) 以下に引用されている。David Willetts, *The Pinch: How the Baby Boomers Took Their Children's Future. And Why They Should Give it Back*, London, 2010.

(3) 同上書。

(4) Martin Neil Baily and Jacob Funk Kirkegaard, 'US Pensions Reform: Lessons from Other Countries', Peterson Institute for International Economics, 2009.

(5) 'Global Demographics'.

(6) 'Global Aging 2010: An Irreversible Truth'.

(7) Eileen Norcross and Andrew Biggs, 'The Crisis in Public Sector Pension Plans: A Blueprint for Reform in New Jersey', http://mercatus.org/pensions.

(8) Robert Novy-Marx and Joshua Rauh,'Public Pension Promises: How Big Are They and What Are They Worth?' http://papers.ssrn.com/sol3/papers.cfm?abstract_id=1352608.

(9) そして政府がまた別の負債を負う可能性がある。

(10) これについては皮肉な状況がある。イングランド銀行がインフレ抑制という任務に失敗したら、その従業員はきわめて手厚く保護されるだろう。

(11) 'Reforming Public Sector Pensions: Solutions to a Growing Challenge', The Public Sector Pensions Commission, July 2010.

(12) 'USA Inc.: A Basic Summary of America's Financial Statements', February 2011.

(13) 数値は以下による。George Magnus, *The Age of Aging: How Demographics Are Changing the Global Economy and Our World*, New York, 2009.

(14) Adam Ridley, 'Don't Dismiss the Materialist Explanation', Cato Unbound, 8 October 2010.
(15) Tim Morgan, 'Dangerous Exponentials: A Radical Take on the Future', research note for Tullett Prebon, June 2010.
(16) Andrew Lees, 'In Search of Energy', in *The Gathering Storm*, edited by Patrick L. Young, New York, 2010.

第12章　勘定を支払うとき

(1) Joseph Stiglitz, *Freefall: Free Markets and the Sinking of the Global Economy*, rev. edn, London, 2010.
(2) 同上書。
(3) Peter Bernholz, *Monetary Regimes and Inflation: History, Economic and Political Relationships*, Cheltenham, 2003.
(4) スピーチ全文は以下に掲載。 www.federalreserve.gov/BOARDDOCS/SPEECHES/2002/20021121/default.htm.
(5) 同上。
(6) 同上。
(7) しかし政府が資本規制を課してきた場合は、やむをえないかもしれない。最後の章を参照のこと。
(8) 以下の記述。 *The Gathering Storm*, edited by Patrick L. Young, New York, 2010.
(9) 'Investment Outlook', March 2011, www.pimco.com.
(10) Virginia Cowles, *The Great Swindle: The Story of the South Sea Bubble*, London, 1960.
(11) Richard C. Koo, *The Holy Grail of Macroeconomics: Lessons from Japan's Great Recession*, rev. edn, New York, 2009.
(12) Eamonn Butler, 'Ludwig von Mises–A Primer', IEA Occasional Paper 143, 2010.
(13) Richard Duncan, *The Corruption of Capitalism*, Hong Kong, 2009.
(14) Carmen Reinhart and Kenneth Rogoff, *This Time Is Different*, Princeton, 2009.
(15) この政策は功を奏することはなかったかもしれない。新興市場国は外国資本を自国市場に取り入れることを歓迎せず、外国からの投資に制限を課した可能性もある。あるいは一九九〇年代のように、マネーが投機活動に流れ込み、失われた可能性もある。それでも、たとえばノルウェーのように、石油で得た富を活用し、将来の世代の利益を守るための資産のプールを築きあげている例もある。

(16) Reinhart and Rogoff, *This Time Is Different*.

(17) Carlo Cottarelli, Lorenzo Forni, Jan Gottschalk and Paolo Mauro, 'Default in Today's Advanced Economies: Unnecessary, Undesirable and Unlikely', September 2010. ＩＭＦスタッフの論文はＩＭＦの公式見解ではない。

(18) Kenneth Rogoff, 'The Euro at Mid-crisis', Project syndicate website.

(19) インフレは、中央銀行がコントロール下に置こうとしないかぎり、最終的に通貨危機や深刻な景気後退をもたらす。停滞は政治的な不満を引き起こし、デフォルトの可能性を高める。

第13章　新秩序

(1) すべての国が量的緩和を通じて為替レートを引き下げられるわけでないのはあきらかだが、波及効果は起こりうる。つまり、ある国の中央銀行がそうした目的に量的緩和を利用すると、他の国もそれに倣いたいという気になるのだ。識者の多くは、二〇〇九～一〇年に金が買われた理由として、量的緩和を挙げる。多くの国が紙幣の価値を引き下げようとすれば、金の魅力は高まるのだ。

(2) もちろん、現在ある債券の利回りが下がれば、価格は上がるので、これは債権者にとってはよい知らせとなる。だがこの上昇は、国内の通貨に照らして上がるというだけのことだ。為替レートを考慮すれば、外国の債権者はやはり損失を被るだろう。そして負債はしじゅう借り換えられているため、新しい債券による収入は下落する。

(3) Barry Eichengreen, *Exorbitant Privilege: The Decline of the Dollar and the Future of the International Monetary System*, Oxford, 2010.（邦訳『とてつもない特権――君臨する基軸通貨ドルの不安』小浜裕久監訳、勁草書房）

(4) 同上書。
(5) 'The Global Monetary System: Beyond Bretton Woods 2', *The Economist*, 6 November 2010.
(6) Robert Zoellick, 'The G20 Must Look Beyond Bretton Woods', *Financial Times*, 8 November 2010.
(7) Martin Wolf, 'Current Account Targets are a Way Back to the Future', *Financial Times*, 3 November 2010.
(8) 'King Says G-20 Needs Grand Bargain to Avert Protectionism', *Bloomberg*, 20 October 2010.
(9) 'Seoul Food: The Search for Global Balance', *Global Economics Weekly*, 3 November 2010.
(10) Martin Wolf, *Fixing Global Finance: How to Curb Financial Crises in the Late 21st Century*, rev. edn, New Haven, Conn., 2010.
(11) 長年にわたる取引で、世界銀行の総裁はアメリカ人、ＩＭＦの総裁はヨーロッパ人が務めてきた。
(12) Carmen Reinhart and Belen Sbrancia, 'The Liquidation of Government Debt', NBER Working Paper 16893, March 2011.
(13) Russell Napier, 'Bretton Woods on Speed', CLSA research note, November 2010.

参考文献

ほかにも読んでおくと役に立つ本を紹介しておこう。

Acharya, Viral and Richardson, Matthew, eds, *Restoring Financial Stability: How to Repair a Failed Financial System*, New York, 2009.（邦訳『次の「危機」の前に学ぶべきこと』池田龍哉ほか訳、中央経済社）

Ahamed, Liaquat, *Lords of Finance: 1929, the Great Depression and the Bankers Who Broke the World*, London, 2009.

Baily, Martin Neil and Kirkegaard, Jacob Funk, *US Pension Reform: Lessons from Other Countries*, Washington, DC, 2009.

Barbera, Robert J., *The Cost of Capitalism: Understanding Market Mayhem and Stabilizing Our Economic Future*, New York, 2009.（邦訳『資本主義のコスト』菊地正俊訳、洋泉社）

Belloc, Hilaire, *Usury*, London, 1931.

Bernholz, Peter, *Monetary Regimes and Inflation: History, Economic and Political Relationships*, Cheltenham, 2003.

Bootle, Roger, *The Death of Inflation: Surviving and Thriving in the Zero Era*, London, 1996.（邦訳『デフレの恐怖』高橋乗宣監訳、東洋経済新報社）

Calder, Lendol, *Financing the American Dream: A Cultural History of American Debt*, Princeton, 1999.

Cesarino, Filippo, *Monetary Theory and Bretton Woods: The Construction of an International Monetary Order*, Cambridge, 2006.

Chapman, Meyrick, *Don't Be Fooled Again: Lessons in the Good, Bad and Unpredictable Behaviour of Global*

Finance, Harlow, 2010.

Chernow, Ron, *Alexander Hamilton*, London, 2004.（邦訳『アレグザンダー・ハミルトン伝――アメリカを近代国家につくりあげた天才政治家（上・中・下）』井上廣美訳、日経ＢＰ社）

Congdon, Tim, *The Debt Threat*, Oxford, 1989.

Corden, W. Max, *Too Sensational: On the Choice of Exchange Rate Regimes*, Cambridge, Mass., 2002.

Cowles, Virginia, *The Great Swindle: The Story of the South Sea Bubble*, London, 1960.

Davies, Glyn, *A History of Money: From Ancient Times to the Present Day*, Cardiff, 2002.

Dormael, Armand van, *Bretton Woods: Birth of a Monetary System*, New York, 1978.

Duncan, Richard, *The Dollar Crisis*, rev. edn, New York, 2005.（邦訳『ドル暴落から、世界不況が始まる』徳川家広訳、日本経済新聞社）

――, *The Corruption of Capitalism*, Hong Kong, 2009.

Eichengreen, Barry, *Golden Fetters: The Gold Standard and the Great Depression 1919-1939*, Oxford, 1995.

――, *Globalizing Capital: A History of the International Monetary System*, Princeton, 2008.（邦訳『グローバル資本と国際通貨システム』高屋定美訳、ミネルヴァ書房）

――, *Exorbitant Privilege: The Decline of the Dollar and the Future of the International Monetary System*, Oxford, 2011.（邦訳『とてつもない特権――君臨する基軸通貨ドルの不安』小浜裕久監訳、勁草書房）

Galbraith, J. K., *The Affluent Society*, 4th edn, London, 1984.（邦訳『ゆたかな社会』鈴木哲太郎訳、岩波書店）

――, *Money: Whence It Came*, Where It Went, 2nd edn, London, 1995.（邦訳『マネー――その歴史と展開』都留重人監訳、ＴＢＳブリタニカ）

Gleeson, Janet, *The Moneymaker*, London, 1999.

Homer, Sidney and Sylla, Richard, *A History of Interest Rates*, 4th edn, New York, 2005.

Howell, David, *MacDonald's Party: Labour Identities and Crisis 1922-1931*, Oxford, 2002.

Hyde, H. Montgomery, *John Law: The History of an Honest Adventurer*, London, 1969.

James, Harold, *The End of Globalization: Lessons from the Great Depression*, Cambridge, Mass., 2002.（邦訳『グローバリゼーションの終焉――大恐慌からの教訓』、高遠裕子訳、日本経済新聞社）

Johnson, Simon and Kwak, James, *13 Bankers: The Wall Street Takeover and the Next Financial Meltdown*, New York, 2010.（邦訳『国家対巨大銀行――金融の肥大化による新たな危機』村井章子訳、ダイヤモンド社）

Kazin, Michael, *a Godly Hero: The Life of William Jennings Bryan*, New York, 2006.

Keynes, John Maynard, *The Economic Consequences of the Peace*, London, 1919.

――, *The Economic Consequences of Mr Churchill*, London, 1925.（邦訳『平和の経済的帰結』早坂忠訳、東洋経済新報社）

Kindleberger, Charles, *A Financial History of Western Europe*, London, 1984.

――, *Manias, Panics and Crashes: A History of Financial Crises*, 4th edn, New York, 2000.（邦訳『熱狂、恐慌、崩壊――金融恐慌の歴史』吉野俊彦、八木甫訳、日本経済新聞社）

Koo, Richard C., *The Holy Grail of Macroeconomics: Lessons from Japan's Great Recession*, rev. edn, New York, 2009.

Kunz, Diane B., *The Battle for Britain's Gold Standard*, London, 1987.

Lewis, Hunter, *Where Keynes Went Wrong: And Why World Governments Keep Creating Inflation, Bubbles and Busts*, Edinburg, Va., 2009.

Lowenstein, Roger, *While America Aged: How Pension Debts Ruined General Motors, Stopped the NYC Subways, Bankrupted San Diego and Loom as the Next Financial Crisis*, New York, 2009.（邦訳『なぜＧＭは転落したのか――アメリカ年金制度の罠』鬼澤忍訳、日本経済新聞出版社）

――, *The End of Wall Street*, New York, 2010.

Macdonald, James, *A Free Nation Deep in Debt: The Financial Roots of Democracy*, Princeton, 2003.

Mackay, Charles, *Extraordinary Popular Delusions and the Madness of Crowds, Ware*, 1995.（邦訳『狂気とバブル――なぜ人は集団になると愚行に走るのか』塩野未佳・宮口尚子訳、パンローリング）

Magnus, George, *The Age of Aging: How Demographics Are Changing the Global Economy and Our World*, New York, 2009.

Manolopoulos, Jason, *Greece's Odious Debt: The Looting of the Hellenic Republic by the Euro, the Political Elite and the Investment Community*, London, 2011.

Marsh, David, *The Euro: The Politics of the New Global Currency*, New Haven, Conn., 2008.（邦訳『ユーロ――統一通貨誕生への道のり、その歴史的・政治的背景と展望』田村勝省訳、一灯舎）

Morgan, Austen, *J. Ramsay MacDonald*, Manchester, 1987.

Rajan, Raghuram, *Fault Lines: How Hidden Fractures Threaten the World Economy*, Princeton, 2010.（邦訳『フォールト・ラインズ――「大断層」が金融危機を再び招く』伏見威蕃・月沢李歌子訳、新潮社）

Reid, Michael, *Forgotten Continent: The Battle for Latin America's Soul*, New Haven, Conn., 2007.

Reinhart, Carmen and Rogoff, Kenneth, *This Time Is Different: Eight Centuries of Financial Folly*, Princeton, 2009.（邦訳『国家は破綻する――金融危機の 800 年』村井章子訳、日経ＢＰ社）

Shiller, Robert J., *Irrational Exuberance*, Princeton, 2000.（邦訳『投機バブル 根拠なき熱狂――アメリカ株式市場、暴落の必然』植草一秀監訳、沢崎冬日訳、ダイヤモンド社）

Skeel, David A. Jr, Debt's Dominion: *A History of Bankruptcy Law in America*, Princeton, 2001.

Skidelsky, Robert, *John Maynard Keynes: Fighting for Freedom 1937-1946*, London, 2001.

――, *Keynes: The Return of the Master*, London, 2009.（邦訳『なにがケインズを復活させたのか？――ポスト市場原理主義の経済学』山岡洋一訳、日本経済新聞出版社）

Sorkin, Andrew Ross, *Too Big to Fail: Inside the Battle to Save Wall Street*, London, 2009.

Stiglitz, Joseph, *Freefall: Free Markets and the Sinking of the Global Economy*, rev. edn, London, 2010.

Taleb, Nassim Nicholas, *The Black Swan: The Impact of the Highly Improbable*, London, 2008.（邦訳『ブラック・スワン――不確実性とリスクの本質』望月衛訳、ダイヤモンド社）

Warburton, Peter, *Debt and Delusion: Central Bank Follies that Threaten Economic Disaster*, London, 1999.

Willetts, David, *The Pinch: How the Baby Boomers Took Their Children's Future-and Why They Should Give It Back*, London, 2010.

Wolf, Martin, *Why Globalization Works: The Case for the Global Market Economy*, New Haven, Conn., 2005.

——, *Fixing Global Finance: How to Curb Financial Crises in the Late 21st Century*, rev. edn, New Haven, Conn., 2010.

Young, Patrick L., ed., *The Gathering Storm: How to Avoid the Next Crisis from the Minds that Predicted the Crunch*, New York, 2010.

訳者あとがき

本書の原著のタイトルは、*Paper Promises:Money, Debt and The New World Order* だ。この日本語版の書名『紙の約束』そのままである。原語の意味合いは文字どおり「紙切れの約束」、つまり「あてにならない、形ばかりの約束」ということになる。紙というのはもちろん、債務＝負債のことだ。

司馬遼太郎の『風塵抄』によると、かの岩崎弥太郎の借金の証文には、「返済が遅れるようならお笑いくださいい」とあったという。江戸期から明治期の人間にとって、「笑われる」ことはたいへんな恥である。借金とはそういうものだったし、それは近代までの欧米でも大差はなかった。だが、負債が「恥」や「悪」とみなされ、大きな重みを持った時代は、もうすでに昔のことだ。現代の人々は、ずいぶん気軽に借金をするようになった。テレビやインターネットの広告は当たり前のように借り入れを勧め、誰もがクレジットカードを持ち、信用供与の範囲は過去とは比較にならないほど広がった。借金の軽さというのは、マネー＝貨幣そのものの軽さにも通じる。マネーは今や、紙切れ一枚どころか、なんら重みを持たないスクリーン上の数字にすぎなくなってしまった。

本書『紙の約束』で語られているのは、マネーとその歴史をめぐる考察である。貨幣はいつ、どのような形で生まれ、発展してきたのか。そしていかにして、自らをつなぎとめる碇を失い、まさに紙切れのようにふわふわ漂い出したのか。大きな転換点はいうまでもなく、紙のマネー＝紙幣の導入、金本位制の停止、そして一九七〇年代のブレトンウッズ体制の崩壊である。紙幣が金《きん》の裏づけ、つまり兌換性を失い、さらに変動相場制に転換して以降、世界の債務はすさまじい勢いで膨張しはじめたのだ。そうしたシステムの変遷とともに、マネーの性質や、人々が債務に向ける意識もまたどんどん変化していった。

本書の、特に前半部では、金と銀から始まった貨幣のルーツや、今でいう銀行券の発生、そして革命前のフランスで初めて紙幣を使ったジョン・ローの実験、稀代の経済学者ケインズがブレトンウッズ協定に果たした役割など、さまざまなエピソードが紹介される。文明の発祥とともに始まった、経済という複雑きわまりない人間の活動を、著者フィリップ・コガンは債務とマネーに焦点を当てながら、わかりやすく整理された形で説明していく。古今東西の文献を下敷きにしたその博覧強記ぶり、すばらしく明晰な分析には、ただただ唸るほかない。その著者が用いているある言葉が、負債の本質を、そして本書のテーマを端的に物語っている――「現在のマネーとは負債であり、負債こそがマネーなのだ」。

さらにコガンは、本書の後半部で、そうした歴史的な視点から、現代世界を特徴づける多様な経済危機のからくりをも解き明かしてみせる。「経済の歴史とは、債権者と債務者の戦いの歴史である」――これこそがコガンの視点なのだ。経済そのものも、負債なくしては動かない。現在の経済は、負債の上に成り立っている。そして膨張を続ける負債が、さまざまな世界的危機を引き起こしている。この三〇年ばかりを振り返れば、そのことがさまざまな痛みとともによみがえってくるだろう。

バブルの崩壊はなぜ起こるのか。金融市場の急激な発展をもたらし、またときに破綻させるものは何か。リーマン・ショックのときにはアメリカ政府が介入し、公的資金を注入することで投資銀行を救済した。この決定はいったいどのような意味を持つのか（大きすぎる負債は返済しなくても、国が肩代わりしてくれる――こうしたメッセージがもたらす影響は甚大だ）。ユーロを存亡の危機に追いつめている、欧州債務危機の本質はどこにあるのか。あるいは、バーナンキ米連邦準備理事会議長がつぎつぎに打ち出す量的緩和政策に、果たして効果はあるのか。

ときにユーモアを交えながら、温和な語り口調で書かれてきた本書も、こうした切実なトピックを扱うときには、著者の舌鋒は一転して鋭くなる。それでも、特定の経済理論やイデオロギーを声高に叫ぶわけではない。その姿勢はあくまでも客観的だ。そして実にわかりやすい。読み進めるうちに、これまで持っていた断片的な知識が、まるでパズルのピースのように、ぴたりぴたりとあるべき場所に収まっていくような快感すら覚える。

本書『紙の約束』の著者フィリップ・コガンは、英国で活躍中の経済ジャーナリスト。フィナンシャル・タイムズ紙に二〇年以上勤務した後、現在はエコノミスト誌のキャピタル・マーケット担当編集者を務める。二〇〇九年に、一流の金融ジャーナリストの証というべきハロルド・ウィンコット賞を受賞、またビジネス・ジャーナリスト・オブ・ジ・イヤー賞のベスト・コミュニケーターにも選出されている。邦訳はされていないが、*The Money Machine*、*The Economist Guide to Hedge Fund* などの著作があり、特にロンドンの金融街シティーを描いた前者は何度も版を重ね、二五年にも及ぶロングセラーとなっている。

経済・金融に関する深く広範な知識と、平易ながら味わいのある文章には定評があるだけに、本書もまた、経済学者の筆になる経済書とは趣を異にしている。むずかしい数式や略語のたぐいは一切出てこない。初心者にも肩の凝らない読み物に仕上がっている一方、専門家をも唸らせる内容の濃さもある。

先ほども紹介したが、この本全体を見渡してみると、なんとも印象的なフレーズがいくつも出てくる。なかでもいささかショッキングなのは、この一文だろうか。「この負債が実質的に返済されることはない、つまり貸し出されたときと同じ購買力を持つマネーの形では返済されない」。返済されるべき借金が返済されない――「紙の約束」が文字どおり、紙切れに変わる瞬間である。この状況は、たとえばギリシャ、アイルランド、ポルトガル、スペインなどの債務危機に苦しむ現在の欧州では、どのように解決されるのか。従来なら、貨幣の価値切り下げ、あるいはデフォルトといったシナリオがあったのだが、ユーロはどういった選択を行うのか。また、日本の現状について触れた箇所もある。低金利でありながら一〇年以上もデフレにあえいでいる日本の姿は、ある意味、これまでの経済の常識では測れないものだという指摘は、やはり気になるところだ。

博識家コガンの目に映る、今後の世界経済の姿はどんなものなのだろう。彼は恐ろしい喩え話をしてみせる。現在の世界は、金融詐欺の一種であるポンジー・スキーム（日本でいうねずみ講）のようなものだと。こうしたスキームでは、古い世代の客に支払われた額を返済するために、つぎつぎに新しい世代のカモが必要になる。しかし先進国では、ベビーブーマーが引退した後は、少子化という現実が迫っている。つまり現代は、ポンジー・スキームのカモが尽きようとしている状態なのだ。

いずれにしても、ブレトンウッズ体制崩壊後の変動相場制が破綻しかけている今、今後に向けて世界的な新システムが必要になってくるだろうと、コガンは語る。そのとき、どの国が主役を担うことになるのか。単純に考えるなら、可能性が高いのは、この数十年で未曾有の経済成長を遂げ、外貨を蓄積してきたあの国ということになるのだが……しかし、そう簡単に結論が出るわけもない。未来に至るまでの道筋をたどるには、過去の歩みを知らなくてはならない。温故知新。歴史に学ぶことはきわめて多い。本書はきっと、そのための手がかりになってくれるものと思う。

二〇一二年一〇月

松本剛史

ロバーツ，ラッセル　190, 201, 219
ロマノフ家　109
ロングターム・キャピタル・マネジメント　241, 242
ロンバード街　105

[ワ]

ワーグナー，アドルフ　49
ワイマール共和国　35, 58, 59, 121, 323, 341, 342, 366, 369
ワイマール体制　113
ワインバーグ，シドニー　220
ワシントン・コンセンサス　272

モリソン, ハーバート　128
モンゴル人　46-48

[ヤ]
約束手形　77
野蛮な遺物　157
ユーロ　7, 8, 34, 43, 91, 93, 170, 175, 177, 181, 182, 279 287, 325, 326, 327, 363
ユーロ圏　12, 177, 178, 182, 183, 279, 280, 282, 287, 326, 350, 358, 360
ユーロ債　151
ユーロダラー市場　150, 151
輸出主導モデル　166
ゆたかな社会　85, 259
ユダヤ人の慣習　61
輸入課徴金　155
ヨアヒムスタール　41
ヨーロッパ為替相場メカニズム（ERM）　367
預金保険(制度)　104, 122, 133, 173, 221
預貸率　188

[ラ]
ライヒスバンク　102, 113, 342
ライヒスマルク　114, 145
ライブ8ロックコンサート　21
ライフサイクル理論　313
ラインハート, カーメン　74, 187, 270, 276, 295, 351, 357, 372
ラガルド, クリスティーヌ　371
ラジャン, ラグラム　215
ラックマン, デズモンド　289
ラテンアメリカ　168
ラテン通貨組合　178
ラムズフェルド, ドナルド　238
ランズバンキ銀行　173
ランド, アイン　224, 225
リーズ, アンドリュー　320
リーソン, ニック　233, 234
リーブル　27, 30, 42
リーマン・ブラザーズ　21, 53, 232, 234, 245, 251, 252, 259, 283, 322, 333
利子　8, 21, 27, 36, 60-65, 69, 70, 79, 81, 91, 191, 270, 281, 313, 324, 329, 341
リストン, ウォルター　269
リディア王　37
リドリー, アダム　317
リフレ政策　131
利回り　68, 169, 170, 278, 342
流動性の問題　289
リュエフ, ジャック　149
両替商　41
量的緩和（QE）　5, 7, 37, 40, 52, 289, 342-345, 348, 362, 369
リラ　145
ルイ一五世　27
ルイ一四世　27, 73
ルイス, マイケル　244
ルーカス , ロバート　143
ルーズヴェルト , フランクリン・D　109, 133-135, 138, 146, 151, 339, 340
ルービン , ロバート　222
ルーブル合意　165
ルクセンブルク　181
ルクルス将軍　69
レイド , ジム　219
レーガン, ロナルド　9, 161, 216
レーニン　111
レコード, ニール　170
レッセ・フェール　143, 147
レバレッジ　11, 220, 242
レバレッジド・バイアウトファンド　264
レンテンマルク　114
レントシーカー　223
連邦準備理事会　13, 119, 159, 162, 196, 200, 201, 224, 228, 229, 277, 337, 343, 344, 362
労働党　7, 44, 115, 127, 128, 130, 146, 153, 160, 223, 229, 334
老齢年金　80
ロー, ジョン　24, 26-33, 37, 39, 47, 48, 50, 72, 81, 88, 131, 152, 157, 191, 197, 329, 346
ローク, ハワード　225
ロゴフ, ケネス　74, 187, 270, 276, 295, 351, 357
ロシア　50, 99, 102, 109, 111, 145, 255, 298
ロシア革命　110

162, 168, 172, 198, 361, 362, 366
貿易黒字　44, 100, 103, 120, 139, 149, 166
法定貨幣　38, 86
ホーエンツォレルン家　80, 107, 109
ボーデンクレディタンシュタルト　122
ポートフォリオ・インシュアランス　235
ボードゥアン二世　68
ホーマー, シドニー　69, 71
ポーランド　292
ポールソン, ハンク　222
保険会社　217, 234, 253
保護貿易　134
保護貿易主義　43, 124, 137, 144, 369
保守党　7, 130, 334
ホットマネー　171, 174
ボネ, ジョルジュ　112
ポピュリスト　19
ポピュリズム　18, 80
ポルトガル　2, 7, 91, 279, 286, 288, 290, 291, 325, 337
ホワイト, ハリー・デクスター　138-141
ポンジー金融（スキーム）　32, 192, 193, 197, 245, 247, 346
ポンジー, チャールズ　30, 192
ポンド　20, 34, 35, 37, 42, 45, 54, 58, 91, 92, 115-117, 131, 140, 147, 168, 170, 175, 279, 363
ポンドの切り下げ　153, 176

［マ］

マークス&スペンサー　257
マーケットメイキング　217
マーシャル, ジョージ　147
マーシャル・プラン　144, 147
マーチャントバンク　102
マートン, ロバート　241
マイレージ　14, 57
マウロ, パオロ　356
マクドナルド, ジェームズ　44, 73
マクドナルド, ラムゼー　128, 130
マッカーシー, コーマック　45
マッキンゼー　206, 207, 254, 259
マッコーリー, トマス　323
マッセイ, ジョンソン　233
マドフ, バーニー　185, 186, 192, 193, 329
マネーサプライ　59, 161, 199, 200, 289, 329, 346
マネーの概念　51
マネーの定義　55, 56
マネタリスト　155, 159, 161, 163
マネタリズム　148, 157
マルコ・ポーロ　46, 47
マルサス流の罠　316
マレー, マシュー　47
マンデルソン, ピーター　128
ミーゼス, ルートヴィヒ・フォン　143, 349
ミコーバー, ウィルキンズ　20, 78, 376
ミシシッピ会社　29, 31, 81, 346
ミッテラン, フランソワ　179
南アフリカ　4, 44, 45, 330
ミル, ジョン・スチュアート　5
民主党　3, 119, 245
ミンスキー効果　191
ミンスキーの瞬間　245
ミンスキー, ハイマン　191, 193, 197, 240
ムーアの法則　319
ムーディーズ　249
無策王エセルレッド　37
メイ, ジョージ　127
名目貨幣　4
名目金利　338, 340, 341
名誉革命　73
メキシコ　25, 271
メディケード　312
メディケア　278, 312
メリウェザー, ジョン　241
メルケル, アンジェラ　288
メロン, アンドリュー　133
モーゲージ担保証券　74, 249
モーゲンソー, ヘンリー　138
目標為替相場　142, 162, 180
モノポリー　37
モブツ, ジョゼフ　273
モラルハザード　20, 21, 139, 221, 273

不動産市場　67, 251
不動産担保証券　74
不動産投機ブーム　172
不動産投資　67
不動産ブーム　183
賦払い信用貸し（付け）　81, 84
ブライアン, ウィリアム・ジェニングス　3, 4, 6, 18, 19, 20, 22, 28, 34, 45, 49, 56, 75, 80, 98, 134, 187, 278, 338, 361
プライス, チャック　232
プライベート・エクイティ（PE）　264, 266, 267
プライベート・エクイティファンド　11, 213, 241
プライベート・エクイティローン　358
ブラウン, ゴードン　223, 334
プラザ合意　165
プラサド, エスワー　275
ブラジル　18, 99, 322, 365, 373
ブラックストーン　264
ブラック・スワン　240
ブラック・マンデー　201, 228, 235, 238
フランクリン, ベンジャミン　66
フランス　17, 27, 28, 29, 30, 31, 32, 47, 71, 72, 74, 76, 77, 98, 106, 111–113, 119, 120, 122, 123, 126, 131, 138, 144–147, 152, 153, 155, 164, 180, 254, 259, 270, 291, 292, 304, 305, 333, 368
フランスのフラン　145
フランソワ一世　72
フリードマン, ミルトン　133, 143, 157, 159–161, 163, 225, 340
フリスビー, ジョージ　20
ブリューニング, ハインリヒ　121
プリンシパル＝エージェントの問題　224
ブルー・ステイト　278
ブルートゥス　26, 61
ブルック, ルパート　109
プルデンシャル　127
ブルム, レオン　131
ブレア, トニー　128, 223
ブレイディ, ジェームズ　271
ブレイディ・プラン　358
ブレトンウッズⅡ　366
ブレトンウッズ協議　375
ブレトンウッズ協定　95, 141, 143, 199, 216, 365
ブレトンウッズ体制　94, 95, 137, 141–143, 148–150, 151, 154, 155, 157, 162, 163, 166–168, 174, 178, 187, 198, 210, 231, 331, 360, 362, 372, 374
不労所得　21
フローリオ, ジム　308
プロテスタント　63
ブロドスキー, ポール　345
フロリン　42, 71
分割払い　81, 82
ブンデスバンク　179, 180
ベアー・スターンズ　232, 234, 245, 250–252, 283
ベアリング・ブラザーズ　102, 104, 122, 233, 234
米議会　6, 334
平均年齢　298
平均余命　300–302
ベイリー, ウォルター・ミルン　128
ペーパーマネー　78, 118
ペソ　41, 92, 271
ヘッジファンド　11, 212–214, 234, 261, 266
ベトナム戦争　150
ベビーブーマー　207–209, 302, 313
ベビーブーム　299
ペリー, リッチ　342
ヘリコプター・ベン　340
ベル・カーブ　238
ベルギー　178, 181, 292
ベルギー人歯科医　151
ベルンホルツ, ピーター　106
ペロー, ロス　276
ベロック, ヒレア　63–67, 69
ベン, ウィリアム　128
ペンス　42
ヘンダーソン, アーサー　129
変動相場制　14, 91, 92, 143, 155, 163, 164, 165, 174, 183, 184, 216, 323, 361
ヘンリー八世　37, 72
貿易赤字　7, 91, 100, 101, 125, 139, 149, 153,

農産物の価格　123, 134
納税者　6, 9, 218, 220, 293, 302, 315
農民　3, 18, 45, 75, 76, 80, 133, 134
ノーザンロック銀行　55
ノースカロライナ　38
ノーマン, モンタギュー　115, 116, 119, 129

[ハ]

ハーヴェンシュタイン, ルドルフ・フォン　113, 114
バークレイズ・キャピタル　200, 285
バーゼル合意　221
バーツ　172
バーナンキ, ベン　337, 338, 340, 341, 346
バーンズ, アーサー　154
バーンズ&ノーブル　34
バーンホルツ, ピーター　337
ハイエク, フリードリヒ　143, 349
賠償金（請求）　22, 106, 111
ハイド, H・モンゴメリー　24
ハイパーインフレ　22, 35, 50-52, 58, 106, 115, 120, 121, 145, 287, 325, 330, 337, 366
バジョット, ウォルター　105
バスケット通貨　140, 365
バスティア, フレデリック　108
パスフィールド卿　129
ハッチンソン, トマス　51
バトラー, イーモン　350
パニック　53, 105, 122, 357
バビロニア王ハムラビ　61, 68
ハプスブルク家　109
バブル　31, 33, 171, 185-188, 197, 198, 212, 218, 247, 248
ハミルトン, アレクサンダー　75, 76
バランスシート不況　348
パリクラブ（主要債権国会議）　274
ハルデイン, アンドリュー　212, 218, 219, 239
バルフォア, アーサー　111
バンク・ジェネラル　29
バンコール　140
ビーヴァーブルック卿　89, 143
ピーク・オイル説　318
ピーターパン　52
ピータールーの虐殺　116
比較優位　125
東インド会社　29
ビザンティン貨幣　41
ビジネスウィーク誌　200, 323
ビスマルク, オットー・フォン　80
非生産的な貸し付け　66, 67
ビッグ・バン　216
ビッグマック指数　169
ヒトラー, アドルフ　22, 114, 121, 135, 145, 147
百年戦争　71
百万長者（ミリオネア）　31
ビュイター, ヴィレム　189
ピラミッド金融　192, 193
ファルド, ディック　232, 239
フィジー人　39, 45
フィッシャー, アーヴィング　123, 294
フィナンシャル・タイムズ紙　167, 371
フィリップ四世　71
フィレンツェ　42
フィンランド　291, 333
フーヴァー, アルバート　111, 133
ブートル, ロジャー　47, 98
フェデラリスト　180
フェリペ二世　72
フォード, ジェラルド　159
フォード, ヘンリー　83
フォード・モーター　82, 83
フォルニ, ロレンツォ　356
賦課方式　307
不換紙幣　4
武器貸与プログラム　146
福祉国家　124
複本位制　3, 98
負債の貨幣化　112
負債の罠　281, 337
ブッシュ, ジョージ・W　277
物々交換　33-35
不当債務　273
不動産価格　344

デュマス, チャールズ　228
デリバティブ　217, 233, 234, 237, 245, 251
デレバレッジ　328
電子マネー　4, 34, 52
テンプル騎士団　71
デンマーク　256
デレバレッジ　328
ドイツ　7, 8, 16, 17, 22, 49, 80, 93, 98, 103, 106, 107, 109, 111, 114, 115, 120, 121, 122, 129, 155, 178-180, 183, 208, 259, 279, 280, 291, 304, 330, 333, 347, 352, 368
ドイツ銀行　219, 298, 304
ドイツ統合　179
ドイツの賠償金　111, 113, 120
ドイツの賠償問題　110
ドイツマルク　7, 113, 145, 163, 165, 168, 179, 180
ドイツ連邦銀行法　146
銅　42
トウェイン, マーク　60
投機　9, 10, 32, 67, 143, 198, 210
投機家　75, 95, 142, 156, 177, 287
投機熱　32, 245
投機バブル　361
投機ブーム　171, 198
投資　16, 186, 206, 207, 313, 372
投資銀行　21, 217, 220, 223, 232, 234, 237, 239, 250, 252, 253
投資ブーム　207
特別引出権（SDR）　140, 365
ドゴール, シャルル　151, 152
ドットコム・バブル　228, 307
ドッド・フランク法案　223
ドラクマ　24, 325
トリアナ, パブロ　238
取り付け騒ぎ　105, 122, 326
トリフィンのジレンマ　364
トリフィンのパラドクス　149
トリフィン, ロバート　149
トリレンマ　94, 142
ドル　13, 14, 37, 41, 45, 58, 75, 91, 92, 140, 143, 146, 148, 165, 168, 170, 175, 206, 340, 363
トルーマン, ハリー　146, 147
トルコ　99
ドル準備　152, 164
ドル不足　148
ドルペッグ　163, 167, 172, 344, 360
ドルへの信認　155
ドル本位制　198, 365
トレーディング　217
ドロール, ジャック　180

[ナ]

ナセル大統領　17
ナチス　122, 365
ナポレオン戦争　98, 106, 107
南海泡沫事件　194, 346
南部連合　58
南部連邦政府　107
南北戦争　49
ニカイア公会議　61
ニクソン, リチャード　13, 14, 155, 366
二〇〇七〜〇八年の危機　4, 11, 15, 88, 94, 156, 218, 254, 323 332
日本　14, 58, 59, 108, 154, 168, 207, 259, 292, 298, 304, 338, 345, 348, 355, 374
日本円　92, 163, 165
ニュージーランド　162
ニュートン, アイザック　97, 194
ニューヨーク・タイムズ紙　107
ニューヨーク連邦準備銀行　119, 154
ネーピア, ラッセル　372
年金　9
年金基金　53, 217, 234, 235, 261, 264, 266, 307, 308, 372
年金受給権　311
年金受給年齢　11, 301, 303, 305
年金制度　310
年金プラン　309, 312
農家　134
農業革命　79
農業恐慌　99
農業経済　34, 79
農業コミュニティー　134

タールサンド　319
タイ　172-174, 271
第一合衆国銀行　76
第一次世界大戦　4, 51, 93, 20, 22, 103, 105, 110, 116, 123, 128, 144, 330, 360, 375
対外直接投資　174
大恐慌　5, 59, 74, 114, 126, 131, 132, 135, 137, 157, 159, 200, 201, 338
大航海時代　38
第三者銀行委員会　223
第三世界の債務危機　271
大収縮期　214
第二合衆国銀行　76
第二次世界大戦　44, 90, 93, 127, 137, 154, 200, 207, 330, 335, 336
大暴落　236
タイムズ・スクエア　9, 277
太陽光発電　320, 336
大陸債券　75
大陸紙幣　49
台湾　271, 322
ダウ・ジョーンズ工業平均株価　200, 201, 235
ダカット　71
兌換性　102
多国間債務救済イニシアティブ（MDRI）　274
タレブ, ナシーム・ニコラス　238, 240
単一通貨　8, 91, 178, 180, 181, 184
ダンカン, リチャード　118, 188, 198, 351
ダンテ, アルギエーリ　62
チェザリーノ, フィリッポ　101, 126, 153
チャーチル, ウィンストン　116, 143
チャールズ一世　73
チャプター11　262, 355
中央銀行の準備　118, 120, 122
中華帝国　58
中国　2, 14, 15, 17, 18, 44, 46, 47, 87, 95, 143, 167, 177, 202, 205, 206, 215, 230, 231, 294, 336, 360, 363-366, 368, 371, 374, 375
中南米の債務危機　326
チューリップ投機　197
超過利得（レント）　218
貯蓄　16, 22, 35, 99, 114, 158, 168, 206, 313, 314, 315, 352
貯蓄過剰　167
貯蓄と投資のモデル　206
貯蓄率　313
チリ　99
通貨改革　145
通貨価値維持政策　330
通貨（価値）の安定　102, 103, 126
通貨価値の維持　5, 7, 13, 22, 93, 94, 129, 134, 243, 245
通貨供給量　6, 8, 56, 64, 83, 100, 102, 118, 126, 133, 159, 330, 335, 339, 343, 345, 361
通貨切り上げ　46, 140, 153
通貨切り下げ　2, 12, 112, 119, 125, 126, 131, 132, 137, 138, 141, 154, 172, 175, 176, 184, 325, 339, 358, 361
通貨圏　181
通貨制度　10, 42, 137, 149, 323, 360
通貨戦争　14
通貨同盟　327
通貨発行益　25
積立型最終給与年金プラン　307
ティアナン, トミー　322
ティーパーティー　5, 6, 18, 277, 278, 335
テイヴィーズ, グリン　39, 47
デイヴィッド・コパフィールド　20, 78
ディオニュシオス　24, 25, 87
ディケンズ, チャールズ　20
テイラー, ジョン　8
鉄道建設ブーム　198
デナリウス銀貨　41, 42
デビットカード　51, 53, 139, 260
デフォー, ダニエル　63
デフォルト　2, 8, 12, 13, 15, 111, 165, 177, 249-251, 270, 285, 290, 291, 293, 295, 326, 336, 353, 354, 355-359, 372, 376
デフォルト保険　251
デフレ　117, 121, 126, 230, 243, 324, 337, 338, 339, 351, 366
デフレの罠　123
テミン, ピーター　120
デューク, エリザベス　260

人口動態　297, 299, 301, 305, 349
人口の高齢化　2, 312, 352
人口問題　296, 316
新自由主義　333
新自由主義経済学　161
信認の喪失　121
ジンバブエ　35, 50, 86, 323
普仏戦争　98, 107
人民元　14, 95, 363, 364
人民元本位制　365
人民戦線　131
信用危機　172, 267
信用供与　8, 11, 67, 197, 198, 256, 345
信用詐欺　87
信用市場　71
信用の創出　33
信用の創造　204
信用ブーム　118, 282, 349
スイス　178, 259, 325
スイスフラン　170, 171, 173, 370
スウェーデン　47, 333
趨勢的な成長率　347
スエズ運河　17
スエズ動乱　152
スコットランド　128, 130
スターリング貨幣　99
スターリン, ヨシフ　135
スタイン・ハーバート　366
スタグネーション　158, 336, 348, 350, 352, 353, 359
スタンダード&プアーズ　249, 261, 284, 305, 327
スティグリッツ, ジョゼフ　332
ストックオプション　214
ストップゴー経済　148, 153
ストレステスト　239
ストロース=カーン, ドミニク　371
ストロング, ベンジャミン　119
スネーク　178, 179
スノードン, フィリップ　128, 130
スハルト, インドネシア大統領　172
スブランシア, ベレン　372
スペイン　7, 45, 72-74, 99, 183, 254, 259, 279, 284-286, 290-292
スミス, アダム　48, 64, 84, 125, 190
スミス, フレッド　143
スミソニアン合意　155, 156, 178
スローン, アルフレッド　222
聖アウグスティヌス　61
生活必需品　364
生活必需品価格　344, 351
生産性　301, 319, 321
生産的信用　84
生産的な貸し付け　64, 66, 67
清算同盟　139, 140
生産年齢人口　305
政府債券　30, 52, 269
政府債務　9, 25, 59, 74, 269, 280, 285, 324
西方会社　29, 31, 32
ゼーリック, ロバート　366
石炭　317, 318
石油　271, 317, 318, 320
石油輸出国機構（OPEC）　369
ゼネラル・エレクトリック　83
ゼネラルモーターズ（GM）　82, 83, 222
ゼロ金利　348
ゼロ成長経済　85
全期間平均給与方式　311
戦時債務（問題）　4, 144
戦争賠償金　135
全米証券業者協会　185
ソシエテ・ジェネラル銀行　340
ソブリン債務　254, 270, 295, 357
ソブリン債務危機　88, 255, 272, 279, 287, 376
ソブリン・デフォルト　270, 354, 356, 357
ソリドゥス（賃金）　41, 42
ソ連　128, 365
ソロス, ジョージ　185
ソロモン・ブラザーズ　241
ソロン　69, 70

[タ]

ダースト, シーモア　9
ターナー, アデア　215

ザンビア　274
三部会　73
シェイクスピア，ウィリアム　62
シェールガス　321
ジェノバ会議　111
ジェファーソン，トマス　18, 75
地金　45, 48, 96, 101, 141, 152
地金委員会　96
地金派　51
試金石　41
自己資本比率　220
資産インフレ　209
資産価格　2, 11, 58, 123, 186, 188, 202, 204, 209, 210, 214, 218, 243, 246, 267, 331, 353
資産効果　343
資産バブル　33, 190
市場恐慌　254
システミック・リスク　212, 218, 237
実質金利　68, 162, 167, 362
実手形理論　64
シティー　127, 129, 151, 243
シティグループ　232
シティバンク　269
自動安定装置　334
シニョレッジ　25, 44, 149
支払い能力　289
紙幣　3, 4, 11, 13, 28, 30, 32, 34, 37, 44, 46–52, 56, 76, 87, 91, 92, 96, 107, 112, 118, 157, 177, 188, 198, 323, 342
紙幣本位制　106
資本移動　94, 142, 151, 174, 210, 216
資本（移動）規制　95, 142, 150, 156, 162, 167, 344, 371–373
社会保障　312
社会保障プログラム　278
シャクソン，アンドリュー　18, 76
シャハト，ヒャルマル　114
ジャンクボンド　261, 358
宗教改革　63
就業人口　302
重債務貧困国向け債務削減イニシアティブ（HIPC）　274
自由市場経済　174
自由市場（資本）主義　313, 333
重商主義　43, 44, 48, 176
終身年金　72
住宅エクイティの引き出し　208
住宅価格　188–191, 194–196, 202, 208, 248, 315
住宅金融組合　256
住宅バブル　196, 283, 284, 286
住宅ブーム　279, 284, 286, 350
住宅ローン　9, 135, 247, 248, 249, 255, 256, 277, 314, 354, 358
自由党　115, 127, 130, 268
自由放任主義　135
自由貿易　93, 124
自由民主党（英国）　7
出生率　300
ジュビリー債務キャンペーン　272, 275
準備　53
準備通貨　140, 182, 363, 364, 364, 367
商業銀行　56, 217, 223, 237, 283
証券取引委員会　234
証券取引所　31
消費者債務　85
消費者信用　78, 81, 255, 257, 259
消費者の負債　255
消費者物価　200, 210, 331
消費者物価指数　196, 311, 339
消費的信用　84
消費的な貸し付け　64
消費バブル　208
小ピピン　42
ジョージ五世　130
ジョージ，ロイド　110, 128
ショールズ，マイロン　242
ジョシ，ダヴァル　285
ジョンソン，サイモン　212, 221
ジョンソン，リンドン　150, 331
シラ，リチャード　69, 71
シラー，ロバート　195, 203
シリング　42, 98
人口成長　80, 297
人口置換水準　300

購買力平価（PPP） 168, 169
強欲な貸し手 21
効率的市場理論 225, 226, 227
小売物価指数 311
コーウェン，ブライアン 284
ゴーカレー，ジャガディーシュ 292
ゴーシェン，ジョージ 98
ゴールズワージー，ジョン 74
コールダー，レンドル 81, 84
ゴールドマン・サックス 217, 220, 222, 239, 245, 253, 370
コールバーグ・クラヴィス・ロバーツ 264
小切手 51, 53
国債 12, 69, 74, 99, 170, 177, 245, 278, 281, 363
国際決済銀行 92, 275, 292, 293
国債の格下げ 335
国債の格付け 367
国内債務 355
国富論 190
個人銀行 104
個人債務者任意整理手続 258
国家債務 107
国家債務危機 67, 73
コッタレリ，カルロ 356
ゴットシャルク，ヤン 356
固定相場制 14, 90, 91, 93, 142, 143, 155, 156, 174, 184, 361, 377
古典派経済学者 135, 158
コナリー，ジョン 137
子安貝 39, 40
壊れ窓症候群 108
コンゴ民主共和国 273
コンジット 250
コンスタンティヌス帝 69
コンソル 74, 98
コンドン，ティム 246
コンバージェンス 182

［サ］

債権国 166, 177, 270, 374
債券市場の自警団 162, 205
債権者と債務者の争い 8, 36
債券の利回り 205
最後の貸し手 11, 104, 138, 141, 158
財政赤字 5, 6, 7, 9, 16, 87, 113, 127, 150, 158, 162, 165, 181, 182, 229, 245, 276, 280, 281, 286, 346, 361, 362, 367
財政危機 11, 123, 127
財政政策 5, 125, 150, 156, 160
財政調整 356, 357
財政同盟 327
財政引き締め 327
最大損失予想額（VAR） 238
最適通貨圏 183
債務危機 10, 17, 21, 23, 88, 156, 259, 269, 324, 326, 328, 336, 351, 355
債務国 166, 177, 270
債務上限（規定） 6, 9, 355
財務省証券 343, 345
債務担保証券（CDO） 249, 250, 253
債務時計 9, 277
債務の対GDP比 284, 292, 295, 305, 341, 372
債務不履行 65, 66–71, 73, 74, 122
債務返済の繰り延べ 326
債務免除 273, 275
サウジアラビア 318
先物為替相場バイアス指数 170
サッカレー，ウィリアム・メイクピース 176
サック，アレクサンダー 273
サッチャー，マーガレット 7, 161, 216, 333, 334
サットン，ウィリー 213
サブプライム・ブーム 196
サブプライム・ローン 57, 197, 198, 232, 247, 251
サプライサイド（供給重視） 161
サミュエル，ハーバート 130
サルコジ，ニコラ 305
産業革命 79, 80, 330
産業労働者 81
サンシモン公 32
産出量ギャップ 346
サンテリ，リック 277

金本位制　3, 4, 15, 44, 48, 57, 74, 93, 95-103, 111, 115, 116, 118, 122, 125, 126, 129, 130, 131, 135, 137, 140, 164-166, 176, 183, 198, 231, 330, 360, 366, 374, 377
金融監督機関　221, 227, 234, 235, 237, 239, 244
金融緩和　27, 332
金融危機　74, 222, 246, 332, 334
金融先物市場　235
金融市場　11, 53, 150, 191, 284, 356
金融植民地主義　272
金融政策　5, 7, 125, 142, 143, 156, 166, 348
金融政策の独立性　91, 142
金融引き締め　153
金融抑圧　372
金利　6, 68, 69, 95, 119, 150, 170, 195, 215, 229, 230, 271, 282, 315, 350, 357, 369
金利格差　165
金利のゼロバウンド　338, 339
金利の操作　53
金利平衡税　151
近隣窮乏化政策　126
クインシー, ジョサイア　58
クウォータ（出資割当額）　141
グーグル　170
グーテンベルク　47
クーポン　342
クー, リチャード　348
クーリッジ, カルヴィン　20
クエインタンス, リー　345
グッドハート, チャールズ　56
グラス・スティーガル法　223, 237
クラッシュ　172
グラッドストン, ウィリアム　268
グラナダ　72
グランサム, ジェレミー　187, 210
グリーンスパン, アラン　201, 205, 224, 225, 228, 232, 237, 277
グリーンスパン・プット　201, 344
グリーンバック　76
クリッピング　26
クリントン, ビル　205, 277
クルーグマン, ポール　23, 334
グレアム, フランク　142
クレジット・アンシュタルト　122
クレジットカード　1, 9, 10, 51, 53, 55, 56, 78, 86, 209, 257, 258, 260, 329, 352, 358
クレジット・デフォルト・スワップ（CDS）　251, 252, 253
グレシャム, サー・トマス　43
グレシャムの法則　43, 90, 97
クローナ　43, 173
黒字国　101, 176, 199, 369
グロス, ビル　345
クワック, ジェームズ　212, 221
景気刺激策　277
計算の単位　35, 36
経常（収支）赤字　279, 281, 289, 341
経常（収支）黒字　167, 205, 352, 362, 367, 368, 370, 371
ケイトー研究所　292
啓発的な利己主義　147
ケインジアン　16, 157, 160
ケインジアン・コンセンサス　159, 225
ケイン, ジミー　232, 239
ケインズ, ジョン・メイナード　5, 16, 72, 84, 93, 99, 106, 107, 111, 116-118, 133, 135, 136, 138-141, 146, 149, 154, 155, 157-159, 268, 299, 334, 365, 370
ケインズ経済学　158
ケインズ主義者　133
ケネディ, ジョン・F　222
ケネディ, ロバート　153
賢者の石　31
建設ブーム　7, 291
憲宗　46
現物給与法　83
倹約のパラドクス　84, 158, 324
硬貨　24, 26, 37, 41, 43-45, 69, 86, 90, 342
交換の媒体　34, 36, 53, 57, 58, 59, 329
工業化の時代　78
公共選択理論　268
公的給付制度（エンタイトルメンツ）　311, 336
公的年金　134, 305, 306, 313

貸付業規制法　65
価値の貯蔵　35, 36, 46, 53, 57, 58, 329
ガット（関税および貿易に関する一般協定）　144
割賦販売　81
カナダ　259, 319, 357
株価収益率　200, 202
株式買受選択権　214, 263
株式市場　7, 202, 203, 220, 227, 266, 267
貨幣経済　34
貨幣制度　44, 46, 96, 103
貨幣用金　103
紙の貨幣　46
空売り　252
カリフォルニア　45, 330
カルヴァン，ジャン　63
ガルブレイス，J・K　24, 39, 77, 85, 103, 212, 259
カレンシーボード制　164, 165, 287
為替管理の放棄　162
為替手形　77
韓国　259, 271
完全雇用　143
完全雇用政策　155
管理（為替）相場制　92, 360, 374
カンリフ委員会　115
機会費用　62
企業債務（企業の負債）　260
貴金属　26, 31, 36, 38, 39, 41, 43, 45, 46, 48, 49, 86, 87, 96, 108, 330
規制　231
規制の裁定　223
基礎的財政収支　281, 324
北朝鮮　24, 57
ギニー　41
金正日　24
キャピタルゲイン・タックス　223
キャラハン，ジム　160
キャリード・インタレスト　265
キャリートレード　170-172
救済計画　288, 290, 291
救済プラン　11
恐慌　109
協調的な通貨制度　366
狂乱の二〇年代　119
共和党　223, 245, 333, 335, 342
ギリシャ　2, 7, 11, 12, 41, 69, 91, 120, 183, 254, 279-282, 288, 290, 291, 324, 326, 327, 337, 355, 357, 361
ギリシャ危機　287
ギリシャ国債　11, 326
キリスト教民主同盟　288
ギルト　52
金　3, 10, 19, 27, 28, 30, 31, 38-40, 42, 45, 46, 49-51, 76, 90, 96, 111, 112, 120, 132, 330
銀　3, 10, 26, 28, 30, 38-40, 42, 45, 46, 49-51, 76, 90, 96, 330
金貨　41, 43
金為替本位制　111, 120
緊急援助機関　138
緊急資金援助　272
キング，マーヴィン　369, 370
キング，マーティン・ルーサー　153
金鉱　4, 330
銀行危機　54, 88, 376
銀行救済　277
銀行券　31, 32, 36, 76, 86, 87, 141
銀行債務　283
銀行派　51
銀行優先債務　285, 286
均衡予算　134, 245
金細工師　48, 54, 86
緊縮政策（財政）　8, 11, 121, 288, 290
緊縮プログラム（計画、プラン）　7, 286, 325, 355
金準備　102, 103, 108, 119, 126, 130, 131, 138, 141, 146, 148, 153, 154, 156, 166, 183, 231, 369
金銭的利益　60
金兌換制　360
キンドルバーガー，チャールズ　40, 44, 62, 89, 144, 197, 198
金プール　152

インド　202, 336, 365
インドネシア　172
インフレ　2, 6, 10, 13, 15, 21, 22, 25, 26, 32, 36, 45, 49-51, 53, 55, 56, 59, 68, 94, 98, 106, 115, 131, 155, 159-162, 164, 165, 168-170, 176, 179, 196, 200, 205, 228-230, 280, 311, 331, 336, 337, 339-341, 344, 347, 353, 359, 361, 362, 369, 376
インフレ課税　25
インフレターゲット　162
インフレ・ブーム　121
インフレ率　153, 179, 181
インフレ連動債　68, 341
ヴィクトリア朝（時代）　20, 89, 99, 176, 177, 257
ヴィニアー, デイヴィッド　239
ウィルソン, ハロルド　153, 176
ウーマン・エンパワーリング・ウーマン　192
ウーリー, ポール　224
ウェールズ　317
ウェザーストン, デニス　238
ヴェニスの商人　77
ヴェネツィア　71
ヴェルサイユ条約　22
ウォーバートン, ピーター　246
ヴォルカー, ポール　362
ウォールストリート　7, 119, 212, 220-222, 253, 259, 373
ウォールストリートの大暴落　120, 124, 132
ヴォルテール　31
ウォルマート　303, 304
ウォレン, ジョージ　134
ウォン　25
ウォンパム　39, 40
ウッドワード, ボブ　228
ウルフ, マーティン　167, 279, 371
英国債（ギルト）　99
エコノミスト誌　105, 169
エジプト　17, 354
エタノール　320
エドゥアルド, アルベール　340
エドワード三世　71
エネルギー効率　316, 319
円　140, 168, 170, 363
エンジェル, ノーマン　100
欧州委員長　180
欧州為替相場メカニズム（ERM）　95
欧州金融安定ファシリティー（EFSF）　288, 291, 326
欧州単一通貨　95
欧州中央銀行（ECB）　229, 289, 326, 355
欧州連合（EU）　181
大いなる安定期　200, 217, 232, 262
大きすぎて潰せない　219
オースティン, ジェーン　318
オーストリア　109, 122
オーストリア学派　349-351
オーストリア＝ハンガリー帝国　74, 109
大馬鹿プロセス　193
オズの魔法使い　19
オスマン帝国　109
オディエ, ロンバー　327
オデュッセウス　96
オバマ, バラク　3, 278, 333, 335
オプション変動金利モーゲージ　256
オランダ　27, 29, 63, 73, 98, 256, 270, 279, 333
オランダ共和国　41, 42
オルレアン公　27, 29
オレンジ公ウィリアム　73
卸売物価　117
恩顧主義（クライエンテリズム）　269

［カ］

カーヴィル, ジェームズ　205
海外債務　355
外貨準備　129, 148, 167, 206, 362, 365, 375
外貨準備高　199, 363
ガイトナー, ティム　368
カエサル, ユリウス　61
格付け機関　260, 283
確定拠出型プラン　311
核融合　321
貸金禁止法　62

索　引

[A－Z]

ＡＩＧ　253, 322
Ｂ＆Ｑ　304
ＢＣＣＩ　233
ＢＭＷ　175
ＣＤＯ（債務担保証券）　249, 250, 253
ＣＤＳ（クレジット・デフォルト・スワップ）　251-253
ＥＦＳＦ（欧州金融安定ファシリティ）　288, 291, 326
ＥＭＳ（欧州通貨制度）　179, 180
ＥＵ　12, 93, 181, 182, 288, 290, 292, 355, 365
ＦＴＳＥ　170
Ｇ７　18
Ｇ８サミット　274
Ｇ20　18, 332, 365
ＩＭＦ（国際通貨基金）　138, 139, 141, 172, 221, 272, 290, 354, 355, 365, 371
ＪＰモルガン　238
ＮＡＴＯ（北大西洋条約機構）　152
ＯＥＣＤ（経済協力開発機構）　274
ＰＩＧＳ　279, 280
ＰＩＭＣＯ　202, 345
ＱＥ（量的緩和）5, 7, 289, 342-345, 348, 362
ｕｓｕｒｙ　21, 61-63
ＶＡＴ（付加価値税）　286

[ア]

アービトラージ（裁定取引）　242
アイケングリーン，バリー　100, 101, 117, 120
アイスセーブ　173
アイスランド　43, 171-174, 221, 246
アイルランド　2, 7, 67, 91, 120, 183, 246, 279, 282-284, 288, 290, 325, 337, 346, 350, 357
アイルランド住宅金融組合　283
赤字国　101, 120, 166, 370
アジア経済危機　166
アジア通貨危機　197
アジアの奇跡　271
アステカ　38
アダムズ，ジョン　19, 75
アダムズ，ダグラス　40
アッシニア　74, 114
アディソン卿　44, 129
アデナウアー，コンラート　146
アテネ　41, 69
アハメド，リアクアット　113
アフガニスタン　274, 277
アマゾン・ドット・コム　34
アメハド，リアクアット　89
アメリカ革命政府　107
アラスカ　4
アリストテレス　21, 61
アリストパネス　26
アルゼンチン　99, 164, 287, 354, 361
アングロ・アイリッシュ銀行　283
アングロサクソン経済　214, 216
暗黒時代　106
安定成長協定　183
イザベル（女王）　72
偉大な社会　150
イタリア　42, 71, 72, 74, 77, 144, 145, 178, 179, 181, 254, 259, 290-292, 304, 333
一般理論　133
忌むべき負債　21
イラク　277
医療保険制度改革　278
インヴァーゴードン　130
インカ　38
イングランド銀行　55, 56, 98, 101, 102, 115, 128, 129, 130, 218, 229, 239, 289, 309, 369
引退年齢　302, 303, 310
インデックス連動債　310

<著訳者紹介>

フィリップ・コガン（Philip Coggan）

20年以上にわたりフィナンシャル・タイムズ紙にて記者を務め、同紙の名物コラム「LEXコラム」執筆者やパーソナル・ファイナンス担当編集者、経済学担当記者を歴任。現在はエコノミスト誌でキャピタル・マーケット担当編集者を務める。2009年には、優れた経済ジャーナリストに贈られるハロルド・ウィンコット賞のシニア・フィナンシャル・ジャーナリスト賞を受賞。同年のビジネス・ジャーナリスト賞でベスト・コミュニケーターに選出された。これまでに評価の高い *The Money Machine* はじめ、4冊の本を執筆。

松本剛史（まつもと・つよし）

1959年和歌山県生まれ。東京大学文学部社会学科卒業。訳書にチョムスキー『アメリカを占拠せよ！』（ちくま新書）、シャーウッド『サバイバーズ・クラブ』（講談社インターナショナル）、ヒューズ『対テロ戦争株式会社』（河出書房新社）、メンジーズ『1421』（ヴィレッジブックス）、ブース『暗闇の蝶』（新潮文庫）など。

紙の約束――マネー、債務、新世界秩序

2012年11月22日　1版1刷

著　者　フィリップ・コガン

訳　者　松本剛史

発行者　斎田久夫

発行所　日本経済新聞出版社
http://www.nikkeibook.com/
〒100-8066　東京都千代田区大手町1-3-7
電話(03)3270-0251(代)

印刷／錦明印刷　製本／積信堂

ISBN978-4-532-35541-8